Rw. M. . . . = Reichswehrministerium
Gr. Kdo. . = Gruppen-Kommando
D. . . . . = Division
Wk. Kdo. = Wehrkreis-Kommando
K. D. . . . . . = Kavallerie-Division

RICHTER · DIE GESCHICHTE DER DEUTSCHEN KAVALLERIE

Klaus Christian Richter

Die Geschichte der deutschen Kavallerie

1919—1945

Motorbuch Verlag Stuttgart

Einband und Schutzumschlagkonzeption: Siegfried Horn

Allen, die zu diesem Buch mit Rat und Tat, Wort und Bild beigetragen haben, möchte ich hier herzlichen Dank sagen.
Ganz besonders aber möchte ich Herrn General der Kavallerie a. D. Gustav Harteneck, Herrn Dietrich Kuehn (ehem. Reiter-Rgt. 1), Herrn Günter-Wolfgang Jeffke (ehem. Kav.-Ers. Abt. 8) und Herrn Willy Steinmeyer (ehem. Kav.-Rgt. 13) meinen Dank zum Ausdruck bringen, die mich in überaus entgegenkommender Weise unterstützt haben.

Die Vignette auf dem Buchdeckel
entstand nach einer Zeichnung von Hans Malchert aus dem Jahr 1940.

Rückseite Schutzumschlag:
Reitausbildung in der Deutschen Wehrmacht gem. H.Dv. 12 Reitvorschrift (R.V.) vom 18. 8. 1937.

ISBN 3-87943-603-7

2. Auflage 1982

Eine Abteilung des Buch- und Verlagshauses Paul Pietsch GmbH & Co. KG.

Satz und Druck: Johannes Illig, 7320 Göppingen-Ursenwang.
Bindung: Großbuchbinderei Franz Spiegel, 7900 Ulm.
Printed in Germany.

Inhalt

Zu diesem Buch

110 Kavallerieregimenter ritten 1914 für Deutschland in den 1. Weltkrieg. Dieser fiel in eine Zeit der raschen Entwicklung der Waffentechnik auf der Erde und in der Luft. Die deutsche Kavallerie bestand aus Kürassieren, Gardereitern, Schweren Reitern, Ulanen, Dragonern, Chevaulegers, Husaren und Jägern zu Pferde. Sie trugen Lanze und Karabiner neben dem Säbel als Waffen. Heute sind sie alle Geschichte. Unserer Jugend sind sie bestenfalls ein undeutlicher Begriff.
Nach dem Kriege gab es im 100 000-Mann-Heere noch 18 Reiterregimenter. Im Vergleich zu den anderen Waffengattungen war das viel, weil die Alliierten der Kavallerie nur eine geringe Kampfkraft zutrauten. Sie haben sich darin schwer getäuscht. Als die deutsche Panzerwaffe entstand, saßen Kavallerieregimenter zu diesem Zwecke ab. Sie brachten als Mitgift die alten kavalleristischen Tugenden der Wendigkeit, des Vorausdenkens und des Vorwärtsreitens mit in die Panzerwaffe ein. Ihre Offiziere hatten es gelernt, Sattelentschlüsse zu fassen und Sattelbefehle zu geben. Damit haben sie zu den Erfolgen der jungen deutschen Panzerwaffe entscheidend beigetragen.
Im 1. Weltkriege hatte die wenig vorausschauend organisierte Kavallerie auch durch ihren oft verfehlten Einsatz nicht die erhofften Erfolge. Durch die rasche Entwicklung von Waffen und Motoren auf der Erde und in der Luft wurde sie als Schlachtenkavallerie aus dem Sattel gehoben. Der aufklärenden Kavallerie nahm die Luftaufklärung und die motorisierte Aufklärung unter Panzerschutz viele Aufgaben ab. An berittene Großverbände, bei denen ähnlich wie bei schnellen Divisionen alle schweren Teile motorisiert und die Schützenregimenter statt motorisiert zu sein beritten waren, hatte man auch im 2. Weltkriege erst spät gedacht. Als sie fast zu spät auf dem Kampffelde erschienen, lernte man ihre Vorzüge kennen. Sie waren

kaum straßengebunden, boten weit zerlegt der feindlichen Luftwaffe kaum lohnende Ziele und waren selbst auf dem Schlachtfelde bis weit vorne pferdebeweglich. Abgesessen kämpften sie feuerstark und wie die motorisierten Schützen gegliedert. Daß sie sich bewährten, daß in ihnen der alte Reitergeist noch einmal zur Blüte kam, zeigt dieses Buch.

Für unsere heutigen Soldaten sind all diese Gegebenheiten nur noch unklare Begriffe. Dieses Buch kann wertvolle Abhilfe schaffen. Sie ist notwendig. Alte Kavalleristen fragen sich, ob das so sein soll und so sein muß.

Im Vergleich zu unseren Natopartnern nehmen in der Bundeswehr Wehrgeschichte und Überlieferungspflege einen sehr geringen Rang ein. Kavallerie ist die einzige Waffengattung, die 1945 zu bestehen aufgehört hat. Die Erinnerung an sie, ihren Geist und ihre Taten hätten eine besondere Überlieferungspflege verdient. Sie würde sich lohnen und für die Kampfkraft und den Kampfwillen den motorisierten Nachfolgern der deutschen Kavallerie von Vorteil sein.

Als Kommandierender General des letzten deutschen berittenen Großverbandes glaube ich mich zu diesen mahnenden Worten berechtigt und im Hinblick auf die Großtaten der ruhmreichen deutschen Kavallerie verpflichtet.

General der Kavallerie a. D.

Vorwort zur 2. Auflage

Die erste Auflage dieses Buches war in erstaunlich kurzer Zeit vergriffen. Mein Dank gilt daher dem Verlag, der nun eine zweite Auflage ermöglicht hat.
Dieses begrüße ich um so mehr, als mir dadurch Gelegenheit geboten wurde, Fehler zu beseitigen, die bei der Entstehung einer derartigen Darstellung mehr als 30 Jahre nach dem letzten Krieg kaum zu vermeiden waren. Es konnten nun aber auch Ergänzungen eingearbeitet, und technisch unzulängliche Bilder und Anlagen durch inhaltlich und qualitativ bessere ersetzt werden. Dadurch hat dieses Buch über die deutsche Kavallerie von 1919—45 sicherlich eine erhebliche Bereicherung erfahren.

Mein besonderer Dank gilt den Damen und Herrn des Bundesarchivs in Freiburg und Koblenz, weiterhin dem Frhr. Philipp v. Boeselager (KR. 15 und RR. 31), Herrn Conrad Müller (RR. 1 und RR. 32), Herrn Reinhold Rosenwald (RR. 1 und ALA), Herrn Karl Stüben (KR. 6), Herrn Rudolf Schürle (KR. 18), Herrn Dr. Rudelsdorff und Herrn Heinz Meyer (beide r.Art.Rgt. 1), Herrn Hellmuth Ohl und Herrn Werner Schröder (beide KR. 9), Herrn Hans Meyer (KR. 14), Herrn Hans Schenk (Inf.Rtr.Zg. 34), Herrn Werner Badermann (Inf.Rgtr.Zg. 17), Herrn Hans Rudolf v. Stein (KR. 15 und 3. KD.), Herrn Heinrich Fr. Schmidt, Karl Prinz zu Salm (KR. 15 und KR. 5), Herrn Herbert Müller (KR. 10), Herrn Julius Schmidt (†) (RR. 16), Herrn Gernot Matthaei (RR. 11), Oberst i. G. v. Rabenau und Oberstlt. Elser (beide FüAkBw) sowie Oberstlt. Bücheler und wiederum Herrn Dietrich Kuehn, die mir bei der Bearbeitung der zweiten Auflage überaus wertvolle Hilfe und Unterstützung zuteil werden ließen.

Der Verfasser

Einführung

Der II. Weltkrieg, die hoffentlich letzte weltweite kriegerische Auseinandersetzung zwischen den Völkern, liegt nunmehr bereits über 30 Jahre zurück.

In diesem Krieg, in dem letztlich das Material die Entscheidung herbeiführte, spielte die traditionelle Kavallerie eine vergleichsweise bescheidene Rolle.

Dennoch sind die Reiter, die Radfahrer, die Fahrer vom Bock und vom Sattel, sowie das Veterinär-Personal aus jenem schicksalhaften Völkerringen nicht wegzudenken.

Bei näherer Betrachtung erweist es sich, daß auch auf deutscher Seite die Verbände, welche überwiegend auf das Pferd angewiesen waren, in verschiedenen Operationen des II. Weltkrieges Bedeutendes geleistet haben; Bedeutenderes als man zumeist bisher anzunehmen geneigt war.

Allein die Zahl von 2,75 Millionen Pferden und Maultieren, die von der Deutschen Wehrmacht im Krieg eingesetzt wurden, legt dafür Zeugnis ab.

Das Anliegen dieses Buches ist es, Werden, Wesen, Eigenart und Leistungen der einstmals so stolzen und wichtigen Kavallerie in der letzten Epoche ihrer Geschichte darzustellen.

Dabei ergibt es sich, daß der Beginn dieses Zeitraumes auf das Jahr 1919 datiert werden muß, das Jahr des sogenannten »Friedens«-Vertrages von Versailles.

Dieser Vertrag, der von namhaften Historikern, als »ein Bankrott der internationalen Politik« bezeichnet worden ist, bestimmte das politische Geschehen bis zum Ausbruch des II. Weltkrieges sehr wesentlich und wirkt dadurch letztlich bis in unsere Tage weiter. Er bestimmte unter anderem aber auch Art und Umfang der dem Deut-

schen Reich belassenen Armee mit einem festgelegten Anteil von 16,4% Kavallerie.
In den folgenden Ausführungen wird zum einen der Versuch unternommen, die Auswirkungen gerade dieser Auflage zu untersuchen, den Zusammenhang zwischen der zudiktierten Reichswehr-Kavallerie und ihren Nachfolgern in der Deutschen Wehrmacht aufzuzeigen, zum anderen aber darzustellen, daß die Reiterwaffe in dieser geschichtlichen Phase keineswegs so anachronistisch war, wie es vielfach zu Unrecht zum Ausdruck gebracht worden ist. Es möge bei dieser Darstellung nachgesehen werden, daß die berittenen und bespannten Verbände des deutschen Heeres stärker berücksichtigt worden sind als die Radfahrer oder die motorisierten Teile, soweit diese ursprünglich ebenfalls zur Kavallerie zählten; des weiteren, daß wichtige Einzelheiten zu diesem Thema nicht erschöpfend behandelt werden konnten, oder unerwähnt geblieben sind.
Manche Quelle ist dem Verfasser verschlossen geblieben, vieles konnte der Vergessenheit nicht mehr entrissen werden.
Letztlich aber stellt das Buch eine Art »Schwanengesang« der deutschen Kavallerie dar.
Der Dichter des Deutschlandliedes, Heinrich Hoffmann von Fallersleben, verlieh dem geradezu vorausschauend bereits im 19. Jahrhundert in seinen Versen Ausdruck, als er schrieb:

Ich hab mein Roß verloren
Mein apfelgraues Roß.
Es war so treu im Leben
Kein treu'res wird es geben
Im ganzen Zug und Troß.
Und als es wollte sterben
Da blickt es mich noch an
Als sprächs mit seinen Mienen:
Kann dir nicht länger dienen
Ade mein Reitersmann.

I. Zur Entstehung der Reichswehr

1. DER VERTRAG VON VERSAILLES

Nach dem verlorenen Weltkrieg von 1914/18 wurde im Jahre 1919 in Versailles den deutschen Unterhändlern der sogenannte »Friedensvertrag zwischen Deutschland und der Entente« diktiert. Dieser »Vertrag«, ein Buch von 248 Seiten, konnte nur als Ganzes angenommen oder abgelehnt werden. Die Ablehnung hätte sehr wahrscheinlich die Wiederaufnahme der Kampfhandlungen gegen das Deutsche Reich zur Folge gehabt. Da das nicht zu verantworten war, wurde der Vertrag schließlich angenommen.

Ohne auf die zahlreichen diskriminierenden Bestimmungen dieses Vertrages im einzelnen einzugehen, sollen die wichtigsten, soweit sie den militärischen Bereich betreffen, hier kurz aufgezeigt werden.

Zwar wurde Deutschland eine Armee zugebilligt, jedoch war diese nach Art, Umfang, Bewaffnung und Ausrüstung so beschaffen, daß sie zur Verteidigung des Deutschen Reiches im höchsten Maße unwirksam war und bleiben mußte.

Der Umfang wurde auf 96 000 Mannschaften mit 12jähriger, freiwilliger Verpflichtung und auf 4 000 Offiziere, die bis zum 45. Lebensjahr zu dienen hatten, festgesetzt. Die Abgänge waren ebenfalls festgelegt. Wehrpflichtige durften weder eingestellt noch ausgebildet werden; folglich konnten Reserven nicht entstehen.

Sämtliche modernen Waffen und Kriegsmittel waren der Reichswehr verboten. So z. B. schwere Artillerie, Panzer, Panzerabwehr, Flugzeuge, Flugabwehrgeschütze und chemische Kampfstoffe.

Alle zugelassenen Waffen, Kriegsmittel und Ausrüstungsgegenstände waren ihrer Art und dem Umfang nach bis in letzte Einzelheiten festgelegt.

Ähnlich verhielt es sich mit der Marine, die einen personellen Umfang von 15 000 Mann (Offiziere eingeschlossen) haben durfte. Eine Luftwaffe war selbstverständlich untersagt.
Die Durchführung der Abrüstung und die Einhaltung dieser Bestimmungen überwachten interalliierte Militär-Kontroll-Kommissionen (I.M.K.K.), die auch sehr bald, und mit übertriebener Kleinlichkeit, ihren Aufgaben nachgingen.
Einen militärischen Oberbefehlshaber, einen Generalstab sowie höhere militärische Bildungsanstalten durfte es nicht mehr geben.
Den Waffengattungen: Infanterie, Kavallerie und Artillerie war je eine Schule als allgemeine militärische Bildungsstätte zugestanden.
Weite Gebiete an den Grenzen des Reiches wurden zu entmilitarisierten, bzw. militärfreien Zonen erklärt.
Mit Ausnahme der Festung Königsberg/Ostpreußen durfte es nach dem Londoner Ultimatum vom 5. 5. 1921 auch keine bewaffneten Festungen mehr geben.
Aus allen Auflagen und Beschränkungen wird ersichtlich, daß die zukünftige Armee Deutschlands praktisch nur noch als Polizeimacht für innere Auseinandersetzungen gedacht war. Ihrer eigentlichen Aufgabe, dem Schutz des Reiches gegen eine äußere Bedrohung konnte sie kaum genügen.

2. DAS REICHSHEER

Die Auflösung der alten Armee und Schaffung einer vorläufigen Reichswehr wurde mit Wirkung vom 6. 3. 1919 verfügt. Die Durchführung der Auflösung ging, bedingt durch die unübersichtliche politische Situation, nur sehr langsam vor sich. Es fehlte auch nicht an Versuchen, in Verhandlungen einen größeren Umfang für die neue Armee zu erwirken. Diese Versuche blieben jedoch sämtlich ergebnislos.
Am 11. 8. 1919 trat die neue republikanische Reichsverfassung in Kraft. Sie legte u. a. fest, daß der Reichspräsident den Oberbefehl über die Armee übernimmt. Die Amtsgeschäfte wurden dem Reichswehrminister übertragen.
Mit der Ratifizierung des Friedensvertrages im Januar 1920 ging die deutsche Reichsregierung gleichzeitig die Verpflichtung ein, die

noch bestehende Reste der alten Armee innerhalb von 3 Monaten auf ein Übergangsheer von 200 000 Mann, die sogenannte vorläufige Reichswehr, zu reduzieren.
Der 1. 10. 1920 gilt als Stichtag für die Bildung der eigentlichen Reichswehr. Zu diesem Zeitpunkt war allerdings ein Großteil ihrer späteren Verbände, insbesondere der Kavallerie schon gebildet.
Laut Verfügung des Reichswehrministeriums Nr. 2494/12. 19 T2 vom 18. 12. 1919 galt bereits dieser Termin als Gründungstag aller Reiter-Regimenter der Reichswehr. Die Umsetzung dieser Verfügung in die Praxis ging, trotz des Vorhandenseins zahlreicher mehr oder minder intakter Verbände der alten Armee, doch sehr viel schleppender vor sich, als angenommen werden könnte. So bildete sich z. B. das Reiter-Rgt. 1 in Tilsit am 1. 2. 1920, die Reiter-Rgtr. 7 in Breslaut und 8 in Oels/Schlesien, desgleichen das Reiter-Rgt. 5 in Stolp und das Reiter-Rgt. 10 in Züllichau am 1. 4. 1920. Die Reiter-Rgtr. 4 in Potsdam und 15 in Paderborn traten im Mai 1920 zusammen. Letzteres wurde jedoch erst am 1. 10. 1920 von seinem ersten Kommandeur übernommen.
Die Gründe für diesen zunächst so langsam verlaufenden Aufbau des 100 000-Mann-Heeres sind mannigfaltiger Natur. Obwohl man eigentlich aus dem Vollen hätte schöpfen können, nämlich dem Übergangsheer von immerhin mindestens 200 000 Mann, dauerte es doch geraume Zeit, bis das Gerüst des Reichsheeres stand. Neben den schon erwähnten instabilen, wirren politischen Verhältnissen lag es nicht zuletzt auch daran, daß ein großer Teil der Verbände und Einheiten, die für eine Verwendung in der Reichswehr infrage kamen, sich noch im Baltikum, an der deutschen Ostgrenze vom Memelland bis Oberschlesien oder gar im Innern des Reiches im Einsatz befanden. Ferner kam ein notwendiger Sichtungsprozeß hinzu. Nicht alle noch bestehenden Verbände und Korps waren für eine Übernahme in das neue Friedensheer geeignet. So wurden generell alle Freikorps ausgeschlossen, die jemals einen Befehl der Reichsregierung nicht ausgeführt oder gar verweigert hatten ihn auszuführen. Dennoch kann davon ausgegangen werden, daß der Rahmen des letztlich zugestandenen 100 000-Mann-Heeres mit Ablauf des Jahres 1920 im wesentlichen stand.
Eine wichtige organisatorische Maßnahme der neuen Republik auf militärischem Gebiet war die Einteilung des Restreiches in 7 Wehrkreise. Diese 7 Wehrkreise waren die territorialen Ergänzungsbezirke der erlaubten 7 Infanterie-Divisionen, die gleichzeitig die

Aufgaben der ehemaligen Generalkommandos übernahmen. Dazu kamen, wie alle übrige Gliederung in Versailles festgelegt, 3 Kavallerie-Divisionen ohne eigene Ergänzungsbezirke.

Jede Infanterie-Division verfügte über drei Infanterie-Regimenter, ein Artillerie-Regiment, ein Pionier-Bataillon sowie eine Nachrichten-, Fahr-, Kraftfahr- und Sanitäts-Abteilung. Das Infanterie-Regiment bestand aus 3 (Feld-) Bataillonen, einer Minenwerfer-Kompanie und einem Ausbildungs-Bataillon.

Insgesamt konnte das Reichsheer also über 21 Infanterie-Regimenter zu 84 Bataillonen verfügen.

Demgegenüber war der Anteil der Kavallerie mit 18 Regimentern zu 97 Eskadrons enorm hoch und damit unzweckmäßig. Er erscheint noch unzweckmäßiger, zieht man auf der mittleren Führungsebene nicht nur das 7 : 6 Verhältnis von Infanterie zu Kavallerie in Betracht, sondern auch das Verhältnis von Kavallerie zu Artillerie insgesamt. Es standen den 18 Reiter-Regimentern nur 7 Artillerie-Regimenter gegenüber, worin allerdings zusätzlich 3 Abteilungen Reitende Artillerie enthalten waren. Der personelle Anteil der Kavallerie am Reichsheer betrug 16,4%, der Anteil der Artillerie dagegen nur 10,9%.

Für dieses Verhältnis von Infanterie zu Kavallerie gibt es in der jüngeren Geschichte regulärer Heere kein Beispiel. Da von keiner Seite jemals eine Begründung dafür gegeben wurde, konnte deutscherseits mit einiger Berechtigung nur angenommen werden, daß auch diese Auflage dem Zweck dienen sollte, den Kampfwert der Reichswehr, zumindest nach außen, weiterhin zu schwächen, galt doch einerseits die mit Pferden ausgerüstete Kavallerie schon nach dem I. Weltkrieg als unmodern, andererseits aber als recht kostspielig.

Überhaupt war die Reichswehr in einem enormen Ausmaß mit Pferden ausgestattet.

Gemäß Etat verfügte das Reichsheer über 40 234 Reit- und Zugpferde sowie 991 Tragtiere.[1]

Bei einer Heeresstärke von 100 000 Soldaten ergibt sich somit ein Verhältnis von 2,7 Mann zu 1 Pferd.

Nicht nur die Kavallerie gründete ihre Beweglichkeit auf das Pferd: Die Artillerie war, von sieben motorisierten Batterien abgesehen, überwiegend bespannt, teils beritten. Jedes Infanterie-Regiment enthielt mehrere hundert Pferde. Hinzu kamen die Fahr-Abteilungen, die naturgemäß ausschließlich bespannt waren, aber auch die Pionier-Bataillone sowie die Nachrichten- und Sanitäts-Abteilungen, die überwiegend durch Pferde beweglich gemacht wurden.

Die Verwendung des Motors war dem Reichsheer in geringem Umfang gestattet, allerdings nur zu Transportzwecken, keinesfalls jedoch für Kampffahrzeuge. Kraftfahrzeuge waren demnach im wesentlichen den 7 Kraftfahr-Abteilungen, den motorisierten Batterien der Artillerie, den höheren Stäben und in geringem Umfang den Sanitäts-Abteilungen vorbehalten.
Ergänzend sei darauf hingewiesen, daß insgesamt 14 Fahrabteilungen, dem früheren Train entsprechend, für den relativ geringen Gesamtumfang der Reichswehr friedensmäßig zu viel waren. Im Friedensumfang hätte, für das geringe Aufkommen an Nachschub- und Transportaufgaben, weniger auch ausgereicht. Aber auch diese Regelung sollte den Anteil der echten Kampftruppen am Gesamtumfang weiterhin schmälern, zumal diese Abteilungen anderweitig nicht ausgebildet werden durften. Ähnlich verhält es sich mit den 7 Sanitäts-Abteilungen, deren personeller Umfang für die Friedensaufgaben ebenfalls zu hoch angesetzt war.
Eines war der Entente jedoch nicht gelungen, nämlich die Dezentralisierung der neuen deutschen Armee. Trotz des Fehlens eines Oberkommandos wurde das Heer nicht auf die einzelnen deutschen Bundes-Staaten aufgegliedert, wie es vor dem I. Weltkrieg praktisch der Fall war. Vielmehr wurde von vornherein ein Reichsheer gebildet, dessen Führung in einer Hand lag.
Dieser Umstand sollte sich auf die Entwicklung der Reichswehr und die aus ihr hervorgegangene Wehrmacht außerordentlich positiv auswirken.
Auch die Weimarer Republik hat daraus Nutzen gezogen, denn die disziplinierte, weitgehend unpolitische Reichswehr wurde durch die innere Zerrissenheit dieses Staates, die keinerlei Kontinuität aufkommen ließ, praktisch zum einzigen beständigen Ordnungsfaktor. Sie hat diesem Staat zwar in gewisser Weise reserviert gegenübergestanden, ihm jedoch immer loyal gedient und somit erheblich zu dessen Überleben bis zur immerhin formal legalen Machtübernahme durch Hitler beigetragen.

3. DIE GLIEDERUNG DER KAVALLERIE

Die Reichswehr-Kavallerie war in 3 Kavallerie-Divisionen gegliedert. Die 1. Kavallerie-Division hatte ihren Sitz in Frankfurt/Oder, die

2. Kavallerie-Division in Breslau und die 3. Kavallerie-Division in Weimar. Der Personalbestand einer Kavallerie-Division ohne reitende Artillerie-Abteilung sollte 275 Offiziere und 5 250 Mann betragen.[2] Die Kavallerie-Divisionen verfügten über jeweils 6 Reiter-Regimenter und 1 Abteilung reitender Artillerie.
Zur 1. Kavallerie-Division gehörten die Reiter-Regimenter 1—6, zur 2. Kavallerie-Division die Reiter-Regimenter 7—12 und zur 3. Kavallerie-Division die Reiter-Regimenter 13—18 mit Ausnahme des (bayerischen) Reiter-Regiments 17, das der 7. (bayerischen) Division direkt unterstellt war.[3]
Zusätzlich waren 7 Eskadrons Divisions-Kavallerie vorhanden, die den Infanterie-Divisionen als Aufklärungsorgane dienten. Diese 7 Eskadrons waren aus Gründen der Ausbildung und Verwaltung den Reiter-Regimentern 2, 4, 6, 12, 15, 16 und 17 unterstellt. Das Reiter-Regiment gliederte sich in den Stab mit Trompeterkorps, 2 Maschinengewehr-Halbzüge und 1 Nachrichtenzug,[4] 4 Reiter-Eskadrons zu je 4 Offizieren, 170 Mann und 200 Pferden, und 1 Ergänzungs-Eskadron zur Ausbildung von Mannschaften und Remonten* zu 4 Offizieren, 110 Mann und 170 Pferden.
Die Ergänzungs-Eskadron wurde nach wenigen Jahren in Ausbildungs-Eskadron umbenannt.
Auch der Etat scheint in diesen Anfangsjahren noch nicht endgültig festgelegt gewesen zu sein. Nach Edgar Graf v. Matuschka sollte die Stärke einer Feld-Eskadron 5 Offz. und 150 Mann, die der Ausb.-Eskadron 3 Offz. und 110 Mann betragen.
Die bei den 7 numerisch bereits erwähnten Reiter-Regimentern vorhandene 6. Eskadron Divisions-Kavallerie hatte einen Etat von 4 Offizieren, 150 Mann und 180 Pferden.
Die Gesamtstärke der Reichswehr-Kavallerie betrug 807 Offiziere und 15 600 Mann. Hieraus folgt, daß das Personalsoll der Kavallerie-Divisionen nicht ganz erreicht wurde, denn einschließlich der 7 Eskadronen Divisions-Kavallerie hätten die 3 Kavallerie-Divisionen eine Stärke von insgesamt 825 Offizieren und 15 750 Mannschaften haben müssen.[5] Das Fehl ist im wesentlichen auf sogenannte »Luftstellen«, d. h. unbesetzte Stellen, deren Stelleninhaber anderweitig eingesetzt waren, zurückzuführen.[6] Die anderweitigen Verwendungen waren Abkommandierungen, u. a. auch zu höheren Stäben, Kommandobehörden und Schulen, sowie Auslandsverwendungen. Ein wesentlicher Punkt der Gliederung darf in diesem Zusammenhang

* Remonten = Drei- oder vierjährige, für den Truppendienst angekaufte Pferde bis zum vollendeten zweiten Ausbildungsjahr.

Die Kavallerie des neuen Heeres

Reichswehr-Kavalleristen. 1921.
Noch erinnert die junge Reichswehr stark an das Bild der »Feldgrauen« des 1. Weltkrieges.
(Archiv KR. 13)

Eine Reiter-Gruppe der 4./Reiter-Rgt. 13 in Munsterlager 1923 (Traditions-Eskadron des Hus.Rgts. 17, Braunschweig). *(Archiv KR. 13)*

Kandaren-Putzen in Sennelager 1923.
Hatte der Infanterist seinen Dienst beendet, begann für den Kavalleristen die Pflege von Pferd und Reitausrüstung. *(Archiv KR. 13)*

Häckselschneiden gehörte seit jeher zum Alltag des Kavalleristen Sennelager 1924. *(Archiv KR. 13)*

Kavalleristen des Reiter-Rgt. 3 beim Stalldienst auf dem TrÜbPl Jüterbog 1924. *(Archiv Verf.)*

Karabiner, Säbel und Lanze, die Waffen des Reichswehr-Reiters. *(Archiv KR. 13)*

Die Lanze prägte das Bild der Reichswehr-Kavallerie bis 1927. Die 4. Eskadron des Reiter-Rgt. 2, Allenstein (vorl. Angerburg) (Trad.Esk. des Drag. Rgt. 11 Lyck). *(Archiv Verf.)*

Rast der 2./RR. 8 auf dem TrÜbPlatz Jüterbog 1923. *(Archiv Reiter 8)*

Die 4./Reiter-Rgt. 8 in Jüterbog 1925. »Lanze auf Lende« *(Archiv Reiter 8)*

4 sMG bildeten in der Anfangszeit der Reichswehr die »schweren Waffen« des Reiter-Rgt. Die hier abgebildeten MG auf Zweibein (08/15) galten allerdings als »leichte MG« und waren der Kavallerie zunächst nicht gestattet. *(Archiv K.R. 13)*

Ab 1925 wurden offiziell leichte Maschinengewehre für die Kavallerie zugelassen. 3./Reiter-Rgt. 13 in Lüneburg. *(Archiv KR. 13)*

Feldmanöver der 4. Division 1927 bei Naumburg/Saale. Reiter in »Fliegermarschtiefe«. Ab 1. 10. 1927 wurden die Lanzen »auf Kammer abgelegt«. *(Foto Tellgmann)*

nicht vergessen werden: Ebensowenig wie Korps-Stäbe zugelassen waren, weder für Infanterie-Divisionen, noch für die Kavallerie-Divisionen, waren unterhalb der Divisionsebene Brigadestäbe zugebilligt worden. Die Zusammenfassung und Führung zweier oder mehrerer Regimenter war deshalb taktisch nicht möglich, was insbesondere bei der Kavallerie als schwerer Nachteil anzusehen war.

4. DIE BEWAFFNUNG UND AUSRÜSTUNG

Waren die einengenden Auflagen der Entente hinsichtlich des Umfanges, des Status der Soldaten sowie der Gliederung des Reichsheeres schon bedrückend, so wirkten sich die Bestimmungen, soweit sie die Bewaffnung betrafen, geradezu niederschmetternd aus.
Insgesamt verfügte die Reichswehr offiziell über:[7]

84 000	Gewehre
18 000	Karabiner
792	schwere Maschinengewehre
1 134	leichte Maschinengewehre
63	mittlere Minenwerfer
189	leichte Minenwerfer
204	Kanonen 7,7 cm
84	Haubitzen 10,5 cm

Eines der auffälligsten Instrumente der Reichswehrkavallerie war die 3,20 m lange Stahlrohrlanze.
Zwar war durch A.K.O. vom 2. Juni 1889 die gesamte deutsche Kavallerie mit der Lanze ausgestattet worden, nachdem zuvor nur die Ulanen, zeitweise die Landwehrreiter, und ab 1888 auch die Kürassiere diese Waffe geführt hatten. Jedoch mußte es fraglich erscheinen, ob die einstmals als „Königin der Waffen" bezeichnete Lanze im 20. Jahrhundert noch eine Bedeutung haben konnte. Vielmehr mußte ihre Weiterverwendung in einer modernen Kavallerie eher als hinderlich angesehen werden. Dennoch wurde sie 1919 in die Reichswehr übernommen und bis 1927 beibehalten.
Die Gründe dafür können im einzelnen heute wohl nicht mehr eindeutig geklärt werden. Oberstlt. a. D. Graf. v. Matuschka gibt dazu folgende Erklärung: „Als nach dem Kriege die Reichswehr aufgebaut wurde, stand man vor der Frage; gegen welchen Feind man sie überhaupt einsetzen könne, denn ein Einsatz gegen die Westmächte mit ihrer schweren Artillerie, ihren Tankgeschwadern und Flugzeugen,

alles Waffen, die der Reichswehr versagt waren, verbot sich von selbst. Nur gegen Polen, mit dem man nach den polnischen Übergriffen in Oberschlesien im Jahre 1921 in keinem guten Einvernehmen lebte, versprach man sich zumindest beschränkte Erfolgsmöglichkeiten. Da nun die polnische Kavallerie Lanzen führte, gab man sie auch der Reichswehrkavallerie. Es waren die bewährten Lanzen von 1890, nur die Wappentiere auf den Lanzenflaggen der Unteroffiziere bekamen republikanische Embleme."

Allerdings dürfen bei dieser Erklärung andere Gründe nicht übersehen werden. So sollen sich in Versailles die Entente-Mächte mit Nachdruck für die Ausstattung der ohnehin zahlenmäßig zu starken deutschen Kavallerie mit dieser antiquierten Waffe verwendet haben. General d. Kav. Köstring erinnerte sich hierzu: »Die im Vergleich zum ganzen genehmigten Heer (7 Infanteriedivisionen) vorgeschriebenen 3 Kavalleriedivisionen waren ein relativ wichtiger Bestandteil des neuen Heeres, besonders deshalb, weil die Kavallerie mit ihren Lanzen und Gewehren, aber ohne schwere Waffen, in Versailles wohl als wenig gefahrdrohend angesehen wurde.«

Weiterhin ist zu berücksichtigen, daß sich namhafte deutsche Kavallerieführer noch bis in die späten 20er Jahre für die Beibehaltung dieser Waffe aussprachen, u. a. auch der erste Inspekteur, General d. Kav. von Poseck.

Noch 1927 schrieb er: »Bei allen Kämpfen der Aufklärungsorgane, von den Aufklärungsabteilungen bis zu den Patrouillen, hat die Lanze eine so hervorragende Rolle gespielt, daß dies schon allein ein ausschlaggebender Grund ist, die weitreichende blanke Waffe beizubehalten!

Selbst Gegner der Lanze müssen zugeben, daß der Lanzenreiter bei Patrouillen-Zusammenstößen im Vorteil ist. Daher sprechen sich auch alle, die im Kriege jemals im Aufklärungsdienst tätig gewesen sind, unbedingt für die Beibehaltung der Lanze aus.«

Der gewiß verehrungswürdige General v. Poseck übersah hierbei jedoch offensichtlich, daß die Kavallerie 1927 als Waffengattung bereits im Begriff war eine „schnelle Feuerwaffe" zu werden, deren wirkungsvoller Einsatz durch die Beibehaltung der Lanze außerordentlich gemindert worden wäre.

Neben der Lanze führten die Reiter den Karabiner 98 mit Seitengewehr und den Säbel. Offiziere und Wachtmeister führten neben dem Säbel die Pistole 08. Jeder Reiterzug verfügte über ein leichtes Maschinengewehr 08/15 (wassergekühlt), auf Tragtier verlastet, welches allerdings, da nicht etatisiert, von der Infanterie entliehen werden mußte. Erst ab 1923 wurden den Reiter-Regimentern eigene leichte MGs zugewiesen. (Das R.R. 1 erhielt in jenem Jahr z. B. 41 Stück.) In den beiden Maschinengewehr-Halbzügen besaß das Reiter-Regiment insgesamt 4 schwere Maschinengewehre 08, die auf Protzen verlastet, gefahren wurden. Weitere schwere Waffen waren den Reiter-Regimentern verboten.

Zu jeder Schwadron gehörte 1 bespannter Feldwagen für Munition, Handgranaten, Pioniergerät und Hufbeschlagszeug, 2 Feldwagen für Verpflegung und Hafer sowie 1 Feldküche, die ebenfalls hinter einer Protze gefahren wurde.

Der Nachrichten-Zug bestand aus einer bespannten Funkstelle und mehreren berittenen Fernsprechtrupps.

Die Kavallerie-Division konnte, wie bereits erwähnt, im Kriegsfall über eine reitende Artillerie-Abteilung verfügen. Somit ergab sich ein Verhältnis von 6 Regimentern Kavallerie zu 3 Artillerie-Batterien mit insgesamt 12 Geschützen Kaliber 7,7 cm. In diesen 12 Geschützen erschöpften sich die gesamten schweren Unterstützungswaffen einer Kavallerie-Division.

Die Reitende Artillerie der Reichswehr war zunächst mit der Feldkanone 16 (FK. 16) ausgestattet, die auch von der fahrenden Artillerie geführt wurde. Diese Waffe hatte ein Kaliber von 7,7 cm und eine größte Schußweite von 10 700 m.

Später erhielt die Reitende Artillerie die leichte Feldkanone 16 (neuer Art) mit einem Kaliber von 7,5 cm.

Mit der Erweiterung der reitenden Art.-Abt. 1 zum Regiment 1940 wurde die leichte Feldkanone 18 (l. FK. 18) eingeführt. Diese war bereits Anfang der 30er Jahre bei Krupp entwickelt worden, wurde aber erst 1938 hergestellt.

Die l. FK. 18 wog in der Feuerstellung 1120 kg und war somit 400 kg leichter als die bisherige FK. 16 (n. A.). Sie besaß außerdem eine Spreizlafette und Schwingschenkelachsen. Bei einem Kaliber von 7,5 cm und einer Rohrlänge von 1,94 m entsprach ihre Feuergeschwindigkeit der FK. 16 (n. A.) mit 8—10 Schuß pro Minute.

Die äußerste Schußentfernung war mit 9425 m angegeben und auch die V_0 war mit 485 m/sec. etwas geringer als bei der FK. 16 (n. A.). Allerdings konnten mit der l. FK. 18 Sprenggranaten, Panzergranaten, Nebelgranaten und Hohlladungsgranaten verschossen werden.

Eigenartigerweise wurde lediglich das reitende Art.-Regiment 1 mit der l. FK. 18 ausgestattet.

Generalmajor Dr. Rudelsdorff, 1940 Kommandeur der II. Abteilung dieses Regiments, beurteilte die Feuerkraft der Reitenden Artillerie im Verhältnis zu dem enormen Aufwand, insbesondere hinsichtlich der Zugmittel, als »nicht überragend«. Immerhin waren rund 200 Pferde notwendig um 4 Geschütze im Gefecht einzusetzen. Die II./r.AR. 1 verstärkte die Feuerkraft des Regiments 1940 erheblich, indem sie aus holländischem Beutematerial eine 7. (mot.) Batterie aufstellte.

Allerdings, und das darf nicht unerwähnt bleiben, galt die Reitende Artillerie als Elitetruppe. Sie erhielt besonders gute Offiziere und besseres Pferdematerial als die gewöhnliche Artillerie zugeteilt und war durch die Berittenmachung aller Führungs- und Bedienungsfunktionen außerordentlich beweglich und schnell.[8]

Was einer neuzeitlichen Kavallerie aber fehlte, waren Kavallerie-Geschütze, Granatwerfer und Panzerabwehrgeschütze zur unmittelbaren Unterstützung der Reiter-Regimenter. Keine Kampftruppe, und das sollte die Kavallerie ja immerhin in jener Zeitspanne sein, kann auf diese Waffen verzichten. In diesem Punkt konnte auf Grund der interalliierten Kontrollkommission auch keine Änderung herbeigeführt werden.

Um wenigstens in der Ausbildung die Zusammenarbeit mit schweren Waffen darstellen zu können, wurden bei den Reiter-Regimentern Kavallerie-Geschützzüge aufgestellt, die mit selbstgefertigten Holzattrappen ausgestattet waren.

An diesen Attrappen konnten die Bedienungen bis zur Wiedereinführung der Wehrhoheit u. a. im Marsch, im Instellunggehen und im Richten ausgebildet werden, wobei von der Artillerie Richtaufsätze ausgeliehen werden mußten.

Im übrigen wurde, besonders bei der Infanterie, notgedrungen auch anderes fehlendes, bzw. verbotenes Kriegsmaterial durch Attrappen dargestellt. So z. B. Panzer, die aus einem Leinwand-Holz-Gestell bestanden und mittels zweier Fahrräder beweglich gemacht wurden. Die Truppe konnte so an diese neuen Waffen gewöhnt und die Zusammenarbeit in einem begrenzten Umfang geübt werden.

Darüberhinaus blieb die Reichswehrführung zaghaft bemüht, bestimmte Verbote und Auflagen zu umgehen, um eine Erhöhung der Kampfkraft zu erreichen. Diese Versuche und Maßnahmen sind von der politischen Führung der Weimarer Republik im Hinblick auf den Vertrag von Versailles vielfach angegriffen worden. Deshalb sei hier die Meinung eines ehemaligen Kriegsgegners, des englischen Gene-

ralmajor und Militärtheoretikers Fuller angeführt, der in einer Studie über die zwischenstaatlichen Beziehungen seit 1789 ausführt: »Der Versailler Vertrag wurde von den Deutschen am 28. Juni 1919 in der kritischsten Situation der Blockade unterzeichnet und war somit moralisch nichtig«. Unabhängig davon beweisen gerade diese Bemühungen am Rande der Legalität, daß die Reichswehrführung im Prinzip bestrebt war, die vertraglichen Bindungen einzuhalten.
Die Anzahl der Gewehre und Maschinengewehre, aber auch der Bestand an Munition und sogar so profaner Dinge wie die Geschirre der Zugpferde war häufig höher als zugestanden. Da die Entente-Kommissionen mit peinlicher Kleinlichkeit zu Werke gingen, mußten diese überzähligen Waffen und Ausrüstungsgegenstände bei den Überprüfungen immer rechtzeitig und gut versteckt werden. Die dafür verantwortlichen Dienstgrade eigneten sich hierbei mit der Zeit eine erstaunliche Routine an, und Verrat wurde hier, trotz der politisch recht wirren Zeit, eigentlich nie geübt.
In dem vom Reich durch den polnischen Korridor abgetrennten Ostpreußen gingen die Verantwortlichen noch einen Schritt weiter. Hier wurden nicht nur Handfeuerwaffen in größerer als der zugestandenen Anzahl gelagert, sondern auch Geschütze und Artillerie-Munition.
Das überzählige Artillerie-Material wurde in den Scheunen der Besitzungen des Grafen Dohna eingestellt. Auch diese geheimen Depots sind nie verraten worden.[9]
Alle überzähligen Bestände an Wehrmaterial sind allerdings bis zum Heeresneuaufbau 1935 nie eingesetzt worden.
In all diesen Maßnahmen zur Umgehung der Bestimmungen von Versailles sind letzten Endes lediglich Versuche zu erkennen, der dem Umfang und Kampfwert nach bescheidenen Reichswehr im Falle eines inneren oder äußeren Notstandes eine geringfügig höhere Kampfkraft, als zugestanden, zu verleihen. Geheime Pläne, in einem Kriegsfall die Zahl der Infanterie-Divisionen auf 21 und die der Kavallerie-Divisionen auf 5 zu erhöhen, waren zwar vorhanden, wären aber sowohl zeitlich als auch materiell vor 1933 nur schwerlich in die Tat umzusetzen gewesen.

5. DIE STATIONIERUNG DER 18 REITER-REGIMENTER

Im Gegensatz zur Infanterie, aber auch den anderen Waffengattungen, die ziemlich gleichmäßig über das ganze Reich verteilt stationiert

waren, war die Kavallerie überwiegend auf die Gebiete ostwärts der Elbe konzentriert.
Ein beträchtlicher Teil lag sogar ostwärts der Oder, nämlich die Reiter-Regimenter 1, 2, 5, 7, 8 und Teile der Reiter-Regimenter 6 und 10. Das oberschlesische Reiter-Regiment 11 ist hier sinngemäß hinzuzufügen, wenngleich seine Standorte geographisch westlich der Oder lagen. Weniger als ein Drittel der Reichswehr-Kavallerie war auf dem Territorium der heutigen Bundesrepublik stationiert. Es waren dies Teile des Reiter-Regiments 14 in Schleswig, das Reiter-Regiment 13 in Lüneburg, das Reiter-Regiment 15 in Paderborn, das Reiter-Regiment 18 in Stuttgart-Bad Cannstatt, das Reiter-Regiment 17 in Bamberg und Teile des Reiter-Regiments 16 in Hofgeismar.
Eine besondere Konzentration ergab sich in Mitteldeutschland, genauer im weiteren Umkreis der Reichshauptstadt Berlin. Hier lagen die Reiter-Regimenter 3, 4, 6, 9, Teile der Reiter-Regimenter 10 und 14 sowie das (sächsische) Reiter-Regiment 12.
Ohne Zweifel war diese Standortzuweisung kein Zufall oder das Ergebnis einer traditionsbedingten Betrachtungsweise, wenngleich die Tradition in der Reichswehr eine besondere Rolle spielte. Vielmehr waren die politischen Gegebenheiten und die daraus resultierenden möglichen Einsatzräume einerseits, die Frage des Pferde- und Mannschaftsersatzes andererseits dafür ausschlaggebend.
Die ostwärts der Oder stationierten Reiter-Regimenter 1 und 2 in Ostpreußen, 5 in Hinterpommern, Teile von 10 in Ostbrandenburg, 7, 8 und 11 in Nieder- und Oberschlesien standen für den Grenzschutz an der unruhigen, stets gefährdeten polnischen Grenze bereit. Ihre Beweglichkeit und der hohe Grad permanenter Einsatzbereitschaft begünstigten eine derartige Verwendung. Die im Raum zwischen Elbe und Oder liegenden Reiter-Regimenter waren rasch zu Einsätzen in Berlin oder im mitteldeutschen Industriegebiet heranzuziehen, falls die Lage es erforderlich machen sollte. Der Bestand der Weimarer Republik wurde ja tatsächlich mehr als einmal durch innere Unruhen gefährdet und mußte wiederholt durch den Einsatz von Truppen gesichert werden.
Darüberhinaus konnten diese Verbände dank des gut ausgebauten Verkehrsnetzes in kurzer Zeit sowohl nach Osten als auch nach Westen in Marsch gesetzt werden, sollte sich hierfür eine Notwendigkeit ergeben.
Der mit Kavallerie schwach versehene Westteil des Reiches, in etwa

identisch mit dem Territorium der heutigen Bundesrepublik Deutschland, ergab für diese Waffengattung nur geringe Verwendungsmöglichkeiten und bot sich andererseits im Hinblick auf den Pferde- und Mannschaftsersatz nur wenig an.
Der letztgenannte Faktor mag für diese Stationierung zwar nicht ausschlaggebend gewesen sein, jedoch waren die Verhältnisse hinsichtlich des Pferde- und Mannschaftsersatzes in Ostpreußen vergleichsweise erheblich günstiger als in Bayern, Hessen oder Baden-Württemberg.
Der Ersatz der leichten Kavallerie-Remonte wurde zum überwiegenden Teil von Ostpreußen, zum geringeren vom hannoverschen Zuchtgebiet sichergestellt.
Für den Mannschaftsersatz ergaben die stark landwirtschaftlich geprägten Provinzen Ostpreußen, Pommern, Mecklenburg, Brandenburg und Schlesien günstigere Voraussetzungen für Rekruten mit „Pferdeverstand" als Industriegebiete oder Gebiete mit ausgesprochen kleinbäuerlicher oder gewerblicher Siedlung.
So stammten beispielsweise 1927 53% der Freiwilligen aus ländlichen Gebieten und nur 47% aus Städten, obwohl auf dem Lande nur noch 35% der Gesamtbevölkerung lebten und dementsprechend 58% der Bewerber städtischer Herkunft waren.[10] Diese personelle Auswahl hatte allerdings weniger gesellschaftlich-politische Ursachen, als vielmehr praktische; denn, wie bereits erwähnt, spielte das Pferd im gesamten Reichsheer eine bedeutende Rolle. Hinsichtlich der Pferdepflege und -Wartung wurde Bewerbern, die von Jugend auf mit Pferden umzugehen verstanden, der Vorzug gegeben. Dies traf besonders bei der Kavallerie zu. Der Gesundheitszustand und die mehr konservativ geprägte politische Haltung der ländlichen Bewerber kann in diesem Zusammenhang nur als sekundär hinsichtlich einer bevorzugten Einstellung gewertet werden.

II. Die Bedeutung der Kavallerie als Waffengattung der Reichswehr

6. DIE ROLLE DES GENERALOBERST V. SEECKT

Obgleich dem ehemalig württembergischen Generalmajor Reinhardt, dem letzten preußischen Kriegsminister und dem ersten Chef der Heeresleitung in der Weimarer Republik, zweifellos das Verdienst zugesprochen werden muß, die organisatorischen Grundlagen für ein einheitliches »Reichsheer« gelegt zu haben, wobei er die zunächst vor handene Ohnmacht der deutschen Bundesstaaten geschickt ausnutzte, muß als eigentlicher Schöpfer der Reichswehr zweifellos der spätere Generaloberst v. Seeckt angesehen werden. Nach dem Kapp-Putsch, als Nachfolger des General Reinhardt, Chef der Heeresleitung geworden, sah v. Seeckt seine vornehmste Aufgabe darin, das Reich nach außen gegen feindliche Angriffe zu sichern, nicht aber eine Polizeitruppe zur Aufrechterhaltung der inneren Ordnung zu schaffen.
In diesem Sinne ging er zielstrebig daran, aus der dem Reich zugestandenen Armee, ein Instrument höchstmöglicher Wirksamkeit zu formen. Dazu gehörte zunächst, diese Armee aus allen politischen Strömungen der Zeit herauszuhalten, danach ein qualifiziertes, einheitliches Führer- und Unterführerkorps heranzubilden.
Beides gelang v. Seeckt in hohem Maße, brachte aber ihm und dem von ihm geschaffenen Heer das Schlagwort vom »Staat im Staate« ein, das bis in die Gegenwart eine bestimmte politische Relevanz behalten sollte.
Natürlich läßt sich der Standpunkt vertreten, daß die Reichswehr als einer der wenigen dauerhaften Ordnungsfaktoren der Weimarer Republik durch die innere Geschlossenheit, die sie in kurzer Zeit erlangte, sich zu einer eigenständigen Einrichtung entwickelte, die im Gegensatz zu vielen anderen Lebensbereichen ihrer Zeit stand. Den-

noch war sie ein Kind ihrer Zeit. Dafür waren zwei Faktoren ausschlaggebend. Zum einen gab es praktisch keine »republikanischen« Offiziere. Die Republik mußte sich wohl oder übel des bisherigen »monarchistischen« Offizierkorps bedienen und das mit allen Konsequenzen, die sich daraus ergaben. Zum anderen befand sich ein Großteil des deutschen Volkes nach dem verlorenen Krieg und insbesondere auf Grund der Auswirkungen des Vertrages von Versailles Anfang der 20er Jahre in einem politisch-moralisch äußerst desolaten Zustand, den der damalige französische Botschafter in Deutschland, de Margerie, folgendermaßen beschrieb: »Die Dekadenz und Entartung dieses Volkes sind unverkennbar. Jeder Tag, der ins Land geht, offenbart, daß es überhaupt keinen Willen hat. Die Deutschen sind völlig unfähig zur Selbstbestimmung, da ihnen geschichtlich demokratische Bildung fehlt. Daher bringt das neue demokratische System nur Fehler und Schwächen hervor«.
Es kann kein Zweifel darüber bestehen, daß die Verhältnisse und die Strukturen innerhalb der Reichswehr gänzlich anders geartet waren. Sicherlich stand die große Mehrheit der Reichswehrangehörigen der Demokratie uninteressiert, reserviert, ja ablehnend gegenüber. Diese Tatsache beruht auf der geschichtlichen Entwicklung des Militärs in Deutschland, seiner Erziehung und den persönlichen Erfahrungen, die Offizier wie Mann seit Kriegsende machen konnten. Jedoch gab es für Dekadenz und Entartung selbst innerhalb der frühen Reichswehr keinen Nährboden. Im Gegenteil, Führung wie Truppe mußten sich, ihrer Aufgabe entsprechend, gewissermaßen als Äquivalent zum herrschenden Zeitgeist betrachten.
Insofern wird die Auffassung eines Teils der politischen Führung von Weimar zwar verständlich, jedoch symbolisiert sie geradezu deren Unfähigkeit auf ihrem Gebiet Gleichwertiges zu schaffen.
General v. Seeckt schuf jedoch nicht nur ein in sich geschlossenes Offizier- und Unteroffizierkorps ungewöhnlichen Formats, er formulierte auch in materieller sowie in taktisch-strategischer Hinsicht Grundlagen und Richtung. Dies gilt auch hinsichtlich der Reichswehr-Kavallerie. In seinen »Gedanken eines Soldaten« widmet er dieser Waffengattung ein bemerkenswertes Kapitel, in welchem er insbesondere auf deren Ausbildung und Verwendung eingeht.
Davon ausgehend, daß dem deutschen Heer in Versailles nun einmal eine zahlenmäßig derart starke Kavallerie zudiktiert worden war, sah er seine Aufgabe darin, aus dieser nach Ansicht der ehemaligen Entente antiquierten Waffe, die zweifellos Deutschlands

Wehrfähigkeit mindern sollte, ein unter den gegebenen Umständen modernes, schlagkräftiges Instrument zu machen, wie er überhaupt beim Auf- und Ausbau der Reichswehr nach dem Grundsatz: »to make the best of it« ans Werk ging. Mag hierbei in dem einen oder anderen Fall der Wortlaut des Abkommens nicht immer buchstabengetreu eingehalten worden sein, so ist gerade die grundsätzliche Loyalität v. Seeckts gegenüber den eingegangenen Verpflichtungen jedoch nicht zu leugnen. Die Kavallerie betreffend, waren v. Seeckts Vorstellungen und Maßnahmen in der Tat richtungsweisend, und das, obwohl schon er sich mit seinen Ansichten häufig im Widerspruch zu anderen namhaften Militärs befand.
Durch sein von der Realität geprägtes Handeln entstand aus dieser »unzeitgemäßen« Waffe in einem Zeitraum von weniger als 25 Jahren u. a. ein wesentlicher Teil der Substanz der späteren deutschen Panzerwaffe in personeller, aber auch in taktischer Hinsicht. Ohne die grundlegende Aufbauarbeit des General v. Seeckt wäre es Guderian kaum möglich gewesen, in dem kurzen Zeitraum von 1934—39 die später so überaus erfolgreiche Panzertruppe sozusagen »aus dem Boden zu stampfen«. Umfang, Ausbildung und taktisches Verständnis der 7 ehemaligen Kraftfahr-Abteilungen waren dafür absolut unzureichend.

7. VERWENDUNG UND KAMPFWERT

In seinem schon erwähnten Buch »Gedanken eines Soldaten« untersucht v. Seeckt zunächst kurz die Schlagworte, die seiner Zeit der Verwendung berittener Kavallerie den Garaus machen sollten, nämlich das von der »Entbehrlichkeit der Kavallerie« und das vom »Zeitalter der Mechanisierung«.
Er geht, ebenfalls kurz, auf die Stimmungen und Meinungen ein, die breite Schichten des Volkes, aber auch prominente Persönlichkeiten gegenüber der Reiterei und dem Pferd schlechthin zum Ausdruck brachten. Dabei zeigt er eine permanent vorhandene Ambivalenz auf. Diese wird besonders deutlich, einerseits in der ablehnenden Haltung gegenüber dem Reiter als Relikt der Ritterzeit, Symbol des Feudalismus und des Junkertums, wobei auf die einzusparenden Kosten bei dessen Abschaffung hingewiesen wird; andererseits aber in dem Jubel, der dem Reiter mit und ohne Uniform auf Turnieren und Vorfüh-

rungen, kurz bei jedem öffentlichen Auftreten im In- und Ausland, zuteil wird. Und gerade bei diesen Schichten lösen Erfolge dann Stolz und Bewunderung aus. Von Seeckt stellt dazu insgesamt fest, daß besonders im militärischen Bereich lediglich die Frucht kühlen und klaren Denkens, nicht aber Emotionen oder Schlagworte ausschlaggebend sein können und wendet sich im folgenden ernsthafteren Fragen zu.

Für v. Seeckt wie für die Kavallerie-Experten war es eine Selbstverständlichkeit, daß die Zeiten großer Kavallerie-Attacken vorüber waren. Um das zu erkennen, bedurfte es nicht einmal der Erfahrungen des I. Weltkrieges. Dennoch sprachen sich sowohl er als auch die Generale der Kavallerie v. Bernhardi, v. Poseck und Generalleutnant Brandt für die Beibehaltung größerer geschlossener Kavallerie-Verbände aus.

Generalen, die aus der Kavallerie hervorgegangen waren, hätte man vielleicht eine subjektive Beurteilung des Wertes berittener Verbände anlasten können. Bei v. Seeckt traf diese Konstellation nicht zu. Er war »gelernter« Infanterist und galt zudem als scharfer, unbestechlicher Analytiker, der sich kaum von Gefühlen leiten ließ. Aber auch der Schöpfer der modernen Panzerwaffe, der spätere Generaloberst Guderian, der als ehemaliger »Goslarer Jäger« in seiner Laufbahn vielfach in Verwendungen Dienst tat, in welchen die Technik dominierte, und der kein Freund der Kavallerie war, setzte sich noch 1938 als Chef der »Schnellen Truppen« für die Gliederung der Kavallerie in handliche, modern bewaffnete Divisionen ein. Sein Vorschlag scheiterte daran, daß der Chef des Allgemeinen Heeresamtes, General Fromm, die dazu notwendige Beschaffung von 2 000 zusätzlichen Kavallerie-Remonten* nicht glaubte bewilligen zu können.[11]

Es kann heute als unbestreitbar gelten, daß Kavallerie-Verbände auch nach dem I. Weltkrieg unter den entsprechenden Voraussetzungen als durchaus brauchbare Waffe, und nicht nur als aufgezwungen oder als Aushilfe anzusehen waren. Selbstverständlich ist bei dieser Feststellung zu berücksichtigen, daß die Motorisierung und Mechanisierung der Armeen bis in den II. Weltkrieg hinein in mancherlei Beziehung den Kinderschuhen noch nicht entwachsen war. Und weiter darf nicht übersehen werden, daß alle verantwortlichen Befürworter neuzeitlicher Kavallerie grundsätzlich deren Verstärkung und Unterstützung durch motorisierte und mechanisierte Kräfte forderten.

* Remonten = Drei- oder vierjährige, für den Truppendienst angekaufte Pferde, bis zum vollendeten zweiten Ausbildungsjahr; hier für die Waffengattung Kavallerie.

Allerdings ist dieser Forderung bis zum Ende des II. Weltkrieges, und damit bis zum Ende der Kavallerie schlechthin, aus den unterschiedlichsten Gründen nie in optimaler Weise Rechnung getragen worden, was wiederum deren Kampfkraft schmälerte, und daher den Kritikern Recht zu geben schien.
Die Auffassung namhafter, damals avantgardistischer Offiziere, hauptsächlich aus dem Bereich der Heeresmotorisierung, daß das Pferd seine Rolle in der Aufklärung und erst recht auf dem Gefechtsfeld ausgespielt habe,[12] hat sich im II. Weltkrieg nicht bestätigt. Immerhin haben 18 an diesem Krieg beteiligte Staaten Kavallerie-Verbände von z. T. erheblichem Umfang eingesetzt,[13] deren taktische und operative Erfolge ihre Existenz durchaus gerechtfertigt haben. Diese Tatsache spricht für sich und kann sicherlich nicht dadurch entwertet werden, daß die mit Pferden ausgestattete Kavallerie häufig als Notlösung angesehen wurde, da technische Einsatzmittel nicht in ausreichender Zahl und kriegsbrauchbarer Qualität vorhanden waren. Gerade diese beiden Faktoren wurden von den Kritikern berittener Kavallerie auf dem modernen Gefechtsfeld häufig zu gering bewertet oder völlig negiert.[14]
Gewiß beruhte die positive Einstellung vieler aus der Kavallerie hervorgegangener Offiziere hinsichtlich deren Beibehaltung ein wenig auf Sentimentalität und treuer Anhänglichkeit an eine Waffe mit stolzer, aber nun recht weit zurückliegender Tradition. Jedoch können und dürfen diese menschlich verständlichen Regungen ebensowenig Wert oder Unwert, Zweckmäßigkeit oder Unzweckmäßigkeit von militärischen Einrichtungen und Organisationsformen bestimmen wie eine zwar progressive Einstellung, die aber dem jeweils gegenwärtigen Stand der Möglichkeiten nicht gebührend Rechnung trägt, bzw. diesen geflissentlich übersieht.
Tatsächlich war das Deutsche Reich aus den verschiedensten Gründen bis zum Ende des II. Weltkrieges nicht in der Lage, technisches Großgerät, d. h. in diesem Zusammenhang Panzer, Schützenpanzer, Selbstfahrlafetten und Kraftfahrzeuge in genügender Anzahl herzustellen, wobei hier das Problem der uneingeschränkten Feldbrauchbarkeit für den Zeitraum von 1935—1945 noch nicht einmal untersucht werden soll.
Für die Reichswehr verbot sich das alleinige Setzen auf die Karte des Motors von selbst. Als nach 1935 die Möglichkeit dazu wenigstens theoretisch gegeben war, wurde schließlich eine Art goldener Mittelweg eingeschlagen, der sich rückblickend im Prinzip als richtig er-

wiesen hat. Die Motorisierung und Mechanisierung wurde in dem damals möglichen Umfang vorangetrieben, ohne im allgemeinen deren Grenzen zu verkennen. Damit blieb zwangsläufig ein Teil berittener Kavallerie in recht moderner Form weiterhin bestehen.
Wie moderne Kavallerie einzusetzen sei und welche Aufgaben ihr übertragen werden sollten, sahen ihre Befürworter in dem Zeitraum von 1920—1935 alle ziemlich übereinstimmend.
Davon ausgehend, daß die Zeit großer Attacken und damit der Schlachten-Kavallerie im herkömmlichen Sinne einerseits vorüber war, andererseits aber die Kavallerie auf Grund ihrer weiterhin bestehenden Möglichkeiten und ihrer gegebenen Eigenschaften als Kampftruppe auch in Zukunft zu verwenden sei, wurde ihr die Rolle einer schnellen, beweglichen Feuerwaffe zugewiesen.
Es wurde der Grundsatz formuliert: Die Kavallerie reitet, um zu schießen, und sie schießt, um wieder zu reiten.
Mit anderen Worten: Die in einem Reiter-Regiment enthaltene Feuerkraft sollte mittels des Pferdes möglichst rasch, auch abseits gebahnter Wege und unter Schonung des Mannes, an den Feind herangetragen werden, dessen Widerstand brechen, um unmittelbar danach, die relativ hohe Beweglichkeit ausnutzend, erneut für andere Aufgaben zur Verfügung zu stehen. Diese Verwendung der Kavallerie als bewegliche, weitgehend geländeunabhängige Kampftruppe betrachtete auch ihr Inspekteur, General v. Hirschberg, als deren Hauptaufgabe. Er erklärte das zumindest 1931 in einem Gespräch mit General Lutz, dem Inspekteur der Verkehrstruppen.[15] Damit verzichtete die Kavallerie auf die operative Aufklärung zugunsten der Kraftfahrtruppe. Der Nachfolger des General v. Hirschberg allerdings, der aus der Infanterie hervorgegangene General Knochenhauer, versuchte jedoch auch diese Aufgabe der Kavallerie wieder zurückzugewinnen.
Dazu bildete er 1934 aus zwei der vorhandenen Kavallerie- Divisionen ein Kraftfahr-Kavallerie-Korps und versuchte darüberhinaus, die Kraftfahrtruppen für dieses Korps zu gewinnen. Um bei diesen eine entsprechend günstige Meinung zu erzielen, wurden zahlreiche Kavallerie-Offiziere zu den Kraftfahrtruppen versetzt. Das Kraftfahr-Kavallerie-Korps ist taktisch nie in Erscheinung getreten.[16] Seine tatsächliche Existenz wird sogar bestritten.
Die zunehmende Bedeutung und die ständige Weiterentwicklung der Heeresmotorisierung, insbesondere nach 1933, ließen diesen Plan in der von General Knochenhauer gewünschten Form allerdings scheitern. Wäre er realisiert worden, so hätte die Deutsche Wehrmacht zu

Beginn des II. Weltkrieges über ähnliche teilmotorisierte Großverbände verfügt wie derzeit z. B. Frankreich, aber auch England gegen Ende des I. Weltkrieges; Verbände, die zwar tapfer gekämpft haben, denen aber wesentliche Erfolge auf Grund ihrer Struktur versagt bleiben mußten.

General v. Seeckt beurteilte 1929 die Verwendungsbreite neuzeitlicher Kavallerie noch wesentlich optimistischer. Nach seinen Vorstellungen sollte die Kavallerie zu Beginn eines Krieges zunächst die Deckung des eigenen Aufmarsches und den Schutz der Grenze übernehmen. Dazu war sie besonders geeignet, da bei ihr kaum Mobilmachungsvorbereitungen zu treffen waren. Sie war in der Tat in einem hohen Maße ständig einsatzbereit. Diese ersten Aufgaben konnten im Falle eines Krieges sowohl offensiv als auch defensiv gelöst werden. Allerdings war die Unterstützung durch andere Waffen hier wie beim Einsatz in anderer Verwendung die unabdingbare Voraussetzung, worauf v. Seeckt immer wieder hingewiesen hat. Nach dem Grenzschutz sollte die Kavallerie als Ergänzung der Luftaufklärung die Erdaufklärung im taktischen und auch im operativen Rahmen betreiben.

Die Mitwirkung im Gefecht sah v. Seeckt einmal im Schutz der Flanke größerer Heeresverbände, im Angriff gegen Flanke und Rücken des Feindes sowie bei der Verfolgung. Nach wie vor war die Kavallerie aber auch eine schnell verschiebbare Reserve in der Hand des Truppenführers. Die Auffassung v. Seeckts erscheint zunächst stark traditionsgebunden, da man insgesamt kaum Änderungen gegenüber der herkömmlichen Verwendung größerer Kavallerie-Verbände erkennt. Modern, zweckmäßig und erforderlich war jedoch unzweifelhaft die Koppelung der beweglichen, straßenunabhängigen Reiterei von Fall zu Fall mit der Feuerkraft, dem Durchstoßvermögen, der Geschwindigkeit und den speziellen technischen Möglichkeiten anderer Truppengattungen.

Erfolg und Mißerfolg aller dieser Auffassungen und der daraus resultierenden Maßnahmen sollte in den verschiedenen Phasen des II. Weltkrieges nur zu deutlich zu Tage treten.

Unabhängig von den vorgegebenen Faktoren: Gliederung, Ausstattung und Umfang beruhte der Kampfwert der Reichswehr-Kavallerie, wie der der gesamten Reichswehr, nicht zuletzt auf den Säulen Disziplin — Ausbildung — Führerkorps. Hier ist ein Niveau erreicht worden, für das es keine Parallele gibt, und das auch nach Auffassung namhafter ausländischer Militärhistoriker einmalig war.[17]

8. BEZUGSPUNKTE ZUR GESELLSCHAFT

Ein ehemaliger Fahnenjunker, der 1933/34 im 5. (Preuß.) Reiter-Regiment diente, schreibt in dem 1975 erschienenen Buch »Das Kavallerie-Regiment 5«:

> »Reichswehr. Gehaßt, gefürchtet und bewundert. Von Bewerbern überlaufen. Nicht nur wegen der schlechten Wirtschaftslage damaliger Zeit, sondern wegen ihrer allgemeinen Erscheinung als Heer. Anders als ihre Umwelt. Eine schweigende Elite, dem Zeitgeist und der Mode entzogen!«

Diese kurzen Sätze charakterisieren die Reichswehr nicht nur recht originell, sondern treffender als so manche wissenschaftliche, weitschweifige Untersuchung.

Die Bedeutung der Reichswehr wird weiterhin unterstrichen, betrachtet man ihren Einfluß auf die Bevölkerung des Reiches zur Zeit der Weimarer Republik insgesamt, z. B. auch auf den Gebieten des Sports, der Wirtschaft und im politisch-gesellschaftlichen Bereich.

Auf die Sektoren Sport und Wirtschaft soll an anderer Stelle näher eingegangen werden. Gesellschaftlich wirkte die Reichswehr nach innen und außen. Dafür je ein Beispiel. Karl Demeter stellt in seinem Buch »Das Deutsche Offizierkorps in Gesellschaft und Staat 1650 bis 1945« u. a. fest: »Die Reichswehr hat in ihren Kasernen eine bemerkenswerte, vom Schönheitssinn des Einzelnen geförderte Wohnkultur angestrebt«. Eine, auf das Militär und die damalige Zeit bezogen, sicherlich ungewöhnliche und kaum erwartete Feststellung. Die gleiche Feststellung trifft auch Gen. d. Art. Dr. h. c. Friedrich von Rabenau in seiner Seeckt-Biographie 1940. General Dietrich v. Choltitz hebt in seinen Memoiren »Soldat unter Soldaten« u. a. hervor: »Darüberhinaus aber hat das mit 4 000 Mann kleine Offizierkorps einen erstaunlich großen gesellschaftlichen Einfluß ausgeübt.«

Karl Demeter schildert in seinem o. a. Buch die Gründe dafür: »Die Truppe lag meistens in kleineren Städten, besaß stattliche Kasinogebäude und war häufig der einzige gesellschaftliche Kreis, der in großem Rahmen festliche Veranstaltungen durchführen und Gesellschaften geben konnte, wobei auch die eigenen Musikkorps attraktiv wirkten. So waren die Kasinos damals die Stätten, in denen sich die Jugend beiderlei Geschlechts in guten Formen zusammenfand. Auch Beziehungen zu den führenden Kreisen der Wirtschaft und der Universitäten spannen sich auf diesem Parkett allmählich an. Und sehr

viel Sport wurde getrieben: Die Infanterie erreichte in der Leichtathletik eine hohe Stufe, die Kavallerie und Artillerie im Reitsport, wodurch sie bei öffentlichen Sportfesten auch mit zivilen Kreisen in nähere und auflockernde Berührung kamen.«
Da die Kavallerie, wie mehrfach erwähnt, einen sehr hohen Anteil am Gesamtumfang der Reichswehr besaß, trifft das eben geschilderte auf sie besonders in Ost- und Norddeutschland in erheblichem Maße zu.

9. DIE KAVALLERIE-SCHULE, DER REITSPORT

Wäre die Reichswehr-Reiterei zu einem frühen Zeitpunkt gänzlich aufgelöst worden und wäre sie damit von der Bühne der Geschichte sang- und klanglos abgetreten, so würden allein die Existenz, die Bedeutung und die Nachwirkungen der Kavallerie-Schule ihr ein ehrendes Denkmal setzen, solange Menschen mit dem Partner Pferd Sport betreiben.
Bis 1914 lag die reiterliche Spitzenausbildung der Armee in der Obhut des Militär-Reitinstituts Hannover, den Offizier-Reitschulen Paderborn und Soltau sowie der bayerischen Equitations-Anstalt in München. Für Sachsen gab es in Dresden eine ähnliche Ausbildungsstätte.
Entgegen anderen Darstellungen billigte der Vertrag von Versailles der Reichswehr zunächst keine Kavallerie-Schule alten Typs zu.
Dennoch baute General Seiffert, der letzte Chef des Militär-Reitinstituts und spätere erste Kommandeur der Kav.-Schule, in Hannover aus den spärlichen Resten des ehem. Reitinstituts unter großen Schwierigkeiten wieder eine zentrale Ausbildungsstätte für die Kavallerie des neuen Heeres auf.
Eines Tages jedoch, verwies eine Note der Entente darauf, daß eine Kavallerie-Schule im Vertrag von Versailles nicht vorgesehen sei!
Um nun diese Ausbildungseinrichtung nicht auflösen zu müssen, wählte die Kavallerieabteilung des Ministeriums folgenden Ausweg: Die Schule wurde in „Zureitanstalt für Reitpferde der Infanterie-Offiziere“ umbenannt und die dorthin kommandierten Offiziere und Unteroffiziere nicht mehr als Reitschüler, sondern als „Bereiter“ bezeichnet. In der Sache hatte sich nichts geändert und die Institution konnte weiter beibehalten werden.*

* Profile bedeutender Soldaten: »General Ernst Köstring«, herausgegeben vom Bundesarchiv/ Militärarchiv Bd. 1.

Eskadron des Reiter-Rgt. 10 während des Manövers 1927. Vereinzelt traten bei der Kavallerie Radfahrer in Erscheinung.
(Foto Tellgmann)

Die Reitausbildung nahm bei der Reichswehr breitesten Raum ein. Im Durchschnitt wurden 3 000 Ausbildungsstunden pro Reiter zu Grunde gelegt.
(Archiv KR 13)

Ausbildung der Truppenpferde beim Reiter-Rgt. 3 in Stendal 1928.
(Archiv Verf.)

In der Reiter-Schwadr. verband sich die Feuerkraft der Schützen mit dem Tempo der Pferde. *(Sammlung Kellenberg)*

Entsprechend der Verwendung als »Schneller Feuerwaffe« wurde auch bei der Kavallerie großer Wert auf die Schießausbildung gelegt. *(Archiv KR. 13)*

Die sMG waren die Schwerpunktwaffe der Reiter-Rgtr. Zumeist wurden sie auf MG-Fahrzeugen verlastet, teilweise auch durch Tragtiere beweglich gemacht. *(Archiv Verf.)*

Ein sMG-Trupp der 1. (schw.)/Reiter-Rgt. 8 während des Manövers der Heeresleitung: 1. und 2. Kav.-Div. gegen 3. Inf.-Division 1932 bei Frankfurt/O. *(Archiv Reiter 8)*

Unter den Inspekteuren: Gen.d.Kav. v. Kayser (li.) und seinem Nachfolger GenLt. Brandt (re.) fand die Umwandlung der lanzenführenden Reiter zur »schnellen Feuerwaffe« statt. *(Archiv Verf.)*

Obwohl »schnelle Feuerwaffe« wurde die Attacke mit blanker Waffe beibehalten und weiter geübt. Bei der Aufklärung und der Verfolgung wurden dieser Angriffsart nach wie vor Erfolgsaussichten eingeräumt. *(Archiv Verf.)*

Die Attacke wurde gelegentlich auch noch von der Kavallerie der Wehrmacht geübt. Attackenübung zweier Reitergruppen des Kav.-Rgt. 15 Paderborn. *(Archiv Reiter 8)*

Vorbeimarsch im Galopp einer Schwadron der 3. Kav.-Div. anläßlich der Parade bei Römhild, nach dem Hindenburg-Manöver 1930. Vermutlich wurde diese Paradeform hier zum letzten Mal geritten. *(Archiv Verf.)*

Das Überwinden von Gewässern wurde von der Reichswehr-Kavallerie alljährlich durchgeführt.
1. Kav.-Div. setzt mit Schlauchbooten über die Oder. Manöver der Heeresleitung 1932. *(Foto Tellgmann)*

Der personelle Umfang dieser letztlich dann doch zugestandenen Ausbildungsstätte war vergleichsweise bescheiden. Bis 1932 betrug der Etat 13 Offiziere, darunter der Kommandeur, der Adjutant und 3 Veterinär-Offiziere, so daß für den Ausbildungsdienst nicht mehr als 8 Offiziere zur Verfügung standen.
Dem Kommandeur unterstanden 3 Hauptabteilungen:
Abteilung 1, die Fähnrichsschule;
Abteilung 2, Ausbildung der Pferde, Offiziere und Reiter der unberittenen Waffengattungen;
Abteilung 3, der sogenannte Stammtrupp. Er enthielt die Pferde der Fähnriche sowie einen Jagd- und Schulstall.
In den ersten Jahren nach dem Krieg 1914/18 lag der Schwerpunkt der Ausbildung naturgemäß darin, den Offiziersnachwuchs der Kavallerie auf seine speziellen Aufgaben vorzubereiten sowie die sogenannten nicht berittenen Waffen mit entsprechend ausgebildeten Pferden, Offizieren und Reitlehrern zu versorgen. Damit sollte allmählich wieder eine gleichmäßige, der Reitvorschrift von 1912/26 entsprechende Auffassung hinsichtlich des militärischen Reitens erreicht werden.
Die Heranbildung von Leistungsspitzen konnte zunächst nur einen geringen Raum einnehmen, zumal hier in längeren Zeiträumen gedacht und gearbeitet werden mußte. Dennoch gehörten die von der Kavallerie-Schule ausgerichteten Turniere bereits in deren Frühzeit zu den bedeutendsten Veranstaltungen ihrer Art. In dieser Zeit waren Major v. Flotow und der spätere Oberstleutnant Gerhard die Initiatoren beim Wiederaufbau des Schulstalles, Rittmeister Blakeley der Wiederbegründer des Jagdstalles.
Diese drei Offiziere hatten bereits vor dem Krieg die deutsche Reiterei national und international sehr erfolgreich vertreten. Die verstärkte Hinwendung zu den sportlichen Komponenten der Schule erfolgte ab 1928. In diesem Jahr hatte der ehemalige Weltkriegsoffizier Freiherr v. Langen (1. Garde-Ulanen) während der Olympischen Spiele in Amsterdam die Goldmedaille in der Großen Dressurprüfung für Deutschland errungen. Diese großartige Leistung fand allgemeine Anerkennung und Bewunderung, insbesondere deshalb, weil v. Langen infolge einer schweren Verwundung jahrelang gelähmt und an den Rollstuhl gefesselt war.
Neben dem schon bestehenden Jagd- und Schulstall wurde Anfang 1930 auch ein Springstall eingerichtet, den das deutsche Olympiade-Komitee für Reiterei durch die Zuweisung von besonders guten

älteren, schon bewährten Springpferden tatkräftig unterstützte. Hier, wie auch in vielen anderen Bereichen der Pferdezucht und des Pferdesports, wirkte sich einmal mehr der Weitblick und die Initiative des Oberlandstallmeisters Dr. h. c. Gustav Rau aus, der diese Zusammenarbeit mit dem ihm eigenen Engagement förderte. Bereits 4 Monate nach der Gründung, im Juni 1930, konnte eine offizielle Mannschaft der Kavallerie-Schule an dem Turnier in London teilnehmen, und nach 8 Monaten ging eine wohlvorbereitete Equipe nach Amerika, die mit 2 Nationen- und 8 weiteren ersten Preisen nach Deutschland zurückkehrte.[18]

Ebenso bedeutsam war aber wohl das erste Auftreten einer deutschen Offiziersmannschaft nach 1918 im Inland.

Als während der Eröffnung des Turniers in Aachen am 19. Juli 1930 die Teilnehmer aus 14 Nationen hinter dem Trompeterkorps des Reiter-Regiments 15, Paderborn, feierlichen Einzug hielten, schwoll, so berichtet der Chronist, der Jubel der nach Zehntausenden zählenden Zuschauer zum Orkan, als die deutsche Offiziersmannschaft sichtbar wurde. Hier wurde, um es in der Sprache unserer Zeit auszudrücken, eine echte Marktlücke geschlossen.

Der Bedeutung des Spitzensports rechnungtragend, war 1930 an der Kavallerie-Schule nicht nur ein Springstall eingerichtet worden, sondern es wurden alle sogenannten Turnierställe in der Abteilung III zusammengefaßt, in der richtigen Erkenntnis, daß der Leistungsdurchschnitt der Breite durch Höchstleistungen in den Spezial-Disziplinen gehoben wird.

Kommandeur dieser Abteilung III wurde Oberst Weingart. Ihm unterstanden:

1. der Springstall
2. der Militarystall
3. der Schulstall
4. der Rennstall
5. der Jagdstall

Hierbei wird ersichtlich, daß durch diese Maßnahme alle Sparten des Reitsports gefördert, bzw. wieder belebt werden sollten. Die Rechnung ging voll auf. Nachdem die Weichen gestellt waren, wurde der Erfolg jahrelanger mühevoller Aufbauarbeit mehr und mehr sichtbar. Die Kavallerie-Schule wurde zur Hochburg der deutschen Reiterei.

Der wertvollste reiterliche Erfolg dieser Jahre war zweifellos der endgültige Gewinn der »Coppa d'Oro Mussolini«. Diese Trophäe, einen Goldpokal von einem halben Meter Höhe, hatte der italienische

Diktator gestiftet, um die italienische Springreiterei vor aller Welt hervorzuheben. Italien war im Springsport jener Zeit führend. Deshalb war es ziemlich sicher, daß eine italienische Mannschaft diesen wertvollsten Preis im Springreiten auch erringen würde. Aber es sollte anders kommen.

Der Austragungsmodus sah vor: 3 Siege einer Nationen-Mannschaft in 3 aufeinanderfolgenden Jahren.

Die erfolgreichste Nation im Springsport Anfang der 30er Jahre war allen voran Italien, gefolgt von Irland, Frankreich, Polen, Ungarn, Schweden, und nun auch Deutschland. Die Spring-Mannschaften bestanden praktisch ausschließlich aus Offizieren

Und was kaum jemand für möglich gehalten hatte, trat ein. Nachdem bis 1930 hauptsächlich Italiener und Franzosen favorisiert waren, siegte die Mannschaft der Kavallerie-Schule Hannover in den Jahren 1931, 1932 und 1933, also dreimal in ununterbrochener Folge, und gewann damit diese begehrte Trophäe entgültig.

Der Pokal hat den II. Weltkrieg unversehrt überdauert. Er wird heute, nach abenteuerlichen Umwegen, in der Deutschen Reitschule in Warendorf aufbewahrt.

Im Jahre 1932 bestritt die Mannschaft der Kavallerie-Schule 4 Nationenpreise, und zwar in Berlin, Rom, Aachen und Wien. Sie gewann alle vier.

1933 wurden vier Siege, 1934 bei 6 beschickten internationalen Turnieren drei Siege und drei 2. Plätze, und 1935 wiederum vier Siege im Preis der Nationen errungen.

Ähnliche, wenngleich nicht so spektakuläre Erfolge, errang auch der Vielseitigkeitsstall und der Schulstall.

Insgesamt zeigten diese Ergebnisse im internationalen Vergleich, daß die Kavallerie-Schule hinsichtlich ihrer Arbeit in den sogenannten Turnierställen auf dem richtigen Wege war, ja, daß Deutschland durch seine Militärreiterei in wenig mehr als einem Jahrzehnt nach dem I. Weltkrieg, nicht nur zur Weltspitze aufgeschlossen hatte, sondern unter den führenden pferdesporttreibenden Nationen bereits einen hervorragenden Platz besaß. Kein anderes Land hatte eine derartige Erfolgsbilanz aufzuweisen. Hierbei verdienen zwei Aspekte eine besondere Wertung. Zum einen wurden an der Kavallerie-Schule nur inländisch gezogene Pferde ausgebildet und eingesetzt; in der Mehrzahl Ostpreußen und Hannoveraner, seltener Holsteiner und Pferde aus anderen deutschen Zuchtgebieten. Zum anderen repräsentierten die Turnierställe nur einen Teil der Aufgabe dieser Ausbildungseinrichtung. Nach wie vor bestand ihre Hauptaufgabe darin, Offiziere und Unteroffiziere als Reitlehrer für die Truppe heranzubilden, dem Offiziersnachwuchs der Kavallerie die Grundlagen für ihren Dienst in den Regimentern zu vermitteln und in der Abteilung IV, dem Fahrausbildungskommando, Fahrlehrer auszubilden, die im Hinblick auf die allgemeine Heeresvermehrung von großer Bedeutung für praktisch alle Waffengattungen waren.

Welches Ansehen die Kavallerie-Schule der Reichswehr im Ausland inzwischen wieder besaß, mag man daran ersehen, daß allein im Jahr 1934 nicht weniger als sieben ausländische Kommissionen der Schule einen Besuch abstatteten, um die Stätte kennenzulernen, an der Reiter und Pferde zu solchen Leistungen befähigt wurden. In jenem Jahr waren es Vertreter Frankreichs, Polens, der USA, Chinas, Japans, der Niederlande und Ungarns, die an der Kavallerie-Schule als Gäste begrüßt werden konnten. Ein Teil dieser Staaten besaß dabei ähnliche Ausbildungseinrichtungen, die selbst auf eine ungebrochene Tradition zurückblicken konnten. Erwähnt seien hier nur die berühmten Schulen Saumur in Frankreich, die noch heute existiert, aber auch die italienischen Schulen Pinerolo und Tor di Quinto.

Zusammenfassend kann festgestellt werden, daß sich Arbeit und Erfolge der Kavallerie-Schule im Hinblick auf das Ansehen und die Wertung des deutschen Reitsports nach dem I. Weltkrieg, im In- und Ausland außerordentlich günstig ausgewirkt haben. Durch ihre zielstrebige, richtungsweisende Tätigkeit hat sie letztlich den Grund gelegt für den bisher einmaligen und sicherlich nicht wiederholbaren Erfolg einer Reitermannschaft bei Olympischen Spielen. Während der Olympiade 1936 gewann die Mannschaft der Kavallerie-Schule alle sechs im Reiten zu vergebenden Goldmedaillen, dazu eine weitere Silbermedaille in der großen Dressurprüfung.

Diese Fakten sprechen für sich, insbesondere wenn man berücksichtigt, daß bereits damals die Wettkämpfe bis zur äußersten Leistungsgrenze von Reiter und Pferd vorgetrieben wurden und die Anforderungen teilweise über denen von heute lagen.

Dieser, man ist geneigt zu sagen, totale Erfolg wurde gegen eine ebenso leistungsstarke wie zahlreiche Konkurrenz errungen. Die meisten anderen Nationen, soweit deren Armeen über berittene Truppen verfügten, besaßen, wie schon erwähnt, ähnliche Ausbildungseinrichtungen wie die Deutsche Wehrmacht. Und sicherlich haben sie die Ausbildung und Förderung ihrer Spitzenkräfte nicht mit geringerem Eifer, Engagement und Aufwand betrieben, wie es in Deutschland seinerzeit der Fall war. Das Ergebnis in den reiterlichen Disziplinen der Olympiade von 1936 zeigte einmal mehr, daß das Bessere der Feind des Guten ist!

Bücher und Berichte über die sportlichen Leistungen und Erfolge der ehemaligen Kavallerie-Schule sind bekanntlich in ausreichender Zahl veröffentlicht worden, so daß hier auf weitere Einzelheiten nicht eingegangen werden muß. Jedoch sollten die bekanntesten Namen dieser Zeit, wenngleich ohne Anspruch auf Vollzähligkeit, nicht unerwähnt bleiben.

Kommandeur der Abteilung III, also der Turnierställe, war Oberst Weingart, u. a. ein brillanter Fahrer vom Bock.

Leiter des Springstalles war Oberstleutnant Freiherr von Waldenfels.

Dem Springstall gehörten

> Rittmeister Momm, Oberleutnant Brandt, Rittmeister (E) Hasse, Rittmeister (E) v. Barnekow, Oberleutnant Schlikkum, Rittmeister v. Salviati, Oberleutnant K. Hasse, Rittmeister Sahla und Herr Frick an.

Den Jagdstall leitete und trainierte Major Jay.

Der Militarystall, erst seit 1934 selbständig, wurde von Rittmeister v. Metzsch trainiert und geleitet.

Ihm gehörten an:

> Rittmeister Lippert, Hauptmann Stubbendorff, Hauptmann v. Langsdorff, Oberleutnant Freiherr v. Wangenheim, Rittmeister v. Ploetz, Leutnant Huck.

Der Schulstall bildete die Dressurreiter weiter. Sein Leiter war Major Gerhard.

Ihm unterstanden:

> Rittmeister v. Goerne, Rittmeister v. Oppeln-Bronikowski, Hauptmann Viebig, Oberleutnant Pollay, Oberleutnant Lassen, Oberleutnant Niemack-Immendorf.

Der Sieger in der Dressurprüfung der Olympiade 1928 in Amsterdam, Freiherr v. Langen, hatte während der Döberitzer Vorprüfung zur Großen Military 1934 einen frühen Reitertod gefunden.

Auch der Rennsport wurde in einem besonderen Stall wieder gefördert. Die Leitung hatte Oberst (E) Neumann.

In der Abteilung IV der Kavallerie-Schule, dem Fahrausbildungskommando, wurde ausschließlich das System des Altmeisters Benno v. Achenbach zugrunde gelegt und gelehrt.

Nach 1935 stieg gerade der Bedarf an Zugpferden im Heer außerordentlich an. Dementsprechend mußte die Bedeutung der Fahrausbildung zwangsläufig steigen, was wiederum zur Folge hatte, daß die Ausbildung der Fahrlehrer auf eine breitere Basis gestellt werden mußte.

Die Teilnahme der Fahrer an Turnieren war, wie in den anderen Sparten des Pferdesports, an der Schule und in der Truppe Teil des Dienstes.

Verantwortlich für den Dienst und die Entwicklung dieser so bedeutsamen Ausbildungsstätte waren ihre Kommandeure. Ihrer und ihrer Mitarbeiter mühevollen, oft im Stillen verrichteten Arbeit ist es zu verdanken, daß diese Schule nicht nur die ihr gestellten Aufgaben vorbildlich löste, sondern darüberhinaus weltweite Anerkennung erlangte.

Es waren dies in zeitlicher Folge die Generale, bzw. späteren Generale:

1. GenLt. Seiffert	1919—1920
2. GenMaj. von Kayser	1920—1924
3. Oberst Frhr. von Seefried auf Buttenheim	1924—1926
4. OberstLt. Preußer	1926—1931
5. GenLt. Frhr. von Dalwigk zu Lichtenfels	1931—1937
6. GenLt. Volk	1937—1938

1938 erfolgte die Umgliederung zur Kavallerie-Schule Krampnitz, Kdr.: Oberst von Bülow
und zur
Heeres-Reit- und Fahrschule Krampnitz (vorl. Hannover), Kdr.: OberstLt. Jay.

Viele klingende Namen, wie z. B. Oberleutnant Graf von Nostiz-Wallwitz, Oberstleutnant v. Haugk, Rittmeister v. Scheliha, Oberleutnant Lungershausen, Rittmeister Baade, Oberleutnant Frhr. v. Nagel, Major v. Lenski, Oberstleutnant Bürkner, Oberleutnant Brinkmann, Rittmeister Weidemann sind hier noch nicht erwähnt worden. Gleichwohl haben diese Offiziere, wie viele andere, unerwähnt gebliebene, durch Haltung, Persönlichkeit und Leistung zu dem guten Ruf der deutschen Militärreiterei beigetragen, wobei längst nicht alle Kavalleristen waren.

»Last but not least« sollen wenigstens einige der bekanntesten Pferde dieser Zeit Erwähnung finden. Die Spitzenpferde des Springstalles waren zweifellos Tora, Dedo, Derby, Wotan und Baccarat, dazu die Military-Pferde Kurfürst, Nurmi und Fasan. Weniger bekannt sind heute Winzige, Olaf, Friderikus, Ilja, Frauchen und Ublick.

Unter dem Dressursattel traten zunächst Fels und Gimpel hervor, etwas später Kronos, Absinth, Deutschritter, Emil, Germane und Artus. Alle Pferde dieser Aera, und viele der Reiter, deckt heute bereits der grüne Rasen. Jedoch sollte nicht übersehen werden, daß eine große Anzahl der Reiter, die aus dem letzten Krieg zurückgekommen waren, ihr Können weitervermittelt haben und dies zum Teil in den verschiedensten Funktionen noch heute tun.

Hier wirkt die Kavallerie-Schule, die in dem kurzen Zeitraum von 1930 bis 1940 immerhin 36 Siege in Nationenpreisen errang, bis in unsere Tage weiter, auch wenn es den Reitern der heutigen Generation nicht mehr bewußt ist.

10. WIRTSCHAFTLICHE ASPEKTE, PFERDEERSATZ, PFERDEMATERIAL

Bereits im Gründungsjahr der Reichswehr, 1920, also knappe 2 Jahre nach dem I. Weltkrieg, bereisten 2 Remonte-Ankaufskommissionen wieder das Reichsgebiet, um für die neue Armee auf öffentlichen und privaten Märkten Pferde anzukaufen.[19]

Der einen Kommission war Ostpreußen und Pommern, der anderen das restliche Reichsgebiet zugewiesen worden.

An sich verfügte die Reichswehr zunächst über mehr Pferde, als ihr nach dem Vertrag von Versailles zugestanden worden waren. Aber dieses Material war teils überaltert, teils genügte es den dienstlichen Anforderungen nicht mehr, so zum Beispiel ehemalige Beutepferde, die die Truppe im Krieg durchaus hatte verwenden können. Diese ungeeigneten Pferde wurden verkauft. In Landwirtschaft und Gewerbe war das abgegebene Material gern gesehen und konnte dort noch jahrelang gute Dienste leisten.

Zum anderen aber mußte in der Armee seit jeher, hinsichtlich der Pferde, eine Art Vorratswirtschaft betrieben werden. Diese ergab sich durch die lange, sorgfältige Ausbildung.

Ein 3jährig angekauftes Pferd war erst mit 6 Jahren ein vollwertiges Truppenpferd.

So wurden 1920 vergleichsweise nur geringe Ankäufe getätigt. In Ostpreußen und Pommern z. B. erwarb die Kommission lediglich 647 Remonten, im gesamten Reichsgebiet allerdings Remonten im Wert von über 7 Millionen Mark, wobei die ostpreußisch gezogenen Pferde, bedingt durch die inflationäre Finanzsituation jener Jahre, zu dem unrealistischen Durchschnittspreis von 10 875 Mark angekauft wurden. Etwa ab 1924 war ein älteres, bereits ausgebildetes Pferd wieder für ca. 1 500 Mark zu haben.[20]

Aus diesen wenigen Zahlen wird ersichtlich, welche Bedeutung das Heer in wirtschaftlicher Hinsicht für die überwiegend agrarisch geprägten Provinzen des Reiches hatte.

Sowohl dem kleinen Pferdezüchter als auch dem Gutsbesitzer, der jährlich 100 und mehr Remonten zum Verkauf stellte, war durch die Armee ein relativ sicherer Markt mit einer kalkulierbaren, angemessenen Einnahmequelle gegeben. Die Remontezucht war über Jahrhunderte, praktisch bis zur Auflösung der deutschen Armee nach der Kapitulation 1945, für die Landwirtschaft ein wesentlicher Produktionszweig. In den Hauptzuchtgebieten der Provinzen Ostpreußen, Hannover, Holstein, Oldenburg, Ostfriesland aber teilweise auch in den sogenannten Nachzuchtgebieten Mecklenburg, Brandenburg, Pommern, Schlesien und Westfalen, um nur die wichtigsten zu nennen, stellte die Remontezucht nicht selten die Existenzgrundlage so manchen landwirtschaftlichen Betriebes dar. Dementsprechend geprägt war die Einstellung zur Reichswehr und später zur Wehrmacht.

Neben dem Pferde-Ersatz spielte zunehmend die Pferde-Ergänzung eine besondere Rolle im Heer, aber auch hinsichtlich der Relation Heer zu Bevölkerung.

Diese lag in den Händen sogenannter Pferdevormusterungs-Offiziere. Sowohl die Angehörigen der Remontierungs-Kommissionen als auch die Pferdevormusterungs-Offiziere waren Fachleute von hohen Graden, die nicht selten über ein unwahrscheinliches Gedächtnis verfügten. Die Aufgabe der Pferdevormusterungs-Offiziere bestand darin, die ihnen zugewiesenen Gebiete zu bereisen und in Zusammenarbeit mit den Landratsämtern alle für eine Verwendung im Kriege infrage kommenden zivilen Pferde vorzumustern, zu schätzen und eine ihnen angemessene Verwendung zuzuweisen. Die Aushebung im Kriegsfall erfolgte dann bei der Mobilmachung durch die Beschaffungskommissionen, welche die vorgemusterten Pferde ankaufte und sie den Truppenteilen zuführte.

Im Zuge der allgemeinen Heeresvermehrung nach 1935 stieg der

Remonte-Bedarf dermaßen an, daß er im Inland nicht mehr gedeckt werden konnte. Nun mußten Ankäufe in den Pferde-Exportländern getätigt werden, um da Abhilfe zu schaffen. Hauptsächlich wurden Pferde in Irland, Ungarn, Polen, Jugoslawien, Rumänien und der Tschechoslowakei angekauft.

Es mutet heute ein wenig wie Ironie an, daß gerade unter der Ägide Hitlers, der kein Verhältnis zu Pferden hatte und dem die totale Motorisierung der Armee vorschwebte, derartige Maßnahmen ergriffen werden mußten. Der enorme Pferdebedarf wird sofort verständlich, wenn man berücksichtigt, daß ein normales Infanterie-Regiment etwa 600 Pferde benötigte und daß insbesondere auch die Artillerie stark vermehrt wurde, ohne daß motorische Zugmittel in ausreichender Weise zur Verfügung standen oder kurzfristig hergestellt werden konnten. Obwohl die Kavallerie, wie bis 1918, nicht mehr in schwere und leichte untergliedert war, und damit eine gewisse Vereinfachung vorlag, erfolgte nun entsprechend dem verschiedenartigen Verwendungszweck des Truppenpferdes eine stark differenzierende Klasseneinteilung:

R I	=	Reitpferde für Offiziere
K R	=	Reitpferde für Kavallerie und Reiterzüge der Infanterie
R	=	Reitpferde für die übrigen Waffengattungen
Z I	=	Artillerie-Stangenpferde
Z	=	Mittel-, Vorder-, und MG-Pferde
s ZW	=	schwere Zugpferde für die Artillerie
s ZK	=	schwere Zugpferde für die übrigen Waffengattungen
ss Z	=	schwerste Zugpferde (Kaltblüter)

Hinzu kam ein erhöhter Bedarf an Tragtieren aufgrund der Aufstellung von Gebirgsdivisionen. Zu den traditionell verwendeten Maultieren, die eingeführt werden mußten, trat nun auch der Haflinger, der vermehrt in Deutschland nachgezogen wurde, um auch hier eine gewisse Autarkie zu erreichen.

Wenngleich mehr und mehr alle im Reich gezogenen Pferde bei entsprechender Tauglichkeit im Heeresdienst verwendet werden mußten, so wurde an das Kavalleriepferd doch ein besonderer Maßstab angelegt. Generalleutnant a. D. Brandt, ehemaliger Inspekteur der Kavallerie, begründete das folgendermaßen:

»Als Kavalleriepferd hat sich das mittelgroße, tiefe, edle ostpreußische Pferd besonders bewährt. Auf Größe ist weniger Gewicht zu legen als auf Breite und Tiefe. Bei großen Märschen, die von neuzeitlicher Kavallerie gefordert werden müssen, hat sich gezeigt, daß das edle Pferd mit viel Blut dem weniger edlen überlegen ist. Es ermüdet nicht so leicht, verlangt vom Reiter keine starken Einwirkungen und bringt ihn daher frischer an den Feind. Es ist ein weitverbreiteter Irrtum, zu glauben, daß das große Knochengerüst des Pferdes das Reitergewicht trägt. Es wird getragen durch das edle Blut, mit dem ein größeres Herz, größere Dichtigkeit und Festigkeit der Knochen und der Bindegewebe verbunden sind. Die Größe ist beim Pferd leider oft auf Kosten seines Adels erreicht. Unedle Pferde leisten als Kavalleriepferd weniger als edle, brauchen aber obendrein noch mehr Futter als diese.«

Der damalige Hauptmann Dr. Pulte[22] skizziert das gewünschte Kavalleriepferd in einem Jahrbuch des Heeres Ende der 30er Jahre wie folgt: »Vom Reitpferd verlangt das Heer einen edlen, trockenen Typ mit langem Hals, ausgeprägtem Widerrist, schräger Schulter, guter Sattellage und schwungvollen Bewegungen. Eine lange, breite und muskulöse Hinterhand ist wichtig, denn mit langgehebelter Hinterhand in Verbindung mit einer schrägen, langen Schulter gehen die Pferde in jeder Gangart leicht und sicher über den Boden.«. Im II. Weltkrieg haben sich diese Forderungen, die in Rückblick auf den I. Weltkrieg gestellt worden waren, in jeder Hinsicht voll bestätigt. Tatsächlich gelang es auch, die Reiterschwadronen nahezu ausschließlich mit ostpreußischen Pferden zu remontieren.

Der Landstallmeister Ernst Bilke beschreibt in seiner »Pferdepassion« die Voraussetzung dafür: »Über hundert Jahre war es den ostpreußischen Pferdezüchtern Ehrenpflicht, dem Vaterland die besten Kavalleriepferde zu stellen und außerdem noch viele Reitpferde und Zugreitpferde für die sonstige berittene und bespannte Truppe. — Auf dem Luxusmarkt waren vor 1914 die Ostpreußen wenig vertreten, weil die gute Klasse als Remonte in die Armee ging und die besten Vertreter Offizierspferde, Chargenpferde und Garderemonten wurden.«

Hannoveraner und edle ausländische »Ankäufer«* blieben bei der Kavallerie bis in die ersten Jahre des II. Weltkrieges die Ausnahme.[23] Allerdings konnte aufgrund des erhöhten Bedarfs der Wehrmacht auf die Ausländer nicht mehr ganz verzichtet werden.

So erhielt z. B. das Reiter-Rgt. 7 in Breslau bereits gegen Ende 1934

* Pferde, die bei erhöhtem Bedarf über die alljährlich erworbenen Remonten hinaus, zumeist im Ausland angekauft wurden.

ungarische Ankäufer, die der schulmäßigen Ausbildung zunächst viel Widerstand entgegensetzten, sich aber später als zäh und brauchbar erwiesen.
Auch im Kav.-Rgt. 5, Stolp, waren vor dem Krieg u. a. bereits vereinzelt Ungarn und Iren vorhanden, und selbst das ostpreußische Reiter-Rgt. 1 erhielt kurz vor dem II. Weltkrieg irische Ankäufer zugewiesen. Die leichteren Pferde anderer deutschen Rassen, und z. T. auch die ausländischen Ankäufer wurden überwiegend bei den anderen Waffengattungen oder als Zugpferde, bzw. Tragtiere verwendet.
Die Artillerie bezog insbesondere ihre Stangenpferde gern aus Holstein, Oldenburg und Ostfriesland sowie aus den Marschen-Gegenden Hannovers. Auch sie verwendete innerhalb der Batterien möglichst »reinrassige« Bespannungen.
Diese Grundsätze mußten allerdings in drei Phasen mehr und mehr aufgegeben werden. Zum ersten, in geringem Maße, nach der allgemeinen Heeresvermehrung ab 1935, zum zweiten dann im Verlauf der Feldzüge der ersten Kriegsjahre und letztlich bei der Wiedergeburt der deutschen Kavallerie ab 1943.
Immer aber blieb man bemüht, wenigstens die Teileinheiten mit Pferden gleicher Rasse auszustatten.

III. *Die Ausbildung*

11. DIE AUSBILDUNG DES KAVALLERISTEN

Bei der kavalleristischen Fachausbildung muß die Reitausbildung zweifellos eine dominierende Rolle spielen. So einfach und klar dies erscheint, so wenig ist es jedoch, auch in der deutschen militärischen Vergangenheit, immer anerkannt bzw. realisiert worden. Es ist hinreichend bekannt, daß zum Beispiel die Reiterei des Soldatenkönigs Friedrich Wilhelm I. mehr zu Fuß als zu Pferde exerzierte. Dementsprechend schlecht schnitt diese Kavallerie dann auch im 1. Schlesischen Krieg ab. Auch im 19. Jahrhundert ging es mit dem Leistungsstand durch Fehlauffassungen rasch bergab. Jedoch wurde diese negative Entwicklung rechtzeitig aufgefangen, so daß im Krieg 1870/71 deutscherseits eine durchaus leistungsfähige Kavallerie zur Verfügung stand, was allerdings nicht bedeutet, daß organisatorisch, gliederungsmäßig sowie hinsichtlich der Bewaffung und Ausrüstung nicht vieles zu verbessern gewesen wäre. Der relativ gute Stand konnte bis in den I. Weltkrieg aufrecht erhalten werden.

Ein verlorener Krieg bedeutet für jede Armee jedoch immer einen gewissen Abschluß der bisherigen Organisationsform und des Selbstverständnisses.

Mit dem Aufbau des Reichsheeres nach 1919 mußte nun auch die Ausbildung der Kavallerie wieder auf ein festes Postament gestellt werden; denn Kavallerie läßt sich nicht improvisieren.

Flüchtig ausgebildete Reiter auf halbrohen Pferden können zwar in einem begrenzten Umfang auch militärisch verwendet werden. Sie stellen aber noch keine Kavallerie dar.

Gemäß diesen Erkenntnissen wurde der Reitausbildung innerhalb der Reichswehr-Kavallerie wieder in hohem Maße Rechnung getragen.

Die Reitausbildung aber steht und fällt mit der Qualität der Reitlehrer. Es ist in diesem Zusammenhang bemerkenswert, daß bereits am 1. Mai 1919, also noch in den Wirren, die dem Spartakus-Aufstand folgten, in Paderborn, dem Sitz des alten Offizier-Reitinstituts, ein Reitlehrer-Kursus abgehalten wurde.[24] Dieser Kursus ging auf die Initiative des General Seiffert zurück, und es spricht für den Weitblick des Volksbeauftragten Gustav Noske, daß er, trotz der gegebenen ungünstigen Umstände, diesem Vorhaben seine Zustimmung gab. So wurden dort 44 Kursusteilnehmer bis zum 30. September 1919, von Major v. Moers als Lehrgangsleiter reiterlich gefördert und weitergebildet. Zwei davon gelangten später zu ungewöhnlichem reitersportlichen Ruhm: Harald Momm, zwischen 1930—1939 der bekannteste Springreiter Deutschlands und Ernst-Günther Baade, 1930 zweiter in der Liste der erfolgreichsten deutschen Springreiter. Baade wurde später als Oberst Kommandeur der 90. Panzergrenadier-Division.

Die weitere Reitlehrerausbildung erfolgte dann in der neu errichteten Kavallerie-Schule Hannover, als eigentliche Hauptaufgabe dieser Ausbildungseinrichtung.

Die als Reitlehrer ausgebildeten Offiziere und Unteroffiziere sorgten in der Truppe für eine einheitliche, sachgemäße Ausbildung des reiterlichen Nachwuchses, sowie für das sorgfältige Anreiten und die weitere Förderung der jungen und alten Remonten. Für den durchschnittlichen Rekruten der Kavallerie wurde eine Ausbildungszeit von rund 3 000 Reitstunden zugrunde gelegt. Der enorme Umfang der Reitausbildung entspricht durchaus der Bedeutung, die man zu Zeiten der Reichswehr diesem Ausbildungszweig zumaß. Man muß dabei jedoch berücksichtigen, daß jeder Soldat auf 12 Jahre verpflichtet, und somit Zeit in ausreichendem Maße vorhanden war. Das Ausbildungsziel war die sichere Beherrschung des Pferdes im Gelände, dessen Gehorsam, Gewandtheit und Ausdauer. Dieses Ziel sollte und konnte nur dann erreicht werden, wenn alle Vorgesetzten und Untergebenen von der Freude am Reiten und der Liebe zum Pferd beseelt waren.

Die als Grundlage angesehene Dressurausbildung in der Bahn oder auf dem Reitplatz wechselte zunehmend mit der Ausbildung im Gelände ab. Beides sollte sich ergänzen und allmählich zur kavalleristischen Gefechtsausbildung überleiten. Hierbei war das Ziel: Der feldbrauchbare Reiter; das bedeutete, den Reiter mit seiner Waffe bei denkbarster Sicherheit und Schnelligkeit unter größtmöglicher Schonung des Pferdes zu der gewollten Stelle zu bringen. Es war der Zweck des Reitens, die Waffe an den Feind zu tragen. Wie mehrfach erwähnt, sollte die Kavallerie in erster Linie als »schnelle Feuerwaffe« verwendet werden. Deshalb wurde der Einzelausbildung des Reiters mehr Gewicht beigemessen als dem Abteilungsreiten, denn es war klar, daß die geschlossene Attacke mit blanker Waffe in Zukunft die Ausnahme sein würde.

Ein besonderes Augenmerk mußte jedoch auf die Marschausbildung der Einheit und des Verbandes gelegt werden.

Der spätere Inspekteur der Kavallerie, Generalleutnant Brandt, forderte für eine neuzeitliche Reitertruppe eine Durchschnittsgeschwindigkeit von $7^1/_2$ km pro Stunde und 10 reine Marschstunden pro Tag, wobei immerhin 75 km zurückgelegt werden konnten.

Obwohl die Reitausbildung nach 1935 als Folge der allgemeinen Wehrpflicht im Rahmen der Gesamtausbildung des Kavalleristen zwangsläufig schrumpfen mußte, bis pro Tag praktisch nur noch eine Stunde übrig blieb, hat die deutsche Kavallerie später im II. Weltkrieg die Ende der 20er Jahre formulierten Forderungen ihres ehemaligen Inspekteurs oftmals überschritten, und Tagesleistungen von 100 km waren beim Vormarsch keine Seltenheit. Hier wirkte sich noch immer die gute Durchbildung und Gymnastizierung der Truppenpferde, sowie der hervorragende Ausbildungsstand der Verbands-, Einheits- und Teileinheitsführer aus. Die Zweckmäßigkeit der Reitausbildung hat sich damit unter den harten Bedingungen des Krieges voll bestätigt.

Wie bereits festgestellt, wurde die Einzelausbildung des Reiters als Schwerpunkt betrachtet. Folgerichtig bestand der Abschluß der reiterlichen Ausbildung des Kavalleristen in der selbständigen Durchführung eines Streckenrittes von 25 km über schwieriges Gelände und teilweise bei Nacht, wobei die Einhaltung einer vorgeschriebenen Geschwindigkeit gefordert wurde.

Hierbei mußte der Reiter im Gelände entschlossen reiten, die Leistungsfähigkeit seines Pferdes richtig beurteilen und ausnutzen, die Strecke zweckmäßig einteilen, das Pferd bei den Rasten pfleglich warten, so daß Leistungsverminderungen vorgebeugt wurde, und einem verletzten Pferde erste Hilfe angedeihen lassen.

Als Geschwindigkeit in ebenem Gelände war der Kilometer entweder in 7—8 Min. zu reiten, das entsprach etwa 8 km in einer Stunde, oder aber, es wurde die höhere Geschwindigkeit verlangt, wobei der Kilometer in 5—6 Min., das entsprach 10—12 km pro Stunde, zurückzulegen war. Diese Aufgabe war identisch mit dem Auftrag eines Meldereiters im Gefecht, der je nach Kennzeichnung der Meldung mit einem x oder zwei xx, die erstere oder letztere Geschwindigkeit einzuhalten hatte. Dabei wurde jedoch nicht übersehen, daß bei Dauerleistungen das kriegsmäßig bepackte Pferd in der Regel nicht mehr als 10 km pro Stunde zurücklegen kann. Im Rahmen von Abteilungen sind sogar 6 km pro Stunde noch eine gute Dauerleistung.

Bis zum II. Weltkrieg waren für den Reiter auch Waffenübungen zu Pferde vorgeschrieben. Zum einen Säbelübungen, die der Fertigkeit im Umgang mit dieser Waffe dienten, zum anderen das Pistolenschießen vom Pferde, mit scharfem Schuß allerdings nur nach rechts. Gelegentlich wurde auch das Schießen mit Karabiner vom stehenden Pferd aus geübt. Diese Übung war zwar nicht vorgeschrieben, wurde jedoch von manchem Schwadronschef als Mittel zur Hebung der reiterlichen Gewandtheit, sowie zur Förderung der »Feuersicherheit« der Pferde angesehen.

Im Übrigen erhielt selbstverständlich jeder Kavallerist eine infanteristische Grundausbildung, die ihn zum abgesessenen Einsatz innerhalb seiner Einheit bzw. seines Verbandes befähigte. Das Wesentliche der »schnellen Feuerwaffe« wurde in keiner Phase der Ausbildung außer acht gelassen.

Eine Besonderheit der Reichswehr war die sogenannte Klassenausbildung. Diese diente zum einen dazu, die langdienenden Mannschaften sowohl fundiert als auch vielseitig auszubilden, zum anderen aber, jeden geeigneten Soldaten zum Unterführer heranzubilden, auch wenn für diesen noch keine Planstelle vorhanden war. Nicht zuletzt aber wurde diese Klassenausbildung zu einem Grundstein der »Führerarmee«, die v. Seeckt vorschwebte. Nur diese »Führerarmee« erlaubte nach dem 16. März 1935, den so immens raschen Aufbau der Wehrmacht. Die Klassenausbildung gliederte sich in die

— Rekrutenklasse
— Mannschaftsklasse II
— Mannschaftsklasse I
— Unterführerklasse
— Unteroffiziersklasse

und war für alle Waffengattungen verbindlich vorgeschrieben.

Während in der Mannschaftsklasse II die spezielle Verwendung des Soldaten eingeübt wurde, wofür in der Reichswehr immerhin rund 2 Jahre zur Verfügung standen, wurden dem Soldaten, der nicht für die Unterführerlaufbahn geeignet schien, in der Mannschaftsklasse I

weitere Kenntnisse und Fähigkeiten beigebracht, die außerhalb seiner eigentlichen Verwendung lagen.
In die Unterführerklasse gelangten diejenigen Mannschaften, die für eine Unterführerstellung vorgesehen waren. Diese Klasse bildete mit der Zeit ein nicht unerhebliches Führerreservoir, wenngleich bei weitem nicht alle geeigneten Soldaten nach Abschluß dieser Ausbildung auch zu Unterführern befördert werden konnten.
Die Unteroffiziersklasse lag immer in den Händen eines erfahrenen Offiziers. Ihr Ziel war, eine möglichst große Zahl von Unteroffizieren zu Zugführern heranzubilden, die Tüchtigsten wurden sogar bis zum Kompanieführer vorgebildet.
Bei dem Unterführerstamm von 97 Reichswehr-Schwadronen wird offensichtlich, in welchem Umfang gerade die Kavallerie den späteren Aufbau der Wehrmacht ermöglicht und wesentlich mitgeprägt hat, zumal viele dieser Unteroffiziere zu Offizieren befördert wurden. Auch die Reichswehr selbst hat von dem System der Klassenausbildung ungemein profitiert. Einerseits konnten zahlreiche Offiziersdienstposten mit qualifizierten Unteroffizieren vollwertig besetzt werden, was bei einer Zahl von nur 4 000 Offizieren insgesamt, eine zwingende Notwendigkeit war. Andererseits war nahezu jeder Soldat in einer Reihe verschiedener Verwendungen einzusetzen, auch außerhalb seiner eigenen Waffengattung.
Die Ausbildung des Reichswehrreiters für den abgesessenen Einsatz erschöpfte sich innerhalb der Klassenausbildung nicht im Umgang mit Karabiner, Maschinengewehr und den später hinzutretenden schweren Waffen. Besonderer Wert wurde bei der Kavallerie auch auf die Pionier- und die Fernmeldeausbildung gelegt.
Durch den Pionierdienst sollte der Kavallerist befähigt werden, Verkehrsverbindungen aller Art im gegnerischen Hinterland unterbrechen zu können. Ein weiterer Gesichtspunkt war die Überwindung von Wasserhindernissen mit und ohne Unterstützung der Pioniertruppe. Flußübergänge und das planmäßige Schwimmen der Pferde über längere Strecken wurden bei der Reichswehr äußerst intensiv und erfolgreich geübt. Jedes Reiter-Regiment mußte jährlich mindestens zweimal Schwimmübungen durchführen.
Die Fernmeldeausbildung war für den Aufklärungsdienst, aber auch für die Führung eines beweglichen, häufig weit auseinander gezogenen Verbandes eine unabdingbare Notwendigkeit.
Die relativ große Zahl gut geschulter Führer und Unterführer, die vielseitige Waffenausbildung, der Fernmelde- und der Pionierdienst,

Die Elbe wird mit beigebrachten Übersetzmitteln überwunden. *(Archiv Verf.)*

Reitende Artillerie.
Eine Abteilung reitender Artillerie stellte die gesamte artilleristische Unterstützung der Kavallerie-Division dar. *(Archiv Verf.)*

Das Trompeter-Korps des Art.Rgt. 3, Potsdam. Dieses Rgt. hatte eine IV. und V. Reitende Abteilung als Div.Art. der 1. und 2. Kav.-Division.
Die Reitende Art.Abt. der 3. Kav.-Div. lag in Verden und gehörte zum Art.Rgt. 6, Minden. *(Archiv Verf.)*

Ab. 1928 wurden Kav.-Geschütz-Züge etatisiert. Aus Tarnungsgründen wurden sie »Minenwerfer-Züge« genannt. Kav.-Geschütz der 1. (schw.)/Reiter-Rgt. 8. *(Archiv Reiter 8)*

Zur Führung der »schnellen Feuerwaffe« waren Fernmeldemittel unentbehrlich. Im Nachr. Zug verfügte das Rgt. neben Tornistertrupps und Fernsprechtrupps auch über fahrbare Funkstellen. *(Sammlung Rosenwald)*

Bei der Reichswehr gebräuchliche Tankattrappen. *(Archiv Verf.)*

Attrappe eines Kav.-Geschützes.
Bis zur Einführung echter Geschütze mußten die Kavalleristen an derartigen Holzattrappen ausgebildet werden.
(Archiv Verf.)

Übungsplatzaufenthalte waren Höhepunkte im Alltag der langdienenden Reichswehr-Soldaten.
Der 1920 eingeführte Karabiner 98b entsprach in Länge und ballistischen Leistungen dem Gewehr 98.
(Archiv KR. 13)

Marsch als »Fernpatrouille« zum Übungsplatz Königsbrück 1928 4./Reiter-Rgt. 8.
(Archiv Reiter 8)

Häufiger wurden die Übungsplätze im Eisenbahnmarsch erreicht. Entladen der 3./Reiter-Rgt. 8 in Königsbrück 1928. *(Archiv Reiter 8)*

Der Eskadrons-Chef, Rittmeister Leuze, mit den Offizieren und Wachtmeistern der 4./Reiter-Rgt. 8 auf dem Truppenübungsplatz Jüterbog 1925. *(Archiv Reiter 8)*

Die 1. (schw.) Eskadron des Reiter-Rgt. 8 Brieg, in Linie. Eskadrons-Chef: Rittmeister Frhr. v. Lüttwitz (1931). *(Archiv Reiter 8)*

verbunden mit der Selbständigkeit und der Findigkeit, die praktisch jedem Meldereiter abverlangt wurde, waren ideale Voraussetzungen nicht nur für den erfolgreichen Einsatz der Kavallerie zur Aufklärung und im Gefecht, sondern auch für die Verwendung in anderen, z. B. motorisierten Waffengattungen, und hier besonders bei den Aufklärungsabteilungen und der Panzertruppe.

Der Dienst, die Aus- und Weiterbildung der Kavallerie-Offiziere eingeschlossen, war von der Sache her umfangreicher als bei anderen Waffen, deren Auftrag und Möglichkeiten enger begrenzt waren. Er war somit recht anstrengend und insgesamt äußerst zeitaufwendig. Bis 1933 dauerte die Ausbildung bis zur Ernennung zum Leutnant 4 Jahre. Dabei wechselte Dienst in der Truppe mit Lehrgängen an der Kriegsschule (vorher Infanterie-Schule) und der Kavallerie-Schule bis zum Oberfähnrich, danach erfolgte, vor der Beförderung zum Leutnant, noch einmal ein kurzer Truppendienst.

Der Leutnant hatte neben seinem »normalen« Truppendienst als Zugführer, der Reitausbildung der Mannschaften, der Unteroffiziersweiterbildung und der speziellen Waffenausbildung, z. B. als Führer des Kavallerie-Geschütz-Zuges, auch noch die eigene tägliche Reitausbildung zu absolvieren. Diese bestand in der Regel aus drei verschiedenen Reitstunden. Davon ritten die jüngeren Offiziere eine Reitstunde in der Mittagspause.

Hinzu kam bei vielen Offizieren die Vorbereitung für Turniere, für Rennen oder für andere dienstliche oder außerdienstliche Veranstaltungen reit- oder fahrsportlicher Art. Obwohl die Teilnahme an derartigen Veranstaltungen für den Kavallerie-Offizier normalerweise als Dienst galt, konnten die Vorbereitungen dafür längst nicht immer während des Dienstes durchgeführt werden. Bei aller Freude an der eigenen selbstgewählten Tätigkeit darf hierbei die zeitliche und körperliche Belastung nicht übersehen werden, welche ein Großteil der jüngeren Reiter-Offiziere auf sich zu nehmen hatte.

Der begeisterte Kavallerist Oberst v. Rauchhaupt schrieb dazu einmal: »Wer keine überlebensgroße Passion für seinen Beruf mitbrachte, der sollte der Reiterwaffe lieber fern bleiben ... Wer das nicht durchhielt, wurde mit Recht motorisiert.«[25] Dennoch bestand hinsichtlich der Bewerbungen für diese Waffe kein Mangel. Eher war das Gegenteil der Fall, auch bei den Mannschaften. Dabei ging deren Dienst (wie bei der bespannten Artillerie) von morgens 05.00 bis 19.00 Uhr abends, und häufig auch länger. Da hatte es der einfache Infanterist damals vergleichsweise besser.

Die anderen Waffengattungen waren zuweilen der Ansicht, daß bei der Kavallerie viele Ausbildungszweige außer der Reitausbildung, nicht immer mit dem nötigen Ernst betrieben wurden.
Insbesondere wurde die Befehlsgebung, häufig in die Form der »Sattelbefehle« gekleidet, von Nichtkavalleristen vielfach belächelt. Es mag durchaus zutreffen, daß gerade diesem wichtigen Ausbildungszweig nicht immer in optimaler Weise Rechnung getragen worden ist. Vielleicht wirkte sich hier eine gewisse Überbelastung besonders der jüngeren Kavallerie-Offiziere aus. Der spätere Krieg hat jedoch gezeigt, daß diese Schwachstellen durchaus durch andere, vorhandene oder erworbene Eigenschaften, kompensiert worden sind. Aus der Reichswehr-Kavallerie hervorgegangene Offiziere haben sich im II. Weltkrieg in den verschiedensten Verwendungen außerordentlich bewährt und in der Regel gut geführt.[26]

12. AUSBILDUNG UND HALTUNG DER PFERDE

Im Herbst eines jeden Jahres wurden die Remonten 4jährig von den Remonte-Depots den berittenen Regimentern zum Truppengebrauch überwiesen. Die unberittenen Einheiten und Verbände erhielten ihre Pferde erst 5jährig!
Die Remonten waren 3jährig angekauft worden und hatten alle ein Jahr bei gleichmäßiger Haltung, Fütterung und Pflege in den über das ganze Reich verteilten Remonte-Ämtern zugebracht, um etwaige Ungleichmäßigkeiten der Aufzucht hier auszugleichen.
Soweit die Ausbildung der Pferde nicht in der Ausbildungsschwadron erfolgte, wurden die neuen Remonten zunächst auf die Schwadronen verteilt. Diese Verteilung wurde von alters her »Verkabelung« genannt und war eines der wichtigsten und aufregendsten Ereignisse im Laufe des Jahres, schließlich hing zu einem guten Teil der Wert der Schwadron von dieser Verteilung ab.
Bei der Verkabelung selbst wurden die Remonten auf dem Reitplatz in einem großen Zirkel geführt, und nach dem Kommandeur konnten sich die Schwadronschefs in der Reihenfolge ihres Dienstalters jeweils ein Pferd aussuchen, bis der dienstälteste Chef mit der Nr. 5 oder 6 wieder an der Reihe war. Bei 60 bis 70 Remonten pro Regiment, erhielt jede Schwadron so etwa 15 neue Pferde pro Jahr.

Die Remonten eines jeden Jahres erhielten dann einen Namen, der jeweils mit dem gleichen Buchstaben begann. Am Namen konnte damit jedermann sofort das Alter des Pferdes ermitteln.
Zunächst wurden diese neu zugewiesenen Pferde ein Jahr als »junge Remonten« ausgebildet. Das heißt, sie wurden nicht nur mit aller gebotenen Vorsicht angeritten, sondern nahezu wie kleine Kinder behandelt. Danach erfolgt ein weiteres Jahr geschlossener Ausbildung als »alte Remonten«.
Als Remonte-Reiter wurden nur die besten und feinfühligsten Reiter verwandt. Es war für jeden Kavalleristen eine Auszeichnung, Remonte-Reiter zu sein.
Erst 6jährig, wurde die Remonte in den echten Truppendienst eingereiht, aber auch nun noch weitgehend geschont.
Es wird verständlich, daß derart aufgebaute und ausgebildete Pferde nicht nur besonders leistungsfähig waren, sondern auch eine hohe Lebenserwartung hatten. Ein 10jähriger voller Truppendienst war für diese Pferde keine Ausnahme.
Während der Reichswehrzeit war es oftmals schwer, jährlich die notwendigen »Ausrangierer« zu ermitteln. Viele Pferde, die noch weiterhin Dienst in der Truppe hätten verrichten können, mußten verkauft werden, um ihre »Planstellen« den neuen Remonten freizumachen. Die Pferde hatten es in der Armee von jeher gut, oftmals besser als ihre Reiter.
Im Garnisonsdienst wurde ihnen ständig jede nur erdenkliche Fürsorge zuteil. Bei Übungen aller Art wurden sie geschont, soweit das mit dem Übungszweck überhaupt zu vereinbaren war. Im Einsatz später wurde ihnen dann allerdings das Letzte abverlangt, wobei auch hier Pflege, Wartung und Fütterung nach besten Kräften fortgesetzt wurden.
Manch ein Soldat der berittenen oder bespannten Truppen mag sich im Frieden über den Aufwand der Pferdepflege herzhaft geärgert haben. So durften z. B. nach alter Sitte die Rekruten den Pferdestall nur barhäuptig und ohne Uniformrock betreten.
Ein couragierter junger Reiter soll auf die Frage nach Dienstgrad und Regiment einmal geantwortet haben: »Ich bin Pferdepfleger im 4. (Preuß.) Pferdepflegerregiment«. Ist der Wahrheitsgehalt auch nicht verbürgt, so bringt dieser Satz doch zweifellos den Eindruck und die Stimmung des einfachen Kavalleristen zum Ausdruck.
Man findet heute, selbst in reiterlichen Fachzeitschriften, nicht selten negative Darstellungen des Systems der militärischen Reit- und

Pferdeausbildung oder gar der Haltung. Welche Unkenntnis tritt da zu Tage. Nicht nur ist heutzutage die durchschnittliche Lebenserwartung des Pferdes gegenüber der Vorkriegszeit gesunken, was die Statistiken der Pferdeversicherungen ausweisen, es gibt darüberhinaus heute wohl nur wenige Einrichtungen, in denen Pferde ihr Dasein so sinnvoll zwischen vernünftiger Beanspruchung, Ruhe und Pflege verbringen, wie es beim Militär in Friedenszeiten der Fall war. Dazu fehlen heute einfach die Möglichkeiten und vielfach der Sachverstand.

13. TRUPPENÜBUNGSPLATZ-AUFENTHALTE UND MANÖVER

Die Feldbrauchbarkeit jeder Truppe hängt u. a. von ihrem Ausbildungsstand ab. Diesen auf ein möglichst hohes Niveau zu bringen, ihn dort zu halten oder womöglich ständig zu steigern, füllt in Friedenszeiten einen großen Teil des täglichen Dienstbetriebes aus.
Der Ausbildung in der Garnison müssen Ausbildung und Übungen im Gelände folgen. Nur in unterschiedlichem Gelände können annähernd kriegsähnliche Situationen dargestellt werden.
Da in der Weimarer Zeit die Mittel, welche der Armee zur Verfügung standen, äußerst knapp bemessen waren, konnte nicht mehr in dem Umfang geübt werden, wie es vor dem I. Weltkrieg der Fall gewesen war.
Dennoch hat die Reichswehrführung auch hier das Beste aus ihren Möglichkeiten herausgeholt.
Für die Einheits- und Verbandsausbildung standen dem Reichsheer die Truppenübungsplätze

Altengrabow	Münsingen
Arys	Munster
Döberitz	Neuhammer
Grafenwöhr	Ohrdruf und
Hammerstein	Senne
Königsbrück	

weiterhin der Artillerieschießplatz Jüterbog,
der Schießplatz Kummersdorf
sowie der Pionier-Übungsplatz Klausdorf zur Verfügung.

Normalerweise verlegten die Reiter-Regimenter im Frühjahr, und/oder im Herbst auf einen zugewiesenen Übungsplatz. Dort wurden dann, nach Vervollkommnung der Ausbildung und einzelnen kleineren Übungen, zumeist auch die Schwadrons- und gegebenenfalls die Regimentsbesichtigungen durchgeführt.
Die Übungsplatzaufenthalte mit ihren Vorbereitungen, den Märschen oder Bahntransporten, den Gefechtsschießen und den Gefechtsübungen verschiedenster Art waren zweifellos Höhepunkte im Jahreslauf der Regimenter. Als solche wurden sie auch empfunden, brachten sie doch eine Menge Abwechslung gegenüber dem manchmal recht eintönigen Garnisonsdienst der auf 12 Jahre verpflichteten Soldaten.
Da die Übungsplätze für Verbandsübungen vielfach zu klein oder auch schon zu bekannt waren, wurde natürlich auch häufig außerhalb, in freiem Gelände, geübt. Für die Kavallerie, mit den für sie typischen weiträumigen Bewegungen war das geradezu eine Notwendigkeit. Hierbei wurden, der Auffassung über die Beweglichkeit moderner Kavallerie folgend, Oder, Elbe, Weser und andere Wasserhindernisse viele Male mit, häufiger aber ohne Unterstützung der Pioniere in beiden Richtungen überwunden.
Für die Verbandsführer stellten die Übungen vielfach die einzige Möglichkeit dar, das Regiment, bzw. die Division geschlossen auszubilden und zu führen. Die Aufteilung auf verschiedene Standorte einerseits und die begrenzten finanziellen Mittel andererseits ließen das außerhalb der festgesetzten Übungs- und Ausbildungsvorhaben nur selten zu. Wenngleich neben Aufklärungsübungen aller Art vor allem der Einsatz der dem Reiter-Regiment zur Verfügung stehenden Feuerwaffen geübt wurde (dazu wurden z. B. aus 2 Reiter-Regimentern 1 Schützen-Bataillon formiert, wobei je 2 Reiter-Eskadronen eine Schützen-Eskadron bildeten), kam es jedoch gelegentlich vor, daß von älteren Vorgesetzten auch Attacken mit blanker Waffe gefordert wurden. Entsprechend dem hohen Ausbildungsstand wurden diese zwar in der Regel glänzend geritten, aber den jüngeren Offizieren erschienen sie schon Anfang der 20er Jahre nicht mehr zeitgemäß.
Hier spiegelte sich der Zwiespalt hinsichtlich der verschiedenen Auffassungen über die Verwendung und Möglichkeiten der Kavallerie in Gegenwart und Zukunft in der Praxis wider, der dieser stolzen Waffengattung seit der Mitte des 19. Jahrhunderts anhaftete und ihr so hinderlich, ja verderblich war. Was die Attacke mit blanker Waffe anbetrifft, so ist interessant festzustellen, daß der damalige Rittmeister

im Reiter-Regiment 3 und spätere General Baade, eine eigenwillige, ja ungewöhnliche Persönlichkeit, noch während der Herbstmanöver 1936, in Sachsen zwischen Harz und Elbe, die Reiterschwadron seiner Aufklärungsabteilung einen gegnerischen Divisionsstab nebst einer Artillerieeinheit attackieren ließ. Diese Attacke brachte ihm die strenge Kritik seines Regiments-Kommandeurs, Oberst Feldt, ein. Den Schiedsrichtern blieb jedoch nichts anderes übrig, als den Feind für überrannt und gefangen zu erklären, was wiederum den Ausgang dieser Übung zu Gunsten der Partei Baades beeinflußte.[27]
Die bei Reitermanövern sehr gefürchteten Flurschäden hatten sich dabei ebenso in Grenzen gehalten, wie die Ausfälle infolge zahlreicher Stürze sowie das Aufreiten eines Reiter-Zuges auf Stacheldrahtzäune.
Die Episode zeigt, daß es auch im 2. Drittel unseres Jahrhunderts noch möglich war, unter bestimmten Gegebenheiten erfolgreiche Attacken mit blanker Waffe zu reiten. Vermutlich hätte hier eine andere Lösung, z. B. der koordinierte Einsatz von Feuer (schwere Unterstützungswaffen der Abteilung) und Bewegung einer abgesessenen Schwadron zum gleichen Ergebnis geführt.
Allein in der Taktik rechtfertigt der Erfolg die Maßnahme.
Höhepunkte im dienstlichen Leben des Kavalleristen waren zweifellos auch die großen Manöver. Zum einen führten sie im größeren Rahmen Einheiten und Verbände der verschiedensten Waffengattungen zusammen, die sonst kaum miteinander in Berührung kamen, zum anderen wurde das Selbstwertgefühl durch die bei Übungen nun einmal geforderten Leistungen in besonderer Weise bestätigt.
Die großen Manöver 1927 in Thüringen, 1928 in Schlesien, die »Große Rahmenübung 1930«, genannt das Hindenburg-Manöver, in Franken und Thüringen sowie 1932 das Manöver des Heeres-Kavallerie-Korps I (1. u. 2. Kavallerie-Division gegen 3. Infanterie-Division) wiederum in Schlesien und Ostbrandenburg sind allen Teilnehmern zu unvergeßlichen Erlebnissen geworden, haben doch Manövererinnerungen gegenüber Kriegserlebnissen den Vorzug, kaum negative und belastende Begleitumstände im menschlichen Gedächtnis zu hinterlassen.
Häufig fand zum Abschluß eines derartigen Manövers eine Parade vor dem Reichspräsidenten, Generalfeldmarschall v. Hindenburg statt. Eine Parade vor dem Staatsoberhaupt, dem Sieger von Tannenberg, der vielfach als »Ersatzkaiser« angesehen wurde, bedeutete für alte und junge Reichswehrsoldaten eine hohe Ehre. Hier traten psycho-

logische Momente zu Tage, die heute im allgemeinen nicht mehr richtig eingeordnet, geschweige denn richtig bewertet werden können.
Bei der Parade nahe Römhild anläßlich des Hindenburg-Manövers war vorgesehen, die 7 beteiligten Reiter-Regimenter nach den Verbänden der 5. Infanterie-Division im Parademarsch im Galopp an dem Feldmarschall vorbeizuführen. Nun bedeutete ein Parademarsch im Galopp immer ein Risiko. Dieses ist bereits im Regimentsverband gegeben und wächst mit der Zahl der vorbeigaloppierenden Verbände. Im Gegensatz zu der Parade 1924 in Döberitz, wo die 6 Regimenter der 2. Kavallerie-Division damals noch mit angefaßten Lanzen vor dem Inspekteur der Kavallerie, Generalleutnant v. Poseck, im Galopp Revue passierten, und was tadellos klappte, waren an dem neblichnassen Herbsttag 1930 die Verhältnisse und die Begleitumstände anders. Erstens wurde 1930 der Parademarsch im Galopp kaum noch geübt, zweitens hatte die Kavallerie bei Römhild so lange warten müssen, bis die Infanterie vorbeimarschiert war. Die Pferde waren daher verfroren, unmutig und hatten einen kalten Rücken. Das erste Regiment, Reiter-Regiment 10, Torgau, kam noch in verhältnismäßig guter Ordnung an dem Feldmarschall vorbei. Jedoch stürzten, fast vor Hindenburg, 2 MG-Fahrzeuge während der rasenden Fahrt um und bildeten mit den ebenfalls gestürzten Zugpferden ein gefährliches Hindernis. Da die folgenden Regimenter schon in Bewegung waren, ließen sie sich nicht mehr anhalten. Infanteristen eilten, auch auf die Gefahr hin überritten zu werden, herbei, um Hilfe zu leisten. Das dauerte allerdings seine Zeit. Währenddessen nahm die Parade ihren Fortgang. Schwadron nach Schwadron passierte, immer scharf links und rechts an dem Hindernis vorbeireitend, die Unfallstelle im starken Galopp, bis diese zwischen zwei Verbänden geräumt werden konnte. Obwohl die Geschwindigkeit durch den Unmut der Pferde ständig wuchs, so daß die Parade, Augenzeugen zufolge, in eine wilde Jagd ausartete, war es dennoch ein faszinierendes Bild, welches sich dem Beschauer in dieser Form letztmalig bot.
Daß keine weiteren Unfälle oder Unregelmäßigkeiten eintraten, zeugt von dem guten Ausbildungsstand jedes einzelnen Reiters. Man vergegenwärtige sich: Die erregten Pferde eines jeden Gliedes waren naturgemäß bestrebt, die vor ihnen galoppierenden Artgenossen einzuholen, dem Reiter stand zum regulieren des Tempos nur die linke Hand zur Verfügung. Die rechte führte den »Säbel-auf«.
Vom Taktischen her war die »Große Rahmenübung 1930« ebenfalls bemerkenswert. Es nahmen an ihr die 5. Infanterie-Division und die

3. Kavallerie-Division als Volltruppe teil, ferner die beiden Gruppenkommandos und sämtliche Divisionsstäbe als Rahmenverbände. Der Übung lag eine Lage zugrunde, nach der gegnerische Kräfte vom Rhein her und aus der Tschechoslowakei sich im Maintal zu vereinigen suchten. Um die Trennung Süddeutschlands von Norddeutschland zu verhindern, sollten »Schnelle Verbände«, d. h. also Reiter-Regimenter, die Vereinigung beider Angriffsspitzen vereiteln. Zugleich sollte dabei erprobt werden, ob Reiter-Regimenter der Reichswehr gegen einen damals modern ausgerüsteten Feind erfolgreich zu operieren im Stande waren.

Bei einer derartigen Übung erhält die Aufklärung besondere Bedeutung. Bei der 3. Kavallerie-Division wurde deshalb eine Aufklärungs-Abteilung gebildet, die aus

2 Reiterschwadronen (Reiter-Regiment 13, Lüneburg),
1 Funkstelle,
1 MG-Halbzug,
1 Kavallerie-Geschützzug (Holzattrappen) und
2 Kradmeldern bestand.

Absolut neu war die Unterstützung der Aufklärungs-Abteilung durch eine Radfahr-Kompanie, welche durch die Unteroffiziers-Anwärter-Kompanie des Infanterie-Regiments 17, Celle, gestellt wurde. Die Verstärkung einer Aufklärungsabteilung durch die Feuerkraft und die, wenngleich straßengebundene, Beweglichkeit einer Radfahr-Kompanie muß sich durchaus bewährt haben, denn hier wird erstmalig die Struktur der späteren Kavallerie-Regimenter sowie der Aufklärungsabteilungen der Wehrmacht (im Mob.-Fall) erkennbar. Was die Leistungen der Reiter bei diesem Manöver anbetrifft, so ist festgehalten, daß die Aufklärungs-Abteilung am 1. Tag bei strömendem Regen 110 km marschierte, die Spähtrupps 125 km. Am 2. Tag wurden immerhin noch 60 km zurückgelegt, anschließend begann das eigentliche Gefecht. Die regionale Presse hat seinerzeit gerade diesem Manöver und der abschließenden Parade entsprechende Beachtung gezollt. Größere Truppenverbände traten damals, wie gesagt, nur selten an der Öffentlichkeit in Erscheinung.

Fehlte der Parade durch das einheitliche Feldgrau auch der Glanz und die farbige Vielfalt der Vorkriegszeit, und wurde die materielle Unzulänglichkeit der Reichswehr bei derartigen Veranstaltungen besonders deutlich, so wurden Auftreten, Leistung und Energie des neuen Heeres doch erkannt und gewürdigt, sicherlich auch von den anwesenden militärischen Beobachtern des Auslandes.

Betrachtet man die Reichswehr-Manöver bis Anfang der 30er Jahre, also vor der Machtergreifung Hitlers, unter militär-politischen Gesichtspunkten, so werden geographisch zwei Schwerpunkte erkennbar. Zum einen der Raum Schlesien-Ostbrandenburg-Pommern, zum andern die Enge zwischen der Tschechoslowakei und dem südlichen Rheintal. Es sind dies eben jene Räume, die Ende des Jahrzehnts bei der Besetzung der Tschechoslowakei und dem Polenfeldzug von Bedeutung werden sollten, und somit geopolitisch Ausgangspunkte des II. Weltkriegs darstellen. Geht man davon aus, daß die Beurteilung der Lage des Reiches durch Männer wie v. Seeckt und Heye nüchtern und realistisch war, so sind durchaus Rückschlüsse auf die tatsächlichen Gefahrenherde dieser Epoche zu ziehen.

14. REITERLICHE WETTBEWERBE IM RAHMEN DER MILITÄRISCHEN AUSBILDUNG

Der sportliche Wettbewerb als Mittel zur militärischen Ausbildung wurde schon vor dem I. Weltkrieg genutzt. Für die Kavallerie-Offiziere war das Jagdrennen der Sport schlechthin. Flachrennen wurden zumeist von Berufsjockeys geritten.

Das bedeutendste sportliche Ereignis im militärischen Rahmen war zweifellos das von 1862 bis 1914 gelaufene Große Armee-Jagd-Rennen.

Bereits im 19. Jahrhundert hatten einige höhere Kavallerie-Führer, allen voran General v. Rosenberg, den Wert des Rennens über Hindernisse für die Ausbildung des Reiter-Offiziers erkannt. Erwähnt sei hier noch der jährliche Kaiser-Preis-Ritt, praktisch ein Vorläufer der späteren Militarys.

Aber auch das Distanzreiten wurde gepflegt, besonders nach dem Distanzritt Berlin-Wien und Wien-Berlin 1892. Für die Mannschaften und Unteroffiziere wurden auch schon Mannschafts- und Patrouillen-Wettkämpfe durchgeführt.

In den frühen 20er Jahren nahm dann der sportliche Wettbewerb auch im Reichsheer einen deutlichen Aufschwung.

Zum Teil mag es mit dem allgemeinen Ansteigen der sportlichen Betätigung in dieser Zeit zusammenhängen.

Für die Reichswehr mußte es jedoch naheliegen, alle Mittel und

Methoden zur Förderung der Leistungsfähigkeit in Betracht zu ziehen, zumal die fehlende Quantität nur durch gesteigerte Qualität, wenigstens im geringen Maße, ausgeglichen werden konnte. Das langdienende Berufsheer bot hierbei gerade für eine umfangreiche sportliche Förderung gute Ansätze.

Auf Sportarten wie Leichtathletik, Ballspiele, Schwimmen, Boxen und andere kann in diesem Rahmen nicht besonders eingegangen werden, obwohl die Kavallerie auch hier nicht ganz abseits stand. Jedoch dürfen die reitsportlichen Wettbewerbe, soweit sie militärischen Charakter tragen, nicht unerwähnt bleiben.

Der wichtigste Wettbewerb in den 20er Jahren war der alljährlich in Berlin ausgetragene Patrouillenritt, an dem sich sämtliche 18 Reiter-Regimenter beteiligten. Der erste, 1920, wurde von der Patrouille des Reiter-Regiments 17 (Bamberg) gewonnen. Ein beachtlicher Erfolg für ein Regiment, dessen Garnisonen nicht gerade in einem Hochzuchtgebiet der deutschen Warmblutzucht lagen.

Bei dem Patrouillenritt handelt es sich um einen Geländeritt, der von einer Patrouille, bestehend aus einem Offizier oder Unteroffizier als Führer und 3 Mann, alle in voller Ausrüstung, bestritten werden mußte. Die Ausrüstung, besonders die Lanze mit Fähnchen, wirkte erschwerend und forderte somit geschickte, sichere Geländereiter.

Die Bedeutung des Patrouillenrittes lag darin, daß hier eine militärische Mannschaftsleistung gefordert wurde, wobei die Teilnehmer jeder Mannschaft der gleichen Eskadron angehören mußten.

Daneben wurden Findigkeitsritte ausgetragen. Hier wurden besonders das Orientierungsvermögen und die Entschlußfähigkeit, alles selbstverständlich unter Zeitdruck, geprüft.

Der letzte Kommandierende General eines Kavallerie-Korps, Gustav Harteneck, war 1920 in Berlin bei dem ersten Patrouillenritt, damals als Leutnant, Führer der siegreichen Mannschaft des R.R. 17.

Im Laufe der Jahre wurde auch der Wert des Distanzreitens wieder erkannt. Viele Turniere z. B., sahen derartige Konkurrenzen in ihrem Programm vor, so auch das damals bedeutende Verdener Turnier, welches Hauptmann Hamann Jahr für Jahr in großartiger Weise organisierte und leitete.

1933 war bei diesem Turnier ein 100-km-Distanz-Ritt ausgeschrieben. Obwohl möglichst viele Offiziere an dieser Prüfung teilnehmen sollten, lag die Teilnehmerzahl dennoch nur bei 30. Die Erfahrungen der Kaiser-Preis-Ritte der Vorkriegszeit lagen schon zu weit zurück, die Reitvorschrift von 1926 besagte wenig über das Distanzreiten und viele Vorgesetzte scheuten einfach die Mehrarbeit und die Gefahren, die mit dem Training, und natürlich auch mit dem Ritt selbst, verbunden waren. Tatsächlich überlebten 2 der 30 gestarteten Pferde den Ritt nicht. Die Gegner derartiger Leistungsprüfungen hatten wieder einmal recht behalten. Der Verdener Distanzritt war wie folgt aufgebaut:

— 30 km in 3 Stunden
— Zwangspause von 5 Min. plus eingesparter Min. des ersten Teilstückes
— Geländestrecke über 10 km mit ca. 15 Sprüngen Kl. L in 30 Min.
— Zwangspause von 30 Min. (für Wartung und Pflege der Pferde)
— 30 km in 3 Stunden, danach wiederum 5 Min. Zwangspause
— 30 km in 1 Stunde (das bedeutete durchweg Galopp!)

Am nächsten Tage war als Verfassungsprüfung ein Rennbahngalopp über 3 km zu absolvieren.
An der Prüfung nahmen Offiziere verschiedener Waffengattungen teil, darunter viele Artillerie-Offiziere. Den Ritt gewann ein Kavallerie-Offizier auf einem älteren, hoch im Blut stehenden, sehr harten Pferd, der die letzte Teilstrecke als einziger tatsächlich in 1 Stunde geschafft hatte. Generalleutnant der Bundeswehr Cord v. Hobe, der diesen Ritt als Artillerie-Leutnant mitgemacht hatte, schreibt in seinem Buch »Mit Pferden erlebt« u. a. »Andererseits glaube ich, daß die gewonnenen Erfahrungen für alle Teilnehmer von unschätzbarem Wert waren«.
Die Ausfälle hatten in Verden, wie bei nahezu allen derartigen Prüfungen, drei Gründe. Zum ersten ungeeignetes Pferdematerial (zu großrahmige, schwere Pferde mit zu geringem Blutanteil), zum zweiten mangelnde Vorbereitung, bzw. nicht ausreichendes oder ungeeignetes Training und zum dritten ungünstige Witterung (zu heiß, oder zu hohe Luftfeuchtigkeit). Die letzten 30 km des Verdener Distanz-Rittes, der im August durchgeführt wurde, mußten gegen Mittag zurückgelegt werden, und das an einem glutheißen Tag! —
Nach der Heeresvermehrung 1935 wurden die Distanzprüfungen als Korpsdauerritte in rein militärischem Rahmen ausgetragen. Die Ausschreibung gab die Inspektion der Kavallerie heraus, die Durchführung wurde den Kavallerie-Regimentern übertragen. Im Prinzip

entsprachen die Korpsdauerritte wieder den Kaiser-Preis-Ritten, doch waren die geforderten Leistungen etwas herabgesetzt worden, da nicht nur Kavallerie-Offiziere teilzunehmen hatten, sondern alle berittenen Leutnante und Oberleutnante.

Die Ausschreibung sah eine Liste A (Offiziere der Kavallerie und der Artillerie) und eine Liste B (berittene Offiziere der anderen Waffengattungen) vor.

Die Anforderungen waren:

1. Tag a) Wegestrecke, 40 km, 7½ Min. je km,
b) Geländestrecke 8 km, 4 Min. je km, 12 Hindernisse,
c) Findigkeitsstrecke 12 km, 6 Min. je km,
d) Wegestrecke, 20 km, 7½ Min. je km.

2. Tag e) Dressurprüfung Kl. A
f) Jagdgalopp 1 km, 3½ Min., 6 Hindernisse.

Das Mindestgewicht des Reiters mit Ausrüstung (Pistole, Säbel, Fernglas, Stahlhelm und Gasmaske) betrug 90 kg. Die Pferde waren feldmarschmäßig gesattelt, trugen Packtaschen und 4 kg Hafer aufgeschnallt.

Bei dem erstmals nach dem I. Weltkrieg wieder durchgeführten Korpsdauerritt des I. Armeekorps, vom 6.—7. Okt. 1936, starteten 143 Reiter. 126 hielten den Ritt durch, 17 schieden während des 1. Tages infolge von Schäden ihrer Pferde aus, 4 Pferde wurden am 2. Tag wegen nachträglich aufgetretener Schäden nicht mehr zur Dressurprüfung zugelassen. Damit waren von 143 gestarteten Pferden 21 ausgefallen, wovon 1 Pferd an einer Kolik einging. Dieses Ergebnis weist insgesamt einen guten Ausbildungs- und Leistungsstand von Pferden und Reitern nach. Todesfälle von Pferden sind bei derartigen Anforderungen nie mit absoluter Sicherheit zu vermeiden.

Daß die Inspektion der Kavallerie für die Durchführung der Korpsdauerritte nur den Rahmen absteckte, ansonsten aber einen Freiraum ließ, zeigte der vom 13.—15. Okt. 1937 durchgeführte Korpsdauerritt des VI. Armeekorps, der vom Reiter-Regiment 15 ausgerichtet wurde.

Mindestgewicht, Gesamtstrecke und Klassifizierung der Teilnehmer waren festgelegt. Einteilung und Aufgaben blieben variabel.

Die Paderborner Reiter stellten folgende Anforderungen:

1. Tag a) Wegestrecke, 45 km, 7½ Min. je km,
b) Karabinerschießen, 150 m liegend freihändig, 3 Schuß auf Kopfringschreibe,
c) Geländestrecke, 8 km mit 12 Hindernissen, 4 Min. je km,

d) Pistolenschießen, 25 m stehend freihändig, 8 Schuß in 20 Sek.,

e) Findigkeitsstrecke, nach Karte mit eingezeichneten Kontrollpunkten, 15 km, 6 Min. je km,

f) Wegestrecke, 22 km, $7^1/_2$ Min. je km.

Eingebaut waren zwei Verfassungsprüfungen in je einer Zwangspause von 15 Min. nach der ersten Wegestrecke und der Geländestrecke.

2. Tag g) Dressurprüfung Kl. A,

h) Jagdgalopp, 6 km mit 6 festen Hindernissen, 80 cm hoch, in $3^1/_2$ Min. je km.

Die Korpsdauerritte, die Ähnlichkeiten mit der Olympischen Military einerseits und mit dem Modernen Fünfkampf andererseits erkennen ließen, stellten nicht lediglich einen militärischen Wettkampf dar. Vielmehr waren sie im Zusammenhang mit dem vorbereitenden Training gesehen, Gefechtsausbildung auf einer hohen Stufe, die zwar aus organisatorischen Gründen nur auf der Ebene der Offiziere geprüft werden konnte, die aber dennoch, über den Offizier als Ausbilder, auch in die Breite wirkte und somit der Ausbildung aller berittenen Soldaten diente.

Diesem gleichen Ziel diente, wie Gustav Rau im »Sankt Georg« herausstellte, auch die am 7. und 8. Oktober 1937 durchgeführte »Große Vielseitigkeitsprüfung für Offiziere der Kavallerie« in Döberitz bei Berlin. Alle Reiter- und Kav.-Rgtr., dazu die Reitende Art.-Abt. 1 und die Kav.-Schule, hatten jeweils eine Mannschaft zu 3 Reitern und 3 Pferden zu stellen, trotz der großen Belastung durch den Ausbildungsdienst und die Truppenübungen gerade in jener Zeit.

Insgesamt beteiligten sich also 16 Mannschaften an dieser Krone reiterlicher, aber auch militärischer Ausbildung. Die Forderung für den ersten Tag war eine Dressurprüfung der Klasse L, die des zweiten Tages ein Gesamtritt über 24 km, bestehend aus:

I. Wegestrecke von 6 km in 26 Min.

II. Rennbahngalopp über 1500 m in 3 Min.

III. Zweite Wegestrecke von 6 km in 26 Min.

IV. Geländestrecke über 6 km mit 22 Hindernissen in 18 Min.

V. Dritte Wegestrecke von 4,5 km in 17 Min.

Dazu kam nach der zweiten Wegestrecke ein Pistolenschießen, 8 Schuß, 25 m, in 25 Sek. auf die Ringscheibe knieender Schütze.

Einzelsieger dieser gewiß nicht leichten Prüfung wurden mit je 66 Punkten in totem Rennen Obltn. v. d. Knesebeck vom Kav.-Rgt. 4, Allenstein und Obltn. v. Reden-Lücken, Kav.-Rgt. 13, Lüneburg.

Dritter wurde Rittm. Frhr. v. Ohlen, Reiter-Rgt. 1, Insterburg. Den Mannschaftssieg errang das Kav.-Rgt. 3, Göttingen mit Obltn. Schulz, Obltn. v. Plehwe und Ltn. Leibl.
Für die hervorragende Kondition und den guten Ausbildungsstand von Reitern und Pferden spricht die Tatsache, daß nur 2 Reiter, resp. Pferde ausfielen.
Der Kenner mag Vergleiche zu derartigen Vielseitigkeitsprüfungen in unseren Tagen ziehen.

IV. Traditionspflege und Brauchtum

15. DIE ÜBERNAHME DER TRADITION DER ALTEN ARMEE

Die sogenannte Traditionspflege bot zu Zeiten der Reichswehr, im Gegensatz zu heute, wenig Anlaß zu Kritik oder gar zu Auseinandersetzungen. Allerdings hatte man bewußt auf viele Äußerlichkeiten verzichtet, um eine Glorifizierung der Armee in der neuen Republik zu vermeiden.

Mit Wirkung vom 24. August 1921 verfügte der damalige Chef der Heeresleitung, v. Seeckt, in einem Erlaß lapidar die Regelung der Traditionspflege in der Reichswehr. Diese wies jeder Kompanie, jeder Eskadron und jeder Batterie die Tradition eines Regiments der alten Armee zu, wobei jede Einheit in diesem ehemaligen Verband nun seinen Stammtruppenteil sah.

Die Traditionspflege innerhalb der Armee wurde aber im wahrsten Sinne des Wortes groß geschrieben. In den amtlichen Ranglisten des Reichsheeres sind die »Stammtruppenteile« (d. h. die Traditionstruppenteile) etwa doppelt so groß gedruckt, wie die derzeitige Dislozierung der den Regimentern unterstehenden Verbände und Einheiten, die ja zumindest nicht von geringerer Bedeutung war.

Der Chef der Heeresleitung war beileibe kein Traditionalist in einer negativen Auslegung des Begriffs. Im Gegenteil, er konstatierte, daß mit der neuen Reichswehr »kein Leichnam galvanisiert« werde. Dennoch erschienen ihm Rückblick auf und Verbindung mit der alten Armee wichtig, ja bedeutsam, in Hinblick auf die Erziehung und Formung der neuen Armee.

Den 97 Eskadronen der Reichswehr wurde, der Natur der Sache entsprechend, die Tradition der ehemaligen 110 aktiven Kavallerie-Regimenter der alten Armee übertragen.

Die so befohlene Traditionspflege ist jedoch keineswegs als etwas Aufgezwungenes zu betrachten. Vielmehr erblickte der Soldat der Reichswehr darin eine ehrende Verpflichtung. Ohnehin bestanden in den 20er und 30er Jahren eine Fülle von Verbindungen zwischen den Veteranen des Weltkrieges und der jungen Reichswehr, die ja letztlich im Wesentlichen aus der alten Armee hervorgegangen war. Die Reichswehrsoldaten waren in ihrer Mehrheit stolz darauf, die Tradition berühmter alter Regimenter weiterführen zu können. Noch lange wurden im Sprachgebrauch die einzelnen Eskadronen nach ihren Stammtruppenteilen Husaren-, Kürassier-, Ulanen-Eskadron usw. bezeichnet. Häufig kamen persönliche, familiäre Bindungen hinzu, insofern, als Vater und Großvater in dem Regiment gedient hatten, dessen Tradition nun von der Eskadron, Kompanie oder Batterie fortgeführt wurde, in welcher der Sohn zur Zeit diente. Dafür ein Beispiel. Der Generalleutnant der Bundeswehr a. D., Cord v. Hobe, trat als Fahnenjunker in das 6. (Preuß.) Artillerie-Regiment ein, welches in einer seiner Batterien die Tradition des 2. (Westf.) Feldartillerie-Regiments Nr. 22 fortsetzte, in dem sein Vater vor und während des I. Weltkrieges Dienst getan hatte. Dabei lag das Regiment mit Masse in Westfalen, während die v. Hobes im nördlichen Schleswig-Holstein zu Hause waren, und in Holstein ebenfalls Artillerie stationiert war. In der Regel jedoch trug die Traditionspflege zu einem landsmannschaftlich homogenen Personalersatz bei, zwar weniger bei dem Offiziersnachwuchs, wie es das Beispiel Cord v. Hobes zeigt, dafür aber um so mehr bei den Unteroffizieren und Mannschaften. Hierin lag u. a. der praktische Nutzen der Traditionspflege. Durch die landsmannschaftliche und mit geringen Einschränkungen auch sozialgesellschaftliche Homogenität erfuhren die Verbände der Reichswehr in Zusammenhang mit den Faktoren Erziehung und Moral sehr rasch eine innere Geschlossenheit, die sich auf Wert und Leistung nur positiv auswirken konnte.

Traditionsfördernd wirkte sich weiterhin die durch den Reichspräsidenten am 19. 5. 1922 verfügte landsmannschaftliche Bezeichnung der Verbände oder Einheiten aus. So erhielten bei der Kavallerie das 1.—11., 13. und 15. den Zusatz (Preußisches) das 12. (Sächsisches) und das 17. (Bayerisches) Reiter-Regiment.

Das 14., 16. und 18. Reiter-Regiment erhielt keinen landsmannschaftlichen Zusatz, da deren Einheiten gemischt waren. Beim Reiter-Regiment 14 waren preußische und mecklenburgische, beim Reiter-Regiment 16 preußische und hessische Eskadronen vorhanden und beim

Das Reiter-Rgt 8 während der Parade nahe der Straße Görlitz-Hochkirch nach dem Gruppenmanöver 1928 in Schlesien.
(Archiv Reiter 8)

Der Chef der Heeresleitung, GenOberst Heye, meldet dem Reichspräsidenten Feldmarschall v. Hindenburg das Ende der Parade bei Römhild 1930.
(Foto Tellgmann)

Der leichte Feldwagen. Fahrzeuge dieser Art dienten bei bespannten und berittenen Truppen bis zum Ende des II. Weltkrieges als Beförderungsmittel der Trosse und Kolonnen. In der Reichswehr waren auch diese Fahrzeuge in Tarnfarben gehalten.
(Bundesarchiv)

Die Beweglichkeit des Reichsheeres wurde überwiegend durch das Pferd sichergestellt. Manöver der 4. Div. 1927 im Raum Naumburg/Saale. *(Bundesarchiv)*

Die schweren Maschinengewehre eines Inf. Rgts. auf dem Marsch. *(Archiv Verf.)*

Bespannte Batterie des Art.Rgts. 6 Minden. *(Sammlung DPM)*

GenOberst v. Seeckt, der eigentliche Schöpfer des Reichsheeres, bei den Manövern 1925 in Thüringen. Im Hintergrund Oberst v. Blomberg. *(Foto Tellgmann)*

Mitte links: Generalfeldmarschall v. Mackensen, als ältester Kavallerist auf dem »1. Waffentag der Deutschen Kavallerie« in Dresden, 11.—13. Juli 1931. Rechts neben Mackensen der Kdr. der 4. Inf.-Division, GenLt. v. Stülpnagel, hinter ihm, in der Uniform des Kür.-Rgts. 4 Münster, der ehemalige Kriegsminister GenOberst von Einem. *(Foto Tellgmann)*

Mitte rechts: Generalfeldmarschall v. Mackensen, eine profilierte Persönlichkeit der deutschen Reiterei. Noch während des Dritten Reiches setzte er sich nachhaltig für die Belange der Kavallerie ein. *(Archiv Verf.)*

Eine Standarten-Eskadron des Reiter-Rgt. 12, Dresden, mit den Feldzeichen der alten Armee während des »1. Waffentages der Deutschen Kavallerie«. *(Foto Tellgmann)*

Ausdruck der Traditionspflege in der Reichswehr. Angehörige des Reiter-Rgt. 13, Hannover, in den Uniformen eines ihrer Traditionsregimenter. *(Archiv KR. 13)*

Die Uniformen der Traditionsregimenter des Reiter-Rgt. 8, Brieg 1933. *(Archiv Reiter 8)*

Kavallerie erweist dem verstorbenen Reichspräsidenten, Feldmarschall v. Hindenburg, vor dem Reichsehrenmal Tannenberg die letzte Ehre. *(Archiv Verf.)*

Reiter-Regiment 18 württembergische und badische Eskadronen. Bei diesen 3 Regimentern trugen die Eskadronen jeweils die landsmannschaftliche Bezeichnung.
Äußerlich trat diese Regelung in den Mützenkokarden, dem Wappenschild am Stahlhelm und bis 1927 auch bei den Lanzenflaggen in Erscheinung. An der Mütze wurde über der ovalen Reichskokarde* im Eichenlaubkranz eine Kokarde in den jeweiligen Landesfarben getragen. Den Stahlhelm zierte links ein Schild in den Landesfarben. Desgleichen waren auch die bis 1927 geführten Lanzenflaggen in den jeweiligen Landesfarben gehalten, die der Unteroffiziere trugen das Landesemblem. Nach der Machtübernahme durch Hitler traten auch hier Änderungen durch die Einführung der neuen Hoheitsabzeichen ein.
Anders hingegen verhielt es sich mit den von verschiedenen Truppenteilen des Reichsheeres getragenen Erinnerungsabzeichen an das alte Heer. Stab und I. Abteilung des Kavallerie-Regiments 5 hatte den Totenkopf der ehemaligen 1. und 2. Leibhusaren übernommen, welcher an der Schirmmütze zwischen Hoheitsabzeichen und Kokarde getragen wurde. Die 4./Kavallerie-Regiment 6 trug an der gleichen Stelle den »Schwedter-Adler« der ehemaligen 2. Dragoner und die 4./Kavallerie-Regiment 13 den Totenkopf der ehemaligen 17. braunschweigischen Husaren. Während des Krieges legten im Zuge der Wiederaufstellung der Kavallerie sogar weitere Einheiten und Verbände diese Traditions-Abzeichen an. Gegen Ende des Krieges wurde dem Kavallerie-Regiment 5 zusätzlich ein Ärmelband »Feldmarschall v. Mackensen« und der 4. Kavallerie-Division ein Ärmelschild verliehen.

16. TRADITIONSBRÜCHE?

Rein äußerlich hatte die Reichswehr scheinbar verschiedentlich mit der Tradition gebrochen. Die in Farbe und Schnitt höchst unterschiedlichen und meist prächtigen Uniformen der Vorkriegszeit gehörten der Vergangenheit an. Von einer gewissen Übergangszeit abgesehen gab es für alle Waffengattungen nur noch eine einheitliche, feldgraue Uniform, der nahezu jeder Schmuck und Zierat fehlte.
Die Schulterstücke der Offiziere, die während der Revolution 1918, bzw. in deren Nachwirren, vorübergehend abgeschafft und durch

* Die Reichskokarde zeigte auf einem ovalen Schild den rotbewehrten, schwarzen Reichsadler auf goldenem Grund.

Ärmelabzeichen ersetzt worden waren, fanden allerdings nach kurzer Zeit wieder Eingang in die neue Armee. Als Novum wurden den einzelnen Waffengattungen Farben zugeordnet, sogenannte Waffenfarben, die eigentlich internationalen Zuschnitt aufwiesen. Die Kavallerie z. B. erhielt Goldgelb, die Infanterie Weiß, die Artillerie Hochrot.

Diese Kennzeichnung bestimmter Waffengattungen durch Farben tritt zum ersten Mal in der Mitte des 19. Jahrhunderts in den Vereinigten Staaten von Amerika in Erscheinung. Bereits während des amerikanisch-mexikanischen Krieges von 1847—48 waren die Waffengattungen der US-Armee wie folgt gekennzeichnet: Kavallerie — goldgelb, Infanterie — weiß, teilweise mittelblau, Artillerie — rot, Signalkorps — orange, Sanitätstruppe — grünblau.

In Deutschland wurden die Waffengattungen erstmalig während des I. Weltkrieges durch Farben gekennzeichnet. Mit Allerhöchster Kabinetts-Ordre (A.K.O.) vom 21. 9. 1915 wurde für das Heer eine neue Friedens- und eine neue Feldbekleidung befohlen. Der Waffenrock, nun feldgrau, hatte einen roten Kragen und rote Aufschläge. Die Achselklappen waren bei der gesamten Infanterie — weiß, bei der Feldartillerie — hochrot, der Fußartillerie — goldgelb, den Pionieren — schwarz, den Jägern — grün. Die Kavallerie war von dieser Vereinheitlichung ausgenommen. Ihre einzelnen Gattungen trugen bei nun feldgrauer Uniform weiterhin verschiedenfarbige Achselklappen mit wiederum verschiedenfarbigen Vorstößen, Nummern oder Namenszügen.

Als 1919/20 im Zuge des Aufbaues der neuen Reichswehr eine Einheitsartillerie geschaffen wurde, und damit die Fußartillerie entfiel, wurde die goldgelbe Waffenfarbe frei. Goldgelb erhielten nun die ebenfalls als Einheitskavallerie entstehenden Reiter-Regimenter.

In den Ranglisten des Deutschen Reichsheeres von 1920—1933 rangierten die Waffengattungen mit den ihnen zugeordneten Farben folgendermaßen:

1. Infanterie	— weiß (Jäger hellgrün)
2. Kavallerie	— goldgelb
3. Artillerie	— hochrot
4. Pioniere	— schwarz
5. Nachrichtentruppen	— hellbraun, später zitronengelb
6. Kraftfahrtruppen	— hellblau, später rosa
7. Fahrtruppen	— hellblau
8. Sanitätsabteilungen	— dunkelblau

Interessanterweise hat sich die Kennzeichnung mittels bestimmter Farben in Deutschland von der Reichswehr über die Wehrmacht und zeitlich parallel die SA, SS und Waffen-SS letztlich bis zum heutigen Tage in der Bundeswehr erhalten, ohne daß darin ein »Politikum« gesehen wurde. In anderen Bereichen dagegen ist so manches als Politikum abgelehnt oder abgeschafft worden. Man denke u. a. nur an den deutschen Stahlhelm, der ironischer Weise in absehbarer Zukunft in verblüffend ähnlicher Form, wenn auch aus modernem Material, in die amerikanische Armee eingeführt werden soll und dort schon heute den Spitznamen »Fritz« trägt.
Die Truppe hat sich die Waffenfarben ziemlich rasch zu eigen gemacht. Sie sind sogar in unserer nüchternen Zeit, in der die Uniform überwiegend als olivfarbene Berufsbekleidung in Erscheinung tritt, als leicht einprägsame Erkennungsmerkmale von Bedeutung, wobei teilweise sogar eine gewisse Identifikation entsteht.
Die Reichswehr führte keine eigenen Fahnen und Standarten. Jedoch wurden die Fahnen und Standarten der alten Armee als kostbares Erbe angesehen, entsprechend bewahrt und bei besonderen Gelegenheiten von der Truppe in der Öffentlichkeit mitgeführt. Als Beispiel sei hier der seit 1931 regelmäßig durchgeführte »Waffentag der deutschen Kavallerie« erwähnt. Nicht zuletzt symbolisierte gerade das Mitführen der alten Feldzeichen die Verbundenheit der neuen mit der alten Armee. Der Wehrgedanke, der auch zur Zeit des 100 000-Mann-Heeres besonders gepflegt werden mußte, erhielt bei diesen Gelegenheiten frischen Auftrieb, und der Großteil der alten Soldaten, die, aus welchen Gründen auch immer, der Reichswehr fernbleiben mußten, sahen sich bei diesem Anblick zwangsläufig mit der jungen Armee verbunden. Hier wird sichtbar, daß Traditionspflege zu einem militär-politischen Faktor von erheblicher Wertigkeit werden kann, der die Finanzlage der Armee und damit des Staates kaum belastet.
Bei der Kavallerie der Reichswehr trat 1919 ein weiterer, ganz spezieller Traditionsbruch ein. Die bisherige Untergliederung der Kavallerie in Kürassiere, Ulanen, Dragoner, Husaren, Schwere Reiter, Karabiniers, Chevauxleger und Jäger zu Pferde kam zum Fortfall. Einheitlich wurde die gesamte neue Kavallerie in »Reiter«-Regimenter gegliedert.
Der Begriff »Reiter« hatte in der deutschen Militärgeschichte Vorläufer, die vom Beginn der Neuzeit bis zur Wende des 19. und 20. Jahrhunderts reichten. Man erinnere sich nur der »Speer-Reuter« des 30jährigen Krieges, des Ostasiatischen Reiter-Regiments, der bayeri-

schen und sächsischen Schweren Reiter oder der Reiter von Südwest. Dennoch erscheint diese mehr zivile Bezeichnung zunächst wenig aussagekräftig hinsichtlich ihrer militärischen Bedeutung.
Jedoch, ebenso wie die zentralistische Struktur der neuen Armee und die einheitliche Uniformierung aller Waffengattungen, war auch das »Reiter-Regiment« eine zukunftsweisende, unerläßliche Neuerung. Mit dem neuen Reiter-Regiment wurde nicht nur eine einheitlich uniformierte und ausgerüstete Waffengattung bezeichnet, sondern es wurde praktisch der Abschied von der bisherigen Schlachtenkavallerie vollzogen, wenngleich der Reiter auch weiterhin die antiquierte Lanze führen mußte. Die neuen »Reiter« waren bereits als Träger eines beweglichen Feuerkampfes programmiert, also reitende Schützen, eine besondere Art »berittener« Infanterie. Bei ihr war das Pferd an sich keine Waffe mehr, es war aber mehr als ein ausschließliches Transportmittel. Diese Feststellung ergibt sich aus der angestrebten Taktik. Zur Überwindung des Raumes wären Kraftfahrzeuge womöglich geeigneter gewesen. Der zu fordernden Beweglichkeit im Gelände konnte das Kraftfahrzeug der damaligen Zeit nicht entsprechen, abgesehen davon stand es in ausreichender Zahl auch nicht zur Verfügung. Somit entsprach das Pferd gewissermaßen dem späteren Schützenpanzer, wobei die jeweils gegebenen Vor- und Nachteile hier im einzelnen nicht erörtert werden müssen.
Die Reiter der Reichswehr wiesen damit sicherlich Vergleichbarkeiten mit den Dragonern etwa zur Zeit der Spanischen Erbfolgekriege auf, waren jedoch ihrem Wesen nach nicht deren Neuauflage.
Die scheinbaren Traditionsbrüche waren im Grunde beste preußische Tradition, insofern, als eben nicht die Asche gehütet wurde; oder anders ausgedrückt, indem man durch sie, soweit es die Gegebenheiten zuließen, an der Spitze des Fortschritts marschierte.

17. BRAUCHTUM

Die von der Reichswehr gepflegten Traditionen wären hier unvollständig dargestellt, würde nicht auch das übernommene und weitergeführte Brauchtum angesprochen. Die Trompeterkorps der Reiter-Regimenter sind bereits erwähnt worden. Sie wurden wieder etatisierter Bestandteil eines jeden Regiments der Kavallerie und der Artillerie. Sie, als Visitenkarte oder Aushängeschild ihres Verbandes, pfleg-

ten das Brauchtum in besonderer Weise. So ritten sie in der Regel Pferde gleicher Farbe. Dabei wurden auffallende Farben wie Schimmel, Füchse oder Rappen bevorzugt. Der zu jedem Trompeter-Korps gehörende und vorausreitende Kesselpauker stand immer im Rampenlicht. Um seine Erscheinung hervorzuheben, ritt er ein besonders großes Pferd oder ein Pferd, das sich in der Farbe von den Pferden der Trompeter abhob. Bei einzelnen Regimentern mußte der Kesselpauker als einziger Soldat seines Verbandes einen Vollbart tragen (z. B. Reiter-Regiment 8), wodurch er ebenso martialisch wie von der Norm abweichend wirkte. Das Reiter-Regiment 4, Potsdam, Nachfolger der ehemaligen Garde-Kavallerie, schoß hier zweifellos den Vogel ab, indem es Anfang der 20er Jahre den Kamerun-Neger Wilhelm Sambo als Kesselpauker verwandte, der schon bei den Leib-Garde-Husaren als Kesselpauker gewirkt hatte.
Der Kesselpauker mußte nicht nur über musikalische Fähigkeiten und ein imposantes Äußeres verfügen, er mußte auch ein guter Reiter sein. Seine reiterlichen Fähigkeiten hatte er immer dann unter Beweis zu stellen, wenn anläßlich einer Parade das Trompeter-Korps gegenüber dem Besichtigenden Aufstellung nahm. Sitte und Brauch entsprechend, hatte er dann vor dem in Linie aufmarschierten Trompeter-Korps sein »Rad« oder auch »Rädchen« zu drehen. Dieses bestand aus einem in versammeltem, abgekürzten Galopp gerittenen Vollkreis, wobei der Kesselpauker nach Abschluß mit Front dem Besichtigenden gegenüberstand. Wenn man berücksichtigt, daß das Pferd mit den Pauken schwer bepackt war, der Reiter nur mit den Füßen und mit Gewichtshilfen auf das Pferd einwirken konnte und daß bei Veranstaltungen wie Paraden immer eine gewisse Nervosität sowie eine gespannte Atmosphäre gegeben sind, so mag man das reiterliche Vermögen des Kesselpaukers richtig bewerten.
Selbstverständlich kamen als Paukenpferde überhaupt nur ausgeglichene, ruhige Tiere mit angenehmem Temperament infrage, die so leicht nicht aus der Ruhe zu bringen waren.
Das Bild des Trompeter-Korps wurde weiterhin hervorgehoben durch die Paukenbehänge und die z. T. verwendeten Fanfarenbehänge. Die Paukenbehänge waren zunächst von den Regimentern der alten Armee übernommen worden. Später wurden sie dann durch neueingeführte feldgraue Behänge ersetzt. Gleichwohl wurden die historischen Behänge bei besonderen Gelegenheiten weiter geführt.
Alle Soldaten im Musikdienst trugen zudem die bekannten »Schwalbennester«, wodurch sie sich von den übrigen farbenprächtig abhoben.

Die Trompeter hatten einzeln darüberhinaus bis zu Beginn des II. Weltkrieges auch eine taktische Funktion, gewissermaßen als Melder und Befehlsübermittler der Einheits- und Verbandsführer.
Zu dem Brauchtum ist zweifellos auch das Jagdreiten zu zählen. Seit etwa der Mitte des 19. Jahrhunderts gab es eine ganze Reihe von Kavallerie-, aber auch Artillerie-Regimentern, die sich eine eigene Meute leisten konnten.
Zunächst wurde das Reiten hinter der Meute mit seinem Zeremoniell mehr als ein geselligkeitsfördernder »Sport« angesehen. Doch setzte sich nach und nach die Erkenntnis durch, daß in diesem Sport wesentliche Elemente der reiterlichen und damit auch der militärischen Ausbildung, insbesondere des Offiziers, enthalten waren.
Die Reitvorschrift von 1912 bestimmte deshalb:
»Alljährlich nach den Manövern sind bei den Regimentern Jagden zu reiten, an denen das gesamte Offizierskorps unter seinem Kommandeur teilzunehmen hat.«
Aus sportlichem Brauch, dem schon damals viele Damen huldigten, war eine militärische Ausbildung geworden.
Selbst die letzte deutsche Reitvorschrift vom 18. 8. 1937 wies noch unmißverständlich auf den Wert und die Bedeutung der Reitjagden für den Offizier hin. Sie stellt u. a. fest: »Die Teilnahme an den im Herbst zu veranstaltenden Reitjagden ist für alle pferdeberechtigten Offiziere Dienst.« Weiter heißt es da: »Die Teilnahme an Reitjagden ist auch für die nicht pferdeberechtigten Offiziere erwünscht. Voraussetzung für die Teilnahme ist jedoch, daß Reiter und Pferde durch sachgemäße Schulung in Geländereitstunden auf die Reitjagden vorbereitet sind, und daß die Anlage dieser Jagden dem Können der Teilnehmer angepaßt ist.«
Trotz des nunmehr militärischen Charakters der Reitjagden blieb die Geselligkeit nicht auf der Strecke. Im Gegenteil, die Jagden blieben sowohl sportliche als auch gesellschaftliche Höhepunkte. Kaum eine Regiments-Geschichte, auch von Artillerie-Regimentern und sogar von Infanterie-Regimentern, hat den Erinnerungen an das Jagdreiten nicht gebührend Raum gegeben.[28]
Bei der Reichswehr konnten nur noch wenige Reiter- oder Artillerie-Regimenter eine eigene Meute halten. Die wirtschaftliche Situation der meisten Offiziere hatte sich gegenüber der Vorkriegszeit erheblich verschlechtert. Die Reitjagd auf lebendes Wild wurde in Deutschland endgültig durch das Reichsjagdgesetz vom 3. Juli 1934, lt. Verordnung vom 29. Juli 1936 verboten. Der Reiz an dieser

faszinierenden Mischung aus Sport, Geselligkeit, reiterlichem Können und militärischen Tugenden blieb erhalten, und das, obwohl gerade hier ein strenges »Ritual« das Verhalten des Einzelnen in eine bestimmte Form bindet und damit seine Individualität einengt. Grobe Verstöße führten zumindest dazu, bei privat veranstalteten Jagden nicht mehr als Gast eingeladen zu werden, was für den Betreffenden häufig mit dem gesellschaftlichen Ruin gleichbedeutend war. Es darf hierbei nämlich nicht übersehen werden, daß das Jagdreiten u. a. traditionell eine Klammer zwischen dem Militär und den damals führenden Schichten des zivilen Bereichs darstellte.
Die wohl begehrenswerteste Auszeichnung des Jagdreiters dieser Epoche war der »Trakehner Knopf«. Der Landstallmeister von Trakehnen verlieh dieses an sich unscheinbare Symbol äußerst sparsam an Reiter, die sich bei den berühmten Trakehner Jagden eine Saison lang in jeder Beziehung bewärt hatten.[29]
Abschließend sei erwähnt, daß alle Truppenteile die Pferde besaßen, oder aber über einen Berittenmachungsstall verfügten, alljährlich am 3. November, oder kurz davor bzw. danach, zu Ehren des Schutzheiligen der Jäger eine »Hubertusjagd« ritten.

V. *Bewertung und Folgerungen*

Aufgrund der personellen und materiellen Beschränkungen war die Reichswehr als Armee der Weimarer Republik nicht in der Lage, sich im Kriegsfall längere Zeit auch nur gegen die Streitkräfte einer gegnerischen Macht erfolgreich zu behaupten.
Selbst gegenüber den Armeen »mittlerer« Staaten bestand eine deutliche Unterlegenheit. In einer militärischen Auseinandersetzung wäre bei »hinhaltendem Widerstand« höchstens Zeit zu politischen Verhandlungen zu erreichen gewesen.
Betrachtet man hingegen die Reichswehr-Kavallerie isoliert, so bietet sich hier ein anderes Bild. Ihren relativ großen Anteil von 16,4% am Gesamtumfang des Heeres verdankte sie dem Willen der Sieger des I. Weltkrieges ebenso wie die schwache Bewaffnung, die im wesentlichen aus Karabinern, 4 schweren Maschinen-Gewehren pro Regiment und 12 Feldkanonen 7,5 cm pro Division bestand.
Jedoch konnten die Sieger trotz ihrer detaillierten Verbote nicht alle Möglichkeiten einer Kampfkraftsteigerung verhindern.
Die Führung der Reiter-Regimenter wurde durch die Schaffung von Nachrichten-Zügen verbessert, die Feuerkraft der Eskadronen durch leichte Maschinen-Gewehre verstärkt, wenngleich diese zunächst von der Infanterie ausgeliehen werden mußten. Gegen Ende der 20er Jahre kamen die Kavallerie-Geschütz-Züge hinzu, deren Ausbildung zuvor an Attrappen sichergestellt worden war.
Wesentlich für die Kavallerie aber wurde die neue Konzeption von der »schnellen Feuerwaffe«. Diese zu realisieren war u. a. ein Verdienst General v. Seeckts. Das System der personellen Auslese und überproportionalen Ausbildung wirkte sich dabei besonders günstig aus. Die vorgesehene und in Übungen erprobte Verstärkung der Kavallerie durch Pionier-, Nachrichten- und Transportkräfte sowie von

Fall zu Fall durch verlastete Infanterie und zusätzliche Artillerie gab dem Reichsheer tatsächlich eine, wenn auch geringe, Erhöhung der operativen Kampfkraft. Fehlende Masse wurde teilweise durch erhöhte Beweglichkeit ersetzt. Die Absicht der damaligen Entente hinsichtlich der Reichswehr-Kavallerie hatte sich somit ins Gegenteil ververkehrt.
General d. Infanterie a. D. Günther Blumentritt formulierte das in seinem Buch »Strategie und Taktik« folgendermaßen: »Selbst die als schweres Handicap gedachte Einteilung des Heeres in 21 Infanterie- und 18 Reiter-Regimenter, das waren 7 Infanterie-Divisionen mit Artillerie, Pionieren und Nachrichtentruppen und 3 Kavallerie-Divisionen, konnte besonders vorteilhaft genützt werden, dergestalt, daß man die Reiter-Regimenter zu beweglicher, leicht verschiebbarer Infanterie ausbildete; noch nach langen Märschen konnte der abgesessene Reiter nunmehr als Infanterist verhältnismäßig frisch ins Gefecht gehen.«
Harald J. Gordon kommt als Historiker bei perspektivischer Bewertung zu einem ähnlich positiven Urteil. Er schreibt in seinem Buch »Die Reichswehr und die Weimarer Republik 1919—1926«: »Selbst die Beibehaltung großer Kavallerieverbände war nicht unbedingt nur ein Übel. Wie bei der Ausbildung von Offizieren für den II. Weltkrieg entdeckt wurde, ist es viel leichter, aus einem Kavalleristen einen guten Panzeroffizier zu machen als aus einem Infanteristen. Da die Alliierten die Aufstellung von motorisierten oder Panzerdivisionen in Deutschland nicht geduldet hätten, war es besser, die Kavallerie mit ihrer Tradition der mobilen Kriegsführung beizubehalten, als Kavalleriedivisionen in Infanteriedivisionen vom Typ des I. Weltkrieges umzuwandeln.«
Zieht man heute ein Resumée, so ist festzustellen, daß die Kavallerie der Reichswehr von Anbeginn dem Bild der traditionellen Schlachtenkavallerie nicht mehr entsprach.
Die Kavallerie hatte den Charakter einer reinen Angriffswaffe schon vor dieser Zeit eingebüßt. In der Reichswehr war er bewußt zu den Akten gelegt worden, wenngleich das von so manchem höheren Kavallerieführer bedauert oder sogar nicht eingestanden und somit abgelehnt wurde. Andererseits aber hatten damit die berittenen Truppen eine neue Wertigkeit und ein neues Betätigungsfeld erhalten.
Es war zwar das gute Recht der Befürworter eines gepanzerten bzw. mechanisierten Heeres Anfang der 30er Jahre, den Reiter auf dem Gefechtsfeld als endgültig überholt, ja antiquiert zu betrachten. Je-

doch entsprachen deren Vorstellungen sowohl in politischer, technischer und ganz besonders in wirtschaftlicher Hinsicht häufig nicht den tatsächlichen Gegebenheiten.

Insofern stellte die Kavallerie in der von der Reichswehr konzipierten Form durch ihre Existenz, ihre Qualität und ihre Regenerierbarkeit letztlich die einzige Alternative zu den in ausreichendem Maße nicht vorhandenen technischen »Schnellen Truppen« dar, wobei ihre Grenzen keineswegs übersehen werden sollen.

Es ist Generaloberst v. Seeckt verschiedentlich vorgeworfen worden, in dem Panzer nicht das Pferd der Zukunft erkannt zu haben. Diese Behauptung mag zutreffen oder nicht.

Kaum bestritten werden kann indessen die Tatsache, daß sein Konzept hinsichtlich der Ausbildung und Führung moderner Streitkräfte ein wesentlicher Faktor für die Schaffung der deutschen Panzertruppe wurde.

Zusammenfassend sei noch einmal vermerkt: Ohne hier den Wert der anderen Waffengattungen zu schmälern, hatte gerade die Reichswehr-Kavallerie erstaunliche Aktiva zu verzeichnen.

Durch ihren Umfang prägte sie das Bild jener Armee entscheidend mit, wirtschaftlich und kulturell bestanden enge Wechselbeziehungen zur Gesellschaft. Durch ihre sportlichen Erfolge verschaffte sie dem Deutschen Reich im Ausland ein hohes Ansehen.

Militärisch war sie eine gleichwertige, zweckmäßige Waffengattung, die nicht unerheblich zum späteren Aufbau der Panzertruppe beitrug und in geringem Umfang auch am Aufbau der Luftwaffe beteiligt war.[30] Sie hat damit, eigentlich mehr unbeabsichtigt, beträchtlichen Einfluß auf die beiden Waffen genommen, die im II. Weltkrieg eine so dominierende Rolle spielen sollten.

Mit dem »Gesetz für den Aufbau der Wehrmacht vom 16. März 1935« und dem »Wehrgesetz vom 21. März 1935« ging die Epoche der Reichswehr zu Ende. Die Geschichte der Wehrmacht nahm ihren Anfang. Ende Oktober 1935 wurden zum ersten Mal wieder Rekruten eingezogen und am 7. November fand im gesamten Deutschen Reich deren feierliche Vereidigung statt. Anläßlich dieser Vereidigung wurde ebenfalls erstmalig die neue Reichskriegsflagge gehißt, die von nun an über den Dächern aller Kasernen wehte.

VI. Veränderungen im Zuge des Heeresneuaufbaues

18. DIE NEUE GLIEDERUNG UND AUSRÜSTUNG, ABGABEN

Nach dem Regierungswechsel vom 30. Januar 1933 konnten die Planungen für eine stärkere Armee zwar beschleunigt und mit weit weniger Rücksichten politischer Natur fortgesetzt werden, jedoch traten erkennbare Veränderungen zunächst nicht ein.

Eine der ersten Neuerungen war bezeichnenderweise die in der Stellenbesetzung des Heeres vom 1. 9. 1934 ausgewiesene Umbenennung der Dienststelle des Inspekteurs der Kavallerie in ein »Kavallerie-Korps-Kommando«. Allerdings wurde, vermutlich aus Tarnungsgründen, der Inspekteur der Kavallerie weiterhin beibehalten, bis 1938 der »Chef der schnellen Truppen« auch für die Kavallerie verantwortlich zeichnete.

Etwa gleichzeitig wurden für die Kavallerie Brigadekommandos eingerichtet. Auch diese erhielten Tarnbezeichnungen.

Es entstanden im April 1934:

Brig.-Kdo.	Tarnbezeichnung	unterstellt
1. Kav.-Brigade	Kommandantur Insterburg	1. Kav.-Div.
2. Kav.-Brigade	Kommandantur Stettin	1. Kav.-Div.
3. Kav.-Brigade	Kommandantur Hannover	3. Kav.-Div.
	Kav.-Kdo. Breslau	2. Kav.-Div.
	Kav.-Kdo. Dresden	2. Kav.-Div.

Bereits am 1. 10. 1934 erscheinen in der Kriegsgliederung, ebenfalls aus Gründen der Tarnung umbenannt und mit geänderter Numerierung versehen nun folgende Reiter-Brigaden:

Brig.-Kdo.	Tarnbezeichnung	unterstellt
1. Reiter-Brigade	Kav.-Kdo. Stettin	1. Kav.-Div.
2. Reiter-Brigade	Kav.-Kdo. Hannover	1. Kav.-Div.
3. Reiter-Brigade	Kav.-Kdo. Breslau	2. Kav.-Div.
4. Reiter-Brigade	Kav.-Kdo. Dresden	2. Kav.-Div.
5. Reiter-Brigade	Kav.-Kdo. Insterburg	Kav.-Korps
6. Reiter-Brigade	Kav.-Kdo. Bamberg	Kav.-Korps

Auch die Regimenter erhielten aus Tarnungsgründen im Oktober 1934 eine andere Bezeichnung. Anstatt wie bisher z. B.: 1. (Preuß.) Reiter-Regiment wurden sie nun nach dem Standort des Regimentsstabes bezeichnet: »Reiter-Regiment Insterburg«, behielten aber weiterhin ihre Regimentsnummern auf den Schulterstücken und Schulterklappen. Die beiden ostpreußischen Reiter-Regimenter 1 und 2 erhielten bereits im Herbst 1935 wieder ihre alte Bezeichnung, desgleichen auch das in Allenstein-Osterode neu errichtete Reiter-Regiment 4, allerdings ohne landsmannschaftlichen Zusatz. Die anderen Regimenter wurden, ebenfalls ohne landsmannschaftlichen Zusatz, 1936 in Kavallerie-Regimenter umbenannt.

Von weit größerer Bedeutung und Tragweite waren allerdings die Abgaben der Kavallerie an andere Waffengattungen, insbesondere zu Neuaufstellungen, deren Beginn ebenfalls auf den Oktober 1934 zu datieren ist. Die Inspektion der Kavallerie hatte zwar schon 1929 in Zusammenarbeit und mit Unterstützung der Inspektion der Kraftfahrtruppen beim Reiter-Regiment 4 in Potsdam eine motorisierte Aufklärungseskadron aufgestellt (3./RR. 4), welche mit dem leichten Pkw »Dixi« ausgerüstet wurde. Dabei blieb es aber für die nächsten Jahre, zum Leidwesen der Befürworter einer raschen Heeresmotorisierung.

Betrachtet man das seinerzeit zur Verfügung stehende »Kampffahrzeug«, den Pkw Dixi, so ist die skeptische Zurückhaltung der Kavallerie durchaus zu verstehen. Ein handelsübliches, straßengebundenes Kraftfahrzeug konnte, auch zu Zwecken der Aufklärung, das erprobte und durchaus geeignete Pferd nicht ersetzen.

Es spricht sicherlich nicht gegen die Kavallerie, daß man sich dennoch der Einbeziehung des Motors für die Aufgaben einer neuzeitlichen Reiterei nicht verschloß, sondern dessen Vorzüge untersuchte und erprobte.

1934 hatte sich die Lage erheblich verändert. Die in Versailles auferlegten Beschränkungen waren zwar noch nicht zum Fortfall ge-

kommen, jedoch glaubte die neue Regierung unter Hitler, weniger politisch motivierte Rücksichten nehmen zu müssen.
Andererseits waren auf dem Gebiet Kraftfahrzeugfertigung weitere Fortschritte erzielt worden.
Diese Faktoren führten in Zusammenhang mit dem enormen Nachholbedarf hinsichtlich der Modernisierung und Verstärkung der Armee im Oktober 1934 zu der ersten, immerhin noch geheimen Vermehrung des Heeres.
Die zahlenmäßig starke Kavallerie gab an die — nunmehr Kraftfahrkampftruppen genannten — motorisierten Verbände ab:
— Reiter-Rgt. 11 (inzwischen mot.), das aus Oberschlesien nach Gera verlegt wurde und später die Schtz.-Rgtr. 1 und 3 bildete,
— Reiter-Rgt. 16, Erfurt, woraus später die Kradschützen-Bataillone 1 bis 3 gebildet wurden,
— im Frühjahr 1935 Reiter-Rgt. 12, Dresden, woraus die I. Abteilung des Pz.-Rgt. 3 entstand, während die II. Abteilung aus Einzelabgaben der Reiter-Rgtr. 4, 7, 15, 17 und 18 gebildet wurde.
1935 stellte die Kavallerie weiterhin:
— Reiter-Rgt. 4, Potsdam, als Stamm des Pz.-Rgt. 6 in Zossen und
— Reiter-Rgt. 7, Breslau, als Stamm des Pz.-Rgt. 2 in Eisenach.
Insgesamt gab die Kavallerie von ihren 18 Reiter-Regimentern 5 geschlossen und erhebliche Teile weiterer 3 Regimenter zum Aufbau der Kraftfahrkampftruppen ab.
Dieser nicht unwesentliche Aderlaß der Reiterei konnte von ihr, wie die weitere Entwicklung der Deutschen Wehrmacht zeigt, dank der enormen Substanz, die in den relativ langen Aufbaujahren der Reichswehr gebildet worden war, durchaus verkraftet werden.
Für den Auf- und Ausbau der Kraftfahrkampftruppen und insbesondere für die spätere deutsche Panzerwaffe zählte aber nicht allein die Anzahl der abgegebenen Verbände. Ebensoviel Gewinn flossen ihr durch die Impulse zu, welche die nun umgesessenen Reiter in ihre neue Waffe einbrachten. Der vielzitierte »Reitergeist« wurde verzugslos von den ehemaligen Kavalleristen auf diese junge Waffengattung übertragen; ein Vorgang, der sich im übrigen 1942 bei der Umrüstung der 1. Kavallerie-Division zur 24. Panzer-Division wiederholen sollte.
Aus heutiger Sicht ist man vielleicht geneigt, diesem Umstand lediglich eine geringe Bedeutung beizumessen.
Berücksichtigt man jedoch die Tatsache, daß im II. Weltkrieg die

Panzertruppen auf der Ebene der mittleren Führung im wesentlichen in der gleichen Art wie die Kavallerie des 19. Jahrhunderts operierten, dann erhält die Übertragung des »Reitergeistes« auf die gepanzerten Verbände ein nicht zu unterschätzendes Gewicht.
Die Kavallerie der Reichswehr hat somit in zweifacher Hinsicht ihren Beitrag bei Entstehen und Aufbau der Panzertruppen der Wehrmacht geleistet.
Die in diesem Zusammenhang oft gestellte Frage, warum in dieser Phase die Kavallerie nicht geschlossen mechanisiert worden ist, läßt sich kurz beantworten. Zum einen lagen praktisch kaum ausreichende Erfahrungen über die erfolgversprechende Verwendung größerer motorisierter oder gepanzerter Verbände auf den denkbaren Kriegsschauplätzen vor, zum anderen wäre auch die Produktion nicht im Stande gewesen, das dafür benötigte kraftfahrtechnische Gerät kurzfristig bereitzustellen. Die Ausstattung der Wehrmacht mit Kraftfahrzeugen war selbst zur Zeit der erhöhten Kriegsproduktion ein besonderer Schwächepunkt, der praktisch nie überwunden werden konnte.
In dieser Situation hätte sich jede verantwortungsvolle Führung dazu entschließen müssen, die neuen Medien der Kriegstechnik im möglichen und vertretbaren Rahmen zwar zu nutzen, dabei aber das Gegebene und immerhin noch brauchbare, in diesem Fall die berittene Kavallerie, weiter beizubehalten.
Welch enge Grenzen der Deutschen Wehrmacht bei der Heeresmotorisierung noch im Jahr 1939 gesetzt waren, weist die Gliederung des Feldheeres bei Mobilmachung aus.

Den 86 Infanterie-Divisionen,		4 Inf.-Div. (mot.)
3 Gebirgs-Divisionen und	standen	4 leichte Divisionen und
1 Kavallerie-Brigade		5 Panzer-Divisionen

gegenüber.
In der Sprache der Zeit wurde das 1938 so ausgedrückt:
»Trotz angespanntester Arbeit aller Beteiligten vom Generalfeldmarschall bis zum Gefreiten, vom Betriebsführer bis zum Ingenieur und Arbeiter der Rüstungsbetriebe war es natürlich nicht möglich, das militärische Aufbauwerk Adolf Hitlers in so kurzer Zeit bis zum Letzten fertigzustellen.«[31]
Im Zuge der ersten geheimen Heeresvermehrung 1934, die auf die Schaffung größerer motorisierter Kavallerie-Verbände hinauslief, war die 3. Kavallerie-Division praktisch aufgelöst worden.
Aus Tarnungsgründen wurde die Bezeichnung aber zunächst weiter-

geführt, und zwar für die sogenannte »leichte Division Weimar«, aus der 1935 durch Umgliederung die 1. Panzer-Division hervorging.
Interessant ist in diesem Zusammenhang die Tatsache, daß mindestens bis 1937 in den motorisierten Großverbänden das Schützen-Element überwog und die Panzer-Abteilungen lediglich als Unterstützungswaffe angesehen wurden. Auch die am 1. 10. 1935 aufgestellten 3 Panzer-Divisionen verfügten jeweils neben 1 Schützen-Brigade lediglich über 1 Panzer-Brigade. Sie sollten durch ihre Schlagkraft die Phalanx des Heeres darstellen, während das Wesen der leichten Divisionen in ihrer Beweglichkeit lag. Um deren Beweglichkeit zu erhöhen, waren zum Beispiel ihre Panzer auf Tieflader verlastet und wurden zum Gefechtsfeld gefahren!
Die 4 leichten Divisionen unterstanden der Inspektion der Kavallerie, die 3 Panzer-Divisionen hingegen nicht.
Erst ab 1937 ging das kavalleristische Element mehr und mehr auf die Panzertruppen über, was 1938 zur Schaffung des »Chefs der schnellen Truppen« führte, dem alle Kampftruppen unterstanden, die schneller als die herkömmliche Infanterie waren.
Am 1. 10. 1935 wurde die 4. Reiter-Brigade von Dresden nach Potsdam verlegt, die 6. Reiter-Brigade in Bamberg war bereits aufgelöst worden. Am 1. 4. 1936 traf die 1. und 2. Kavallerie-Division, sowie die Reiter-Brigaden 1—4 das gleiche Schicksal. Aus ihren Stäben wurden die sogenannten »Höheren Kavallerieoffiziere«* gebildet:

Höh.Kav.Offizier	1	Berlin
Höh.Kav.Offizier	2	Hannover
Höh.Kav.Offizier	3	Bamberg, später Kassel
Höh.Kav.Offizier	4	Dresden.

Die 5. Reiter-Brigade blieb als einzige erhalten. Sie erhielt die Bezeichnung »1. Kavallerie-Brigade« (Insterburg).
Im Jahre 1933 hatte sich Generaloberst v. Seeckt, inzwischen längst außer Dienst, noch einmal in einer »Studie über Wesen und Werden des Reichsheeres« an Führung und Öffentlichkeit gewandt. Über die Kavallerie schrieb er in dieser Studie u. a.: »Die Kavallerie gilt als eine dem Untergang geweihte Waffe, die Kugel hat sie verdrängt, der Motor will sie ersetzen. Man wird ihr Fehlen einmal schmerzlich vermissen . . .« Diese fast ein wenig prophetisch klingenden Worte sollten ab 1943 tatsächlich ihre Bestätigung erfahren.

* Am 1. 12. 1944 wurde noch einmal ein »Höherer Kavallerie-Offizier« neben fünf »Höheren Infanterie-Offizieren« zur Unterstützung des Inspekteurs der Infanterie bei der Überwachung der infanteristischen Ausbildung des Ersatzheeres eingerichtet. Diese sechs Offiziere hatten die Dienststellung eines Brigade-Kommandeurs, und waren bereits seit Juni/Juli 1944 zur Einarbeitung abgestellt. (Wolf Keilig: Das Deutsche Heer 1939—45.)

Er liefert in der gleichen Studie auch die Begründung für seine Behauptung, indem er zusammenfassend feststellt: »Aus allem ergibt sich, daß an den einzelnen Kavalleristen und an die Ausbildung der Reitertruppe ganz besonders hohe Anforderungen gestellt werden müssen. Wenn diese erfüllt sind und den Kavallerie-Divisionen die ihnen für ihre erfolgreiche Verwendung und für ihre Kampfweise nötigen Waffen zur Verfügung stehen, so werden sie ein besonders wertvoller Bestandteil einer beweglichen Deckungsarmee sein.«

An eine Deckungsarmee aber dachten in der Euphorie, die vielfach nach der Machtübernahme durch Hitler einsetzte, wohl nur wenige. Einer der wenigen war vermutlich Generaloberst Ludwig Beck, der als Chef des Generalstabes 1938 aus politischen Gründen zurücktrat.

Die Auflösung der Kavallerie-Divisionen und fast aller Reiter-Brigaden 1936 war eine wenig glückliche Lösung, wenn man bedenkt, daß bereits für 1939 die Bildung einer neuen Kavallerie-Division geplant war,[32] die dann Anfang 1940 unter wesentlich ungünstigeren Umständen auch verwirklicht wurde.

Doch die Kavallerie wurde in jener Phase nicht nur verringert. Das aufgelöste Reiter-Regiment 4, ehemals Potsdam, wurde in Allenstein und Osterode aus Abgaben von zehn Reiter-Regimentern und Teilen der berittenen Landespolizei neu aufgebaut.[33] Die Ausbildungsschwadronen aller Regimenter wurden zu Reiterschwadronen umgewandelt. Mit Wirkung vom 1. 10. 1934 waren die »Eskadronen« in »Schwadronen« umbenannt worden.

Am 1. 7. 1936 erhielten die Regimenter, mit Ausnahme von 1, 2 und 4, die Bezeichnung »Kavallerie-Regiment«. Gleichzeitig wurden sie um je eine 6. (Radf.-), 9. (Stabs-) und 10. (Nachrichten-)Schwadron verstärkt. Beim Kavallerie-Regiment 6 fand diese Verstärkung noch nicht statt. Im Herbst 1937 kam eine 7. (Radf.-) Schwadron hinzu. Die 5. Schwadron, vorübergehend als MG-Schwadron gegliedert, wurde wieder Reiter-Schwadron und die 9. wurde zur schweren Schwadron umgebildet. Sie bestand aus je einem

Kav.-Panzerabwehrzug
Kav.-Panzerspähzug und
Kav.-Geschützzug.

Das Reiter-Regiment 4 wurde ebenfalls in Kavallerie-Regiment umbenannt und erhielt die gleiche Stärke. Ferner wurde 1937 mit der Teilung der Kavallerie-Regimenter in 2 Abteilungen begonnen.

Eine weitere Verstärkung hatte die Kavallerie dadurch erhalten, indem das 1935 gebildete Radfahrer-Bataillon 1 im Herbst 1936 von der

Die Kavallerie-Schule Hannover

Das Hauptgebäude der KS. in Hannover zwischen Husaren- und Dragonerstraße. Die letzten Gebäudeteile wurden 1964 abgerissen. *(Archiv Verf.)*

Das Heranbilden von Reitlehrern für die Truppe und die spezielle Ausbildung der künftigen Kav.Offz., waren die eigentlichen Aufgaben der Kavallerie-Schule *(Archiv Verf.)*

Teilansicht der 1939 fertiggestellten neuen Kav.-Schule in Krampnitz. *(Sammlung Rosenwald)*

Die Mannschaft der Kav.Schule Hannover gewinnt 1928 die Internationale Military Trophy in New York. Von links: Oblt. v. Barnekow, Oblt. Frhr. v. Nagel, Oblt. Schmalz *(Sammlung DPM)*

Rechts: Die »Coppa d'Oro Mussolini«, wertvollster Ehrenpreis seiner Zeit, ging nach drei Siegen in den Jahren 1931, 1932 und 1933 endgültig in den Besitz der Kav.Schule Hannover über. *(Archiv Verf.)*

Links: Hptm. Stubbendorf, Sieger der Internationalen Military in Döberitz 1935 und Olympia-Sieger 1936 in Berlin auf dem Ostpreußen »Nurmi«. *(Archiv Verf.)*

Rechts: Rittm. Momm, einer der erfolgreichsten Springreiter der Kav. Schule auf »Baccarat«. *(Archiv Verf.)*

Rittm. Lippert auf »Fasan« bei der olympischen Military 1936 in Döberitz. *(Archiv Verf.)*

Das Rennreiten, das nach dem I. Weltkrieg auf Grund der wirtschaftlichen Situation vernachlässigt worden war, wurde durch Einrichtung eines Rennstalles an der Kav.-Schule wieder gefördert. *(Archiv KR. 13)*

Mitte links: Hptm. Viebig, seinerzeit ein bekannter Dressur-Reiter der Kav.Schule auf »Gimpel«. *(Sammlung DPM)*

Mitte rechts: Rittm. sp. Oberstlt. Gerhard, der »Altmeister« der Dressur-Reiter und Ausbilder von Dressur-Pferden. *(Archiv Verf.)*

Der Fahrstall der Kav. Schule diente in erster Linie der Fahrausbildung. Daneben aber wurde dem Fahrsport sehr viel Aufmerksamkeit gewidmet, um hier durch Spitzenleistungen Wirkung auf die Breite der Ausbildung zu erzielen. *(Archiv Verf.)*

Unter dem GenMaj. Frhr. v. Dalwigk als Kommandeur und Major Frhr. v. Waldenfels als Leiter des Springstalles erzielte die Kav.Schule Hannover ihre größten sportlichen Erfolge. *(Sammlung DPM)*

Die Kav.Schule Hannover unterhielt im Jagdstall eine eigene Meute. Oberpiqueur Winter 1938 mit seinem Lieblingshund. *(Archiv Verf.)*

Die als Lehrtruppe für die neue Kav.Schule 1937 zunächst in Döberitz aufgestellte Kav.-Lehr- u. Versuchs-Abteilung vereinte in sich motorisierte und berittene Aufklärungselemente.
Hier die ausschließlich auf Füchsen berittene 1. (Reiter-)Schwadron. *(Sammlung Rosenwald)*

Das Trompeter-Korps der Kav.Schule Krampnitz vor dem aus Lanzen gebildeten Zaun. *(Sammlung Reiter 11)*

Infanterie zur Kavallerie übertrat und unter der Bezeichnung Radfahrer-Abteilung 1* wesentlicher Bestandteil der 1. Kavallerie-Brigade wurde.

Im März 1936 verfügte das Staatsoberhaupt die Verleihung von neuen Fahnen oder Standarten an alle Regimenter, Bataillone und Abteilungen der Wehrmacht. Die Kavallerie- und Reiter-Regimenter sowie die Radfahrer-Abteilungen erhielten Standarten, die auf goldgelbem Grundtuch das Eiserne Kreuz und die Hoheitsabzeichen des Dritten Reiches trugen.

Die Standarten erinnerten in ihrer stark ausgezackten Form an die Feldzeichen der ehemaligen Husaren.

Die eigentliche Verleihung an die Verbände erfolgte anläßlich besonderer Begebenheiten, wie dem »Reichsparteitag«, nach den großen Herbstmanövern oder anläßlich des »Geburtstags des Führers«. Das Reiter-Regiment 1 erhielt seine Standarte z. B. erst am 19. 4. 1937.

Im Frühjahr des gleichen Jahres wurde der 1. Kavallerie-Brigade, als einzigem berittenen Großverband der Wehrmacht, eine Marschübung zur Überprüfung der Leistungsfähigkeit und Beweglichkeit befohlen. In 6 Tagen waren rund 400 km zurückzulegen, wobei ohne Ruhetag eine Tagesleistung von 60—70 km zu erbringen war. Hierbei zeigte sich, durch ungünstige Witterungsbedingungen noch verstärkt, ein Schwachpunkt berittener Großverbände, das Mitführen der sogenannten »toten Last«. Im Gegensatz zu Reitern und Reitpferden, die nur geringe Ausfälle zu verzeichnen hatten, traten bei den MG.-Pferden doch höhere Ausfallquoten zu Tage.

Insgesamt fielen bei dieser sechstägigen Marschübung zeitweise 10 Prozent der Pferde aus, zumeist durch Druck- oder Beinschäden. Leider wurden aus dieser Erkenntnis damals keine wesentlichen Folgerungen gezogen. Vermutlich war es aus technischen und organisatorischen Gründen auch nicht möglich.

Erst als die Maschinengewehr-Lasten leichter geworden waren, konnten hier teilweise bessere Ergebnisse erzielt werden. Letztlich blieb es jedoch bis Kriegsende bei der Verlastung auf Tragtiere.

Ebenfalls 1937 wurde das Vorderzeug abgeschafft. Die Pferde hatten zwar weniger Leder zu tragen, der Sattel mit allem Gepäck mußte jedoch allein durch den Sattelgurt in der richtigen Lage gehalten werden.

---

* Nach der amtlichen Stellenbesetzung des Heeres 1938, Stand 3. 1. 1939, lautete die Bezeichnung: Radfahrerabteilung 1. Während des Krieges wurde für die Radfahrer dann die Bezeichnung Radfahr-Btl., -Abt., -Kp., -Schwadr. eingeführt. Im Schriftgebrauch wurde überwiegend die Abkürzung: Radf.- verwendet.

Auch für die Kavallerie-Schule ergaben sich Änderungen. 1937 verlegte die Schule mit Teilen vorläufig nach Döberitz (vorgesehener Endstandort: Krampnitz). Die bisherige Gliederung wurde aufgegeben. Statt dessen entstanden bis 1939:

— die Kavallerie-Schule Krampnitz, als Waffenschule aller neuzeitlichen Kavallerie-Verbände,
— die Kavallerie Lehr- und Versuchsabteilung, als Lehrtruppe der Kavallerie-Schule unterstellt, und
— die Heeresreit- und Fahrschule, die zunächst in Hannover verblieb und erst 1939 nach Krampnitz verlegte.

In Hannover blieb eine Abteilung der früheren Kavallerie-Schule zurück, aus der die Heeres-Nachschubschule, später die Fahrtruppenschule gebildet wurde.

Die Kavallerie-Schule Krampnitz erhielt im Laufe des Krieges zunächst die Bezeichnung »Schule für Schnelle Truppen« und schließlich »Panzertruppenschule II«.

Daraus geht hervor, daß der Schwerpunkt dieser Ausbildungseinrichtung eindeutig bei den motorisierten und gepanzerten Verbänden der Kavallerie lag.

Als sich im Verlauf der ersten Kriegsjahre jedoch herausstellte, daß insbesondere seitens der Infanterie auf die Reiter und Radfahrer nicht verzichtet werden konnte, wurden die reitenden und radfahrenden Teile von dieser Schule abgetrennt, und am 1. 7. 1943 nach Bromberg verlegt. Hier entstand, unter der Federführung der Infanterie-Inspektion des Allgemeinen Heeresamtes (AHA), eine neue »Aufklärungs- und Kavallerieschule«.

Diese Schule mußte infolge der Kriegslage im Januar 1945 wiederum verlegt werden und fand in Naestved/Dänemark Aufnahme, wo unverzüglich der Lehrbetrieb aufgenommen und bis zur Kapitulation aufrechterhalten wurde.

Das Jahr 1938 brachte der Kavallerie noch einmal eine weitere Vergrößerung. Durch den Anschluß Österreichs traten mit dem gesamten österreichischen Heer auch die beiden Dragoner-Regimenter, Nr. 1 »Prinz Eugen von Savoyen« und Nr. 2 »Raimund Fürst Montecuccoli« zur Deutschen Wehrmacht. Diese beiden Regimenter bildeten im wesentlichen das wiederaufgestellte Kavallerie-Regiment 11 in Stockerau bei Wien. Die Wiederaufstellung des Kavallerie-Regiments 7 war für 1939 (in Starnberg) ebenfalls vorgesehen, kam aber wegen des Kriegsausbruches nicht mehr zustande.[34]

Im Herbst 1938 erhielten die Kavallerie-Regimenter ihre endgültige

Gliederung. Sie konnte allerdings nicht bei allen Regimentern gleichartig durchgeführt werden.

Jedes Kavallerie-Regiment bestand nun aus 2 Abteilungen. Die I. (Reit.) Abt. umfaßte die 5 Reiter-Schwadronen, die II. (Radf.) Abt. die 3 Radf.-Schwadronen, dazu die 9. Panzer-Abwehr- und 10. schwere Schwadron. Die 11. Nachrichten-Schwadron war dem Regiment unmittelbar unterstellt.

Mit Ausnahme der Wehrkreise VII und XVIII verfügten nun alle Wehrkreise über ein Kavallerie-Regiment. Dazu waren im Herbst 1937 die Kav.-Rgtr. 3 und 6 aus ihren bisherigen Standorten verlegt worden, Kav.-Rgt. 3 nach Göttingen (für IX. AK), und Kav.-Rgt. 6 nach Darmstadt (für XII. AK). Die Kavallerie-Regimenter waren friedensmäßig dem im jeweiligen Wehrkreis liegenden Korps direkt unterstellt.

Eine Ausnahme bildeten die beiden »reinrassigen« Reiter-Regimenter 1 und 2 und das Kavallerie-Regiment 4 in Ostpreußen. Sie unterstanden der 1. Kavallerie-Brigade deren Friedensgliederung wie folgt aussah:

Radfahrer-Abteilung 1
Reiter-Regimenter 1 und 2
Kavallerie-Regiment 4
Reitende Artillerie-Abteilung 1
Aufklärungs-Abteilung 1

Waren die Kavallerie-Regimenter gegenüber den ehemaligen Reiter-Regimentern der Reichswehr etwa auf deren doppelte Stärke gebracht worden, so hatten die beiden verbliebenen Reiter-Regimenter nur eine vergleichsweise geringe Verstärkung erhalten. Einschließlich der Stabs-Schwadron verfügten sie jeweils über nur 6 Schwadronen, die Kavallerie-Regimenter hingegen über 11 Schwadronen

Abgesehen von der höheren Beweglichkeit und den dadurch gegebenen vielseitigeren Einsatzmöglichkeiten, entsprach das Reiter-Regiment abgesessen etwa einem Infanterie-Bataillon, wobei es allerdings über eine stärkere Feuerkraft aufgrund der organisch beigegebenen schweren Waffen verfügen konnte.

Insgesamt hatte die Kavallerie einschließlich der noch zu ihr gehörenden Kavallerie-Schützenregimenter und der Aufklärungsverbände laut personeller Stärkenachweisung des Kriegsheeres 1939/40 einen beträchtlichen Umfang angenommen. Dazu folgende Zahlen:

Infanterie (einschl. mot. Inf.-Divisionen):		1 367 911	Mann
	dabei	35 781	Offiziere
Kavallerie u. Aufklärung (einschl. leichte Div.):		98 339	Mann
	dabei	2 901	Offiziere
Panzertruppe:		32 605	Mann
	dabei	1 207	Offiziere

Daraus ergibt sich ein ungefährer Vergleich von:
1 Pz.-Besatzung (5 Mann) : 15 Mann Kavallerie : 200 Mann Infanterie

Eine weitere Änderung gegenüber der Reichswehrzeit sollte hier nicht unerwähnt bleiben, und zwar die Art der Selbstdarstellung.
In der Weimarer Zeit waren die Mittel und Möglichkeiten hinsichtlich der Repräsentation des Heeres sehr begrenzt. Sie fand, vom Auftreten des einzelnen Soldaten abgesehen, praktisch nur bei Sportfesten, Reit-Turnieren[35] und den wenigen Manövern statt. Die Reichswehr wollte auch nicht besonders hervortreten, was militär-politisch nicht unklug war. Nach Hitlers Machtübernahme wurde das gänzlich anders. Das 3. Reich bezog auch die Armee in seine Propaganda-Maßnahmen ein. Wo immer sich eine gangbare Möglichkeit bot, wurden die Streitkräfte unter Zuhilfenahme einer geschickten Inszenierung der eigenen und der Weltöffentlichkeit vorgeführt.
1934 verstarb der Reichspräsident, Generalfeldmarschall v. Hindenburg. Die Feierlichkeiten anläßlich seiner Beisetzung boten die erste große Möglichkeit zur Repräsentation. War hier die Mitwirkung der Armee eine Selbstverständlichkeit, so traf das für die Reichsparteitage weniger zu. Aber die neue Wehrmacht wurde auch bei Staatsbesuchen, bei der Entedankfeier auf dem Bückeberg, nach den nun größeren und zahlreicheren Manövern, am neu geschaffenen »Tag der Wehrmacht« und auch an »Führers Geburtstag«, letztmalig 1939, gezielt in den Vordergrund gerückt. Die politische Absicht liegt klar auf der Hand. Sie bedarf an dieser Stelle keiner weiteren Erläuterung.
Wenig ins Bild paßte zu dieser betonten Herausstellung der modernen, technisierten Armee des 3. Reiches die Teilnahme der Reiter, für die die politische Führung bekanntlich kaum Sympathien hegte. Jedoch, ob Reichsparteitag, Bückeberg-Feier, Mussolinis Staatsbesuch oder Führers Geburtstag, immer trabte mindestens ein Kavallerie-Regiment mit, und die Reiter erhielten stets besonderen Beifall. Vermutlich

sollten durch die Teilnahme der eher konservativen Kavallerie an derartigen Veranstaltungen auch jene Kreise angesprochen werden, die der neuen Staatsführung noch skeptisch bis ablehnend gegenüberstanden.
Zahlreiche Männer des 20. Juli kamen später dann auch aus den Reihen der ehemaligen Kavallerie.
Die Führung des 3. Reiches versäumte es jedenfalls nicht, die eigenartige Faszination, die von einer diszipliniert auftretenden größeren Reiterformation ausgeht, in ihre Selbstdarstellung einzubeziehen.

19. DIE NEUFORMULIERUNG DER AUFGABEN

Nach dem vorläufigen Abschluß des Neuaufbaues und der Umgliederung bestand die eigentliche Kavallerie der Wehrmacht bis zum Kriegsausbruch aus der 1. Kavallerie-Brigade mit 2 Reiter-Regimentern und 13 selbständigen, den jeweiligen Armeekorps unterstellten Kavallerie-Regimentern.
Entsprach die Kavallerie-Brigade der herkömmlichen Heeres-Kavallerie, so waren nun die Kavallerie-Regimenter also der überwiegende Teil dieser Waffengattung, als reine Truppen-Kavallerie anzusehen. Die Betrachtung der ebenfalls noch zur Kavallerie zählenden Kavallerie-Schützen-Regimenter sowie der Aufklärungs-Abteilungen und -Regimenter soll hier nicht fortgesetzt werden, da sie mit der Umwandlung der leichten Divisionen in Pz.-Divisionen, bzw. später der Inf.-Divisionen (mot.) in Pz.-Gren.-Divisionen endgültig zu den gepanzerten Truppen traten und diesen zugerechnet werden müssen.
Die echten Kavallerie-Regimenter hatten als Truppen-Kavallerie im Frieden die Aufgabe, die Aufklärungs-Abteilungen der Infanterie-Divisionen der 1. und 2. Welle bereitzustellen und auszubilden. Bei Mobilmachung wurden die Kavallerie-Regimenter aufgelöst. Sie bildeten dann jeweils 3—5 Aufklärungs-Abteilungen (teilweise motorisiert) und eine Kavallerie-Ersatz-Abteilung. Meist gingen aus der zurückbleibenden Kav.-Ers.-Abt. noch weitere Neuaufstellungen verschiedener Art hervor.
Insgesamt konnten aus den 13 Kavallerie-Regimentern bei der Mobilmachung 52 Reiterschwadronen für die Aufklärungs-Abteilungen der 33 Inf.-Divisionen und 3 Gebirgs-Divisionen der 1. sowie für die 16 Divisionen der 2. Welle aufgestellt werden. Diese, zusammen 52

Divisionen, verfügten im Kriegsfall über eine Aufklärungs-Abteilung mit folgender Zusammensetzung:

Stab mit Nachrichten-Zug (beritten u. mot.)
1. Reiter-Schwadron
2. Radf.-Schwadron
3. schwere Schwadron (mot.)
mit Pz.-Späh-Trupp
Pz.-Abw.-Zug
Kav.-Gesch.-Zug

Die Divisionen der 3. Welle besaßen keine Aufkl.-Abt., sondern lediglich eine Radfahr-Schwadron, verstärkt durch 1 Inf.-Gesch.-Zug und 1 Pak-Zug. Die Divisionen der 4. Welle verfügten zwar über eine Aufkl.-Abt., jedoch ohne Reiter-Schwadron, dafür über eine weitere Radf.-Schwadron. Die Divisionen der 5.—10. Welle, und alle weiteren Aufstellungen verfügten über keine Reiter.[36]

Ein nicht unwesentliches kavalleristisches Element der Wehrmacht waren die sogenannten Inf.-Reiterzüge. Jedes Inf.-Rgt. der 1., 2. und 4. Welle besaß unter den Regiments-Truppen einen derartigen Zug, dessen Hauptaufgabe die Gefechtsaufklärung war. Die Rgtr. der 3. Welle konnten anstelle des Reiterzuges nur mit einem Radfahrzug versehen werden. Die Reiter- und Radfahr-Züge der Inf.-Rgtr. sollen später eingehender behandelt werden.

Durch diese Gliederung war die Kavallerie bei Kriegsbeginn fast vollständig auf die Infanterie der 1., 2. und 4. Welle aufgeteilt worden, was vielfach kritisiert worden ist. Die Kritik stützte sich nicht nur auf die Zersplitterung der Kavallerie, sondern auch auf die Schwierigkeiten, welche die Führung eines Verbandes mit sich brachte, der drei grundverschiedene Beweglichkeitsgrade in sich vereinigte, nämlich Pferdebeine, Fahrräder und Kraftfahrzeuge.

Gemessen an der Zusammensetzung und der Beweglichkeit einer damaligen Inf.-Division entsprach dieser im wahrsten Sinne des Wortes gemischte Verband allerdings durchaus den Forderungen, die an ihn zu richten waren. Die »A.A.s« haben sich in den ersten Kriegsjahren nicht nur in ihrer Hauptaufgabe, der Aufklärung, bewährt, sondern sie wurden häufig zur Feuerwehr ihrer Division, zumal sie über die einzigen gepanzerten Kraftfahrzeuge der Inf.-Division verfügten. Gewiß wären hinsichtlich der Gliederung der Kavallerie auch andere Lösungen denkbar gewesen, doch sie hätten sich letztlich alle mehr oder minder zu Lasten der Infanterie ausgewirkt, die nach wie vor die Hauptlast des Kampfes zu tragen hatte.

Wie das Oberkommando des Heeres die Kavallerie zu Beginn des Krieges sah, gibt die nachfolgend aufgeführte offiziöse Darstellung wieder:[37]

19a) DIE KAVALLERIE

»Gemäß den Fortschritten der Kriegstechnik geben den ursprünglichen Reiterschwadronen die zugeteilten Radfahr- und motorisierten Einheiten das moderne Gepräge.
Auch die Aufgabe der modernen Kavallerie hat sich gegen einst beträchtlich gewandelt. Sie wird heute als Kampf- und Aufklärungstruppe verwendet. Als Kampftruppe verfügt sie über etwa die gleichen Waffen wie die Infanterie und kämpft auch wie diese zu Fuß.
In ihrer Eigenschaft als Aufklärungstruppe werden heute kavalleristische Einheiten in der operativen, taktischen und Gefechtsaufklärung eingesetzt.
Ausrüstung und Bewaffnung moderner Kavallerie gleichen denen der Infanterie. Sie führt also leichte und schwere Maschinengewehre, leichte und schwere Granatwerfer, Panzerbüchse, das Kavalleriegeschütz (K.G.), sowie die Panzerjägerkanone mit sich. Außer Pferden verfügt sie über Kraftfahrzeuge und Fahrräder. Als Handwaffe führt sie Karabiner, Pistole, Maschinenpistole und das Seitengewehr.
Die Gliederung unterscheidet Friedens- und Kriegszustand, da erst im Kriege aus der Kavallerie besondere Formationen aufgestellt werden. Im Frieden unterscheidet man Kavallerie- und Reiterregimenter; davon wieder jene, aus denen im Mobilmachungsfalle die teilmotorisierten (tmot) Divisions-Aufklärungs-Abteilungen hervorgehen.
Die Reiter-Regimenter werden zum Teil in Brigaden und Divisionen zusammengefaßt. Den so entstandenen Reiterverbänden wird in der Regel reitende Artillerie zugeteilt. Dazu kommen weitere Verstärkungen für den Divisionsverband in Gestalt von Radfahrabteilungen und Nachrichtenverbänden. Das Reiter-Regiment gliedert sich in mehrere Abteilungen, die Abteilung in Stab und Nachrichtenzug, drei bis vier Reiter-Schwadronen, eine Maschinengewehr-Schwadron und eine Schwere Schwadron. Diese setzt sich zusammen aus Kavallerie-Geschützzügen, Pak- und Pionierzug sowie Kavallerie-Panzer-Spähzügen. Die Reiter-Schwadron wieder teilt sich in Schwadronstrupp

und drei bis vier Züge. Jeder Zug wiederum in Zugtrupp und drei bis vier Gruppen; die Gruppe endlich in drei bis vier Abmärsche mit je vier Reitern. Zu jeder Schwadron gehört der Troß.
Das Kavallerieregiment existiert als Verband, wie erwähnt, nur in der Friedensausbildung. Es umfaßt den Stab und zwei Abteilungen mit je einigen Schwadronen, darunter eine Schwere und drei Radfahr-Schwadronen. Hierzu kommen Nachrichten-, Kavalleriegeschütz- und Panzerjägerzug.

19b) RADFAHREINHEITEN

Diese wiederum sind der Kavallerie eng verbunden und wie letzte äußerlich durch die goldgelbe Waffenfarbe kenntlich.
Ihre Aufgabe weist sie als infanteristische Unterstützungswaffe der Heereskavallerie oder teilmotorisierten Aufklärungs-Abteilungen bei Infanteriedivisionen zu (in letzterem Falle sind sie meist selbständig). Sie sind auch bei den Heerestruppen als selbständige Einheiten zu finden.
In Ausrüstung und Bewaffnung gilt für sie im großen und ganzen dasselbe wie für die Kavallerie, ebenso in der Gliederung, die sinngemäß Abteilungen und Schwadronen vorsieht.

19c) AUFKLÄRUNGSABTEILUNGEN

Beritten, motorisiert oder gemischt sind die Aufklärungsabteilungen, wie ihr Name sagt, den höheren Kommandobehörden für Aufklärungszwecke zugeteilt.
Ihre Aufgabe ist die möglichst schnelle Gewinnung eines ausreichenden Feindbildes und dessen ebenso schnelle Übermittlung an die höhere Führung. Nötigenfalls hat solche Aufklärungsabteilung ihre Aufgabe durch Gewalt, also durch Kampf zu erzwingen. Dabei müssen die Aufklärungsabteilungen schnell beweglich sein. Die Marschleistung einer teilmotorisierten Aufklärungsabteilung kann im Ablauf von vierundzwanzig Stunden auf über hundert Kilometer, für den Reiter darüber hinaus, für den Radfahrer über 150 und für die motorisierten Teile auf 250 Kilometer gesteigert werden.

Die Bewaffnung und Ausrüstung deckt sich mit der für die Kavallerie. Die motorisierten Einheiten besitzen leicht gepanzerte Kraftfahrzeuge verschiedener Arten und Größen. Diese sogenannten Panzerspähwagen sind, ihrem Zweck entsprechend, mit Nachrichtenmitteln ausgerüstet. Was die Gliederung angeht, so besteht eine vollmotorisierte Panzer-Aufklärungsabteilung (Pz. A. A.) aus dem Stab mit Nachrichtenzug und mehreren Kompanie-Einheiten, die teilmotorisierte Abteilung dementsprechend aus Reiter-, Radfahr- und motorisierten Schwadronen. Die Aufklärung selbst wird durch Panzer-Spähtrupps mit Panzerspähwagen, durch Kradschützen-Spähtrupps, durch Reiter- und Radfahrspähtrupps durchgeführt. Die Stärke und Zusammensetzung eines Spähtrupps richtet sich je nach Lage und Gelände und wird von Fall zu Fall festgesetzt.«

Der Unterton dieser Ausführungen macht deutlich, daß die berittene Kavallerie eigentlich als Relikt, bestenfalls als noch notwendiges Übel angesehen wurde, jedoch die materielle Lage gestattete es nicht, auf sie zu verzichten.
Immerhin war die Einstellung des OKH trotz der Tendenz zu einer möglichst umfangreichen Motorisierung des Heeres, wofür u. a. die Erfolge der gepanzerten Truppen im Polen- und Frankreichfeldzug sprachen, doch so realistisch, daß weiterhin eine gezielte Nachwuchswerbung auch für die berittenen Truppen betrieben wurde. Auf eine fachlich qualifizierte Vorbildung wurde weiterhin besonderer Wert gelegt. Dazu hieß es in den Waffenheften des Heeres, »Schnelle Truppen Teil II«:
Als Reiter werden bevorzugt Rekruten eingestellt, die von Jugend an mit den Pferden vertraut sind, dem NSRK.[38] oder einer anderen pferdesportreibenden Organisation der Partei oder des Reichsnährstandes angehörten und womöglich den Reiterschein erworben haben. Die Reitausbildung setzt in den ersten Tagen der Rekrutenzeit ein. Ihr Ziel ist, Reiter heranzubilden, die nicht nur ihr Pferd in jedem Gelände sicher beherrschen, sondern auch im späteren Verlauf ihrer Dienstzeit in der Lage sind, Soldatenpferde heranzubilden. Eine gründliche schulmäßige Ausbildung von Pferd und Reiter in der Reitbahn ist dazu als Grundlage unentbehrlich. Die Ausbildung im Gelände geht ihr parallel. Sie schreitet hier planmäßig vom Leichten zum Schweren fort und gipfelt in Gelände-, Dauerritten und Jagdreiten. Sie sieht ihre Vorbilder in den Spitzenleistungen unserer Turnierreiter auf den nationalen und internationalen Dressur-, Spring- und

Vielseitigkeitsprüfungen. Das Pferd als lebendes Wesen muß noch mehr umsorgt und umhegt werden als das Kraftfahrzeug und das Fahrrad. Es muß täglich gefüttert, getränkt und geputzt, sein Stand und sein Sattelzeug müssen sauber gehalten werden. Der Stalldienst wird manchem Rekruten anfangs schwerfallen. Aber wenn er von der rechten Liebe zu seinem Pferde als seinem getreuesten Waffenkameraden getragen wird, wird er den Dienst an seinem Pferde nicht als gering ansehen. Das Pferd wird ihm seine Liebe und Fürsorge hundertfach vergelten. Wer einmal durch den taufrischen Morgen oder den sinkenden Abend über federnden Wiesenboden und über schattige Waldwege galoppiert ist, wird mit dem Dichter bekennen: »Das Paradies dieser Erde liegt auf dem Rücken der Pferde«.

Ein weiteres Indiz dafür, daß die Wehrmacht durchaus erkannte, in absehbarer Zukunft nicht auf die Verwendung des Pferdes verzichten zu können, war die bis 1938 durchgeführte Vermehrung der Remontekommissionen von 2 auf 3, der Remonte-Ämter von 8 (Reichswehr) auf 16, sowie der Einrichtung von 12 Wehrkreispferdelazaretten und 13 Wehrkreis-Reit- und Fahrschulen.[39] Kamen diese Einrichtungen auch überwiegend der Artillerie, der Infanterie und den Nachschub-Truppen zugute, so legen sie doch Zeugnis dafür ab, daß die Grenzen der Motorisierung richtig eingeschätzt und rechtzeitig brauchbare andere Lösungen in die Wege geleitet wurden.

VII. Einsatz und Verwendung in den Feldzügen der ersten Kriegsjahre

20. DER POLENFELDZUG

Während des letzten Turniers mit internationaler Beteiligung 1939 in Insterburg/Ostpr. wies bei der Erörterung der Frage, ob es Krieg geben werde, ein rumänischer Kavallerieoffizier darauf hin, daß Polen 40 Kavallerie-Regimenter, Deutschland dagegen nur 1 Kavallerie-Brigade habe, was so gesehen auch zutraf. Diese eine Brigade stellte in der Tat die gesamte Heeres-Kavallerie der Wehrmacht dar.
Bei der Mobilmachung sollte die 1. Kav.-Brigade folgende Kriegsgliederung einnehmen:

Brigadekommando mit
Kradmeldezug
Reiter-Rgt. 1 und 2 mit je
1 Nachr.-Zug,
4 Reiter-Schwadronen (je 9 l.MG, 4 s.MG)
1 schweren Schwadron (4 l.Kav.Gesch., 6. m.Gran.Werf.)
und der Stabs-Schwadron (mot) mit
1 Pz.-Späh-Zug (3 Pz.-Spähwagen)
1 Pz.-Abw.-Zug (3 Pak)
1 Pionier-Zug (3 l.MG)
Radfahr-Abteilung 1 mit
3 Radf.-Schwadronen (je 9 l.MG, 4 s.MG, 3 l.Gran.Werf.)
1 schweren Schwadron
(4 l.Kav.Gesch., 6 m.Gran.Werf., 3 Pak)
Reitende Artillerie-Abt. 1 mit
3 reitenden Batterien (je 4 Kanonen, 7,5 cm)
1 Pz.Abw.-Kompanie (mot Z) (12 Pak)

1 MG.-Kompanie (mot Z) (12 Flak, 2 cm)
1 Pionier-Kompanie (mot) (9 l.MG)
mit 1 Brückenbaukolonne C
1 Nachrichten-Kompanie
Nachschubdienste mit
Stab Brigadenachschubführer
2 kl. Kraftw.-Kolonnen (30 t)
2 Fahr-Kolonnen
1 kl. Kraftw.Kol. für Betr.Stoff (25 cbm)
1 Werkstatt-Zug
1 Nachschub-Zug
Verwaltungsdienste mit
San.-Kompanie (mot)
Krankenkraftw.-Zug
Veterinär-Kompanie

Die auf Kriegsstärke gebrachte Kav.-Brigade hatte danach eine Stärke von 6 684 Mann und 4 552 Pferden. Sie verfügte über 409 bespannte Fahrzeuge, 205 Pkw, 222 Lkw, 6 Pz-Spähwagen und 318 Krafträder, davon 153 mit Beiwagen.
Ihre Bewaffnung bestand aus 133 l.MGs, 44 s.MGs, 9 Gran.Werfern (5 cm), 18 Gran.Werfern (8 cm), 12 Kav.-Gesch. (7,5 cm), 21 Pak (3,7 cm), 12 Feldkanonen (7,5 cm) und 12 Flak-Gesch. (2 cm).
Mit dieser Ausstattung und Bewaffnung war die Kav.-Brigade für die damalige Zeit ein in jedem Gelände äußerst beweglicher und kampfstarker Verband. Ihre Stärke gründete sich neben der Beweglichkeit auf den hohen Anteil schwerer Waffen. Der Nachteil lag in der Natur der Sache. Abgesessen, war die rein infanteristische Kampfkraft nur etwa mit der eines verstärkten Inf.-Rgts. zu vergleichen. Pferdehalter, Trosse und Nachschubdienste mußten bei der Kavallerie zwangsläufig einen vergleichsweise höheren Anteil am Gesamtumfang ergeben als bei der Infanterie. Insofern war die Kavallerie eher mit der Artillerie vergleichbar, wo immerhin rund 150 Mann und ebenso viele Pferde für den Einsatz von 4 Geschützen erforderlich waren.
Tatsächlich aber ist die vorgesehene Kriegsgliederung der Kav.-Brigade bei Beginn des Polenfeldzuges nicht ganz erreicht bzw. nicht eingenommen worden. Die Reitende Artillerie-Abteilung verfügte zwar neben der Stabsbatterie über 3 schießende Batterien mit je 4 l.FK 16. Die Panzer-Abwehr-Kompanie (12 Pak) und die Maschinengewehr-Kompanie (12 Flak 2 cm) wurden jedoch nicht zuge-

führt. Ebenso fehlte die Nachrichten-Kompanie, und die Versorgungsdienste waren entsprechend gekürzt worden.
Wenngleich man nicht gerade von einem Torso sprechen kann, da Reiter und Radfahrer, einschließlich ihrer schweren Waffen, vollständig vorhanden waren und die notwendige Unterstützung durch Artillerie, Pioniere (Pi.-Kompanie 40) und Versorgungskräfte (Nachschub-Kompanie 40) gegeben war, so wird doch ersichtlich, daß durch das Fehl Kampfwert und Verwendbarkeit der Kavallerie-Brigade von Anbeginn erheblich eingeschränkt worden waren.
Ein selbständiger Großverband ist ohne eigene, ausreichende Fernmeldemittel (Nachrichten-Kompanie) kaum optimal zu führen, ihm dazu noch die vielseitig verwendbare Panzer-Abwehr-Kompanie und die ebenso vielseitig einzusetzenden 2 cm Geschütze vorzuenthalten, waren nicht zu vertretende Fehler, die nur durch den allgemeinen Mangel an diesen Kräften zu erklären sind, welcher bereits zu Kriegsbeginn herrschte.
Hier wird die geringe Bedeutung erkennbar, die der Kavallerie nur allzu häufig auch von der militärischen Führung beigemessen wurde.
Ein Faktor, der den Kampfwert der ostpreußischen Kavallerie-Brigade sehr wesentlich beeinflußte, verdient bei dieser Betrachtung besonders hervorgehoben zu werden, und zwar die personelle Zusammensetzung.
Der größte Teil der Mannschaften und nahezu das gesamte Unteroffizierkorps entstammte der ländlichen Bevölkerung Ostpreußens. Ungefähr 25—30% Prozent der Mannschaften bestanden ab 1936 aus Rheinländern, Westfalen und Niedersachsen, letztere hauptsächlich aus dem Weser-Ems-Gebiet.
Die Ostpreußen galten als hervorragende Soldaten. Ihre ausgeprägten Eigenschaften wie Ausdauer, das Ertragen von Härten, die Naturverbundenheit, Zähigkeit, Tapferkeit im Kampf, unbedingte Disziplin und die eingewurzelte Achtung der Vorgesetzten sowie die fast sprichwörtliche Liebe zum Pferd reihten sie zu recht in die Spitzengruppe deutschen Soldatentums.
Für die Verwendung in einem berittenen, selbständigen Großverband waren sie die ideale Besetzung.
Die etwa 15% Rheinländer lockerten das häufig schwerblütige ostpreußische Temperament auf, was besonders den Nachrichtenzügen der Regimenter und den Feuerleitorganen der schweren Waffen zugute kam. Diese personelle Zusammensetzung hat sich außerordentlich bewährt.[40]
In der geschilderten Gliederung und Ausstattung wurde die Brigade

in der Nacht vom 31. 8. auf den 1. 9. 1939 in der Nähe von Fürstenwalde/Ostpr. zum Grenzübertritt nach Polen bereitgestellt, nachdem ihre Verbände bereits seit dem 16. 8. im Raum Allenstein eine Übung unter kriegsmäßigen Bedingungen durchgeführt hatten.
Bei der seit dem 25. 8. angesetzten Aufklärung in Grenznähe war ein Unteroffizier des R.R. 1 vermutlich auf polnisches Gebiet geraten. Er wurde dort erschlagen. Somit war dieser Unteroffizier des R.R. 1 der erste Tote des II. Weltkrieges. Sein Leichnam wurde von den Polen am 26. 8. zurückgegeben.[41]
Im Rahmen des Angriffs der 3. Armee aus dem südlichen Teil Ostpreußens heraus hatte die 1. Kavallerie-Brigade den Auftrag erhalten, die tiefer werdende Ostflanke der 3. Armee zu schützen.
Gegen teils schwächeren, teils stärkeren Feindwiderstand ging die Brigade am ersten Kriegstag zügig nach Süden vor und hatte bis zum Abend des 1. 9. ca. 60 km zurückgelegt.
Bei ständiger Feindberührung und häufig im Kampf gegen überlegenen Feind, wobei polnische Ulanen am 3. 9. sogar den Rgts.Gef. Std. des RR. 2 attackierten, wurde nach Süden und Südwesten Raum gewonnen, und am 6. 9. überschritt die Kavallerie-Brigade als erster Verband der 3. Armee den Narew.
Bereits hier machte sich Munitionsmangel bemerkbar, der allerdings durch Beutemunition teilweise behoben werden konnte. Auch die Versorgung mit Brot machte bereits nach knapp einer Woche Krieg Schwierigkeiten![42] So mußte laufend Verpflegung und Futter requiriert werden.
Da die Brigade über keine speziellen Aufklärungsorgane verfügte, mußten die Reiter-Regimenter und die Radfahrer-Abteilung mit Reiter-, Radfahr- und Panzer-Spähtrupps die Gefechtsaufklärung zusätzlich zu ihren Kampfaufträgen betreiben.[43] Am 9. 9. überwanden die Reiter-Regimenter bei schwachem Feindwiderstand den Bug.
In der letzten Phase der Kämpfe in Polen wurde die 1. Kav.-Brig. mit Wirkung vom 13. 9. dem I. AK. unterstellt, um nach erreichen des Westflügels der von Norden angreifenden deutschen Kräfte gegen Warschau abzuriegeln. Für diesen Auftrag wurde ihr die II. (mot) Abt. des Art.-Rgts. 37 unterstellt, jedoch wurde diese artilleristische Verstärkung bereits am 14. 9. wieder abgezogen.
Das I. AK. beabsichtigte, am 15. 9. zum Angriff über die Weichsel anzutreten. Im Rahmen dieses Angriffs erhielt die Kav.-Brig. den Auftrag, links neben der 217. Inf.-Div. anzugreifen, um zunächst das Höhengelände nördlich Drewnica zu nehmen.

Als die Radfahrer-Abt. 1 Artilleriefeuer erhielt und sich eingraben mußte, wurde das weiter links bei Zabki vorgehende Reiter-Rgt. 1 angehalten.

Für den vorgesehenen weiteren Angriff auf Warschau erhielt die Brigade einen spitz zulaufenden Angriffsstreifen zwischen der 217. Inf.-Div. und der 61. Inf.-Div. zugewiesen!

Am 16. 9. begannen die Übergabeverhandlungen von Warschau. Da diese von den Polen abgelehnt wurden, mußten sich die Kavalleristen auf einen Angriff gegen die Befestigungen und Feldstellungen nordostwärts Warschaus einstellen. Der für 15.00 Uhr vorgesehene Angriff wurde jedoch angehalten, der Feind in den Feldstellungen zwischen den Forts bei Praga am nächsten Tag vertrieben.

Die für den Ortskampf und den Kampf gegen Befestigungen wenig geeignete Kav.-Brigade wurde am 17. 9. aus der Front vor Warschau herausgezogen, bezog ein Biwak bei Wolomyn nordostwärts Warschau und bekam zum erstenmal während des Feldzuges Gelegenheit zur Überholung von Waffen und Gerät sowie zur Pflege der Pferde.

Einen halben Monat lang waren Mann und Roß ununterbrochen kämpfend oder marschierend im Einsatz gewesen. Stunden der Ruhe oder gar des Schlafes waren selten. Teile der Brigade waren während einer Woche nicht eine Nacht zur Ruhe gekommen.

Am 20. 9. wurde die Kav.-Brig. erneut dem I. AK. unterstellt. Sie erhielt den Auftrag wieder auf den Ostflügel zu marschieren und im Rahmen der Einschließung Warschaus nach Süden und Südosten zu sichern. Die Brigade gliederte sich dazu in 3 Sicherungsabschnitte, rechts: Radf.-Abt. 1, Mitte Reiter-Rgt. 2 und Pi.-Kp. 40, links Reiter-Rgt. 1. Die am 21. 9. unterstellte Aufkl.-Abt. 1 (mot), die zur Friedensgliederung der 1. Kav.-Brig. gehört hatte, klärte noch einmal nach Süden auf.

Mit dem Erreichen und Beziehen der Sicherungsabschnitte waren die Kampfhandlungen der Brigade in Polen im wesentlichen beendet.

Seit Beginn des Feldzuges waren rund 2 000 Gefangene gemacht worden. Zahlreiches Kriegsmaterial, wie Gewehre, Maschinengewehre, Pz-Büchsen, Kfz und Geschütze sowie große Mengen an Munition wurden erbeutet.

Der hier in knapper Form dargestellte Einsatz der 1. Kavallerie-Brigade könnte zu der Vermutung führen, daß die deutsche Kavallerie insgesamt nur geringen Anteil an den teilweise dramatischen und verlustreichen Kämpfen in Polen gehabt hätte. Dieser Eindruck wäre jedoch absolut unzutreffend. Die zahlreichen Augenzeugen- und Erlebnisberichte in der Divisionsgeschichte der 1. Kav.-Div. und in der Regimentsgeschichte des Reiter-Regiments 1 legen Zeugnis dafür ab, daß Reiter und Radfahrer in gleicher Weise gefordert und mit der unbarmherzigen Realität des Krieges konfrontiert wurden wie alle anderen Kampftruppen auch.

Insgesamt hatte der Einsatz in Polen gezeigt, daß Kavallerie mit entsprechender Unterstützung und bei ihrem Wesen entsprechenden Aufträgen noch immer eine schnelle, kampfstarke Waffe war, die besonders bei Wasserhindernissen ihre Vorzüge voll zur Geltung bringen konnte. Fünfmal während des Feldzuges der 18 Tage mußte die Brigade Flußläufe überwinden, darunter Narew und Bug.

Diese Erkenntnisse mögen ausschlaggebend dafür gewesen sein, daß unmittelbar nach dem Polenfeldzug im Raum Königsbrück/Sachsen mit der Aufstellung einer 2. Kavallerie-Brigade begonnen wurde. Dazu mußten allerdings 11 Divisions-Aufklärungs-Abteilungen ihre Reiterschwadronen abgeben.

Die abgebenden Aufklärungs-Abteilungen verfügten später im Westfeldzug neben ihrer schweren Schwadron nur über Radfahr-Schwadronen.

Offensichtlich sollte nun von dem Konzept, Reiter überwiegend zu Aufklärungszwecken einzusetzen, zu Gunsten einer Vermehrung der Heeres-Kavallerie wieder abgewichen werden.

Es muß demnach der Kampfwert der Reiter nach dem Polenfeldzug doch höher eingeschätzt worden sein, als es in den Jahren vor dem Krieg allgemein der Fall gewesen war.

Immerhin wurden bei dieser Umgliederung mehr als 20% der bisherigen Truppen-Kavallerie (Aufkl.-Abteilungen) wieder der Heeres-Kavallerie zugeführt, wobei in diesen 20% nur die Reiter-Schwadronen, nicht aber die Unterstützungswaffen und die Versorgungsteile enthalten sind.

Den positiven Aspekten, die der Einsatz in Polen gezeigt hatte, und den Folgerungen, welche die Wehrmachtsführung daraus zog, müssen jedoch auch die negativen Erkenntnisse gegenüber gestellt werden, welche ebenfalls klar zu Tage getreten waren.

Im einzelnen zunächst zur Ausrüstung:[44]

Das braune Koppel der Offiziere, welches mit Schulterriemen getragen wurde, zog das feindliche Infanteriefeuer geradezu an. Gefangene sagten übereinstimmend aus, daß sie Befehl gehabt hatten, auf Leute mit Schulterriemen zuerst zu schießen. Dementsprechend waren auch die Ausfälle der Offiziere relativ hoch. Das MG. 34 und die MPi. 38

Standarten, Pauken, Fanfaren und Paraden

Standarten-Schwadron des Kav.Rgt. 6
(Sammlung KR. 6)

Links: Standartengruppe des Kav.Rgt. 18 anläßlich einer Vereidigung in der Carnstatter Reiter-Kaserne 1937.
(Sammlung Schürle)

Rechts: Die 1936 eingeführte Standarte der Kavallerie. In ihrer stark ausgezackten Form erinnerte sie an die Standarten der ehem. Husaren.
(Archiv Verf.)

Standarten-Schwadron des Kav.Rgt. 13 zu Fuß.
(Sammlung Kellenberg)

Fanfaren-Behänge (auch als Fanfaren-Fahnen bezeichnet) wurden in Anlehnung an die alte Armee z. T. auch in Reichswehr und Wehrmacht weitergeführt. *(Archiv KR. 13)*

Fanfarengruppe des Reiter-Rgts. 1. Die Fanfaren-Behänge zeigen u. a. die Initialen der Traditionsregimenter. *(Archiv RR. 1)*

Das Trompeter-Korps des Reiter-Rgt. 16 anläßlich des Einzuges in die neue Garnison Erfurt am 15. September 1925. *(Sammlung Schmidt)*

Wachtmeister Köppner auf »C-Dur«, Kav.-Rgt. 8 bei der Volte im Galopp.
(Bei Paraden drehte der Kesselpauker vor dem Abnehmenden sein »Rädchen«.)
(Archiv Reiter 8)

Das Trompeterkorps, die Visitenkarte des Kav.-Rgts. Trompeterkorps des Kav.-Rgt. 13, Lüneburg, 1937.
(Paukenbehänge: Muster der Reichswehr).
(Archiv KR. 13)

Auf dem Weg zur Hubertusjagd 1938. Trompeterkorps des Kav.-Rgt. 13.
(Paukenbehänge: Muster der Wehrmacht, Parade-Zaumzeug eines Traditionsregimentes).
(Archiv KR. 13)

Vorbeimarsch im Trab. Nach 1933 trat die Armee vermehrt bei Manövern und Paraden in Erscheinung.
Trompeterkorps des Reiter-Rgt. 15 während der Abschlußparade nach den Herbstmanövern 1935 in der Lüneburger Heide.
(Foto Tellgmann)

Da Reiter-Rgtr. häufig auf zwei Standorte verteilt blieben, wurde nicht selten ein zweites, außerplanmäßiges Trompeterkorps gebildet.
Außerplanmäßiges Trompeterkorps des Reiter-Rgt. 11, Ohlau/Schles.
(Foto Hptm. a. D. Jeffke)

Das Trompeter-Korps des Reiter-Rgt. 1 durchfurtet die Angerapp bei Kamswiken.
Die Trompeter hatten reiterlich nahezu den gleichen Ausbildungsstand wie die Schwadronen.
Bemerkenswert ist, daß das Paukenpferd dieses Rgts. 1927 kein Schimmel, sondern ein Fuchs war.
(Sammlung Rosenwald)

wiesen technische Unzulänglichkeiten auf, die besonders unter feldmäßigen Bedingungen auftraten. Mit anderen Worten, sie waren in ihrer Feldbrauchbarkeit eingeschränkt. Die Pflege und Wartung im Feld und bei ungünstiger Witterung waren kaum geübt worden. Der Säbel, den alle berittenen Soldaten führten, war wenig gebraucht worden. Er wurde jedoch nicht als überflüssig bezeichnet. Es sei daran erinnert, daß in diesem Feldzug verschiedentlich noch Attacken mit blanker Waffe auch von deutschen Kavalleristen geritten worden sind.

Ungünstig wirkte sich, wie seit jeher, der schwere Sattel mit dem ebenso schweren Gepäck aus. In den 20 Friedensjahren, die seit dem I. Weltkrieg vergangen waren, war hinsichtlich des Sattels kaum etwas verbessert worden. Das Gleiche gilt für das Reitergepäck. Die kurz vor Kriegsausbruch zugewiesenen neuen leichteren Sättel, allerdings nur zur Erprobung und in kleinen Stückzahlen, bewährten sich durchaus, waren aber empfindlich gegen Nässe. Sie wurden während des Krieges jedoch nicht mehr nachgeliefert. Eine Verbesserung brachte das Verlegen der Packtaschen von vorn nach hinten.[45]

Das Verlasten der MGs und der dazugehörigen Munition auf Packpferde hat sich in taktischer Hinsicht bewährt. Die Tragsättel waren allerdings ebenfalls nicht ideal, so daß Pferde mit toter Last nach wie vor die höchsten Ausfallraten durch raschen Verschleiß aufwiesen.

Absolut unzureichend war die Ausstattung der Kavallerie mit Nachrichtenmitteln, sowohl hinsichtlich der Anzahl als auch der Reichweite. Insbesondere wurde die Führung der schweren Waffen dadurch erheblich beeinträchtigt. Es sei hier darauf hingewiesen, daß bis Kriegsausbruch die Winkverbindung bei Kavallerie-Geschütz- und Granatwerfer-Zügen geübt wurde!

Die Fernsprechgeräte einschließlich Feldkabel reichten nicht einmal aus, alle Schwadronen mit dem Regiment zu verbinden.

Ein weiterer Schwachpunkt war die Leistungsfähigkeit der Trosse. Die bespannten Fahrzeuge waren zumeist zu schwer, die Bespannung dafür nicht ausreichend. Die Motorfahrzeuge entsprachen nicht den Anforderungen, die unter den Geländeverhältnissen des Ostens ihnen aufzuerlegen waren. Die Folge waren Versorgungsschwierigkeiten schon nach wenigen Tagen. Die Trosse waren häufig einfach nicht in der Lage, den kämpfenden Teilen zu folgen. Auf diesem Sektor waren entsprechende Übungen unter kriegsmäßigen Bedingungen nicht im erforderlichen Umfang durchgeführt worden.

Zur Ausbildung:[46] Die an sich gute Ausbildung des Kavalleristen hatte sich letztlich doch noch zu wenig an den Erfordernissen des Krieges orientiert. Eine Ausnahme bildete die Reitausbildung. Fütterung, Tränken und Pflege der Pferde war nur unter friedensmäßigen Verhältnissen, in Gemeinschaft und unter Aufsicht eingeübt worden. Im Kriege aber kam es auf die Kenntnisse, Fähigkeiten und den Antrieb des einzelnen Reiters an. Ähnliches gilt für die Fahrer von Bespannfahrzeugen sowie für die Führer der Kolonnen. Erschwerend kam hinzu, daß die Kavallerie, obwohl eine Spezialtruppe, nach Einführung der Wehrpflicht etwa nur 10% Freiwillige einstellen durfte. Das führte dazu, daß doch eine nicht unerhebliche Zahl von Soldaten in die berittenen Einheiten und Verbände gelangte, die kein positives Verhältnis zum Pferd gewinnen konnten, und von denen dann auch keine besonderen Leistungen als Reiter oder Fahrer zu erwarten waren. Im Friedenssdienst trat dieser Umstand nicht besonders in Erscheinung, um so mehr dafür aber im Gefecht.

Gerade in die Kavallerie hätten nur Rekruten eingestellt werden dürfen, die für den Dienst in dieser Waffengattung besondere Qualifikationen mitbrachten.

Auch die Gefechts- und Schießausbildung bis Kriegsbeginn entsprach nicht den Anforderungen, die sehr wohl voraussehbar gewesen waren. Zu einem guten Teil lag das an falscher Sparsamkeit. Der Munitionsansatz für die Ausbildung war viel zu gering. Größere Übungen für das Zusammenwirken aller Waffen eines Verbandes waren viel zu selten durchgeführt worden. Die Folge waren häufig vermeidbare Ausfälle. Aber auch andere Ausbildungszweige wie die Nahkampfausbildung, das Tarnen und Täuschen oder das Handgranatenwerfen waren schlicht zu kurz gekommen.

Die hier aufgezeigten Mängel sind nicht ausschließlich auf die Kavallerie zu beziehen. Sie treffen auch auf die anderen Waffengattungen zu.

Hierdurch wird erklärlich, daß der einzelne Soldat schon im Polenfeldzug dem Feind nicht immer überlegen war. Im Gegenteil, dem Kampf gegen den blanken Stahl des Feindes (Säbel und aufgepflanztes Seitengewehr) wich der deutsche Soldat nach Möglichkeit aus. Im Tarnen, Täuschen und im Anlegen von Hinterhalten waren die Polen überlegen, und ihr Mut im Gefecht wird von keinem deutschen Kriegsteilnehmer bestritten, sondern häufig betont.

Alle hier aufgezeigten Schwächen hätten zusammengenommen mancherorts zu einer Katastrophe führen können. Daß diese nicht eintrat, ist ausschließlich der Qualität des Offizier- und Unteroffizier-

korps zu verdanken, und dem Vertrauen, welches zwischen Führern und Geführten bestand.
Letztlich hat die Führungskunst, die Pflichtauffassung und das besondere Vertrauensverhältnis innerhalb der kämpfenden Truppe die zweifellos vorhandenen Mängel nicht nur ausgeglichen, sondern zu einer Überlegenheit geführt.

Auch die bei Mobilmachung aus den Kavallerie-Regimentern hervorgegangenen Aufklärungs-Abteilungen der Infanterie-Divisionen erhielten im Polenfeldzug ihre Feuertaufe. Besonders bei ihnen mußte sich zeigen, ob das, was im Frieden wieder und wieder geübt worden war, sich nun unter den Bedingungen des Krieges bewähren würde; denn zum einen hatte es spezielle Aufklärungs-Abteilungen dieser Art bisher noch nicht gegeben, zum anderen aber waren die »A.A.s« ihren Divisionen zumeist voraus und hatten daher als erste mit Feindberührung zu rechnen.
Als Beispiel für viele soll hier der Einsatz der Aufkl.-Abt. 17 (hervorgegangen aus dem KR. 3, Göttingen) in den wesentlichen Phasen geschildert werden.
Am 1. 9. 1939 um 4.45 Uhr überschreitet die Aufkl.Abt. 17 vor ihrer Division ostwärts Oels in Schlesien bei leichtem Morgennebel die deutsch-polnische Grenze. Der erste Tag in Feindesland bringt keine besonderen Ereignisse. Lediglich Baum- und Minensperren weisen auf den Feind hin und zwingen zur Vorsicht.
Am 2. 9. wird der erste Gefangene eingebracht, die Abteilung erhält MG- und Artilleriefeuer. Inzwischen ist erkannt worden, daß polnische Kavallerie das Vorgehen der deutschen Spitzen zu verzögern sucht. Dabei werden von ihr alle Brücken und Stege vor dem Ausweichen gesprengt.
In der Nacht vom 2. 9. zum 3. 9. wiederum Artilleriefeuer. Die Abteilung hat die ersten Verwundeten.
Am 3. 9. stößt die Vorhut der Abteilung bis zur Warthe vor und erkennt am jenseitigen Ufer polnische Infanterie, Artillerie und Panzer in gut ausgebauten Stellungen.
Aufgrund dieses Aufklärungsergebnisses zieht der Kommandeur der 17. Infanterie-Division seine Infanterie-Regimenter vor, und läßt sie am Morgen des 4. 9., unterstützt von Artillerie und Pionieren, über den Fluß hinweg angreifen.
Nach kurzem Gefecht zieht sich der Feind eilig zurück. Diese Lage führt wiederum zu einem typischen Auftrag für die Aufklärungs-

Abteilung, welche die Fühlung mit dem Feind wiederherstellen und halten soll.
Das rasche Vorgehen der Aufklärungs-Abteilung zieht einen großen räumlichen Abstand zu der nur langsamer folgenden Division nach sich. Dies führt dazu, daß die Abteilung bei erneuter Feindberührung mehrere Stunden zur Verteidigung übergehen muß, um nicht zurückgeworfen zu werden. Nach Aufschließen der Division wird der Vormarsch zügig fortgesetzt. Dabei erkennt die Reiterschwadron, eine gerade zurückgehende Batterie. Die seltene Gelegenheit zu einer Attacke mit blanker Waffe bietet sich an und wird genutzt. Die Attacke gelingt, mehrere Geschütze werden dabei erbeutet.
Am 12. 9. bietet das nun raschere Zurückgehen des Feindes ostwärts Lodz den Einsatz der Abteilung zur überholenden Verfolgung.
Mit kurzen Sattelbefehlen, dicht hinter der Spitze reitend, führt der Abteilungs-Kommandeur, Major Baade, seine Schwadronen seitlich an den zurückflutenden polnischen Kolonnen vorbei, um diesen an günstiger Stelle den Rückweg zu verlegen. Die Division macht dadurch eine große Zahl von Gefangenen, zahlreiche Geschütze und Fahrzeuge aller Art werden erbeutet.
Am 13. 9. werden wesentliche Teile der polnischen Armee im Raum Kutno eingeschlossen. Die deutsche Führung befiehlt das Hineinstoßen in den Kessel, um die Vernichtung der polnischen Armee in der kürzest möglichen Zeit zu erledigen.
Militärisch war dieses Vorgehen nicht notwendig, jedoch sollten von ihm politische Wirkungen auf England und Frankreich ausgehen.[47]
Die Aufkl.-Abt. 17 befand sich zu diesem Zeitpunkt 25 km westlich Warschau und 5 km südlich der Weichsel. Am Morgen des 18. 9. geht sie, wieder der Division voraus, gegen den eingeschlossenen Feind vor. Nach den Erfahrungen der letzten Tage war mit stärkerem Feindwiderstand nicht mehr zu rechnen. Daher war deutscherseits rasches und rücksichtsloses Nachstoßen befohlen worden. Dieser Befehl wurde von der Division mehrfach wiederholt, was bei der Aufkl.-Abt. 17 dazu führte, die üblichen Sicherungsmaßnahmen zu Gunsten eines eiligen Vorgehens zurückzustellen.
Die Spähtrupps an der Spitze verlieren den Abstand zur nachfolgenden Reiterschwadron. Bei der Ortschaft Zaluskow entsteht durch über tausend in Gefangenschaft gehende polnische Soldaten ein Stau, wodurch die Abteilung auseinander gezogen wird.
Als endlich die letzten Gruppen der Reiterschwadron den Ortsrand erreicht haben, erfolgt von drei Seiten ein schlagartiger Feuerüberfall

aus Maschinengewehren und Karabinern. Die Reiter sitzen im Feuer ab und lassen die Pferde laufen, können aber eine geordnete Abwehr nicht mehr organisieren.
Schon dieser erste Feuerüberfall fordert erhebliche Ausfälle unter Reitern und Pferden. Der zur Entlastung heraneilenden Radfahr-Schwadron schlägt ebenfalls heftiges Feuer entgegen. Ihr weiteres Vorgehen wird zudem durch Artillerie-Feuer erschwert. Die Reiterschwadron kämpft indessen in der Ortschaft weiter, kann sich aber aus ihrer mißlichen Lage nicht befreien.
Nach mehrstündigem Gefecht ziehen sich die Polen aus Zaluskow zurück, da ihnen die Umgehung durch Kräfte der Nachbardivision droht. Die Reiterschwadron erlitt an diesem Tage schwere Verluste. von 120 Mann fielen 35, darunter beide Offiziere, 8 Soldaten wurden vermißt und 41 verwundet. Die Einbuße an getöteten, verwundeten und entlaufenen Pferden war ebenso groß. Letztlich hatte die Reiterschwadron in diesem Hinterhalt nahezu die Hälfte ihres Bestandes verloren und war nur noch bedingt verwendbar.
Die hier geschilderte Situation ist geradezu typisch für das Dilemma, in welchem sich jeder Kommandeur eines an der Spitze der eigenen Truppen vorgehenden Verbandes befindet. Setzt er seine Kräfte zu raschem aber risikoreichen Nachstoßen ein, wie in diesem Falle befohlen, um dem Feind die Zeit zu einem nachhaltigen Widerstand zu nehmen, läuft er stets Gefahr, hohe Verluste hinnehmen zu müssen. Geht er vorsichtig aber zögernd vor, setzt dabei ständig seine schweren Waffen zur Überwachung ein und befiehlt immer wieder den Einsatz eigener Aufklärungskräfte, so verliert er Zeit, die der Feind dann für eigene Initiativen nutzen kann, aber gerade das soll verhindert werden.
Die Aufklärungs-Abteilungen sind während der Angriffsoperationen besonders häufig vor derartige Alternativen gestellt worden. Ein wahrhaft bitteres Brot.
Bezeichnenderweise geriet die Aufklärungs-Abteilung der 19. Infanterie-Division am gleichen Tage unter nahezu gleichen Umständen bei der Ortschaft Henrikow in eine sehr ähnliche Lage und erlitt ebenso hohe Verluste.[48]
Mit dem Gefecht in Zaluskow war der Einsatz der Aufkl.-Abt. 17 in Polen beendet. Die Abteilung wurde nach der Kapitulation im Rahmen ihrer Division als Besatzungstruppe verwendet.
Können die Erfahrungen dieser beiden Aufklärungs-Abteilungen auch nicht als exemplarisch angesehen werden, so machen die Ereignisse doch deutlich, daß ihre Kräfte gegenüber einem zähen und listenreich

kämpfenden Feind, insbesondere in gutausgebauten Stellungen oder in Ortschaften, nicht ausreichend, bzw. wenig geeignet waren. Was fehlte, waren gepanzerte Teile, die weniger verletzlich waren, und über mehr Durchstoßvermögen verfügten. Der eine Panzer-Spähtrupp, ausgestattet mit dem Kfz 13, das zudem oben nicht geschlossen und nur mit einem MG 34 bewaffnet war, muß als unzureichend betrachtet werden. Außerdem war dieser Pz.-Spähtrupp keineswegs bei allen Aufklärungs-Abteilungen vorhanden.

Als Minimum wäre pro Abteilung ein Pz.-Späh-Zug zu mehreren Trupps mit 2-cm-Kanonen und MG-Bewaffnung zu fordern gewesen, welcher in der Lage war, auch gewaltsam Aufklärungsergebnisse zu erzwingen, ohne bereits gegenüber feindlicher Infanterie in unhaltbare Situationen zu geraten. Jedoch konnte eine derartige Ausstattung den Aufklärungs-Abteilungen der Infanterie-Divisionen offensichtlich nicht zur Verfügung gestellt werden. Die vollmotorisierten Aufklärungs-Abteilungen mit ihrer Panzer-Späh-Schwadron hatten es da in derartigen Lagen zweifellos leichter.

Zusammenfassend gesehen haben sich die teilmotorisierten Aufklärungs-Abteilungen im Polenfeldzug dennoch durchaus bewährt und Gutes geleistet. Die im Einzelfall hohen und schmerzlichen Verluste können dieses Gesamturteil nur wenig beeinträchtigen.

Für die nächsten Feldzüge blieben sie im wesentlichen in ihrer bisherigen Zusammensetzung bestehen.

Wenn hinsichtlich des Blitzkrieges in Polen auch stets die Panzer- und mot. Inf.-Divisionen sowie die Luftwaffe in den Vordergrund gerückt worden sind, da sollte darüber nicht vergessen werden, daß **die Masse des deutschen Heeres »nur« bespannt war, und daß im Rahmen der Infanterie Reiter-Schwadronen und Inf.-Reiter-Züge in be**achtlicher Zahl mitgekämpft haben, die somit ihren Teil zu dem raschen Sieg beitrugen.

In den zeitgenössischen Fachpublikationen ist diese Tatsache auch durchaus gewürdigt worden. So schrieb das »Landvolk im Sattel«: »Wer etwa glaubt, der Feldzug in Polen hätte den Beweis erbracht, daß das Pferd im Zeitalter der fortschreitenden Motorisierung überflüssig ist, der muß sich auf Grund der praktischen Erfahrungen eines besseren belehren lassen«.

Gustav Rau, der schon damals bedeutende Hippologe, stellte im »St. Georg« kurz und bündig fest, daß das schnelle Vorgehen des Heeres ohne Pferd unmöglich gewesen wäre.

Insgesamt sind im Polenfeldzug auf deutscher Seite mehr als 200 000

Pferde bei der Kavallerie, Infanterie und Artillerie eingesetzt worden. Nach den ersten Feldzügen des II. Weltkrieges griffen aber auch führende Militärs das Thema Kavallerie wieder auf.
Besonders bemerkenswert erscheinen hierbei die persönlichen Erfahrungen des Kommandierenden Generals des XVI. Pz.-Korps, Gen. d. Kav. Hoepner. In einer Geheimen Kommandosache vom 27. 7. 1940 an den Chef des Generalstabes des Heeres, Gen. d. Art. Halder, erwähnt Hoepner auch die Kavallerie-Divisionen und bittet, diese Frage noch einmal zu prüfen.
Im einzelnen führt er dazu aus:
»In Polen fehlten z. B. Kav.-Divisionen, die gewissermaßen das Bindeglied zwischen den Pz.-Divisionen und Inf.-Divisionen sein mußten. Zunächst hätten sie vor der 8. Armee die polnische Kutno-Gruppe gefunden, die die Flieger in den Wäldern und bei Nacht nicht entdeckten. Dann waren sie geeignet, hinter den Panzer-Divisionen seitwärts der wenigen großen Straßen die großen Waldgebiete ostwärts der Pilitza und westlich der Weichsel zu säubern. Die Inf.-Divisionen kamen hierzu doch recht spät heran und fanden erhebliche Schwierigkeiten, wie die Kämpfe der 31. Div. (I.R. 12) zeigten. Die polnische Kavallerie bewegte sich sehr geschickt und schnell in dem für ungangbar gehaltenen Gelände. Wenn wir nun von dem bisherigen Polen weitere Landstriche behalten, so braucht man gegenüber der starken russischen Kavallerie auch Kavallerie, die sich unabhängig von Straßen bewegen kann. Wir werden nicht immer so günstiges Wetter wie im September 1939 haben. Ich rechne ganz grob, daß wir im Osten 4 Kav.-Divisionen haben müssen, die möglichst homogen in sich sind. (Verlastete schwere Waffen und Troß).«
Die Vorstellungen Hoepners sind letztlich nicht verwirklicht worden. Sie waren auch wohl nicht zu realisieren, da kurzfristig die erforderliche große Anzahl von Reitern nicht auszubilden, und die notwendigen, qualifizierten Reitpferde nicht zu beschaffen waren. Immerhin hat seine Anregung mit dazu beigetragen, wenigstens die inzwischen errichtete 1. Kav.-Div. im Frühjahr 1941 noch einmal zu verstärken. Insbesondere kam diese Verstärkung den Reiter-Schwadronen zugute, deren Züge eine 4. Gruppe erhielten, wodurch sich die Absitzstärke um 27 Mann pro Schwadron erhöhte.
Allerdings war es zu diesem Zeitpunkt offensichtlich nicht mehr möglich, auch das Reiter-Rgt. 21, das nur über eine Reiter-Abt. und die schweren Waffen verfügte, auf die Stärke der anderen 3 Reiter-Regimenter der Division zu bringen.

Letztlich aber machen die Ausführungen des General Hoepner einmal mehr deutlich, daß im Heer die Kavallerie keineswegs pauschal als überholt angesehen wurde, ja daß selbst fronterfahrene Panzerführer diese traditionelle Waffengattung in Verwendungen, die ihrem Wesen entsprechen, weiterhin nicht missen wollten.

21. BILDUNG DER 1. KAVALLERIE-DIVISION

Noch während eines Truppenbesuches beim Reiter-Regiment 1 in Ostpreußen, im Januar 1939, hatte sich General der Pz.Tr. Guderian, in seiner Eigenschaft als Chef der schnellen Truppen, zwar lobend über den Ausbildungsstand und die Einsatzbereitschaft des Regiments geäußert, jedoch beim abendlichen Kasinogespräch keinen Zweifel darüber aufkommen lassen, daß hinsichtlich der beweglichen Kriegsführung der Panzertruppe die entscheidende Bedeutung zukäme.[49] Somit wurde erneut deutlich, daß eine Vermehrung der Heeres-Kavallerie nicht mehr infrage kam.

Doch bereits mit dem Datum vom 13. 9. 1939 erhält das Kriegstagebuch des Generalstabschefs Halder den Eintrag: »AHA: Aufstellung einer K(avallerie)-Division«.

In der Weisung des OKH vom 17. 9. 1939 für den Abwehrkrieg im Westen heißt es dazu u. a. . . . Kavallerie

> 1. Kav.-Brig. ist zur Kav.-Div. auszubauen. Die Div.-Aufklär.-Abt. werden unter 2 Kav.-Brig.-Stäben in 7—8 Kav.-Regtr. zusammengefaßt.

Wie ist dieser Wandel innerhalb der Wehrmachtsführung, der geradezu einer Kehrtwendung gleichkommt, in einem Zeitraum von weniger als einem 3/4 Jahr möglich gewesen?

Wie schon erwähnt, hatte sich General der Pz.Tr. Guderian bald nach Amtsantritt als Chef der schnellen Truppen für die Gliederung der Kavallerie in handliche Divisionen eingesetzt. Diese hätten im wesentlichen aus den bestehenden Kavallerie-Regimentern gebildet werden müssen, wobei allerdings zusätzlich weitere 2 000 Remonten anzukaufen gewesen wären. Da diese nicht bewilligt wurden, scheiterte der Vorschlag.[50] Die Frage der Heeres-Kavallerie schien damit endgültig abgetan zu sein.

Nach dem Polenfeldzug wurde eine Umorganisation des Heeres vorgenommen, mit dem Ziel, die Abwehrfähigkeit zu erhöhen.

Dabei sollte die Panzerwaffe keineswegs verringert werden. Im Gegenteil, in der Weisung des OKH vom 17. 9. 1939 wurde befohlen, die 1. leichte Division in die 6. Panzer-Division umzuwandeln.
Weiterhin war vorgesehen, die 2., 3. und 4. leichte Division ebenfalls in Panzer-Divisionen umzugliedern; allerdings je nach Anfall der Panzerkampfwagen.
Hier wird der springende Punkt sichtbar. Die Industrie des Deutschen Reiches war nicht in der Lage das technische Großgerät in dem für das Heer notwendigen Umfang zeitgerecht zur Verfügung zu stellen. Was in dieser Weisung über die Anlieferung der Panzerkampfwagen ausgesagt wird, gilt gleichermaßen für die Kraftfahrzeuge ganz allgemein, worauf wiederholt hingewiesen worden ist.
In klarer Erkenntnis dieser Situation befahl Generaloberst Halder zu prüfen, in welchem Umfang die bisherigen Infanterie-Divisionen mit Pferden und Bespannfahrzeugen auszustatten seien. Doch auch die weitgehende Entmotorisierung der Infanterie-Divisionen scheiterte an dem Mangel an Pferden, Leder, Fahrzeugen, usw., worauf ebenfalls bereits hingewiesen wurde.
Unter dem Gesichtspunkt der bestmöglichen Nutzung der verfügbaren Kräfte bot sich daher die Bildung einer Kavallerie-Division als selbstständiger Großverband für spezielle Aufgaben geradezu an, zumal das gut ausgebaute Straßen- und Wegenetz Westeuropas der Verwendung des Fahrrades für Aufklärungszwecke der Infanterie sehr entgegen kam, wodurch wiederum die Reiter-Schwadronen aus einem Teil der Aufklärungs-Abteilungen herausgelöst werden konnten.
General d. Panzertruppen Nehring schreibt zu diesem Komplex in seiner »Geschichte der Deutschen Panzerwaffe 1916—1945«: »Diese Weisung zeigte das mangelnde Verständnis für Gliederung und Kampfführung eines neuzeitlichen Heeres, obwohl sich diese Gliederung und Kampfführung im Feldzug gegen Polen soeben voll bewährt und zu einer schnellen Beendigung beigetragen hatte. Man war bemüht, die schnellen Truppen wieder auf Pferde und pferdebespannte Fahrzeuge umzustellen, dafür aber die Kavallerie, die bereits im I. Weltkrieg hinter der Grabenfront keine Verwendung fand, wieder aufzubauen«. Diese Aussage ist insofern unzutreffend, als die Anzahl der Panzer-Divisionen tatsächlich verdoppelt wurde. Bei Beginn des Frankreichfeldzuges standen dem Heer nun immerhin 10 Panzer-Divisionen zur Verfügung. Die 4 Infanterie-Divisionen (mot) sollten als motorisierte Brigaden erhalten bleiben, und insgesamt blieb nicht ein einziges verfügbares Kraftfahrzeug ungenutzt.

Eine weitere Erhöhung der Beweglichkeit des Heeres durch Schaffung zusätzlicher motorisierter Großverbände war mangels Masse nicht möglich.
Die Bildung einer Kavallerie-Division muß jedoch zweifellos, wenn auch in relativ geringem Umfang, als Erhöhung der Beweglichkeit des Heeres zumindest auf dem Gefechtsfeld angesehen werden. Hierbei wurden auch keine schnellen Truppen auf Pferde umgerüstet, sondern bereits vorhandene Kavallerie im Divisionsverband zusammengefaßt. Was diese Kavallerie im Rahmen eines neuzeitlichen Heeres zu leisten im Stande war, hatte die 1. Kavallerie-Brigade im Polenfeldzug gezeigt. Die Kavallerie hatte damit ihre Daseinsberechtigung durchaus nachgewiesen.
Die o. a. Anordnungen Halders als Chef des Generalstabes waren somit in jeder Beziehung gerechtfertigt, da Gliederung und Substanz der motorisierten bzw. gepanzerten Kampftruppen nicht verringert, sondern bis zur damaligen Grenze des Möglichen vorgetrieben wurden und gleichzeitig die Beweglichkeit des Heeres auf dem Gefechtsfeld durch eine zusätzliche Kavallerie-Division erhöht wurde, ohne daß den ersteren Menschen und Material in nennenswertem Umfang entzogen wurden. Letztlich ließ der bevorstehende Westfeldzug eine andere Dimension erwarten als der Polenfeldzug, und diese erzwang geradezu die Mobilisierung aller damaligen Reserven.
Der Generalstab, mit Generaloberst Halder an seiner Spitze, hat die militärischen und politischen Probleme dieser Zeit klar erkannt, und die möglichen Konsequenzen daraus gezogen. Der Ausgang des Frankreichfeldzuges hat die Zweckmäßigkeit der militärischen Maßnahmen bestätigt.
In Ausführung der OKH-Weisung, wurden nach dem Polenfeldzug im Raum Königsbrück (Wehrkreis IV) die Reiter-Schwadronen der Aufklärungs-Abteilungen 3, 7, 8, 14, 21, 28, 30, 54, 156, 162 und 173 zusammengezogen und daraus die beiden neuen Reiter-Regimenter 21 und 22 zusammengestellt.
Sie bildeten den Kern der 2. Reiter-Brigade, die bereits am 15. Dezember 1939 der 1. Kavallerie-Division unterstellt wurde, obwohl der Brigade-Stab erst am 7. Dezember zusammengetreten war.
Es war geplant, der 2. Reiter-Brigade die gleiche Gliederung, wie der 1. Kavallerie-Brigade zu geben. So wurde in Königsbrück auch eine Reitende Artillerie-Abteilung aufgestellt.
Jedoch konnte dieses Ziel nicht erreicht werden, zumal die Reiter-Regimenter über je zwei Abteilungen verfügen sollten und sich be-

reits nach dem Polenfeldzug ein Mangel an Pferden, aber auch an ausgebildeten Reitern bemerkbar machte.
Erster Brigade-Kommandeur wurde Oberst Frhr. von Waldenfels, der ehemalige, langjährige Leiter des Springstalles der Kavallerie-Schule Hannover.
Oberst Frhr. von Waldenfels verstarb jedoch an den Folgen einer Lungen- und Rippenfellentzündung am 1. 2. 1940, und somit mußte das Brigade-Kommando neu besetzt werden. Sein Nachfolger wurde Oberst von Senger und Etterlin.
Dem Reiter-Regiment 21, zunächst nur mit einer Abteilung aufgestellt, wurden mit Ausnahme eines Zuges vom Kavallerie-Regiment 18 (Stuttgart-Bad Cannstatt) und eines Zuges vom Kavallerie-Regiment 6 (Darmstadt) ausschließlich Schwadronen des schlesischen Kavallerie-Regiments 8 (Oels) zugeführt, so daß aufgrund der ehemaligen Zusammengehörigkeit von Anbeginn eine beachtliche landsmannschaftliche Geschlossenheit gegeben war.
Das Regiment wurde wie folgt gegliedert:

Regiments-Stab mit
Nachrichten-Zug
Pionier-Zug
Reitender Panzerjäger-Zug und
leichter Kavallerie-Kolonne
1.—3. Reiter-Schwadron
4. MG-Schwadron mit
2 MG-Zügen und
1 Granatwerfer-Zug
5. (schwere) Schwadron mit
1 Panzer-Späh-Zug
2 Kavallerie-Geschütz-Zügen
2 Pak-Zügen

Der Regiments-Stab war teil-, die 5. Schwadron vollmotorisiert. Der Pferdebestand setzte sich zu 75% aus Ostpreußen, zu 4% aus Hannoveranern und zu 21% aus ausländischen Ankaufs- bzw. Beutepferden zusammen, wobei Polen mit 10% den größten Anteil stellte. Die Reiter-Schwadronen hatten ein Soll von 232 Pferden, und das Regiment insgesamt verfügte über 1 044 Pferde.
Die Führung des Regiments übernahm Oberstleutnant Frhr. von Broich.
Das Reiter-Regiment 22 wurde sogleich mit 2 Abteilungen aufgestellt. Die I. Abteilung, geführt von Major Baade, im Polenfeldzug

Abteilungs-Kommandeur der Aufklärungs-Abteilung 17, entstammte überwiegend aus dem Kavallerie-Regiment 3 (Göttingen). Die II. Abteilung setzte sich mit Masse aus den Kavallerie-Regimentern 13 (Lüneburg) und 14 (Ludwigslust) zusammen. So war auch in diesem Regiment innerhalb der Abteilungen eine weitgehende landsmannschaftliche Zusammengehörigkeit gegeben, was die in Eile durchzuführende Aufstellung erleichterte. Regiments-Kommandeur war zunächst, bis zu seiner Ernennung zum Brigade-Kommandeur, Oberst von Senger und Etterlin, danach Oberst Frhr. von Thüngen, später aktiver Teilnehmer und Opfer des 20. Juli 1944. Wegen des in Kürze zu erwartenden Ausbruchs der Kämpfe im Westen mußte die Aufstellung der 1. Kavallerie-Division weiterhin unter Zeitdruck vorangetrieben werden.[51]

Am 22. 11. 1939 begann die Verlegung der 1. Kavallerie-Division aus Polen in den Raum Cloppenburg — Quakenbrück — Essen (i.O.).
Bereits Mitte Januar 1940 wurde die 2. Reiter-Brigade der 1. Kavallerie-Division, ebenfalls in den Raum nordwestlich Osnabrück, zugeführt.
Da der Stab der ehemaligen 1. Kavallerie-Brigade nunmehr der Divisionstab geworden war, erhielt der Stab der 2. Reiter-Brigade die Bezeichnung Reiter-Brigade mit der Funktion eines taktischen Kampfgruppenstabes.
Ende Januar 1940 verlegte die 1. Kavallerie-Division in neue Räume nahe der holländischen Grenze.
Mitte Februar wurden auch die Reiter-Regimenter 1 und 2 um eine zweite Abteilung verstärkt.
Das Reiter-Regiment 1 erhielt überwiegend Schwadronen des Kavallerie-Regiments 17 (Bamberg) und geringere Teile der Kavallerie-Regimenter 3, 9 und 10, so daß es nun mit Masse aus ostpreußischen und bayerischen Reitern bestand.
Dem Reiter-Regiment 2 wurden starke Teile des Reiter-Regiments 21 zugeführt. Letzteres schied am 14. 2. 40 aus dem Divisions-Verband aus, wurde in Kavallerie-Regiment umbenannt und am 9. 3. 1940 Heerestruppe. Es war geplant, diesen Verband zu einem selbständigen Korps-Kavallerie-Regiment zu verstärken.
Für den Hollandfeldzug trat es jedoch wieder zur 1. Kavallerie-Division, und im November 1940 wurde es unter Rückbenennung in Reiter-Regiment 21 der Division wieder unterstellt.
Ferner traten zur 1. Kavallerie-Division:

Nachr.Abt. 86	aus Nachr.Kp. 86
Pi.Btl. 40	aus Pi.Kp. 40
Pz.Jg.Kp. 40	aus Pz.Abw.Kp 40
Reitendes Art.Rgt. 1	aus Reit.Art.Abt. 1 und 2
Brückenkolonne	aus Brü.Ko. 40
San.Abt. 40	aus San.Kp. 40
Vet.Kp. 40	aus Vet.Kp. 40
Div.Nachschub Führer 40	aus Di.Na.Fü. 40

Der Stab Reiter-Brigade (taktischer Kampfgruppen-Stab) wurde mit einem Kradmeldezug, einem Kav.-Panzerspähtrupp und einem Kav.-Panzerjägerzug (mot Z) ausgestattet.

Somit war Anfang des Jahres 1940 für den Feldzug im Westen ein Großverband entstanden, dessen infanteristische Teile überwiegend beritten und damit äußerst geländebeweglich waren; dessen Unterstützungs- und Versorgungsteile, weitgehend motorisiert, ihre Aufgaben rascher zu lösen vermochten, als es bei den Infanterie-Divisionen in der Regel der Fall war.

Die 1. Kavallerie-Division, als einziger berittener Großverband der deutschen Wehrmacht in dieser Phase des Krieges, war eine Spezialtruppe, die ihre Kampfkraft nur bei ihrer Eigenart entsprechenden Aufträgen voll zur Geltung bringen konnte. Sie war schneller als eine Infanterie-Division, konnte aber ihrer Natur gemäß mit motorisierten Verbänden auf die Dauer nicht schritthalten. Wie so häufig während des II. Weltkrieges sollten Erkenntnisse dieser Art nicht immer so berücksichtigt werden, wie es notwendig, zumindest aber zweckmäßig gewesen wäre.

Da der Angriffstermin im Westen wieder und wieder verschoben wurde, blieb der Truppe einige Zeit, um die Einsatzbereitschaft zu erhöhen. Insbesondere kam diese Zeitspanne natürlich den Neuaufstellungen zugute, so auch der 1. Kavallerie-Division.

Schwerpunktmäßig wurde in dieser Zeit der Angriff in gewässerreichem Gelände, die handstreichartige Wegnahme von Brücken, das Überwinden von Sperren und das Erkennen von Minen geübt.

Die Pferde mußten an das Führen über schmale Stege gewöhnt werden. Zusammengenommen ließen diese Übungsthemen keinen Zweifel über den geplanten Einsatzraum aufkommen. Es konnte sich nur um das für Kavallerie denkbar ungünstige Gelände Nordhollands handeln.

Nach einer Angriffsübung der II. Abteilung des Reiter-Regiments 1, bei welcher der Oberbefehlshaber des Heeres, Generaloberst von

Brauchitsch, zugegen gewesen war, erklärte dieser, daß die Kavallerie-Division in den nächsten Monaten sehr viel werde leisten müssen und ihre Daseinsberechtigung im modernen Krieg dabei zu beweisen habe.[52] In den folgenden Wochen und Monaten erhielt die 1. Kavallerie-Division dann zum Teil Aufträge, die den ungünstigsten zuzuordnen sind, welche deutschen Heeresverbänden während des gesamten Westfeldzuges erteilt wurden.

22. DIE FELDZÜGE IN HOLLAND UND FRANKREICH

Für den Aufmarsch zum Westfeldzug wurde der 1. Kavallerie-Division der äußerste rechte Flügel zugewiesen. Damit hatte sie links Anlehnung an die Verbände der 18. Armee, der sie für den Angriff auf Holland unmittelbar unterstellt war, rechts war keine Anlehnung gegeben. Der linke Nachbar war die 227. Infanterie-Division. An sich entsprach diese Aufstellung durchaus klassischen Vorbildern. Ihrer Eigenart gemäß war die Kavallerie zumeist auf den Flügeln aufgestellt worden, da sie dort mehr Handlungsspielraum und Bewegungsfreiheit fand als im Zentrum.

Nordholland mit seinen unzähligen Wasserhindernissen und den großen, von Zäunen durchschnittenen, deckungslosen Flächen bot für den Einsatz von Kavallerie keine günstigen Voraussetzungen. Diese Räume wären günstiger von motorisierten Verbänden zu durchstoßen gewesen. Da jedoch nahezu alle verfügbaren gepanzerten und motorisierten Kräfte in den Heeresgruppen A und B für die Operation »Sichelschnitt« zusammengefaßt worden waren, blieb für den raschen Stoß durch Nordholland zur Zuidersee nur die 1. Kavallerie-Division übrig, deren Angriffsgeschwindigkeit immerhin noch über der von Infanterie-Divisionen lag, zumal sie über nicht unerhebliche motorisierte Teile verfügen konnte.

Mit Beginn der Offensive im Westen, die endgültig für den 10. 5. 1940 befohlen wurde, hatte die Kavallerie-Division den Auftrag, zunächst rasch die holländischen Grenzbefestigungen zu durchbrechen, Nordholland zu besetzen, mit Masse die Zuidersee zu überwinden, um danach von Nordosten in die Festung Holland einzubrechen.

Der für den Angriff zugewiesene Gefechtsstreifen war rund 100 km breit. Er reichte von südwestlich Lingen bis zum Dollart!

Für den Angriff wurde die Division wie folgt gegliedert:

Gruppe Nord	Gruppe Mitte	Gruppe Süd
Führer:	*Führer:*	*Führer:*
Kdr Radf.Abt. 1	Kdr R.R. 2	Kdr Reiter-Brig.
Truppen:	*Truppen:*	*Truppen:*
Radf.Abt. 1	R.R. 2	Stab/Reiter-Brig.
1./Pi.Btl. 40	1./r.A.R. 1	R.R. 1
Teile Brüko 40	Teile N.A. 86	R.R. 22
Pz.Jäg.Kp. 40 (ohne 1 Zug)		r.A.R. 1 (ohne 1 Bttr.)
Eisenbahn-Pz.Zug 6		2./Pi.Btl. 40
Sonderunternehm. Stein		Teile Brüko 40
Teile N.A. 86		Teile N.A. 86

Kav.Rgt. 21 mit Teilen N.A. 86 (als Divisionsreserve)

Stab 1. K.D., dabei Stab/Pi Btl. 40, Stab/Nachr.A. 86 mit restlichen Teilen, 1 Zug Pz.Jäg.Kp 40

Nach Überschreiten der Grenze wurde in der ca. 20 km tiefen Verteidigungszone zunächst nur um Straßen und Brücken gekämpft. Bei energischem Zupacken wich der Gegner (6—8 Grenzbataillone vor der 1. Kavallerie-Division) nach Sprengung der Brücken sofort aus, wobei er Kraftfahrzeuge benutzte. Die Kavallerie-Division hatte es daher sehr schwer am Feind zu bleiben, obwohl ihre vordersten Teile am ersten Kampftag die ungewöhnlich hohe Marschleistung von 110 km erbrachten.

Da Holland durch England und Frankreich sehr gut über die deutschen Absichten informiert war, kam das Moment der Überraschung nicht zum Tragen. Die meisten Grenzbrücken wurden so rechtzeitig gesprengt, daß die Wasserhindernisse mit Pioniermitteln überwunden werden mußten. Allerdings war die Division darauf vorbereitet, und es kam daher nur zu unwesentlichen Verzögerungen.

An einigen Stellen gelang der Kavallerie die Umgehung der Grenzbefestigungen, was motorisierten Truppenteilen wegen des Geländes nicht möglich gewesen wäre, und so stießen die Reiter in 20 Min. 2—3 km in Feindesland hinein.

Die Tagesziele der beiden ersten Angriffstage wurden planmäßig erreicht. Dabei legten die Reiter-Regimenter im Durchschnitt 180 km in zwei Tagen kämpfend zurück.

Bereits am zweiten Tag wurden Beute-Kfz. und -Fahrräder eingesetzt, um wenigstens mit Teilen die Fühlung mit dem motorisiert ausweichenden Feind zu halten.

Am Abend des 11. 5. stellten die Spitzen der Angriffsgruppe Nord (Radf.Abt. 1) stärkeren Feind in teilweise festungsartig ausgebauten Stellungen fest, die als Brückenkopf den ostwärtigen Teil des Abschlußdammes der Zuidersee schützten.

Ein Handstreich auf den Kornwerderzand, und damit ein Einbruch in die Festung Holland von Osten her war deshalb mit den zur Verfügung stehenden Mitteln nicht möglich.

Alle weiteren Angriffsversuche unter Einsatz einer reitenden Artillerie-Abteilung und einer 8,8-cm-Flak-Batterie blieben ohne Erfolg. Die sehr modernen holländischen Befestigungsanlagen konnten trotz guter Trefferlage nicht wirkungsvoll bekämpft werden.

Für die Nacht vom 15. zum 16. Mai befahl daher die 18. Armee das Übersetzen zum Westufer der Zuidersee, ein Unternehmen, gegen das die Marinefachleute aufgrund der holländischen Abwehrmaßnahmen, des Seegangs und der mit nur unzureichenden Mitteln durchzuführenden eigenen Vorbereitungen schwere Bedenken erhoben. Durch die weitere Entwicklung der Lage kam dieses Unternehmen nicht mehr zur Durchführung.

Der mögliche Erfolg einer derartigen Operation hätte unter den gegebenen Umständen zurecht in Frage gestellt werden müssen.

Die starke Angriffs-Gruppe Süd hatte während ihres Vorgehens auf die Zuidersee verschiedentlich Feindberührung und dabei zahlreiche kleinere Gefechte zu bestehen. Der zügige Vormarsch wurde dadurch nur wenig beeinträchtigt. Außerordentlich anstrengend waren allerdings die Märsche auf den glatten Klinker- und Asphaltstraßen. Da aber abendliche Pausen eingelegt werden konnten, erholten sich die Pferde auf den guten holländischen Weiden sehr rasch.

Bei Stavoren, am Ostufer der Zuidersee, kam es, fast ist der Ausdruck angebracht, kurioserweise, zu einem Artillerieduell zwischen der 5. Batterie des reitenden Artillerie-Regiments 1 und einem holländischen Kriegsschiff. Die aus halbverdeckter Stellung am Seedeich kämpfende Batterie zwang nach einem Treffer das Schiff zwar zum abdrehen; zuvor aber war dem Zerstörer ein Volltreffer auf ein eigenes Geschütz gelungen, welcher 3 Tote und 3 Verwundete kostete.

Das durch Teile der Nachrichten-Abteilung 86 verstärkte Kavallerie-Regiment 21 stellte, als Divisions-Reserve, bereits am 12. 5. Verbindung zur Gruppe Nord am Ostende des Zuiderseedammes her und verstärkte diese Gruppe.

Herbstmanöver des IX. AK. 1935 in Bayern. Trotz Wehrpflicht und Heeresvermehrung waren Ausbildungsstand und Disziplin der Kavallerie unvermindert gut. Kavallerie sammelt in einem Dorf. *(Foto Tellgmann)*

Teile der mot. Staffel des Nachr.Zuges RR. 1 während eines Manövers in Ostpreußen. *(Sammlung Rosenwald)*

Manöver 1936 in Mecklenburg und Pommern »Warten vor der Schmiede« *(Bundesarchiv)*

Paradeaufstellung des Kav.-Rgt. 18, Stuttgart-Bad Cannstatt.
(Archiv Verf.)

Vorbeimarsch im Schritt.
Reiter-Rgt. 15, Paderborn, während der Abschlußparade nach dem Manöver des VI. AK. in der Lüneburger Heide 1935.
(Foto Tellgmann)

Das Reiter-Rgt. 4 vor der Silhouette der Potsdamer Garnisons-Kirche.
(Archiv Reiter 8)

Das Reiter-Rgt. 11 marschiert nach einem Truppenübungsplatzaufenthalt in Döberitz 1933 durch Berlin. 1934 wurde das Rgt. nach Gera verlegt, motorisiert und bildete dort die Stämme für die Schtz.-Rgtr. 1 und 3.
(Sammlung Reiter 11)

Die letzte Parade vor dem II. Weltkrieg, Berlin 2. Juni 1939, vor dem Prinzregenten Paul von Jugoslawien Vorbeimarsch des Kav.-Rgts. 14.
(Sammlung Kav.Rgt. 14)

Nicht nur bei der Kavallerie, sondern auch bei der Artillerie, der Fahrtruppe, der Infanterie, der Nachrichten- und Pionier-Truppe war das Reiten für einen großen Teil der Offiziere täglicher Dienst.
(Archiv KR. 13)

»Ungarische Post«. Reiterspiele dienten vornehmlich der Förderung von Gewandtheit und Geschicklichkeit. *(Archiv KR. 13)*

Der »Königssprung« über 6 Schweif an Schweif aufgestellte Pferde. *(Archiv Verf.)*

Reitsport und Gefechtsausbildung gingen häufig ineinander über. *(Archiv KR 13)*

Dennoch waren, wie bereits erwähnt, die Kräfte für einen erfolgreichen Angriff auf die Dammbefestigungen nicht ausreichend, bzw. nicht geeignet.
Die Gruppe Mitte hatte planmäßig und ohne besondere Vorkommnisse die Zuidersee erreicht und dort die Bewachung der Küste übernommen.
In der Nacht vom 14. auf den 15. Mai ergab sich die Festung Holland. Der weitere Auftrag an die Division lautete: »Nordholland bis zur Westküste zu besetzen«. Das erforderte wiederum erhebliche Marschleistungen von den Reiter-Regimentern.
Nachdem die 1. Kavallerie-Division jedoch mit ihren vordersten Teilen am 16. 5. die Westküste erreicht hatte, erhielt sie am 17. 5. den Befehl, in die alten Unterkunftsräume um Lingen zurückzumarschieren.
Durch diese wenig sinnvolle Befehlsgebung kamen die Reiter-Regimenter während der Zeit vom 10.—20. Mai 1940 auf Marschleistungen bis zu 700 km.
Das Kavallerie-Regiment 21 verblieb zunächst in Holland und hatte dort Gelegenheit die Einsatzbereitschaft von Pferden, Fahrzeugen, Waffen und Gerät wieder zu erhöhen. Dazu konnten mit Genehmigung der 227. Infanterie-Division 100 Beutepferde vom holländischen Artillerie-Regiment 1 in Weesp übernommen werden.
Der Einsatz der 1. Kavallerie-Division in Holland hatte die Stärken und Schwächen eines berittenen Großverbandes klar aufgezeigt. Im freien Raum konnten die weitgesteckten Angriffsziele dank der speziellen Qualitäten dieses Reiterverbandes stets voll erreicht werden. Das Fehlen schwerer Fahrzeuge erlaubte das rasche Überwinden von Wasserhindernissen mit eigenen oder beigebrachten Pioniermitteln besonders auch dort, wo motorisierte Verbände wesentlich mehr Zeit benötigt hätten.
Die Reiter konnten Befestigungen und Sperren durch Ausnutzen von Geländeteilen umgehen, die für Panzer oder Kraftfahrzeuge ungangbar gewesen wären.
Für einen handstreichartigen Angriff auf eine moderne Festung reichten die Möglichkeiten einer Kavallerie-Division nicht aus. Hier hätten allerdings auch andere Waffengattungen ihre Schwierigkeiten gehabt. Abschließend heißt es dazu im damaligen Erfahrungsbericht u. a.:[53]
»Der Einsatz der 1. Kavallerie-Division in Nordholland kann für den Wert oder Unwert dieser Waffe in keiner Weise ausschlaggebend sein. Nach Abschluß dieser Operation stand die 1. Kavallerie-

Division für den weiteren Einsatz im Westen in einer sehr ungünstigen Lage«.
Am 19. 5. erreichte die Masse der 1. Kavallerie-Division wieder deutschen Boden und bezog zum Teil die gleichen Quartiere, in welchen sie vor dem Hollandfeldzug gelegen hatte. Wie bei den in Holland verbliebenen Teilen konnte auch hier die Zeit der Ruhe zur Auffrischung und Ergänzung genutzt werden.
Der Einsatz in Frankreich begann für die 1. Kavallerie-Division mit dem Verladen für den Eisenbahntransport in dem Raum nördlich Aachen am 25. und 26. Mai. Zum gleichen Zeitpunkt wurden auch die in Holland verbliebenen Teile (KR. 21 und RR. 22) verladen, so daß die Division im Raum Aachen wieder geschlossen zur Verfügung stand. Zusätzlich traten für den Einsatz in Frankreich eine schwere Artillerie-Abteilung (mot), eine leichte Haubitz-Abteilung (mot), eine FlaMG-Kompanie und ein Radfahr-Bataillon zur Division. Diese Verstärkungen waren notwendig, besonders im Hinblick auf die selbständige Durchführung von Kampfaufträgen. Leider wurde der 1. Kavallerie-Division der Stab Reiter-Brigade vor dem Eintreten in die eigentlichen Kampfhandlungen zu anderer Verwendung entzogen, wodurch die Führung dieses Großverbandes im weiteren erschwert wurde und die speziellen Einsatzmöglichkeiten nicht immer voll genutzt werden konnten.
Am 27. Mai überschritt die 1. Kavallerie-Division die holländisch-belgische Grenze und ging über die Maas und den Albert-Kanal südlich des Fort Eben-Emael in das Innere Belgiens vor. Wieder wurden von den Kavalleristen hohe Marschleistungen gefordert, die durch den regen Nachschubverkehr, die Flüchtlingsbewegungen und häufige, wenngleich nicht sehr wirksame Fliegerangriffe erschwert wurden. Es traten Ausfälle an Pferden ein, die zunächst nicht behoben werden konnten. Um die davon betroffenen Reiter bei den Verbänden zu erhalten, wurden Fahrräder requiriert.
Am 2. Juni konnte diese Maßnahme wieder rückgängig gemacht werden, nachdem von einem inzwischen aufgelösten belgischen Reiter-Regiment die Pferde übernommen worden waren.
Am 4. Juni 1940 betrat die 1. KD. bei Avesnes französischen Boden. Als OKH-Reserve wurde sie in Eilmärschen der Front zugeführt und am 5. 6. der 4. Armee unterstellt.
Nach der Flandernschlacht und der Einschließung des englischen Expeditionskorps bei Dünkirchen setzte deutscherseits der 2. Abschnitt des Feldzuges gegen Frankreich ein.

Im Zuge dieser Operationen wurde die 1. Kav.-Division hinter das XXXVIII. Armee-Korps nachgezogen, das westlich der Somme gegen die starke Abwehrstellung der Franzosen, die sogenannte Weygand-Linie, nur langsam an Boden gewann.
Die Division erhielt dann am 7. 6. um 01.15 Uhr den Befehl, jenseits des Poix-Abschnittes im Raum Famechon einen Brückenkopf zu bilden. Bereits um 10.00 Uhr überschritten die ersten Teile die Somme und gegen 18.00 Uhr griff eine verstärkte Regiments-Gruppe (RR. 22 und KR. 21) den Poix-Abschnitt an.
Trotz nachhaltigen Widerstandes französischer Kerntruppen wurde der Brückenkopf bis zum Einbruch der Dunkelheit gebildet. 600 Gefangene fielen der Division in die Hand.
Mit diesem schwungvollen Angriff, bei dem die berittenen Teile der Division vielfach im Galopp vorgegangen waren, um nach kurzer Bereitstellung dann abgesessen in die feindlichen Stellungen einzubrechen, hatten die Reiter den Beweis erbracht, daß sie zu mehr zu gebrauchen waren als zur Bewachung und zum Abtransport von Gefangenen.
Eben diesen Auftrag hatte die 1. KD. nach der Kapitulation Belgiens übernehmen sollen, was die Stimmung nicht gerade verbessert hatte. Jedoch kam es erfreulicherweise nicht dazu.
Obwohl dieser Auftrag letztlich nicht zur Ausführung kam, liegt hier wiederum die Vermutung nahe, daß auch im OKH noch immer Kräfte vorhanden waren, die trotz Polen- und Hollandfeldzug die Auffassung vertraten, Kavallerie sei in einem modernen »Blitzkrieg« nicht mehr erfolgreich einzusetzen. Dabei war inzwischen klar geworden, daß sowohl Heeres- wie Truppen-Kavallerie alle Kampfaufträge im Bereich des »Machbaren« durchaus hatte erfüllen können.
Am 8. 6. wurde die 1. Kavallerie-Division dem von General d. Infanterie v. Manstein geführten XXXVIII. Armee-Korps unterstellt. Ihr Auftrag lautete, die linke Flanke des Armee-Korps zu schützen, und Aufklärung bis zur Linie Gisors — Clermont zu betreiben.
Bei insgesamt schwachem Feindwiderstand, bedingt durch den erfolgreichen Angriff des Vortages, erreichte die Division, im Morgengrauen antretend, bis 23.00 Uhr das Tagesziel.
Auch der Auftrag des nächsten Tages verlangte von der 1. KD. wiederum den Schutz der linken Flanke des Armee-Korps. Mit zwei Verfolgungsgruppen voraus und einer verstärkten Regimentsgruppe links rückwärts gestaffelt trat die Division an. Trotz des sich verstärkenden Feindwiderstandes wurden, bei zum Teil härtesten Kämp-

fen, bis 16.00 Uhr 60 km zurückgelegt. An diesem Tage (dem 9. 6.) hatte ein französisches Kampfwagen-Bataillon den Auftrag erhalten, das weitere Vorgehen der 1. KD. zu verhindern. Von etwa 30 vor der Division erkannten Panzern wurden 28 vernichtet! Ein gutes Beispiel dafür, daß wendig geführte Kavallerie, richtig eingesetzt, auch einen technisch überlegenen Gegner zu überwinden imstande war. Allerdings ist dabei zu bemerken, daß die französischen Panzer zumeist in Anlehnung an Straßen und ohne begleitende Infanterie eingesetzt wurden und somit ihre Kampfkraft taktisch nicht voll zur Geltung brachten.

Nach dem anstrengenden Kampftag beabsichtigte die Division eine längere Rast einzulegen. Ein neuer Befehl zwang aber zu einem sofortigen Antreten in südwestlicher Richtung.

Verstärkt durch zugeteilte schwere Flak-Batterien marschierte die 1. Kavallerie-Division in die neue Richtung und erreichte bei weiterem Feindwiderstand den befohlenen neuen Raum.

Am 10. und 11. 6. deckte die Division weiterhin die linke Flanke des Armee-Korps und säuberte dabei das Gelände bis zur Seine.

Obwohl sie dann mit Wirkung vom 12. 6. 00.00 Uhr der 18. Armee unterstellt wurde, blieb der Auftrag der gleiche. Um 15.00 Uhr wurde die 1. Kavallerie-Division dem VIII. Armee-Korps unterstellt. Die beiden motorisierten Artillerie-Abteilungen wurden auf Befehl der Armee abgezogen. Der häufige Unterstellungswechsel ohne wesentliche Änderung des Auftrages bzw. der Lage ist sicherlich kein Beweis für eine wendige, durchdachte Führung.

General der Infanterie v. Manstein hatte als Kommandierender General des XXXVIII. Armee-Korps bereits am 11. 6. um Erlaubnis gebeten, die an der Oise praktisch festgehaltene 1. Kavallerie-Division über die Seine nach Süden vorziehen zu dürfen, wobei der Erfolg der Division gegen die französischen Panzerkräfte am 9. 6. dafür mit ausschlaggebend gewesen war. Seine Vorschläge wurden jedoch mit der Begründung abgelehnt, daß die Armee erst Weisungen über das weitere Vorgehen abwarten müsse!

Der spätere Feldmarschall v. Manstein schreibt dazu in seinem Buch »Verlorene Siege«: »In der gegebenen Lage schien es mir ganz selbstverständlich, daß die einzige Kavallerie-Division, die wir hatten, die Spitze der Verfolgung zu bilden habe. Ich gedachte sie, dem Korps voraus, so anzusetzen, daß sie baldigst die von Südosten auf Paris führenden Bahnen und Straßen sperren könne«.

Und weiter: »Die 1. Kavallerie-Division wurde mir in der Folge

weggenommen und dem in 2. Linie folgenden I. Armee-Korps unterstellt, damit sie auf jeden Fall nördlich der Seine weiterhin die Flanke an der Oise sichere. So kam diese schöne Division zu meinem Leidwesen um den Auftrag, der allein ihrer Eigenart entsprochen hätte.«
Am 13. 6. gegen 13.00 Uhr erhielt die 1. Kavallerie-Division dann mit Funkspruch den Befehl, Brückenübergänge über die Seine bei Meulan zu erkunden und das Übersetzen vorzubereiten.
Bei den Übersetzversuchen zur Aufklärung erhielt ein Teil des Spähtrupps Lt. Winter (RR. 1) heftiges Infanteriefeuer, 4 Mann fielen.
Auch der Erkundungsversuch durch die Stabsschwadron RR. 1 forderte 3 Tote, darunter der Schwadron-Chef, Oblt. v. Koenen und der Pi.-Zugführer, Lt. Kleemann.
Da zu diesem Zeitpunkt die französische Artillerie auch Meulan wirkungsvoll unter Feuer nahm, die eigene Artillerie dagegen erst umgruppiert werden mußte, um mit Erfolg in das Kampfgeschehen eingreifen zu können, faßte die Division den Entschluß, die Seine erst am nächsten Tag zu überwinden.
Um 07.30 Uhr des folgenden Tages setzten die ersten Spähtrupps über die Seine, um 08.00 Uhr die vordersten Schwadronen. Der Feind hatte das Südufer während der Nacht geräumt, zuvor aber alle Brükken nachhaltig zerstört, so daß eine Wiederherstellung mit divisionseigenen Mitteln nicht möglich war.
Die Zeitberechnung ergab, daß das Übersetzen sämtlicher Teile der Division 72 Stunden dauern würde. So hätten z. B. ca. 12 000 Pferde die Seine an Floßsäcken durchschwimmen müssen. Dies wurde dem Armee-Oberkommando 18 gemeldet.
Anstatt eine Weisung oder einen Befehl zu erhalten, wurde die 1. Kavallerie-Division gegen Mittag, wie schon erwähnt, dem I. Armee-Korps unterstellt, welches nun befahl, die Seine bei Vernon auf einer Kriegsbrücke zu überschreiten.
Dieser Befehl konnte nicht mehr ausgeführt werden, da große Teile der Division schon übergesetzt waren. Im übrigen hätte die Ausführung dieses Befehls für die Reiter-Regimenter einen Umweg von mehr als 100 km gefordert, und das, obwohl die Pferde nicht mehr im frischesten Zustand waren.
Die 1. Kavallerie-Division schlug daher vor, nur die motorisierten Teile über die Kriegsbrücke nachzuziehen. Bis zum Einbruch der Dunkelheit stand die Division wieder geschlossen auf dem Südufer der Seine.
Als gegen 22.30 Uhr ein neuer Funkspruch einging, wurde ein weiterer

Unterstellungswechsel befürchtet. Die fast täglich befohlenen Wechsel im Unterstellungsverhältnis hatten nicht nur den fortlaufenden Führungsvorgang beeinträchtigt, sondern insbesondere auch die Versorgung erheblich erschwert, wobei zu bemerken ist, daß ein größerer Kavallerie-Verband zweifellos besonders versorgungsabhängig ist.
Am 16. 6. um 06.30 Uhr traf ein Korpsbefehl zur weiteren Verfolgung südlich der Seine ein.
Um 07.00 Uhr angetreten, legte die Division bei sich verstärkendem Feindwiderstand bis zum Einbruch der Dunkelheit 95 km zurück.
Auch am 17. 6. wurde die Verfolgung fortgesetzt.
In der Nacht vom 17. zum 18. 6. erhielt die 1. Kavallerie-Division den Befehl, unter Bildung von Vorausabteilungen noch am 18. Brückenköpfe über die Loire bei Saumur und westlich davon zu bilden.
Nach einem Marsch von ca. 200 km erreichte die Vorausabteilung Broich als erster Verband der Division die Brücke bei Saumur, die allerdings bereits zerstört war. Das Südufer der Loire war feindbesetzt.
Ein Handstreich der (linken) Vorausabteilung Holste gegen die Brücke südwestlich Bourgeuil verlief erfolglos. Als die ersten Radfahrer auf die Brücke rollten, ging diese in die Luft. Im Laufe des Tages trafen alle Teile der 1. Kavallerie-Division an der Loire ein.
Ein neuer Befehl des I. Armee-Korps, die Loire möglichst rasch und nicht bei Saumur zu überschreiten, konnte nicht mehr ausgeführt werden, da alle Vorbereitungen für einen erfolgreichen Übergang bei Saumur bereits getroffen waren.
Am 20. 6. um 06.00 Uhr trat die Radfahr-Abteilung 1 bei hartnäckiger Gegenwehr als Spitze der Division zum Angriff über die Loire an und erzwang die Bildung eines Brückenkopfes auf dem südlichen Ufer. Die Brücke war wiederum nicht instandzusetzen, so daß sie als Übergang für das nachfolgende I. Armee-Korps nicht infrage kam.
Um 15.00 Uhr traf der Kommandierende General des I. Armee-Korps am Brückenkopf ein und teilte mit, daß die Absicht bestände, die Division auf den rechten Flügel der Armee zu ziehen!
Inzwischen war ein gegnerischer Versuch, die Brücke südlich Bourgeuil zu sprengen, fehlgeschlagen.
Die 1. Kavallerie-Division faßte daher den Entschluß, dieselbe sofort zu nehmen, und weiter auf Chinon durchzubrechen.
Auch die Brücke bei le Port Boulet wurde nach zähem Widerstand genommen und ein Brückenkopf südlich davon gebildet.

An der Loire kämpfte die 1. Kavallerie-Division unter anderem gegen das Stammpersonal der französischen Kavallerie-Schule Saumur, wovon eine Abteilung von 40 Offizieren und 200 Mann bei Chinon gefangen genommen wurde. Die Offiziersschüler von Saumur machten, im Gegensatz zu vielen anderen französischen Verbänden, allgemein einen sehr guten Eindruck. Wo immer möglich, kämpften sie bis zum letzten Mann.

Die Historie läßt manches Mal merkwürdige Zufälle zustandekommen. So kam es dazu, daß der einzige berittene Großverband der Deutschen Wehrmacht ausgerechnet mit dem Offiziersnachwuchs der französischen Kavallerie die Klingen kreuzen mußte.

Am 21. 6. wurde die 1. Kavallerie-Division wieder dem Armee-Oberkommando 18 unterstellt, um jedoch am Abend des gleichen Tages wieder dem I. Armee-Korps unterstellt zu werden! Trotz des Unterstellungsverhältnisses erhielt die Division einen Befehl des Armee-Oberkommandos 18, mit dem Auftrag, unter Sicherstellung der Brücken, den Raum Monteuil — Bellay zu erreichen, und dort den Übergang des I. Armee-Korps über die Loire zu sichern.

Von Panzern unterstützt leistete der Feind noch einmal hartnäckigen Widerstand. Er wurde jedoch von der Division geworfen. Am Nachmittag war die Linie Thouars — Pas de Jeux — Loudun gewonnen. Der Auftrag des nächsten Tages lautete: 1. Kavallerie-Division erreicht am 22. 6. den Raum Bressuire — Amailloux — Airvoult — Thouars.

Noch in der Nacht stellte das I. Armee-Korps zwei Vorausabteilungen zusammen, die am 22. 6. auf La Rochelle und Royan vorstoßen sollten. Auf neuen Befehl des I. Armee-Korps wurden diese angehalten, da zunächst die Division den Feindwiderstand vor ihrer Front brechen sollte. Die Vorausabteilungen wurden der 1. Kavallerie-Division unterstellt und sollten zu ihrem Auftrag erst auf Befehl der Division antreten.

Am 23. 6. stießen diese, nachdem die 1. Kavallerie-Division bei Bressuire die Hauptvormarschstraße freigekämpft hatte, auf die Häfen La Rochelle und Royan vor.

Nachdem in der Nacht vom 22. auf den 23. 6. die Nachricht vom Abschluß des Waffenstillstandes eingetroffen war, blieb der Division nur noch die Sicherung des erreichten Raumes übrig.

Der Feldzug in Frankreich war für die 1. Kavallerie-Division damit beendet. Die Division wurde anschließend als Besatzungstruppe in den Raum südlich Bordeaux verlegt. Nach langen Märschen bei großer Hitze bezog sie am 5. 7. 1940 dort Unterkunftsräume.

Eine zusammenfassende Betrachtung des Einsatzes der 1. Kavallerie-Division in Frankreich weist aus, daß trotz des ständigen Wechsels der Unterstellung, der Führung und Einsatz ungemein erschweren mußte, alle erteilten Aufträge restlos erfüllt worden sind.[54]

Die herausragenden Erfolge von operativer Bedeutung waren die Erzwingung des Poix-Abschnittes, die Inbesitznahme der Brücken bei Le Port Boulet über die Loire und bei Chinon über die La Vienne, sowie die Vernichtung eines Panzer-Bataillons am 9. 6., welches den deutschen Vormarsch in diesem Abschnitt verhindern sollte. Damit war erneut der Beweis erbracht, daß ein berittener Großverband auch gegenüber einem technisch gleichwertigen, teilweise sogar überlegenen Feind durchaus bestehen konnte. Bei günstigeren Führungsverhältnissen wären weitere Erfolge durchaus denkbar gewesen.

In allen Gefechten kam die Beweglichkeit der Reiter auf dem Gefechtsfeld vorteilhaft zur Geltung. Durch die Möglichkeit der straßenunabhängigen Umfassung wurden vielfach Verluste vermieden. Bei Zuweisung von entsprechend breiten Gefechtsstreifen, wie sie für den Kampf einer Kavallerie-Division unumgänglich sind, wäre mancher Auftrag noch schneller und erfolgreicher zu lösen gewesen. Häufig waren die Gefechtsstreifen der Division so schmal, daß das Herausziehen auch nur eines Regiments zur Umfassung überhaupt nicht möglich war.

Wie schon im Hollandfeldzug, so zeigte es sich auch in Frankreich, daß weder das Marschtempo der Infanterie, noch das schnellere der Kavallerie ausreichte, um einem motorisiert ausweichenden Gegner, bei Vorhandensein eines gut ausgebauten Straßennetzes, zu folgen. Die Kavallerie organisierte hierzu vielfach Vorausabteilungen, wozu zumeist die organisch vorhandenen oder unterstellten motorisierten Teile herangezogen wurden. Dieses Verfahren hat sich bei den geographischen Verhältnissen Westeuropas durchaus bewährt.

Die Infanterie war hierzu nicht in der Lage, da sie über entsprechende motorisierte Teile nicht verfügen konnte.

Abschließend wird in dieser Betrachtung erneut die Frage nach der Zukunft der Kavallerie aufgeworfen. Dazu stellte die Division unter anderem fest:

»Die Zukunft der Kavallerie ist abhängig von der Frage, wo ein neuer Festlandsgegner auftreten kann. Dieser Gegner wird immer im Osten zu suchen sein.

Im Ostraum Europas mit seinen unbegrenzten Flächen, seinen un-

günstigen Wegen, Boden- und Witterungsverhältnissen ist der Motor noch nicht Alleinbeherrscher. Solange die Technik die Führung in ihren Entschlüssen von der Witterung und Jahreszeit abhängig macht, so lange hat das Pferd seine Rolle noch nicht ausgespielt.
Die Kavallerie muß zur Führung selbständiger Operationen und damit zur Schlachtentscheidung befähigt sein. Hierzu ist die Bildung von Kavallerie-Korps zu 2—3 Divisionen erforderlich. Nur dann ist die Kavallerie daseinsberechtigt.
Die Gliederung der 1. Kavallerie-Division hat sich im Großen voll bewährt.«
Die hier formulierte Forderung zur Bildung von Kavallerie-Korps erscheint, so berechtigt sie aus grundsätzlichen Erwägungen auch sein mochte, letztlich doch unrealistisch.
Für den Aufbau der 1. Kavallerie-Division hatten bereits 11 Infanterie-Divisionen die Reiter-Schwadron ihrer Aufklärungs-Abteilung abgeben müssen. Aus den verbleibenden 41 Reiter-Schwadronen wäre die Bildung eines Kavallerie-Korps zwar durchaus zu verwirklichen gewesen. Allerdings um welchen Preis?
41 der besten Infanterie-Divisionen hätten die straßenunabhängigen Teile ihrer Aufklärungsorgane verloren. Diesen Preis glaubte das OKH im Hinblick auf den bevorstehenden Ostfeldzug nicht zahlen zu können.
Hinzu kommt, daß die Versorgung auch nur eines Kavallerie-Korps von 2—3 Divisionen Probleme aufgeworfen hätte, die nur schwer zu lösen gewesen wären.
Außerdem mußte bei einer derartigen Massierung von Kavallerie die nicht unerhebliche Gefährdung (aus der Luft) in Betracht gezogen werden.
Letztlich war aber auch die Decke an ausgebildeten Reitern und Pferden so dünn, daß selbst die Ausfälle der bereits bestehenden Verbände kaum ausreichend und nur unter Schwierigkeiten wieder aufgefüllt werden konnten.
Ein Nachersatz im dreifachen Umfang hätte die eigenen Möglichkeiten bei weitem überfordert und damit die Substanz eines Kavallerie-Korps dieser Größenordnung sehr rasch ausgehöhlt.
Alles in allem waren die Chancen eines Kavallerie-Korps zu jenem Zeitpunkt denkbar gering.
Es wäre daher zweckmäßig gewesen, auch andere Modelle zu entwickeln, die geeignet waren, den Bestand der Heeres-Kavallerie und insbesondere deren wirkungsvollen Einsatz zu erhalten.

Eine Möglichkeit wäre z. B. die organische Zusammenfassung von 2—3 echten Reiter-Brigaden mit einer gepanzerten Brigade gewesen. Bei dieser Lösung hätte die Heeres-Kavallerie durchaus die Fähigkeit der Führung selbständiger Operationen erhalten, der Umfang wäre vertretbar, die Versorgungs- sowie die Ersatzprobleme vergleichsweise gering geblieben. Jedoch, es sollten noch 4 Jahre vergehen, bis ein derartiger Kavallerie-Verband, wenngleich dann aus der Notlage der Zeit geboren, Realität wurde.
Die Betrachtungen des Einsatzes der deutschen Kavallerie in Frankreich wären unvollständig, bliebe hier ein Vergleich der Friedensausbildung mit den Gegebenheiten und Forderungen des modernen Krieges unberücksichtigt.
Die in langen Friedensjahren immer wieder geübte Aufklärung durch berittene Spähtrupps, die vielfach als Krone kavalleristischer Tätigkeit angesehen wurde, hatte andererseits besonders bei jüngeren Offizieren oftmals Skepsis hervorgerufen. Ihnen erschien fraglich, ob bei der zu erwartenden Waffenwirkung und den sich wandelnden Formen auf dem Gefechtsfeld noch Raum und Möglichkeiten für diese traditionelle Aufgabe der Kavallerie gegeben sein würde.
Was sich in dieser Hinsicht in Polen, aber auch in Holland abzuzeichnen begann, wurde in Frankreich zur Gewißheit. Das vielgeübte Spähtruppreiten im Frieden war nicht vergeblich strapaziert worden. Reiterspähtrupps konnten auch unter den Bedingungen des technisierten Krieges mit Erfolg eingesetzt werden.
Ein besonders gelungenes Beispiel dafür war der Reiterspähtrupp des Leutnant Prinz Reuß bei Airvault, der, geschickt durch die französischen Linien vorstoßend, von einem geeigneten Beobachtungsstand aus über Funk den Einsatz der schweren Waffen seiner Abteilung (I./RR. 22) zu entscheidender Wirkung brachte.
Auch das alljährlich von der Kavallerie geübte Überwinden von Gewässern mit Schlauchbooten oder behelfsmäßigen Übersetzmitteln hat sich im Krieg voll ausgezahlt und damit zur besonderen Geländeunabhängigkeit dieser Waffe beigetragen, einem Vorzug, der leider auch nicht immer entsprechend gewürdigt worden ist.
Wie die zahlreichen französischen Wasserläufe in der Praxis des Gefechts überwunden wurden, beschreibt ein Teilnehmer eines Reiterspähtrupps an der Oise:[55]
»Der Kommandeur gibt den Befehl zum Antreten, alle drei Spähtrupps sollen gemeinsam übersetzen.

Nun hat die Oise keine allzustarke Strömung, aber die Ufer sind vielleicht vier Meter hoch und sehr steil. Schon am Nachmittag war ich losgepirscht, um eine Übergangsstelle zu erkunden, und hatte diese dann durch einen großen Ast markiert. »Hier kommt man mit Pferden nicht rüber«, hätten wir im Frieden gesagt.

Gegen 22.30 Uhr stoßen die beiden ersten Schlauchboote mit unsern Sätteln vom Ufer ab, sind nach ein paar Minuten drüben. Ganz so, wie wir's im Frieden gelernt haben, haben wir unsere Sättel zusammengefaßt. Wie oft hatten wir damals drüber gelacht, heute können wir's brauchen!

Wir kommen drüben an. Ein paar Schüsse fallen. Ihr Einschlag klatscht irgendwo ins Wasser, der Franzose kann nicht mehr viel sehen. Wir schleppen die schweren Sättel aufs hohe Ufer, legen einen neben den andern.

Wie soll ich bloß die Pferde heraufkriegen? Schon fahren die Boote wieder zurück. Zwei Pferde, es sind die ruhigsten, werden als erste auf die nasse Reise geschickt. Die drei Pioniere rudern aus Leibeskräften auf ihren kleinen Gummischläuchen, aber acht Pferdebeine vermögen mehr. Unsere vierbeinigen Kameraden haben keine Lust, nach Paris zu kommen. Das Boot mit den schrecklich fluchenden Pionieren landet endlich am gleichen Ufer, wo es die Fahrt begann, nur etwa — zweihundert Meter stromabwärts. Die nächsten Pferde kommen an die Reihe. Sie sind etwas umgänglicher, erreichen tatsächlich das andere Ufer. Da bleiben sie bis zum Bauch im Wasser stehen und schauen mich verwundert aus großen Augen an, in allen Tönen der Kavalleristensprache schlage ich ihnen vor, die Böschung zu mir heraufzukommen. Aber das gütliche Zureden fruchtet diesmal nicht und ich steige also zu ihnen hinab. — So wird ein Pferd nach dem andern ins Wasser getrieben. Manche ziehen es vor zurückzupaddeln und das gleiche Manöver muß wiederholt werden. Ein Pferd ertrinkt mir fast, kann nur mit Mühe gerettet werden, ein anderes bleibt im Ufergestrüpp hängen. Endlich haben wir alle Pferde, Leute, Waffen, Sättel und auch einen Funkapparat am Ufer.

Inzwischen ist es völlig dunkel geworden. Ob die Franzosen abgebaut haben? Wir wollen bis zum Morgengrauen warten und dann losreiten. Die Pferde sind wieder gesattelt. Wir schlaufen die Zügel, damit möglichst jeder Mann ein bis zwei Stunden schlafen kann. Jeder hat einmal Wache, gleich ob Offizier oder Mann. So brechen wir mit dem Dämmer des frühen Morgens auf.«

Die Skepsis, die der friedensmäßigen Spähtruppausbildung entgegen gebracht worden war, mußte gegenüber der »überholenden Verfolgung«, ebenfalls eine klassische Aufgabe der Kavallerie, erst recht am Platze sein.
Umso erstaunlicher war die Feststellung, daß auch hier die Realität des Krieges Möglichkeiten bot, die selbst Optimisten in dem Maße nicht erwartet hatten.
Dabei schien gerade hier die Auffassung der Skeptiker am ehesten begründet, denn die Gegner des Deutschen Reiches waren in Bezug auf ihre militärische Entwicklung, ihre Ausrüstung, Bewaffnung und Gliederung keinerlei Begrenzungen oder Einschränkungen unterworfen gewesen. Es mußte daher mit Recht äußerst fragwürdig erscheinen, ob berittene Kavallerie, mit zum Teil unzulänglicher Bewaffnung und Ausrüstung, in der Lage sein würde, in dieser Kampfart erfolgreich zu operieren.
Theoretisch zumindest, war der Gegner durch die uneingeschränkte Nutzung des Motors sowie die Abwehr begünstigenden Waffen zunächst überlegen.
Wie aber bereits das Beispiel der Aufklärungs-Abteilung des Major Baade im Polenfeldzug gezeigt hat, ergaben sich durchaus Situationen, in denen die überholende Verfolgung angewandt werden konnte und auch zum Erfolg führte.
Auch die Überlegungen v. Mansteins, des wohl bedeutendsten Strategen auf deutscher Seite während des II. Weltkrieges, gingen hinsichtlich der Verwendung von Kavallerie im operativen Rahmen, wie aufgezeigt worden ist, in diese Richtung. Allerdings kamen dessen Vorstellungen durch anderslautende Weisungen des OKH nicht, bzw. nicht in dem Maße zum Tragen.
Die Truppen-Kavallerie fand jedoch auch in Frankreich des öfteren die Möglichkeit zur überholenden Verfolgung, was selbst deren Führer in Erstaunen versetzte.
Dazu ein zeitgenössischer Augenzeugenbericht aus den Kämpfen an der Oise:[56]
»Der vor der Division ausweichende Gegner will die Oise erreichen, hier in Stellung gehen darf er auf keinen Fall mehr! So denkt der Kommandeur, so denken wir alle. Vorwärts also im Abschnitt der Division ohne Rücksicht auf Flankensicherung!
Als die Reiterschwadron, den Radfahrern folgend, die Bahnlinie bei Tricot überschreitet, erhält der Schwadronchef Befehl, eine von St. Martin nach Süden abziehende französische Marschkolonne flankie-

rend anzugreifen. Das ist etwas für unsere Schwadron! Überholende Verfolgung zu Pferde? Das war das Letzte, was wir in einem Feldzuge gegen Frankreich erwartet hatten. Und in bezug auf kavalleristische Verwendungsfähigkeit im Bewegungskriege waren wir doch wahrhaftig allerhand gewöhnt.
Also erst gar nicht gefragt, wie stark der Gegner ist. Eine Kompanie, Bataillon oder Regiment?
Vorwärts! — So hatte es am Schluß des Divisionsbefehls gestanden. Zurufe, kurze Befehle. Der Schwadronstrupp galoppierte voraus. Der Chef orientiert sich kurz im Gelände und Melder jagen zu den Zügen. Ein Bild wie im Frieden bei der gefürchteten Schwadronsbesichtigung.
Vorwärts, vorwärts! — Galopp — voller Lauf! Überraschung ist jetzt alles. Jede Bodenfalte wird ausgenutzt. Im »Stärker« drehen die Seitensicherungen ab. Jeder Feuerüberfall kann uns vernichten — Rücksichtslos wird drauflos geritten. Das hat der Mann der Schnellen Truppen gelernt. Ob nun im Panzer, als Kradschütze, auf dem Rade oder zu Pferde, ganz gleich, er zögert nie: Drauf und durch! Jetzt sind's die braven Gäule, die nicht versagen dürfen. Ein tolles Reiten im versumpften Feld-, Wiesen- und Buschgelände. Fünf Kilometer haben wir schon im Galopp geschafft.
Nur recht weit ausholen, möglichst gleich den Anfang der Kolonne packen!
Weiße Leuchtzeichen steigen. Verständigung mit der Abteilung, die den Gegner von Norden packt.
Links werden Dörfer und Waldgelände liegengelassen, ganz gleich, ob feindbesetzt oder nicht.
Heran an die Spitze der französischen Kolonne.
Noch hat der Feind die Gefahr des Umgangenwerdens nicht erkannt. Zeichen! — Eindrehen!
Marschrichtung: Dorf La Neuville-Roy. Im Galopp schwenken die Züge ein. Der Zug am weitesten links soll dem Gegner den Weg verlegen. Die Spitze der feindlichen Kolonne verläßt gerade das Dorf. Schon haben sie sich drüben aufgerafft. Die ersten Schüsse und MG-Garben peitschen vom Dorfrand her.
»Absitzen zum Kampf! Handpferde drüben in den Busch!« Weit auseinandergezogen springen die Reiter gegen das Dorf vor. Schon sind die ersten Gruppen im Dorf.
Heftiger Feuerkampf in der Dorfstraße. Von überall her werden die Franzosen beschossen, vollkommen überrascht, springen sie von der

Straße in die Häuser. Sie schießen schon aus den Fenstern.
Handgranaten her. Haus um Haus wird gesäubert. Gefangene werden zu den Handpferden zurückgebracht. Eigene MG halten auf der Straßenkreuzung jetzt jede Feindbewegung nieder. Am Südausgang überfallen wir den flüchtenden Gegner von neuem. Wahrhaftig, auch Reiter verstehen sich auf den Kampf zu Fuß.
Unsere Maschinengewehre richten bei den Franzosen unheimliche Verwirrung an. Sie haben starke Verluste und ergeben sich allmählich. Erst jetzt ist unser Erfolg zu übersehen. Wir haben ein französisches Bataillon aufgerieben. Sechs Offiziere und vierhundertsiebenundsiebzig Mann, meist Schwarze, werden später der Gefangenensammelstelle übergeben. Ihr schwerverwundeter Kommandeur, ein Lieutenant-Colonel, stirbt nach einigen Stunden. Die eigenen Verluste sind gering. Am nächsten Tag schon reiten wir gegen die Oise an und locken das Feuer des Feindes heraus. Abgesessene Reiter überwinden im Stoßtrupp als erste die Oise und krallen sich am jenseitigen Ufer fest.
Kavalleristen, Männer der Schnellen Truppen kennen nur ein Ziel: Vorwärts und ran an den Feind!«
Waren Reiterspähtrupps oder das Überwinden von Wasserhindernissen häufig Aufgaben für die Verbände der 1. Kavallerie-Division, so traf das für die Aufklärungs-Abteilungen der Infanterie-Divisionen, also die Truppen-Kavallerie, in gleicher Weise, womöglich aber noch häufiger zu.
Die immense Bedeutung der Truppen-Kavallerie für das Heer wird ersichtlich, wenn man sich vergegenwärtigt, daß nach Bildung der 1. Kav.-Division noch immer 41 Infanterie-Divisionen der 1. und 2. Welle in ihren Aufklärungs-Abteilungen über eine Reiter-Schwadron verfügen konnten. Dazu kamen in den Divisionen der 1., 2. und 4. Welle die Infanterie-Reiterzüge in allen Inf.-Regimentern.
Wenn man diesen Umfang berücksichtigt und dazu die Tatsache, daß die Aufklärungs-Abteilungen, im Bewegungskrieg in aller Regel vor ihren Divisionen eingesetzt, generell mehr Handlungsfreiheit und mehr Bewegungsspielraum besaßen, als es vielfach bei den Verbänden der Heeres-Kavallerie der Fall war, so kann es sicherlich nicht als Zufall angesehen werden, daß von den drei für ihre Leistungen im Frankreichfeldzug mit dem Ritterkreuz ausgezeichneten Kavallerieoffizieren zwei Führer von, bzw. in Aufklärungs-Abteilungen waren. Hierbei handelt es sich um den damaligen Rittmeister Horst Niemack, Kommandeur der Aufklärungs-Abteilung 5, und den Oberleutnant Georg von Boeselager, Chef der Reiter-Schwadron/AA. 6.

Der dritte so ausgezeichnete Kav.-Offizier (verliehen am 19. 1. 41) war der Leutnant Georg Michael, 6./RR.22(1.KD.).
Dieser tapfere Offizier, dem als 187. Soldaten der Deutschen Wehrmacht am 25. 1. 43 das Eichenlaub verliehen wurde, fiel als Rittmeister am 18. 1. 1944.
Ohne die Leistungen des Leutnant Michael geringer bewerten zu wollen, werden im Rahmen dieser Ausführungen Persönlichkeit und Leistungen der beiden während des Frankreichfeldzuges in Aufklärungs-Abteilungen eingesetzten Reiteroffiziere ausführlicher dargestellt, da sie gleichsam beispielhaft den Wert und die Kampfkraft auch kleinerer Kavallerie-Verbände so wie den Führungsstil, die Entschlußfreudigkeit und die Initiativen ihrer Führer dokumentieren.
Als Hannoveraner trat Horst Niemack zunächst in die Fahr-Abt. 6 ein, wurde aber als außergewöhnlich talentierter Reiter bald in das württembergisch-badische Kavallerie-Regiment 18 versetzt. Am 1. April 1940 wurde er als einer der jüngsten Rittmeister der Deutschen Wehrmacht Kommandeur der Aufklärungs-Abteilung 5, die sich aus Einheiten seines ehemaligen Stammregimentes zusammensetzte.
Der im Frieden als vielseitiger Turnier- und Jagdreiter hervorgetretene Offizier bewies seinen »Reitergeist« vom ersten Tage der Offensive im Westen auch unter den Bedingungen des Krieges. Die stets zügig eingebrachten Aufklärungsergebnisse seiner Abteilung gaben der höheren Truppenführung vielfach wichtige Erkenntnisse, die das Vorgehen und den weiteren Einsatz der in diesem Abschnitt kämpfenden Verbände bestimmten.
Beim Übergang über die Aisne vernichtete Rittmeister Niemack als Führer eines Stoßtrupps 4 französische Panzer und nahm deren Besatzungen gefangen.
An der Marne, dem deutschen Schicksalsfluß während des I. Weltkrieges, schnitt er mit seiner Aufklärungs-Abteilung großen Teilen des Feindes den Rückweg ab und schuf damit die Voraussetzungen für die Eroberung des Wesle-Abschnittes durch die 2. Armee. Der selbständige Entschluß, mit seiner Abteilung bis zur Marne bei Damery vorzustoßen, der für den Erfolg der 2. Armee von ausschlaggebender Bedeutung wurde, führte zur Verleihung des Ritterkreuzes, das er als erster Kavallerieoffizier der deutschen Wehrmacht am 13. Juni 1940 erhielt.
Ebenfalls noch als Rittmeister und Kommandeur seiner Aufklärungs-Abteilung 5 wurde ihm später im Rußlandfeldzug wegen seiner einmaligen Leistungen bei der raschen Erzwingung des Njemen-Über-

ganges als erstem Truppenoffizier des Heeres das Eichenlaub zum Ritterkreuz verliehen.

Als Oberstleutnant wechselte Niemack, wie viele andere Kavallerieoffiziere, zu den gepanzerten Truppen über. Mehrfach schwer verwundet und nahezu ständig an den Brennpunkten des Kampfgeschehens eingesetzt, erhielt er am 4. Juni 1944 als 69. Soldat der Deutschen Wehrmacht die Schwerter zum Eichenlaub.

Seit dem 15. 1. 1945 Kommandeur der ruhmreichen Panzer-Lehr-Division, kämpfte er, selbst noch als Generalmajor an der Spitze dieses Elite-Verbandes bis zu einer erneuten schweren Verwundung im Ruhrkessel. Das Kriegsende erlebte er im Lazarett von Eutin, wo er in britische Gefangenschaft geriet.

Nach dem Krieg widmete er sich mit Elan dem Wiederaufbau der deutschen Reiterei und konnte bis auf den heutigen Tag in maßgebenden Positionen zu deren Aufschwung und Erfolgen sehr wesentlich beitragen.

Sehr ähnlich gestaltete sich der militärische Lebensweg Georg v. Boeselagers, dessen Stammregiment das Kav.-Regt. 15 in Paderborn war. Seit dem Kriegsausbruch stand er mit der Reiter-Schwadron der Aufklärungs-Abteilung 6 (hervorgegangen aus dem Kav.-Rgt. 15) im Westen, wo er trotz relativer Ruhe wertvolle Erkenntnisse für die kriegsmäßige Ausbildung und den zeitgemäßen Einsatz der Kavallerie sammeln konnte.

Mit Beginn der eigentlichen Kampfhandlungen gegen Frankreich folgt er, im Rahmen seiner Aufkl.-Abt., den rasch vorstoßenden deutschen Panzerverbänden in 2. Linie, wobei am 5. 6. nach anstrengenden Märschen von insgesamt etwa 650 km die Somme erreicht wird. Nach Überschreiten der Somme hat die Abteilung erstmals Feindberührung, und am 9. Juni erhält sie den Auftrag, die Seine-Brücke bei Les Andelys zu nehmen. Da diese jedoch vom Feind gesprengt werden kann, entschließt sich der Abteilungs-Kommandeur, die Seine auf Schlauchbooten zu überwinden. Das Nachführen der Übersetzmittel kostet Zeit. Diese nutzte v. Boeselager zu seiner ersten Reitertat, die ihn über seine Division hinaus bekannt machen sollte.

Obwohl erfolgreicher Renn- und Turnierreiter, war für ihn der Reitsport nie Selbstzweck, sondern Mittel zur militärischen Ausbildung und Erziehung. Ihm liegt Zaudern und Abwarten wenig.

Schwierige Hindernisse forderten ihn, nach raschem Abwägen der Möglichkeiten, stets zu deren Überwindung heraus. So auch hier an der Seine unter den Bedingungen des Krieges.

Links:
Auch in der Wehrmacht wurde großer Wert auf den Gehorsam der Pferde gelegt.
(Archiv Verf.)

Rechts:
Vorführungen der Kavallerie am »Tag der Wehrmacht«.
(Archiv Verf.)

»Pferdehalter«. Manöver des IX. A.K. 1935 in Bayern. Beim abgesessenen Gefecht, konnte bei der Kavallerie auf die Pferdehalter nicht verzichtet werden.
(Archiv Verf.)

Die Pferdepflege nahm auch in der Wehrmacht einen großen Teil der Dienstzeit des Kavalleristen in Anspruch.
(Sammlung Schenk)

Stalldienst.
Peinliche Sauberkeit und Ordnung in den Pferdeställen war bei der Armee eine Selbstverständlichkeit.
(Archiv Verf.)

Reiter und Truppenpferde 1935.
Alle drei Pferde tragen die doppelte Elchschaufel als Brand und sind somit als Ostpreußen ausgewiesen.
(Bundesarchiv)

Schaunummer des RR. 16 anläßlich der großen »Reichsnährstandsschau« 1934 in Erfurt.
(Sammlung Schmidt)

Die Remonte der alten Armee stand im Quadrat-Format, war überwiegend leicht und galt als besonders wendig. *(Archiv Verf.)*

Der Typ des Truppenpferdes zwischen den beiden Weltkriegen. Reiter Beseler, Kav.-Rgt. 6 auf »Pappel« *1938. (Sammlung KR. 6)*

Kavallerie-Trompete
nach einer Zeichnung von Julius Schmidt (†),
dem ehem. Kustos des Kav.-Museum Vornholz.

Die Trompeter der Kavallerie waren ein wichtiges akustisches Führungsmittel teilweise bis in die ersten Jahre des II. Weltkrieges.
Zwei Trompeter des RR. 4 blasen: »Das Ganze halt!«
(Sammlung Reiter 11)

Das Jagdreiten wurde auch in Reichswehr und Wehrmacht beibehalten, soweit es die Verhältnisse gestatteten. Einige Rgtr. konnten sich weiterhin eine eigene Meute halten. Hier die Meute des RR. 16 in Erfurt. *(Sammlung Schmidt)*

Das Jagdfeld des RR. 12 mit zivilen Gästen geht durch die Mulde bei Grimma/Sachsen. *(Sammlung v. Wehren)*

Reitausbildung und sportliches Reiten waren bei der Kavallerie untrennbar miteinander verbunden. Reitlehrer der Kav.Schule gehen im »Pulk« über die Maurer. *(Sammlung DPM)*

Mit dem Instinkt des Jägers und Reiters erfaßt er sofort Gelände und Feindlage. 500 m stromabwärts der zerstörten Brücke erkennt er eine Möglichkeit zum Flußübergang. Die Nichtschwimmer geben Feuerschutz, v. Boeselager, sein Leutnant und 12 Reiter überwinden schwimmend den Fluß, die Pferde schwimmen, wie im Frieden oftmals geübt, brav mit.
Als sie am jenseitigen Ufer an Land klettern, ist ein erster Brückenkopf gebildet. Während nun weitere Soldaten mit Schlauchbooten übergesetzt werden, reitet v. Boeselager mit seiner kleinen Schar bis Villers und hält dieses Dorf, bis am anderen Morgen die vordersten Teile der 6. Infanterie-Division eintreffen.
Durch diese kühne Reitertat wurde der rasche Übergang der gesamten 6. Division über die Seine ermöglicht.
Was hier in kurzen knappen Worten dargestellt wurde, schildert ein Augenzeuge wie folgt:[57]
»Am 9. Juni morgens überraschende Bekanntgabe der Lage: »Division erreicht beschleunigt die Seine — Aufklärungs-Abteilung bildet in der Gegend Les Andelys für die nachfolgende Division einen Brückenkopf.«
Um 7.15 Uhr bildet Leutnant B. mit rasch requirierten Wagen einen Voraustrupp, die Reiterschwadron folgt dicht auf. Schon am frühen Morgen drückende Schwüle. Was tut's, wenn das Gesäß im Sattel brennt! Vor uns das Ziel: Die Seine! Vorwärts! Unterwegs erbeuten wir eine versprengte Autokolonne. Die Kraftfahrer dazu sind schnell gefunden, der richtige Kavallerist versteht sich nicht bloß auf den Hafermotor. Auf den Personen- und Lastkraftwagen die Maschinengewehre, das Tornister-Funkgerät und die Munition verstaut. Je weniger die Pferde zu tragen haben, um so besser für uns.
So sind wir schon mittags in Saussay, tränken und füttern. Leider hat die Feldküche unserm Gewaltmarsch nicht folgen können. Als einer nach einer Tränkwanne sucht und eine starkverrammelte Scheunentür aufstößt, sieht er sich zu seiner Verblüffung vierzig bewaffneten Franzosen gegenüber, die er kurzerhand »verhaftet«. Sie werden einem gerade des Weges kommenden Gefangenentransport eingegliedert. Weiter! Die Schwadron kann sich um waffenlos von der Front kommende Franzosen nicht mehr kümmern.
Unsere Parole heißt: Reiten, was die Pferde hergeben! Um uns ein bewegtes kriegerisches Bild. Die französischen Flieger kreisen eifrig, am Horizont dunkle Rauchwolken, es riecht nach Brand. Befehlsgemäß zieht die Schwadron in Clary unter. Wir hatten den beträcht-

lichen Stundendurchschnitt von 9,5 Kilometer durchgehalten — ein Lob für diese Leistung unsern vierbeinigen Kameraden!
Die Brücke von Les Andelys ist schon gesprengt. Acht Kilometer Seine aufwärts bei Courcelles soll eine andere unversehrt sein. In blitzschnellem Zupacken sucht schon unser Voraustrupp die Brücke zu nehmen. Plötzlich gewaltige Detonation. Steinbrocken regnen. Bei dem gewaltigen Luftdruck zerklirren Fensterscheiben. Zu spät gekommen —
Was nun? Über die Seine müssen wir, so oder so.
Inzwischen hat die Abteilung auf dem Wege Bouaffles — Vezillon gesammelt. Hier ein trostloses Bild. Flüchtlingskolonnen stauen sich kilometerlang vor den gesprengten Brücken. Unser Blitzmarsch hatte diese Unglücklichen überholt, überrannt.
Und nun das Grauenhafte. Rücksichtslos schießen vom anderen Ufer die Franzosen durch die Reihen ihrer eigenen Landsleute mit Pak und MG auf uns. Wilde Panik. In das Geschrei weinender Mütter und jammernder Kinder klatschen die Geschosse. Die Pferde vor den Fahrzeugen gehen hoch, machen die Verwirrung vollständig. Einige Zivilisten suchen verschüchtert Rettung vor dem Los des »Erschossenwerdens«, erweisen kümmerlich den deutschen Gruß, schreien »Ail Itlär!« Das Blutbad nimmt seinen Fortgang. Wer sind nun die Barbaren? Weg mit solchen Gedanken. Wir müssen ja über die Seine, und die Floßsäcke sind noch nicht da.
Oberleutnant v. B. ergreift sofort die Initiative, erkundet fünfhundert Meter unterhalb Courcelles eine Übergangsstelle: »Alles hört auf mein Kommando! Nichtschwimmer links raus!«
Unaufhörlich pfeift und klatscht und prasselt es von den Hängen drüben herüber. Die Nichtschwimmer erwidern das Feuer, halten den Gegner nieder.
Die Schwimmer, allen voran Oberleutnant v. B. und Leutnant M., werfen sich in die Fluten der Seine, suchen das andere Ufer schwimmend zu erreichen. Karabiner, Munition, Handgranaten und Leuchtpistolen erschweren das Durchqueren auch für die Geübtesten gewaltig. Dazu die schlammigen Ufer. Kaum können die gänzlich erschöpften Männer aus dem Schlamm wieder herausfinden. Die Unteroffiziere D. und P., sowie der Gefreite H. versinken lautlos in den Fluten der Seine. Dann sind die andern drüben, klimmen keuchend und schießend die Hänge hinauf. Der Feind baut ab.
Dann trifft ein Pionierzug ein. Das Übersetzen mit Floßsäcken kann ohne Zwischenfall vor sich gehen. Allmählich sind sechzig abgesessene

Reiter drüben, und der Brückenkopf wird kämpfend erweitert. Auch übergesetzte Pak wird zur Sicherung gegen Panzerangriffe in Stellung gebracht. Oberleutnant v. B. stößt mit einer Handvoll Männer bis Villers vor, setzt nach heftigem Widerstand einen Zug außer Gefecht und macht mehrere Gefangene. Eine französische motorisierte Kolonne versucht ahnungslos Villers zu erreichen. Handgranaten und MG-Feuer vernichten sie bis auf den letzten Mann.

Noch ist keine halbe Stunde vergangen, da meldet die Sicherung eine bespannte Artilleriekolonne aus gleicher Richtung. Zu ihrer Vernichtung werden die Züge nach durchdachtem Plan eingesetzt. Nichts Böses ahnend, rumpeln die Fahrzeuge an den auf der Lauer liegenden Männern vorbei. Nur jetzt die Nerven behalten, nicht vorzeitig schießen. Im Anschlag geduckt, erwartet alles, vom Jagdfieber gepackt, den erlösenden Signalpfiff. Nun ist die Spitze der dicht aufgeschlossenen Kolonne in der Höhe des Oberleutnants. Da! Der Pfiff! Unsere Maschinengewehre rattern, Handgranaten krepieren, die Hölle ist los! Tödlich getroffen, bäumen sich die Pferde. Angeschossene Gäule rasen führerlos davon, landen im Straßengraben. Dazu im wilden Durcheinander umstürzender Fahrzeuge die Schreie der Verwundeten. Verzweifelt suchen die Überlebenden sich zur Wehr zu setzen, — zu spät! Unsere MG-Garben und neue Lagen von Handgranaten löschen die letzte Gegenwehr. Was noch lebt, hebt die Hände! Von uns ist nur ein Mann verwundet. Es wird dann noch eine böse Nacht. Auf Biegen und Brechen will der Feind den tödlichen Brückenkopf wiedergewinnen und uns in die Seine werfen. Zweimal versucht der Franzose mit starker Artillerieunterstützung Dorf Villers zurückzuerobern. Vergebens. Seine Verluste sind groß.

Im Frühnebel des neuen Tages hämmern die französischen Batterien stundenlang auf dem Dorf herum, dann setzt der Gegner zum dritten und letzten Angriff an. Da stößt er schon auf die eben herangeführte Infanteriespitze unserer Division. Der Gegner hat das Spiel endgültig verloren.«

Am 16. Juni wird die Aufklärungs-Abt. 6 wieder einmal, ihrer Division weit voraus, überraschend in ein Gefecht verwickelt. Der Ort Marchainville wird von den Franzosen erbittert verteidigt. Boeselager schlägt dem Kommandeur vor, den Feind umfassend anzugreifen. Der Kommandeur läßt dennoch frontal angreifen, und der Angriff bleibt stecken.

Oberleutnant v. Boeselager erkennt die Misere, schert selbständig aus und setzt aus der rechten Flanke zur Umfassung an.

Inzwischen verstummt der Gefechtslärm vor dem Ort. Aber eine feindliche Batterie schießt noch, und deren Feuer muß im Bereich der frontal angreifenden Radfahr-Schwadron liegen.
Ohne Auftrag geht v. Boeselager mit seiner Reiter-Schwadron nun vor, um die französische Batterie auszuschalten. Das Gelände bietet den Reitern gute Annäherungsmöglichkeiten.
Feindlichen Panzern kann ausgewichen werden. In der letzten Deckung vor der Batterie bleiben die Pferde zurück, die Reiter pirschen sich jägermäßig an die Artilleriestellung heran. Auf das befohlene Zeichen des Schwadrons-Chefs wird die Batterie mit einem Feuerüberfall eingedeckt und im anschließenden Sturm genommen.
Weitere Feindpanzer zwingen zum Rückzug in eine Dickung. Artilleriefeuer liegt auf der Schwadron. Dennoch werden durch ein Freiwilligen-Kommando Geschütze und Munition gesprengt.
Gegen 20.00 Uhr stößt die Infanteriespitze zur Stellung der Schwadron vor und befreit diese aus ihrer mißlichen Lage. Der Feind verlor bei diesem Unternehmen etwa 40 Tote, 30 Gefangene, drei 7,5-cm-Geschütze, 5 Zugmaschinen und 12 Lastwagen. Boeselagers Schwadron hatte keinerlei Verluste.
Oberleutnant Georg v. Boeselager wird aufgrund seiner Initiativen und seiner Erfolge im Wehrmachtsbericht hervorgehoben und erhält das Ritterkreuz, welches ihm allerdings erst am 18. Januar 1941 verliehen wird.
Erfolge und Auszeichnungen verändern den überzeugten Reiterführer nicht. Viel wichtiger erscheint ihm hingegen, daß seine Auffassung über die Einsatzmöglichkeiten der Reiter wieder einmal bestätigt worden sind.
Die Kavallerie, oftmals abgeschrieben, spielt tatsächlich auch in diesem Kriege wieder eine nicht zu übersehende Rolle, und eben nicht nur die Panzerwaffe, von der die Presse schwärmt, alle Welt spricht und die Führung begeistert ist.
Das Pferd ist bei diesen Operationen nicht wegzudenken. Der Reiter, kühner Soldat mit traditionsreicher Vergangenheit, hat seine Bewährungsprobe erneut abgelegt.
Der spätere Oberst v. Boeselager hat diese Erkenntnisse 1943 auch seinen Vorgesetzten begreiflich machen können und damit die Wiedergeburt der deutschen Kavallerie im II. Weltkrieg eingeleitet. Sein weiteres Wirken wird im Kapitel 26 geschildert.

Der Feldzug in Polen und der Westfeldzug hatten insbesondere die Beweglichkeit der Kavallerie auf dem Gefechtsfeld herausgestellt. Darüberhinaus wurde aber auch der Beweis erbracht, daß moderne Kavallerie große Strecken bei relativ hoher Marschgeschwindigkeit und ohne wesentliche Ausfälle zurücklegen konnte.

In Holland, Belgien und Frankreich marschierte die 1. Kavallerie-Division insgesamt rund 2 000 km. Hierin sind die Versammlungsmärsche und die Bewegungen während des Gefechts nicht eingeschlossen. Einzelne Schwadronen und Spähtrupps mußten weit mehr zurücklegen. Diese Märsche setzten einen hervorragenden Ausbildungsstand von Pferd und Reiter voraus. Dennoch waren sie für beide mit Strapazen verbunden, die in unseren Tagen bestenfalls noch ein aktiver Distanzreiter ermessen kann.

Ein am Westfeldzug teilnehmender Reiter schildert das Marschieren in der emphatischen und politisch gefärbten Sprache seiner Zeit wie folgt:[58]

»Nie werden wir dieses Marschieren durch Holland, Belgien und Frankreich vergessen. Zu tief ist es uns in die Seele geschrieben.

Man kann von diesem Marschieren nicht viele Worte machen. Es ist immer dasselbe Lied.

Morgens in aller Frühe und Eile Tränken, Füttern und Satteln. Dann reiten: Schritt, Trab und Führen — so den ganzen Tag. Dazwischen Tränken, Tränken.

Und Füttern und Tränken, dazu die heiße Sonne des Südens. Links und rechts der Straße zurückgebliebene Pferde, die Eisen verloren haben und beschlagen werden. Meist sehr spät erreichen wir das Tagesziel. Unsere Sorge gilt dann erst den Pferden, unsern besten Kameraden. 70, 80, ja 100 Kilometer haben sie uns getragen.

Dann kurze Nachtruhe bei Mutter Grün, wenn einer nicht gerade Wache hat. Und wieder beginnt dieser Tag für uns, von dem kein Heeresbericht zu erzählen weiß.

Und doch gebiert er so viel Heldentum, ungenanntes Heldentum und — das Sehnen nach Taten. Dieses Sehnen, das ist unser Kraftquell.

Und wenn dann die ersten Schüsse fallen, und es heißt: »Absitzen zum Kampf!« dann geht ein Aufatmen durch unsere Reihen. Die Müdigkeit schwindet, und alle Sinne sind gespannt, — ran an den Feind!

Das ist ja das Ziel unseres Marschierens.«

Ein Kavallerist des RR. 1 beschrieb das Marschieren in einem Brief nach Hause ebenso ausführlich wie realistisch:[59]

»Ihr scheint doch von unseren Märschen zu Pferde keine rechte Vorstellung zu haben. Man verlangt von uns die gleiche Tagesleistung wie von den motorisierten Truppen. Siehe Holland! Wenn der Motorisierte 150 km fährt, ist er vielleicht von 10—15 Uhr unterwegs. Hat er sein Tagesziel erreicht, so stellt er seine Karre beiseite und ist fertig. Wenn wir 90 km reiten, brauchen wir dazu 14—16 Stunden, also von früh 4 bis 22 Uhr. Anschließend Pferdeversorgen, mindestens eine Stunde und nachts ein oder zwei Stunden Stallwache.
Der Infanterist von heute macht vielleicht 50 km. Hat er 20 Minuten Marschpause, so liegt er im Straßengraben und rollt.* Der Reiter tränkt seine Pferde und holt dazu das Wasser vielleicht 200 m weit. Bei der Infanterie sind zwei Stunden Rast zwei Stunden Ruhe. Der Reiter verbraucht davon fünfviertel Stunden für das Pferd. Ab- und Aufsatteln, Tränken, Füttern usw. Will er selbst endlich essen, so hält er dabei noch das Pferd. Hat er 90 km vor sich, so reitet er vielleicht 40, die übrigen 50 km führt er, wie wir z. B. am 27. Mai. Er hat also die infanteristische Marschleistung und dazu noch 40 km im Sattel, was auch keine Kleinigkeit ist. Dem Infanteristen tun die Füße weg. Dem Reiter auch, denn er hat auch 50 km zu Fuß zurückgelegt und zwar nicht in Marsch-, sondern in Reitstiefeln. Ihm tun aber nicht nur die Ständer weh, ihm wird auch vom Karabiner Schulter und Hüfte zertrümmert, das Gesäß geht in Fransen und nach mehrtägigem langem Ritt hat man das Gefühl, als hätte man überhaupt keine Knochen mehr. Der Infanterist kann außerdem frei laufen, während der Reiter zu Fuß immer noch das Pferd zu führen hat. Bald muß er es ziehen, weil es nicht mehr kann, bald halten, weil es vorwärts stiert. Hat der Infanterist Ruhe, so kann er seine Sachen in Ordnung bringen. Beim Reiter kommt erst Pferde- und Sattelzeugpflege, für die eigenen Sachen ist die Freizeit da!
Der Flieger ist für Stunden vielleicht in besonders großer Gefahr, wobei man allerdings fragen kann, ob sie größer ist als bei anderen Waffen. Er kommt aber jeden Tag wieder in sein altes eingerichtetes Heim, während wir ewige Zigeuner sind. Als Reiter werden wir auch nie in Städten Quartier beziehen, sondern immer nur in Dörfern. Großstädte werden grundsätzlich umgangen. Was bedeutet ein Umweg von 5 km. Das Pferd tut, was man von ihm verlangt. Für Reiter ist der holperigste Feldweg gut genug.
So, das ist die Kavallerie von innen gesehen. Selbst wenn nicht geführt wird — wie in Holland — reitet einmal 200 km in zwei Tagen,

* damaliger »Landser«-Ausdruck für Schlafen.

dann verliere ich kein Wort weiter. Ihr aber auch nicht! Und doch ist und bleibt die Kavallerie die Krone aller Waffen. Wir tauschen mit keinen andern, freiwillig nicht! Aber die Gründe dafür könnt Ihr noch weniger verstehen als das andere, darum werde ich sie für mich behalten.«

VIII. *Der Krieg in Rußland*

23. EINSATZ DER 1. KAVALLERIE-DIVISION BIS ZU IHRER AUFLÖSUNG

Als Besatzungstruppe in Südfrankreich hatte sich die 1. Kav.-Division auf ein längeres Verweilen in dieser lieblichen Landschaft eingestellt. Jedoch traf Anfang August 1940 der Befehl zur Verladung nach Polen ein, welcher der Idylle an der französischen Atlantikküste bei Bordeaux ein jähes Ende bereitete.
In 4—5 Tagen und Nächten wurde die Division im Eisenbahnmarsch quer durch Frankreich und Deutschland nach Polen in den Raum Biala — Podlaska — Terespol am Bug verlegt.
Bei der Unterbringung in den neuen Räumen ergab es sich, daß die 1. und 2. Schwadron des RR. 1 in Janow Podlaski, in der Nähe des weltberühmten polnischen Arabergestüts stationiert wurde, ein Umstand, der wenigstens die Angehörigen dieser Einheiten ein wenig mit der neuen Umgebung versöhnte.
In den folgenden Monaten richteten sich die Verbände häuslich ein und entwickelten einen fast friedensmäßigen Dienstbetrieb. Sportveranstaltungen und Turniere brachten Abwechslung, und das für Reiter reizvolle Gelände des Hauptgestüts Janow Podlaski lud zu zahlreichen interessanten Jagden ein.
In welchem Maß bei der Deutschen Wehrmacht auch als Besatzungstruppe im Osten die Disziplin aufrechterhalten und durchgesetzt wurde, mag ein Vorfall vom Oktober 1940 beleuchten.
Ein Angehöriger der 1. Kav.-Division war des Plünderns bei polnischen Juden überführt worden. Er wurde zum Tode verurteilt. Ein aus Unteroffizieren der 3./RR. 1 bestehendes Exekutionskommando hatte das Urteil durch Erschießen zu vollstrecken.[60]
Gegen Ende des Jahres stattete der Oberbefehlshaber des Heeres, Generalfeldmarschall v. Brauchitsch, in Begleitung des Armeeoberbefehlshabers Generalfeldmarschall v. Kluge der 1. Kav.-Division

einen Besuch ab, wobei er sich über die Lage am Bug unterrichten ließ und den Dienst mehrerer Schwadronen besichtigte.
Beide Feldmarschälle brachten mit ihrem Besuch gegenüber der Kavallerie eine gewisse Sympathie zum Ausdruck, die v. Kluge 1943 durch seine Zustimmung zur Wiedererrichtung von Kavallerie-Regimentern und seine tatkräftige Unterstützung dabei praktisch zum Ausdruck bringen konnte.
Generalfeldmarschall v. Brauchitsch konnte für die Kavallerie sehr bald nichts mehr tun, da er sein Amt »aus gesundheitlichen Gründen«, denen zermürbende Auseinandersetzungen mit Hitler vorausgegangen waren, zur Verfügung gestellt hatte.
Mitte März 1941 wurden Anzeichen erkennbar, die auf eine Verschärfung der Lage hindeuteten.
Am 18. 3. empfing die Truppe größere Munitionsmengen, und mit Bekanntwerden des Einmarsches in Jugoslawien stellte sich die 1. Kav.-Division darauf ein, auf dem Balkan eingesetzt zu werden.
Auch der Dienst an der russischen Grenze nahm zunehmend militärische Formen an. Auf russischer Seite wurden Schanzarbeiten sowie das Anlegen von Feldbefestigungen beobachtet.
Deutscherseits wurden Einsatzmöglichkeiten für die Abwehr eines Angriffs von Osten her über den Bug erkundet.
Daneben wurde die 1. Kav.-Division weiter verstärkt und teilweise umgegliedert. So erhielten die Züge der Reiter-Schwadronen 4 Gruppen[61] und pro Schwadron eine Pz-Büchse auf Tragtier verlastet. Die 9. (Kav.-Geschütz) Schwadron des RR. 1 wurde vom motorisierten Zug auf Pferdebespannung umgestellt. Eine größere Zahl von Remonten wurde zugeführt.
Das Kavallerie-Regiment 21 war, in Reiter-Regiment 21 umbenannt, bereits im November 1940 wieder fester Bestandteil der Division geworden, unterschied sich allerdings in der Stärke von den anderen 3 Reiter-Regimentern dadurch, daß es nur 3 Reiter-Schwadronen (eine Abteilung) besaß.
Auch das Reitende Artillerie-Rgt. 1 war, 1940 beginnend, verstärkt worden. Es bestand nun (1941) aus 3 Abteilungen mit insgesamt 10 Batterien, wovon 9 reitende Batterien und die 10. eine motorisierte Batterie war. Alle Batterien führten die leichte Feldhaubitze 18 (l.FH. 18)
Zur Aufstellung der III. Abteilung waren rund 1000 Pferde von einer Ankaufskommission übernommen werden, welche diese größtenteils in den Balkanländern erworben hatte.

Die Pferde wurden nach Farben auf die Batterien verteilt, so daß die bisherige farbliche Einheitlichkeit gewahrt blieb. So hatte die 1. Batterie nur Rappen, die 2. Schwarzbraune, die 3. Braune usw., bis man bei der 9. r. Bttr. letztlich bei hellen Füchsen angekommen war.

Weitere Verstärkungen erfuhren die Radf.-Abt. 1 durch die Aufstellung eines Pi.-Zuges (mot) mit einer Staffel für den Behelfsbrückenbau sowie eine Leichtgeschützbatterie (mot).

Das Pionier-Btl. erhielt eine 3. Pi.Kp. und eine le. Pi.-Kolonne, beide motorisiert.

Sämtliche rückwärtigen Dienste wurden ebenfalls verstärkt.

Besonders wichtig für die Führung der 1. Kav.-Division war die Aufstellung eines weiteren Stabes/Reiter-Brigade mit der Nr. 1. Im April tauschten die beiden Reiter-Brigadestäbe erneut die Nummern. Die Ausstattung dieser beiden Stäbe unterschied sich insofern, als Nr. 1 über einen PzSpäh.-Zug und einen Pak.-Zug (mot), Nr. 2 hingegen lediglich über einen Kradmeldezug verfügte.

Mit zunehmendem Frühjahr wurde auch die Gefechtsausbildung verstärkt vorangetrieben, dabei vor allem das Gefechtsschießen und der Handgranatenkampf. Die Offiziere nahmen an Lehrvorführungen über die Panzerbekämpfung teil, um das Erlernte an die Schwadronen weitergeben zu können.

Die russischen Maßnahmen auf der anderen Seite des Bug standen gewissermaßen in Korrespondenz zu den deutschen.

Die Truppenverstärkungen in Grenznähe, Angaben eigener Agenten über russische Mobilmachungsmaßnahmen sowie andere Zwischenfälle und Ereignisse wurden von der deutschen Truppenführung allgemein recht ernst beurteilt. Es wurde sogar mit der handstreichartigen Wegnahme der Bugübergänge durch die Sowjets gerechnet. Die später gewonnene Erkenntnis, daß der »Überfall« auf die Sowjetunion keineswegs als solcher bezeichnet werden kann, wird auch durch das Verhalten der russischen Truppen ostwärts des Bug bestätigt.

Die Erfolge der Deutschen Wehrmacht zu Beginn der Offensive im Osten sind weniger durch das Überraschungsmoment, vielmehr dagegen durch russische Führungsfehler erreicht worden. Diese wiederum wurden bedingt durch die politische Fehleinschätzung der Lage seitens Stalin, durch fehlerhafte organisatorische Maßnahmen in der Roten Armee und insbesondere durch die Liquidierung des größten Teils der russischen Generalität in den Säuberungen Ende der dreißiger Jahre.

Um die Wende des Monats Mai/Juni 1941 bezogen Teile der 1. Kav.-Division neue Unterbringungsräume. Zur Verschleierung rückten Inf.-Reiterzüge der im Hinterland stationierten Divisionen in die leer gewordenen Räume.
Ab Juni überflogen wiederholt russische Flugzeuge den Bug, obwohl das deutsch-russische Grenzabkommen u. a. vorsah, daß dieser Raum nicht überflogen werden durfte.
In den letzten Wochen vor Kriegsbeginn ließ die militärische Aktivität auf deutscher Seite keinen Zweifel mehr darüber aufkommen, daß ein neuer Waffengang unmittelbar bevorstand. Alle Maßnahmen insgesamt konnten auch der offenen und verdeckten Aufklärung der Gegenseite nicht verborgen bleiben. Allenfalls der Angriffstermin blieb ungewiß.
Die Stimmung der deutschen Truppen war dabei gut, teilweise sogar sehr gut. Diese mag zum Teil darauf zurückzuführen gewesen sein, daß vielfach angenommen wurde, es handele sich hier um ein Täuschungsmanöver zur Ausübung politischen Drucks.
Andererseits war man sich durchaus im klaren, daß ein Feldzug gegen die Sowjetunion alle bisherigen Feldzüge in den Schatten stellen würde.
Die vor jeder kriegerischen Auseinandersetzung aufkommenden zwiespältigen Gefühle standen zu der Bereitschaft des einzelnen, seine Pflicht zu tun, in keinerlei Gegensatz.
Mit Eröffnung der Offensive gegen die Sowjetunion trat die 1. Kav.-Division am 22. Juli um 03.15 Uhr zum Angriff an.
Für den Angriff war die Division dem XXIV. PzKorps des General Geyr v. Schweppenburg unterstellt, welches der PzGruppe 2 angehörte.
Die 1. Kav.-Division, auf dem rechten Flügel des Korps, erhielt den Auftrag, am ersten Tage den Übergang über den Bug zwischen Slawatycze und Jableczna zu erzwingen, die sowjetischen Grenzstellungen zu durchbrechen und durch das Sumpfgebiet nach Osten vorstoßend, die Südflanke des PzKorps zu decken.
Dazu trat die Division mit zwei Angriffsgruppen, entsprechend den Reiter-Brigaden 1 und 2, nach sorgfältiger Vorbereitung an.
Die I./RR. 22 und das RR. 2 kommen schnell voran, obwohl die Furten durch den Bug nicht ausgenutzt werden können, und ein Durchschwimmen infolge ungünstiger Ufer auch nicht in Frage kommt. So bleibt der gesamten Division nur eine 8-t-Brücke zur Überwindung des Grenzgewässers.

Berittene und motorisierte Aufklärung (der 1. KD. war die mot. Aufkl.-Lehrabteilung zeitweise unterstellt worden) stellen in der Tiefe der Waldgebiete auf dem jenseitigen Ufer starke Feindkräfte fest. Dennoch wird das Tagesziel erreicht.

Die berittenen Teile der Division erreichen durch rasches, aufgesessenes Vorgehen gegen Mitternacht den ostwärtigen Waldrand. Dem Feind war weder das Bilden einer neuen geordneten Verteidigung gelungen, noch sich mit nennenswerten Kräften gegen die Südflanke der voraus angreifenden 4. Pz.-Division zu wenden.

Vom 23. 6.—26. 6. 41 ging die 1. Kav.-Division, weiterhin als Schutz der rechten Flanke des XXIV. PzKorps, bis in den Raum nördlich Pinsk vor, das im Handstreich genommen werden sollte. Dieser kam durch Änderung der Lage nicht mehr zur Ausführung.

Doch abgesehen davon hatten weder feindbesetzte Abschnitte, noch wirkungsvolle russische Fliegerangriffe, die zu starken Pferdeverlusten führten, die Division ernstlich aufhalten können.

Am 27. 6. wurde der Befehl erteilt, beschleunigt den Raum um Sluzk zu erreichen, um dort die inzwischen tief gewordene Flanke des PzKorps zu sichern.

Wegen der schlechten Wegeverhältnisse mußten die berittenen und die motorisierten Teile der Division auf getrennten Wegen vorgehen. Erst am 30. 6. können die motorisierten Teile mit der Masse der Division bei Siniawka wieder vereinigt werden.

Bis zu diesem Zeitpunkt waren im Durchschnitt 478 km zurückgelegt worden.

Vom 6. 7.—14. 7. 41 kämpft die 1. Kav.-Division zwischen der Beresina (Brückenkopf Bobruisk) und dem Dnjepr, wobei Sicherungsaufträge an verschiedenen Stellen, die mit raschen Verschiebungen verbunden sind und Verteidigungsaufgaben gegen einen zunehmend zäher kämpfenden Feind von der Division bewältigt werden müssen.

Am 15. 7. sichert die 1. Kav.-Division den Dnjepr-Brückenkopf südostwärts Star Bychow. Im Laufe dieses Tages werden 9 starke Feindangriffe auf teilweise nächste Entfernung abgewehrt. Allein der Reiter-Brigade 1 gegenüber kämpfen 2 russische Divisionen.

Die am 16. 7. nicht nachlassenden Kämpfe zwingen zum Einsatz der 1. Kav.-Division an 3 verschiedenen Stellen ohne Zusammenhang mit den PzKorps, oder der noch weit im Westen zurückhängenden Infanterie. Ein russischer Umfassungsangriff mit Panzerunterstützung kann durch Zuführung von Artillerie und 8,8 cm Flak gerade noch abgewehrt werden.

Erst am 17. 7. konnte die Division auf dem Ostufer des Dnjepr wieder mit Masse zusammengeführt werden. Sie wurde dort dem XII. AK. für den Abwehrkampf um Star Bychow unterstellt.
Nach dem Abschluß der bisherigen Kampfhandlungen wurde bei der 1. Kav.-Division Bilanz gezogen. Diese ergab, daß eine Kavallerie-Division durchaus als Flankenschutz für ein PzKorps in Frage kam. Das Marschtempo der Kavallerie entsprach dem der Panzer während des Gefechts bis zur anschließenden Verfolgung. Dabei hatte die 1. KD. die schlechtesten Wege zugewiesen bekommen und viele Umwege in Kauf nehmen müssen.
Insgesamt hatte sie in der gleichen Zeit unter zum Teil schweren Kämpfen eine größere Entfernung überwunden als die Panzer-Divisionen auf der relativ guten Rollbahn.
Die Radfahr-Abteilung hatte sich auch unter russischen Wegeverhältnissen als eine besonders schnelle, kampfkräftige Truppe erwiesen.
Zusammenfassend wurde festgestellt, daß sich die Division in der derzeitigen Ausstattung und Gliederung voll bewährt habe, jedoch mit Einschränkungen hinsichtlich der Nachrichtenmittel, die nach Zahl und Geländeverwendbarkeit nicht den Anforderungen entsprachen, sowie hinsichtlich der Beweglichkeit von Artillerie, Trossen und nicht geländegängigen motorisierten Fahrzeugen.
Letztere verminderten unweigerlich die Marschgeschwindigkeit der Division, besonders unter den Bedingungen der russischen Straßen und Wege.
Für diese Teile wurde eine volle Geländegängigkeit gefordert! Eine Forderung, die, allein gemessen an dem Kfz-Bedarf der Pz.- und mot. Infanterie-Divisionen, praktisch keinerlei Aussicht auf Erfolg haben konnte.
Am 18. 7. 41 stand die 1. Kav.-Division geschlossen in der Abwehr zur Offenhaltung des Dnjepr-Brückenkopfes auf dem Ostufer bei Star Bychow.
Inzwischen lagen der 1. Kav.-Division 3 russische Divisionen gegenüber, welche durch eine überaus starke Artillerie mit nahezu unbegrenzten Mengen an Munition wirkungsvoll unterstützt wurden. Gegen Abend dieses Tages treffen erste Teile der Infanterie ein, wodurch die 1. Kav.-Division nach und nach aus der Abwehr herausgelöst werden konnte.
In den zurückliegenden 4 Tagen waren Teile der Kav.-Division (Reiter-Brigade 1) 19 mal mit starker Panzer- und Artillerieunterstützung angegriffen worden.

Nach Gefangenenaussagen erlitt der Feind dabei Verluste bis zu 50%! Dennoch gelang es der Kavallerie, aus überwiegend ungünstigen Stellungen gegen einen zahlenmäßig überlegenen Gegner und zeitweise in drei verschiedene Richtungen kämpfend, die für das PzKorps lebenswichtige Brücke über den Dnjepr offenzuhalten. Ein Abwehrerfolg, der auch besten Infanterie-Divisionen zur Ehre gereicht hätte.

Vom 19.—21. 7. greift die 1. Kav.-Division, verstärkt durch das I.R. 17 (Braunschweig), ostwärts des Dnjepr nach Süden an. Dabei werden Teile von 3 russischen Divisionen am Dnjepr bei Cholopejeff eingeschlossen, über 4000 Gefangene gemacht und große Mengen an Kriegsmaterial, darunter allein 48 Geschütze und 24 Panzer, erbeutet.

Noch am 21. 7. wird zu einem weiteren Umfassungsangriff nach Süden und Südwesten angetreten. Jedoch zwingen zunehmende Feindangriffe zum Übergang zur Verteidigung.

Die um ein Infanterie-Regiment verstärkte 1. Kav.-Division muß vorübergehend eine fast 40 km breite Stellung nach Süden, Südosten und Osten verteidigen.

Am frühen Morgen des 22. 7. wird die entscheidende Höhe 158 genommen, was am Vortage nicht gelang, und damit die eigene Hauptkampflinie stabilisiert.

In den folgenden Tagen, vom 23.—31. 7., kämpfen die beiden Reiter-Brigaden teils mit der 17. Inf.-Division, teils mit der 112. Inf.-Division in Angriff und Verteidigung gegen einen zunehmend durch Fliegerangriffe unterstützten, zumeist überlegenen Feind auf dem Ostufer des Dnjepr.

Für die 1. KD. wird die Lage zuweilen kritisch. Ihre Männer stehen seit 11 Tagen ununterbrochen im Kampf und zeigen Ermüdungserscheinungen. Der Ausfall an Maschinengewehren, der Hauptwaffe im infanteristischen Kampf, beträgt bis zu 80%! Es fehlen besonders für sie Ersatzteile. Nurch durch die gute Zusammenarbeit mit den relativ frischen Inf.-Divisionen sowie durch die Artillerie der 31. Inf.-Div., welche vom Westufer des Dnjepr wirkungsvoll in die Kämpfe eingreift, können Krisen vermieden werden.

Wie schon in den vorausgegangenen Kämpfen erhielt auch hier die Division wieder unmittelbare Unterstützung durch ein Jagdgeschwader*, zu dem eine direkte Funkverbindung bestand.

Am 30. 7. können die Reiter-Brigade 1 und Teile der Division, am 31. 7. auch die Reiter-Brigade 2 durch ablösende Infanterie heraus-

* Nach v. Senger u. Etterlin: »Geschichte der 1. Kav.-Div.« handelte es sich hierbei um das J.G. »Mölders«.

genommen werden, um in einem Ruheraum die Einsatzbereitschaft wieder zu erhöhen, und die zum Teil stark zusammengeschrumpften Einheiten neu zu gliedern.

Als Ergebnis dieser Kämpfe ist festzustellen, daß es gelungen war, sämtliche Feindangriffe abzuwehren, wobei dieser erhebliche Verluste erlitt. Die eigene Front konnte dabei laufend nach Süden vorgeschoben werden. Dadurch wurden die Dnjepr-Übergänge besser geschützt und die Vereinigung der feindlichen Verbände mit den von Mogilew herangeführten frischen Truppen verhindert. Die Kavallerie hat damit gezeigt, daß sie auch als bewegliche Infanterie mit Erfolg eingesetzt werden kann.

Besonders erschwerend wirkte sich bei diesen Kämpfen die erdrükkende Überlegenheit der russischen Artillerie aus. Gefangenenaussagen ergaben, daß bis zu 7 russische Artillerie-Regimenter gleichzeitig der 1. KD. gegenüberstanden. Zudem verstand es die russische Artillerie, den Feuerkampf geschickt und wendig zu führen. (Nach anderen Erfahrungen zeigte es sich hingegen, daß die russische Artillerie nicht sonderlich wendig schoß.)

Bei der eigenen Artillerie machte sich zeitweise ein bedenklicher Mangel an Munition bemerkbar. Die wirkungsvolle Bekämpfung der russischen Artillerie durch die schweren Batterien der Kav.-Division war infolge des Fehlens einer eigenen Beobachtungs-Abteilung überhaupt nicht möglich. Nicht zuletzt durch die feindliche Artillerie erlitt die Division in der Zeit vom 22.—29. 7. Verluste von 366 Gefallenen und 1593 Verwundeten.

Die Gefechtsstärken der einzelnen Schwadronen sanken dadurch auf 41%—85% der Gefechtssoll-Stärken.

Um die 1. Kav.-Division für weitere Gefechtsaufgaben wieder voll verwendbar zu machen, wäre die Zuführung von

1 280 Uffz. u. Mannschaften,
1 435 Pferden,
350 Fahrrädern

sowie zahlreichem Material, vor allem MG-Ersatzteilen notwendig gewesen. Es muß hier offen bleiben, in welchem Umfang Ersatz tatsächlich nachgeschoben werden konnte.

Diese relativ hohen Verluste waren u. a. die Folge der hohen Angriffsgeschwindigkeit der 1. Kav.-Division; denn bis zum Aufschließen der Infanterie hatte die Kavallerie-Division, mit dem Angriff der Panzergruppe 2 schritthaltend, praktisch allein die Hauptlast des Flankenschutzes in überwiegend infanteristischem Einsatz getragen, wobei sie vom 27. 7.—3. 9. der 2. Armee unterstellt wurde. Danach trat die 1. KD. wieder zur Panzergruppe 2.

Am 12. August 1941 trat die 2. Armee zum Angriff zwischen dem Dnjepr und dem Sosh nach Süden an. Die Kav.-Division überholte bald die eigene Infanterie und war nach kurzer Zeit soweit vor den deutschen Korps, daß sie rechts und links von russischen Kolonnen begleitet wurde, die auf Gomel zurückfluteten. Der Russe versuchte zwar durch einen Panzerangriff die hinteren Teile der Division zu durchbrechen, wurde aber abgewiesen. Nun nach Norden ausholend, stießen die russischen Panzer auf die vorgehende deutsche Infanterie. Befehlsgemäß stieß die 1. KD. auch am folgenden Tage weiter auf Gomel vor, ohne es jedoch einnehmen zu können. Dennoch verschaffte diese zweitägige Verfolgung der nachfolgenden Infanterie die Möglichkeit, bis zur letzten Bereitstellung vor Gomel in einem Zuge durchzumarschieren. Zugleich wurde dadurch auch die Einschließung russischer Kräfte bei Rogatschew beschleunigt.

Im Verlauf der nun folgenden Kämpfe um Gomel erhielt die 1. KD. den Auftrag, eine Landbrücke in Richtung Wetka bis zum Sosh zu nehmen und einen Brückenkopf über den Sosh zu bilden, um eine weitere Ausgangsstellung (von Nordosten) für den Angriff auf Gomel zu gewinnen.

Mit einer Vorausabteilung, bestehend aus Radfahrern und einem verstärkten Reiter-Regiment, gelang es, bei Wetka eine fast unbeschädigte Brücke über den Sosh zu nehmen.

Nachdem es möglich geworden war, weitere Teile der Kav.-Division am Sosh einzusetzen, konnte bei Wetka ein Brückenkopf gebildet werden. Durch diese von der Kavallerie geschaffene Voraussetzung war es der nachfolgenden Infanterie möglich, statt frontal, flankierend gegen Gomel vorzugehen.

Die 1. KD. erhielt danach den Auftrag, auf dem Ostufer des Sosh nach Süden vorzugehen, um Dobrusch zu nehmen, und damit den letzten Weg aus Gomel nach Osten zu sperren. In viertägigen schweren Kämpfen gelingt die Einnahme von Dobrusch und die Bildung eines Brückenkopfes über den Iputj.

Ein weiteres Vorgehen wird jedoch durch die beherrschenden Stellungen des Feindes und das deckungslose, sumpfige Wiesengelände davor unmöglich gemacht.

Konnte die 1. KD. somit auch den Rückweg nach Osten nicht völlig abschneiden, so hat sie doch durch Bindung stärkerer Feindkräfte die Einnahme Gomels erleichtert.

Die Kavallerie der Wehrmacht nach Abschluß der Umgliederung und Teilmotorisierung

Nach wie vor bildeten die Reiter das wesentliche Element der Kavallerie. *(Archiv KR. 13)*

Maschinengewehre und Munition wurden in den MG-Abmärschen auf Handpferden mitgeführt. *(Archiv KR. 13)*

Die Kav.-Rgtr. waren durch 3 Radfahrer-Schwadronen, die 1. Kav.-Brig. durch eine Radf.-Abteilung verstärkt worden. *(Archiv KR. 13)*

Oben links: Die leichten Maschinen-Gewehre wurden ebenfalls von Radfahrern mitgeführt. *(Archiv KR. 13)*

Oben rechts: Die sMG und le. Granatwerfer der Radf.-Schwadronen waren auf Beiwagenkrädern motorisiert. *(Archiv KR. 13)*

Die schweren Waffen der Kav.-Rgtr. waren durchweg motorisiert. Krupp-Protze (Kfz 69) als Zugmaschine für die 3,7-cm-Pak. *(Archiv KR. 13)*

Pak-Zug der Kavallerie beim Instellunggehen. *(Archiv KR. 13)*

Kav.-Geschütze
In den Reiter-Rgtrn sechsspännig gefahren, waren sie bei den Kav.-Rgtrn. ebenfalls motorisiert. *(Archiv KR. 13)*

Die Panzerspähwagen (Kfz 13) gaben der Kavallerie das zukunftweisende Gepräge. Allerdings verfügte jedes Kav.- und Reiter-Rgt. jeweils nur über einen PzSpähzug. *(Archiv KR. 13)*

Der liebe alte KFZ 13 und ....

.... wie ihn der Soldatenhumor getauft hat:

Trotz seines geringen Panzerschutzes, der schwachen Bewaffnung und der eingeschränkten Bodenfreiheit war das Kfz 13 als PzSpähwagen bei der Truppe recht beliebt.

1939/40 wurde das Sonder-Kfz 221 als leichter PzSpähwagen eingeführt, allerdings nicht bei allen PzSpäh Zügen der Kavallerie. Obwohl er erhebliche Verbesserungen gegenüber seinem Vorläufer (Kfz 13) aufzuweisen hatte, war auch er anfällig und für die vorgesehene Verwendung zu schwach bewaffnet. *(Archiv Verf.)*

Der Sattelbefehl, die typische Befehlsform der Kavallerie. *(Archiv Verf.)*

Der Schwadrons-Chef erteilt den Zugführern einen Auftrag. *(Archiv Verf.)*

Am 21. 8. 1941 befahl Hitler, in Ausnutzung des Erfolges bei Gomel, den Beginn der Umfassungsschlacht von Kiew.
Während die Panzergruppe 2 dazu auf Konotop angesetzt wurde, marschierte die 2. Armee mit Masse nach Osten, mit Teilen jedoch nach Süden in Richtung Tschernigow, um den Abzug der sowjetischen Truppen über die Desna nach Osten zu verhindern. Die 1. KD. wurde hierbei auf dem linken Flügel eingesetzt, mit dem Auftrag, zunächst die beherrschenden Höhen bei Korma zu nehmen.
Mit Teilen das deckungslose Sumpfgelände am Iputj überwindend, mit anderen Teilen dieses umgehend, gelang es der Division, in der Nacht die Höhen von Korma zu besetzen.
Das weitere Vorgehen der 1. KD. endete am Ssnoff-Bogen, der die Verteidigung durch seine Geländegegebenheiten begünstigte und daher erst einmal von Feindkräften gesäubert werden mußte.
Zu einem Überschreiten des Ssnoff kam es nicht mehr, da die 1. KD. wieder der Panzergruppe 2 unterstellt wurde und sich nun nach Norden wendend, mit dieser vereinigt hatte.
Von der Panzergruppe 2 wurde die 1. KD. an deren rechten Flügel auf Makoschino an der Desna angesetzt.
Ein bald einsetzender unaufhörlicher Regen machte die berüchtigten russischen Wege nahezu unpassierbar. Waren diese schon bei trockenem Wetter eine Strapaze für Mensch und Pferd, so entwickelte sich daraus nun ein wahres Martyrium. Trotz äußerster Anstrengungen waren die zurückzulegenden Strecken gering. Dennoch wurden Vorausabteilungen vorgetrieben, und ein Radfahrspähtrupp erreichte als erste Gruppe deutscher Soldaten das noch feindbesetzte Makoschino. Die Überraschung und Verwirrung des Feindes war so groß, daß dieser eine Spähtrupp 355 Gefangene machen und 6 Geschütze erbeuten konnte. Darüberhinaus wurden die Sowjets so gebunden, daß die inzwischen aufgeschlossene SS-Division »Das Reich« die wichtige Eisenbahnbrücke über die Desna nehmen konnte und dem Feind damit der Fluchtweg nach Süden verlegt wurde.
Die Sowjets wurden somit zur Aufgabe des Desna-Abschnittes gezwungen. Dieser Erfolg machte die Herauslösung der 1. KD aus dem Desna-Abschnitt möglich, und sie wurde in der Folge der Heeresgruppe unmittelbar zu anderer Verwendung unterstellt.
Am 5. 9. wurde die 1. Kav.-Division nach Pogar verlegt und der 4. Armee unterstellt.
Dazu schreibt General Guderian in seinen »Erinnerungen eines Soldaten«: »Wir hätten sie lieber auf unserem linken Flügel im Flanken-

schutz beim XXXVII. PzKorps verwendet gesehen. So wurde ihre Beweglichkeit im stehenden Flankenschutz am Ssudost-Abschnitt nicht ausgenutzt«.

Im Ssudost-Abschnitt hatte die 1. KD. eine Breite von 90 km zu sichern, was durch bewegliche Kampfführung auch gelang. Diese Front wurde 19 Tage lang gehalten.

Inzwischen vollendete die PzGruppe 2 durch Vereinigung mit der von Süden heraufstoßenden PzGruppe 1 die Kesselschlacht von Kiew, zweifellos ein großer Erfolg, durch den jedoch mehrere Wochen für den Angriff auf das strategische Ziel Moskau verloren gingen.

Am 30. 9. trat die PzGruppe 2, der die 1. KD. wieder unterstellt war, aus dem Raum Jampol — Glochow zum Angriff nach Nordosten an, um noch vor Einbruch des Winters, die Rollbahn Orel — Tula — Moskau zu nehmen.

Die Kavallerie-Division hatte hierbei am Ssudost die linke Flanke der PzGruppe zu schützen.

Dabei wurde von ihr der Kessel von Briansk geschlossen, den es ab 8. 10. zu bereinigen galt.

Der Ssudost wurde überschritten. Danach ging es nur noch langsam und unter unsäglichen Mühen vorwärts. In der Nacht vom 9. zum 10. Oktober fiel der erste Schnee. Die Wegeverhältnisse wurden katastrophal. Tief eingeschnittene Schluchten machten bei gefrorenem Boden das Befahren fast unmöglich. Motorisierte Fahrzeuge mußten von Zugmaschinen geschleppt werden, und leichteste Bespannfahrzeuge kamen nur bei einer Vervielfachung der Zugpferde vorwärts. Ganze Kolonnen kamen ins Stocken.

Zudem wurde das Nachschubproblem, besonders hinsichtlich des Betriebsstoffs und der Futtermittel für die Pferde, geradezu prekär. Der verstärkten Radfahr-Abt. 1, die neben den reinen Reitereinheiten mit diesen Witterungs- und Wegeverhältnissen noch am besten fertig wurde, gelang es am Morgen des 11. 10. über die Desna von Trubtschewsk nach Nordosten vorzustoßen und, mitten durch eine größere Feindgruppe, zu einer im Osten bereits abriegelnden motorisierten Infanterie-Division durchzubrechen. Die feindlichen Kräfte wurden so gespalten und konnten dadurch schnell aufgerieben werden. Am nächsten Tag wurde die wichtige Höhenstellung von Ssoltanowka genommen. Ein Reiter-Regiment riegelte gegen Osten und Nordosten ab und verhinderte so das Ausweichen des Feindes.

Als am 13. 10. die motorisierte Inf.-Division den ostwärts Aleschenka stehenden Feind angreift und schlägt, wird die Kav.-Division wieder

zur Verfolgung vorbereitet, tritt auch an und erreicht Sswatoje, erhält dann aber den Befehl, die ausgedehnten Waldgebiete zu durchkämmen.
In diesen Urwäldern, in keiner Weise mit den heimatlichen Wäldern vergleichbar, sollte sich nach Gefangenenaussagen der Stab der 3. sowjetischen Armee verborgen halten.
Auch in den nächsten Tagen wurde das Durchkämmen dieser Urwälder fortgesetzt. Große Mengen an Gefangenen wurden eingebracht, umfangreiches Kriegsmaterial erbeutet. Es gelang aber nicht, den Armee-Stab gefangen zu nehmen.
In einem Tagesbefehl vom 20. 10. 1941 würdigte der Divisionskommandeur, Generalmajor Feldt, die Leistungen der 1. Kav.-Division noch einmal zusammenfassend:

Tagesbefehl

Zwei neue Kampfabschnitte, die Sicherung am Ssudost und die Teilnahme an der Einkesselung in der Doppelschlacht von Wjasma — Brjansk, liegen hinter uns.
Auf der 100-km-Front am Ssudost haben die dort eingesetzten Teile Hervorragendes geleistet. Trotz höchster Beanspruchung traten die Einheiten zu erfolgreichen Spähtruppunternehmungen und schneidigen Gegenstößen an.
In dem schwierigen Waldgelände südlich Brjansk hat die 1. KD. die dort eingekesselten Feindteile vernichtend geschlagen und folgende Beute gemacht:

12 Offiziere, 8 120 Mann als Gefangene,
3 Panzer (davon 1 zu 52 to),
39 Geschütze (19 = 18,5 cm, 5 = 15,2 cm, 15 = 7,62 cm),
8 Pak,
7 Granatwerfer,
37 sMG.,
11 Zugmaschinen,
80 Lastkraftwagen,
250 bespannte Fahrzeuge,
1 Munitionstroß,
1 Feldlazarett mit 6 Omnibussen.

Jeder Angehörige des Verbandes kann stolz auf das Geleistete sein. Im Gedenken an unsere gefallenen Kameraden wollen wir weiter unsere Pflicht tun.
Feldt, Generalmajor

Am 25. 10. 1941 trat die bereits angekündigte Neugliederung der Armee des rechten Flügels der Heeresgruppe Mitte in Kraft. Im Zuge dieser Maßnahmen wurde die 1. Kav.-Division bei Gomel versammelt, um nach Deutschland abtransportiert zu werden, wo sie in die 24. Panzer-Division umgegliedert werden sollte. Diese Umwandlung des letzten deutschen Kavallerie-Verbandes* in eine Panzer-Division ist nach dem II. Weltkrieg als eine nicht unumstrittene Maßnahme vielfach in der entsprechenden Literatur erörtert worden.
Bevor das Für und Wider hier dargestellt werden soll, ist es wichtig, die letzten Wochen dieses Reiter-Verbandes aufzuzeigen.
Tagebuchaufzeichnungen von Angehörigen des RR. 1 spiegeln die letzte Phase der stolzen Division wie folgt wieder:[62]

24. 10. Der Marsch nach Gomel beginnt, 45 km, furchtbares Durcheinander bei der Versammlung . . .

25. 10. Wieder 45 km Marsch. Karawanenweise gehen die Pferde zu den Sammelstellen ab. (Anmerkung des Verfassers: Wegen Marschunfähigkeit infolge totaler Erschöpfung.)

26. 10. 04.00 Uhr Abmarsch. Vorbeimarsch vor Generalfeldmarschall v. Bock.
Dolle Bilder beim Troß mit erschöpften Pferden.
Es regnet von früh bis abends. 10 km Trab. Der Ausfall ist kolossal.

27. 10. Ruhetag . . .

28. 10. Heute wieder 45 km Marsch.

29. 10. 35 km.

30. 10. 45 km.

31. 10. 65 km. Die besten Pferde fallen aus.

1. 11. Die gestrigen Pferdeausfälle ziemlich scheußlich (!) . . . Ruhetag.

Am 4. 11. erreicht das RR. 1 den Raum um Roji etwa 20 km nördlich Gomel.
Die Regimentsgeschichte des RR. 1 berichtet weiter:
»Die Bilanz des Marsches war erschütternd. Einzelne Schwadronen besaßen noch ein Drittel ihres Soll-Bestandes an Pferden. Die 5. (Schwadron), seit 1940 stets stolz darauf, kaum Pferde durch Marschausfälle zu verlieren, hatte mit 150 von allen Reiter-Schwadronen noch die meisten einsatzfähigen Pferde. Am 1. 9. 41 hatte sie mit 231 Pferden nur eine einzige Fehlstelle gehabt! Alte Truppenpferde waren so heruntergekommen, daß Schwadronsführer, Hauptwacht-

* Hier im Sinne von Heeres-Kavallerie zu verstehen, da die 1. Kav.-Div. gemäß Struktur und Verwendung als solche anzusehen war. Als Aufkl.-Abt. der Inf.-Divisionen sowie in Form der Inf.-Reiter-, und Radf.-Züge blieb die Truppenkavallerie weiterhin bestehen.

meister und Beschlagmeister sich nicht über deren Identität einigen konnten!

Selbst die passioniertesten Reiter, oder gerade sie, stimmten nach dieser Prozedur der bevorstehenden Motorisierung des Regiments aus vollem Herzen zu, zumal man nicht einzusehen vermochte, daß für diese Schinderei eine zwingende Notwendigkeit bestanden haben sollte.«[63]

(Dazu eine Anmerkung des Verfassers: Dieser »Marsch« in den Raum Gomel ist leider auch ein Beispiel dafür, daß die höhere deutsche Führung oftmals rigoros Befehle erteilte, deren Auswirkungen bei der Truppe nicht hinreichend berücksichtigt oder gar nicht erkannt wurden. Soweit für derartige Befehle eine zwingende Notwendigkeit bestand, kann es im militärischen Bereich darüber keine Diskussion geben. Im vorliegenden Fall bestand diese Notwendigkeit keineswegs. Die spätere 24. Pz.-Division, deren zukünftige Ausstattung sich ja noch zu einem großen Teil in der Produktion befand, wurde durch diesen Marsch auch nicht einen einzigen Tag früher wieder einsatzbereit. Auch die Feindlage gibt keinerlei Hinweise für die Notwendigkeit eines derartigen Gewaltmarsches, und die Versorgungslage wurde dadurch ebenfalls nicht verbessert, da die Masse der Pferde in Rußland verblieb.)

Zum Abschluß des Einsatzes der 1. KD. in Rußland ist festzuhalten, daß sie die ihr übertragene operative Aufgabe, den Schutz der rechten Flanke der PzGruppe 2 sicherzustellen, erfüllt hat, eine Aufgabe, die selbst einer mechanisierten Division wohl angestanden hätte. Dabei legte die 1. KD. kämpfend und marschierend rund 2 500 km im Sattel zurück. Für die großartigen Leistungen sprachen ihr der Oberbefehlshaber des Heeres, der Oberbefehlshaber der Heeresgruppe Mitte und der Oberbefehlshaber der 2. PzArmee anläßlich der bevorstehenden Umrüstung Dank und Anerkennung aus.[64]

Nach den niederschmetternden Erlebnissen der zurückliegenden Wochen versammelte sich die 1. Kav.-Division am Nachmittag des 5. 11. 1941 zum letztenmal auf einem großen Feld westlich Gomel zur Paradeaufstellung zu Pferde.

Das auf Schimmeln berittene Trompeter-Korps des RR. 2 blies die Paradepost, während der Divisionskommandeur, General Feldt, die Front abritt. Danach erfolgte ein Vorbeimarsch im Schritt, wozu das Trompeter-Korps, da keine Noten vorhanden waren, 17 mal hintereinander den »Marsch der Finnländischen Reiterei« intonieren mußte, bis alle Teile der Division vorbeigezogen waren.

Die Regimentsgeschichte des RR. 1 bemerkt dazu:
»In musterhafter Ordnung zogen die zusammengeschmolzenen Schwadronen unter dem trüben Grau des Novemberhimmels über die russische Erde. Jeder wußte, daß er eine entscheidende Stunde in der Geschichte seines Regiments und in der Geschichte der preußisch-deutschen Kavallerie miterlebte.«
In den auf den Schlußappell folgenden Tagen begann die Abgabe der Pferde. Dabei kam es teilweise zu herzzerreißenden Szenen. Mit Bitten und Betteln und Tränen in den Augen versuchten viele Reiter, die in den letzten Monaten dem Tod so manches Mal ins Antlitz geblickt hatten und denen Elend und Not des Krieges tägliche Gewohnheit geworden war, ihr Pferd, das sie tausende von Kilometern unter der glühenden Sonne Südfrankreichs, im strömenden Regen oder bei klirrendem Frost in Rußland durch unsägliche Gefahren getragen hatte, mit dem sie oftmals ihr letztes Stück Brot geteilt, oder selbst ganz darauf verzichtet hatten, nach Hause in die Heimat zu bekommen, wo es vielleicht auf dem väterlichen Hof den Rest seiner Tage beschließen konnte. Aber alles Bitten und Betteln half nichts. Sie mußten sich von ihren treuen vierbeinigen Kameraden trennen. Selbst in diesem einmaligen Fall wurde auf Gefühle keine Rücksicht genommen. Es herrschte Krieg, für Sentimentalität blieb kein Freiraum. Lediglich die zur Zucht tauglichen Stuten wurden ausgemustert, um nach Deutschland in die Landwirtschaft abgegeben zu werden. Hiervon konnten einige von Bauern oder Bauernsöhnen erworben werden.[65] Außerdem wurden die zumeist wertvollen Offizierspferde nach Deutschland verladen, wo sie der Ausbildung dienen sollten, ebenso die nicht mehr dienstfähigen Pferde, die in Pferdelazaretten oder -Depots erst einmal wieder zu Kräften kommen mußten.
Der weitaus größte Teil jedoch wurde von sogenannten Schleppkommandos anderer Truppenteile übernommen. So kamen qualifizierte Reitpferde, für die in jahrelanger Ausbildung so unendlich viel Mühe, Geduld, Sorgfalt und Können aufgewendet worden war, Pferde, wie sie keine andere Armee der Welt aufzuweisen hatte, zu den bespannten Einheiten der Infanterie, Artillerie oder zu den Versorgungstruppen, wo sie nun vor deren Gefechts- und Troßfahrzeugen landeten. Teilweise sollten sie auch den neu zu formierenden Kosakeneinheiten überstellt werden, die auf deutscher Seite mitkämpfen wollten.
Mit der Abgabe der Pferde wurde praktisch der Schlußstrich unter die Geschichte der 1. Kavallerie-Division gezogen. Am 15. 11. 41 begann

die Verladung, und in 2—3 Tagen rollte die Division nach Ostpreußen auf den Truppenübungsplatz Stablack, wo die letzten Pferde abgegeben wurden. Auf dem Truppenübungsplatz setzte anschließend die erste Phase der Umgliederung zur 24. Panzer-Division ein.

Im Winter 1941/42 wurde dann auf dem Truppenübungsplatz Ohrdruf in Thüringen, nach Versammlung aller Teile, die Kriegsgliederung einer Panzer-Division Typ 1942 eingenommen.
Es konnten der Division zwar 250 Panzer III und IV zugeführt werden, eine beachtliche Zahl im Vergleich mit den Panzerzahlen der im Osten eingesetzten Pz.-Divisionen, jedoch fehlte es z. T. an anderen gepanzerten Fahrzeugen aller Art sowie an Selbstfahrlafetten, so daß der volle Kampfwert einer Pz.-Div. nicht erreicht werden konnte. Neben anderem blieb zunächst die gesamte Artillerie ungepanzert, und die 3., 7. und 11. Schwadron des Pz.-Rgts. 24 erhielten überhaupt kein Gerät. Sie blieben somit lediglich Personalreserve.
Umrüstung und Ausbildung am neuen Gerät, einschließlich des Rückmarsches zur Front, dauerten rund 7 Monate. Am 6. 6. 1942 stand die 24. Pz.-Div. im Raum Kursk wieder an der Ostfront zur weiteren Verfügung.
In Anerkennung ihrer bisherigen Leistungen und ihres Herkommens behielt die 24. Pz.-Div. als einzige Panzer-Division die goldgelbe Waffenfarbe der Reiter, desgleichen auch die kavalleristischen Bezeichnungen wie Rittmeister, Wachtmeister, Schwadron und Abteilung, und ihre Angehörigen empfanden sich weiterhin als Teil der Kavallerie. Ihr Divisionszeichen wurde der »Springende Reiter«, im weiteren Verlauf des Krieges das Symbol eines Eliteverbandes.

Welche Gründe hatten im Herbst 1941 zur Auflösung dieses einzigen berittenen Großverbandes der deutschen Wehrmacht geführt? War diese Maßnahme zweckmäßig? Welche Auswirkungen zog diese Maßnahme nach sich?
Oberst Volrad v. Rauchhaupt schrieb 1957 dazu:[66]
»Tragik, daß der Anstoß zum Absitzen und der Ruf nach Panzerung von der eigenen Führung (Anmerkung: Dem Div.-Kommando) ausging. Glaubte sie wirklich, es gäbe keine Aufgaben mehr für die Reiter — und das ausgerechnet im Osten? Eine Fehlentscheidung, die sich später bitter gerächt hat.«
Ein negatives Urteil, gefällt im Hinblick auf die Neuerrichtung der Kavallerie 1943. Jedoch darf die Frage der Zweckmäßigkeit dieser

Maßnahme nicht vom Kenntnisstand der späteren Kriegsjahre oder gar vom Ausgang des Krieges her beurteilt werden.
Der eigentliche Grund, der im Sept./Okt. 1941 den Divisionskommandeur, Generalmajor Feldt, gegen sein Gefühl und seine persönliche Ansichten veranlaßte, beim OKH die Umwandlung seiner Division zu beantragen, war ein anderer. Es war die Erkenntnis des jüngeren Offizierkorps, daß der moralische und physische Kampfwert der ostpreußischen Kavallerie-Division in einem krassen Mißverhältnis zu den Erfolgsaussichten stand. Nach ihrer Auffassung war von der 1. Kavallerie-Division, zur Panzer-Division umgerüstet, ein höherer Beitrag zur Kampfentscheidung zu erwarten.
Mißt man diese Überlegungen an der Zahl der verliehenen Ritterkreuze, einer Auszeichnung, die für persönliche Tapferkeit, häufiger aber für militärische Leistungen von entscheidender Bedeutung verliehen wurde, so findet man durchaus eine Bestätigung für diese Auffassung.
Während an Angehörige der Division im Zeitraum des Polenfeldzuges, des Feldzuges im Westen und im Rußlandfeldzug bis zur Umrüstung 5 Ritterkreuze verliehen wurden, so waren es nach der Umrüstung bis Kriegsende 41 Divisionsangehörige, die diese Auszeichnung erhielten, hinzu kamen dreimal die Verleihung des Eichenlaubes und einmal die der Schwerter.
Darüberhinaus ist unbestritten, daß die aus der 1. Kav.-Division hervorgegangene 24. PzDiv. bis zu ihrer teilweisen Vernichtung im Kessel von Stalingrad und nach ihrer anschließenden Wiedererrichtung, bis zum Ende im Frühjahr 1945 in Ostpreußen, Hervorragendes geleistet hat. Allein 44 mal wurden Soldaten der 24. PzDiv. im Ehrenblatt des Deutschen Heeres genannt.
Die Umrüstung der 1. Kav.-Division muß aber dennoch als Fehlentscheidung gewertet werden, da die Auswirkungen dieser Maßnahme in der aktuellen, überschaubaren Kriegslage und bei der ebenfalls bekannten eigenen materiellen Lage zwangsläufig negative Folgen für das Erreichen des strategischen Zieles haben mußte.
Die erwünschte Folge, nämlich eine Steigerung der eigenen Kampfkraft, war dadurch frühestens in einem halben Jahr zu erwarten, und damit praktisch ein Wechsel auf die Zukunft.
Niemand hätte exakt voraussagen können, wie es an der Ostfront Mitte 1942 aussehen würde. Dagegen war durchaus zu folgern, inwieweit eine auch nur vergleichsweise geringe, aber sofortige Auffüllung der am Feind stehenden operativen Verbände mit entscheidendem

Großgerät zur Stabilisierung der in die Nähe einer Krise gerückten eigenen Front beigetragen hätte.
Es war daher von der Lage nach der Sommeroffensive 1941 auszugehen, so verständlich die Wünsche und Vorstellungen der jüngeren Kavallerie-Offiziere auch gewesen sein mögen.
In gewisser Weise war es geradezu fatal, daß diese Wünsche und Vorstellungen mit bestimmten Vorstellungen Hitlers und seines engsten Beraterkreises beinahe identisch waren.
Wie sah die eigene Lage im Herbst 1941 aus?
Nach den großen Kesselschlachten des Sommerfeldzuges, die trotz spektakulärer Siege keine Entscheidung von strategischer Bedeutung herbeigeführt hatten, verfügten die operativen Panzergruppen Anfang September 1941 nur noch über folgende einsatzbereite Panzerkampfwagen (in Prozentzahlen):

Panzergruppe 1	53%
Panzergruppe 2	25%
Panzergruppe 3	41%
Panzergruppe 4	70%

Die Kämpfe sollten jedoch noch im gleichen Jahr fortgesetzt werden, mit dem Ziel, die zahlenmäßig überlegene Rote Armee niederzuwerfen, zumindest aber noch vor Einbruch des Winters eine Situation herbeizuführen, die das Erreichen dieses Zieles im nächsten Jahr ermöglichen würde.
Dabei war deutscherseits die Fertigung von Panzerkampfwagen völlig unzureichend.
Die Fertigung der für die »Blitzkriegsoperationen« als Voraussetzung geltenden Panzerfahrzeuge hatte sich wie folgt entwickelt: Dem Fertigungsziel von monatlich 600 Panzern und Sturmgeschützen im Jahre 1940 stand eine tatsächliche Produktion von weniger als 200 gegenüber, im Januar 1941 dann etwa 230.
Die Forderung des Heeres nach einer monatlichen Fertigung von 1 250 Stück war damals (1940) abgelehnt worden.
1942 wurden dann monatlich etwa 380 Panzer gefertigt.
Hitler forderte nun (1942) 1 450 Stück monatlich, einschließlich der Produktion von Sturmgeschützen und Selbstfahrlafetten. Tatsächlich konnten aber nur 500 gefertigt werden.
Erst im Frühjahr 1943 wurde die Fertigungszahl von 600 erreicht, die das Ziel von 1940, also vor dem Westfeldzug, wiedergab.[67]
Es erscheint einleuchtend, daß bei dieser tatsächlichen Fertigungskapazität Materialreserven an Großgerät so gut wie nicht gebildet

werden konnten, und somit auch nicht zur Verfügung standen. Dagegen war aber mit einem weiteren Absinken der Zahl einsatzbereiter Panzer durchaus zu rechnen.
Bei den Schützenpanzern, der Panzerartillerie und der Lkw-Produktion sah es keineswegs besser aus.

Mit dem oben angegebenen Einsatzbereitschaftsstand mußten die PzGruppen 1 und 2 zur Kesselschlacht ostwärts Kiew antreten!
Bei dem Stand der geschilderten materiellen Lage und den eigenen realen Möglichkeiten des Einsatzes im Herbst 1941 hätte die rasche Zuführung des für den Aufbau der 24. PzDiv. abgezweigten Großgerätes, darunter allein 250 fabrikneue Kampfpanzer, bei den in mehreren Feldzügen kampferprobten und erfahrenen, nun aber abgenutzten Panzer-Divisionen (insbesondere der PzGruppe 2) erheblich mehr für die Kampfkraft des deutschen Ostheeres gerade in dieser kritischen Phase bewirken können als der Aufbau einer weiteren Pz.-Division, die erst nach mehr als einem halben Jahr einsatzbereit sein konnte.
Auch am Ende des II. Teils der Regimentsgeschichte des RR. 1 wird die Frage nach der Zweckmäßigkeit dieser Umrüstung sowie den sich daraus ergebenden Konsequenzen aufgeworfen.
Im einzelnen ist diese Frage kaum zu beantworten, denn ebensowenig wie eine Reitergruppe mit einer Pz.-Besatzung, eine Gruppe Gebirgsjäger mit der Bedienung einer Haubitze in Vergleich gesetzt werden können, läßt sich unter den damaligen Gegebenheiten eine Kav.-Division mit einer Pz.-Division oder einer motorisierten Inf.-Division vergleichen. Nur allzu oft wird übersehen, daß eine Kav.-Division nicht mehr den »Schnellen Truppen« zugeordnet werden konnte, sondern ein infanteristischer Spezialverband war. Dieser konnte, wenn überhaupt, am ehesten noch mit einer Gebirgsjäger-Division verglichen werden, wobei selbstverständlich auch bei diesem Vergleich die Schwerpunkte der besonderen Fähigkeiten auf verschiedenen Ebenen lagen.
Wenngleich also die taktische und operative Wertigkeit unterschiedlicher Waffen nicht miteinander in Beziehung gesetzt werden kann, so sei hier noch einmal ein Hinweis auf die Auswirkungen der Umrüstung gestattet.
Die nach Anzahl der Großverbände mit 5 Panzer-Divisionen und $3^1/_2$ (mot) Infanterie-Divisionen stärkste PzGruppe (2) des deutschen Heeres mußte Mitte Oktober 1941, um weiter beweglich operieren zu

können, die Masse der noch einsatzfähigen Panzer eines Panzerkorps (XXIV.) zu einer einzigen Panzer-Brigade zusammenfassen.
Diese Panzer-Brigade Eberbach hatte am 14. Oktober noch ganze 50 einsatzbereite Panzer. An sich hätte die Panzerzahl von 3 Divisionen 600 betragen müssen.
Bei der Absicht, den Krieg im Osten mit schnellen Panzer-Raids zu beenden, hätte gerade die Auffüllung der PzGruppe 2 mit 250 fabrikneuen Panzern deren Operationsfähigkeit erheblich verbessert und wäre somit im Sinne dieser Absicht gewesen.
Trotz der aufopfernden Arbeit aller Instandsetzungsdienste der Truppe hatte der Einsatzbereitschaftsstand an Panzern bei der PzGruppe 2 mit eigenen Mitteln nur auf 50% (!) gebracht werden können.
Der Wert gerade des Panzers wird weiterhin durch die Tatsache unterstrichen, daß sich der Umfang des deutschen Heeres durch Verluste monatlich um 60 000—70 000 Mann verringerte; Verluste, die kaum ausgeglichen werden konnten.*
Am 6. 11. 41 stellte die Org.Abt. des GenStabes des Heeres in einer »Beurteilung der Kampfkraft des Ostheeres« fest, daß die Inf.-Divisionen noch auf 65%, die Panzer-Divisionen noch auf etwa 35% ihrer ursprünglichen Kampfkraft zu veranschlagen seien.
Obgleich der Heeresgruppe Mitte vor ihrer letzten Offensive im Oktober 1941 zwei voll einsatzbereite Pz.-Divisionen (2. und 5. PD.) aus der OKH-Reserve zugeführt worden waren, mußte schließlich am 10. 11. eine »Operationspause« eingelegt werden.
Sicherlich hätten 250 zusätzliche Panzer Ende 1941 an der Ostfront keine Wunder bewirken können. Jedoch, ihr rechtzeitiger Einsatz wäre nicht ohne Auswirkungen auf die Lage der Heeresgruppe Mitte geblieben.

Zurück zu den Gründen, die seitens der Kavallerie-Division zu deren Antrag auf Umrüstung führten.
Obwohl dokumentarisch nicht belegt, gab ein ehemaliger Schwadron-Chef der Division dazu 1970 folgendes wieder:[68]
»Meine Vermutung — gestützt durch Erinnerungen an die damalige Situation — geht dahin, daß der damalige Ia der Division, der später in Stalingrad gefallene Oberstlt. i. G. von Menges, als Triebkraft »von unten her« und als »Sprachrohr« des jüngeren Offizierkorps

* Tatsächlich waren die Ausfälle erheblich höher. Der Personalersatz der zugeführt werden konnte, reichte jedoch zu keinem Zeitpunkt aus, um die Verluste voll auszugleichen.

der Division entscheidenden Einfluß auf diesen Entschluß genommen hat. In einem der nach jedem Kampfabschnitt dem OBdH. einzureichenden Erfahrungsberichte hat Menges die wirklich katastrophale Versorgungslage der KD. sehr deutlich herausgearbeitet und gewissermaßen alternativ gefordert: Entweder den Aufbau besonderer, geländegängig motorisierter Versorgungstruppen, vor allem auch für das Futter unserer 17 000 Pferde, oder Umstellung auf Panzer-Division, um diesen kostspieligen Sonderapparat nicht schaffen zu müssen.«

Generalmajor Feldt hatte vor der Antragstellung die Meinung seines Offizierkorps eingeholt. Diese lautete etwa:

»Wenn wir schon in Rußland Krieg führen müssen, dann sollte man uns — abgesehen von den unvermeidlichen Opfern an Menschenleben — wenigstens ersparen, daß unsere treuen Pferde uns unter dem Sattel verhungern. Da aber diese Voraussetzung weder gegeben sei, noch geschaffen werden könne, würden wir lieber in den Panzer oder andere motorisierte Fahrzeuge umsteigen.«

Im Kriegstagebuch der Reiter-Brigade 2 wurde vermerkt:

»Den Truppenteilen geht Abschrift des damaligen Antrages der 1. KD. auf Umstellung in eine Panzer-Division zu, um innerhalb der Division eine gleiche Auffassung über die Gründe der beantragten und inzwischen befohlenen Umstellung der Division zu schaffen.

Hiernach hat die bisherige Verwendung der 1. KD. im Feldzug gegen Rußland gezeigt, daß sie ihre Aufgabe zwar stets erfüllen konnte, aber als einzige Kav.-Division im Rahmen des Ganzen nie Entscheidendes vollbringen wird.

Nachdem die Aufstellung eines Kav.-Korps aus mehreren Gründen nicht mehr zur Erörterung steht, erscheint die Beibehaltung dieser einen Kav.-Division trotz der Erfolge in den Feldzügen in Polen, Frankreich und Rußland nicht mehr angebracht, weil die 1. KD. mit zunehmender Motorisierung des Heeres und der immer schneller werdenden Kriegsführung aufhören wird, eine »schnelle Truppe« zu sein. Nachwuchssorgen im Hinblick auf die zur Motorisierung neigende Einstellung der Jugend — und anderes mehr — fordern trotz aller Anhänglichkeit an die alte Waffe und Liebe zum Pferd gebieterisch, die Kav.-Division zu einer Panzer-Division umzuwandeln, und zwar geschlossen, um die in drei Feldzügen zusammengeschweißte Division nicht zu zerreißen und ihr zu ermöglichen, die in Jahrhunderten bewährte Kavallerie-Tradition fortzuführen . . .«

So verständlich diese Gründe im einzelnen, insbesondere unter dem Eindruck der damaligen Situation, auch gewesen sein mögen, gemessen an der Gesamtlage der deutschen Streitkräfte können sie kaum als zwingend betrachtet werden; denn etwa im gleichen Zeitraum, in dem die Heeres-Kavallerie aufgelöst wurde, ging die Waffen-SS daran, ihre aus den beiden SS-Totenkopf-Reiterstandarten hervorgegangenen Kavallerie-Regimenter in einer SS-Reiter-Brigade zusammenzufassen und diese entsprechend zu verstärken. 1942 entstand aus der SS-Reiter-Brigade Fegelein eine SS-Kav.-Division. Diese war nach dem Vorbild der ehemaligen 1. KD. gegliedert und ausgerüstet, und war daher hinsichtlich ihres Kampfwertes ähnlichen Einschränkungen unterworfen wie jene. Jedoch wurde sie ab 1942 mit Erfolg an der Ostfront eingesetzt.

Ihr Kommandeur, der spätere SS-Gruppenführer und Generalleutnant der Waffen-SS Fegelein, erhielt am 30. 7. 44 die Schwerter zum Eichenlaub des Ritterkreuzes und wurde somit einer der höchstdekorierten Reiterführer des II. Weltkrieges.

Während also das Heer die Kavallerie verminderte, stellte die Waffen-SS vermehrt Kavallerie auf. Dabei zogen beide Teilstreitkräfte letztlich am gleichen Strang, und der Waffen-SS konnten kaum traditionelle Gründe für ihr Vorhaben unterschoben werden.

Auch aus diesem Blickwinkel ist die Umrüstung der Heeres-Kavallerie als eine die Effizienz mindernde Maßnahme zu betrachten.

Weiterhin wurde Ende 1942 auf deutscher Seite mit der Aufstellung von Kosaken-Verbänden begonnen. Folgt man den Ausführungen des Generals der Infanterie Blumentritt, so sind diese zwar nur als berittene Hilfstruppen einzuordnen. Unzweifelhaft jedoch stellten die Kosaken-Verbände deutsche Truppen für andere Aufgaben frei.

Die in den Gründen angeführte Frage der Versorgung eines kavalleristischen Großverbandes hat sicherlich ihr eigenes Gewicht. Doch auch sie kann nicht als stichhaltig akzeptiert werden, denn der weitaus größte Teil der Deutschen Wehrmacht im II. Weltkrieg bestand aus pferdebespannten Inf.-Divisionen.

Eine Division der 3. Welle zum Beispiel, hatte einen Pferdebestand von 6 033 Stück. Ein Armeekorps mit 3 Divisionen dieses Typs verfügte, die Korpstruppen nicht eingeschlossen, demnach über 18 099 Pferde, deren Versorgung ebenfalls ständig sichergestellt werden mußte.

Wenngleich die Versorgung wegen der langen Wege und des zum Teil unzulänglichen Transportraums auch ständig eine Schwachstelle innerhalb der deutschen Kriegsmaßnahmen war und blieb, so kann die Versorgung von 17 000 Kavalleriepferden bei 750 000 zu versorgenden Pferden des Ostheeres, allein bei Beginn des Rußlandfeldzuges, kaum als ein Faktor von besonderer Schwierigkeit betrachtet werden. Unzweifelhaft hätten die Versorgungseinrichtungen der Kav.-Division nach den Erfahrungen der ersten Monate in Rußland verbessert werden müssen. Das aber wäre in einem zufriedenstellenden Umfang 1941/42 sicherlich noch möglich gewesen.

(Das Kavallerie-Korps Harteneck konnte unter erheblich ungünstigeren materiellen Umständen 1944/45 bis zur Kapitulation durchaus versorgt werden.)

So bleiben von den Gründen die berechtigte Sorge um die Pferde und der menschlich verständliche Wunsch, der allerdings von der heutigen Generation kaum noch verstanden werden dürfte, an dem Kriegsgeschehen einen gebührenden und anerkannten Anteil zu haben.

Der Überforderung eines Verbandes kann nur durch ständige, korrekte aber unmißverständliche Hinweise von unten und verständnisvolle Führung von oben begegnet werden. Das erscheint einfach und klar, ist aber in der militärischen Praxis, zumal der des Krieges, oft nicht zu verwirklichen. Hier liegt ein schwieriges Problem vor, dem ein mit Pferden ausgestatteter Verband in besonderer Weise unterworfen war. War für Kraftfahrzeuge kein Betriebsstoff, für Geschütze keine Munition mehr vorhanden, so waren diese technischen Kriegsmittel nicht mehr einzusetzen. Pferde dagegen ließen sich, ähnlich wie Menschen, auch dann noch bewegen, wenn sie seit Tagen nicht mehr versorgt worden waren.

Es muß daher die Frage offenbleiben, ob die ständige Sorge um die Pferde und der menschlich verständliche Wunsch nach Leistung und Anerkennung, die Umrüstung der 1. Kav.-Division zur 24. Panzer-Division letztlich gerechtfertigt haben.

Der Divisionskommandeur der 1. Kav.-Division, ein Kavallerist alter Schule, war in Anerkennung des Einsatzes seiner Division in Rußland zum Generalleutnant befördert und mit dem Ritterkreuz ausgezeichnet worden.

Am 1. 4. 1942 verließ er seine nunmehr umgerüstete Division und wurde zum Militärbefehlshaber von Südwestfrankreich ernannt.

Nach der Invasion 1944 wurde er als Kommandierender General eines Korps noch einmal Truppenführer, kämpfte in Holland und erlebte das Kriegsende als General der Kavallerie in Dänemark.

Bezeichnend für seine ritterliche Haltung ist eine Episode aus dem Frankreichfeldzug 1940. Als die 1. KD. bei Saumur an der Loire gegen die tapferen Offizierschüler und das Cadre noir der französischen Kavallerie-Schule im Gefecht stand, bot das AOK. Unterstützung durch Stuka-Angriffe an. Diese soll er mit den Worten abgelehnt haben: »Die da drüben sind Kavalleristen und daher unsere Freunde — und außerdem widerstrebt es mir, die schönen Pferde durch Bomben kaputtschmeißen zu lassen.«[69]

24. DIE AUFKLÄRUNGS-ABTEILUNGEN UND DIE INFANTERIE-REITERZÜGE

Viele Militärhistoriker gehen davon aus, und selbst vielen Kriegsteilnehmern schien es, daß es im deutschen Heer nach dem Ende der 1. Kav.-Division im November 1941 keine Reiterei mehr gab.
Selbstverständlich ist das unzutreffend, aber es unterstreicht, daß die Reiter in dieser Phase des Krieges, von der SS-Kav.-Division einmal abgesehen, nicht mehr besonders in Erscheinung traten.
Das lag einmal in deren Aufteilung, vielfach wurde auch der Begriff »Zersplitterung« verwendet, zum anderen aber daran, daß die allgemeine Lage dem Bewegungskrieg mehr und mehr Grenzen setzte und die Reiter im zunehmenden Stellungskrieg keine Aufgaben mehr erhalten konnten, die ihrer taktischen Eigenart entsprochen hätten. So führten die Reiter-Schwadronen bei den Inf.-Divisionen und die Reiterzüge der Inf.-Regimenter vielfach ein Schattendasein, wurden abgenutzt und mehr und mehr verschlissen. Dennoch waren allein an der Ostfront (bis 1943) noch 25 Reiter-Schwadronen im Einsatz.
Auch im Stellungskrieg mochten die Divisionskommandeure ihre Aufklärungs-Abteilungen nicht missen, da sich diese aufgrund ihrer Beweglichkeit als »Feuerwehr« in Krisenlagen geradezu anboten, und in den Schlamm- und Regenperioden Rußlands waren Pferde häufig das einzige zuverlässige Fortbewegungsmittel.
Jedoch der Einsatz als »ultima ratio« in Krisen war nicht die eigentliche Aufgabe der Aufklärungs-Abteilungen, zumal deren Bewaffnung und Ausrüstung für derartige Situationen unzureichend war.
Insbesondere die unterschiedliche Marschgeschwindigkeit einer Reiter-, einer Radfahr- und einer motorisierten Schwadron ließen einen geschlossenen, raschen Einsatz zumeist nicht zu.[70] Dennoch mußte vielfach aus der Not eine Tugend gemacht werden. Um die Kampfkraft zu

erhöhen, wurden verschiedentlich aus Aufklärungs-Abteilungen »Schnelle Abteilungen« gebildet, wobei die Abteilungen um weitere Radf.-Schwadronen und z. T. auch um eine Panzer-Jäger-Schwadron verstärkt wurden.
So wurde z. B. die Aufklärungs-Abteilung 134 (hervorgegangen aus dem Kav.-Rgt. 10) im April 1942 als Schnelle Abteilung 134 neu aufgestellt und bestand als solche nun aus:

Abt.-Stab
1. Reiter-Schwadron
2. Radf.-Schwadron
3. Schwerer Schwadron (mot)
4. Pz.-Jäger-Schwadron (mot)
5. Radf.-Schwadron

Die Masse der in Rußland eingesetzten Aufkl.-Abteilungen besaß allerdings keine Reiter-Schwadron mehr, sondern setzte sich aus Radfahr- und mot.-Schwadronen zusammen. Das erleichterte zwar die Führung, erschwerte aber deren Einsatz in den Schlechtwetterperioden.
Es würde den Rahmen und den Umfang dieser Ausführungen sprengen, wollte man die Einsätze der Aufkl.-Abteilungen in Rußland einzeln aufzählen, und doch hätten es alle verdient, erwähnt zu werden. So sollen wenige Streiflichter wiederum für alle stehen.
Die schon in Frankreich hervorgetretene Aufkl.-Abteilung 6 bewährte sich auch in Rußland wieder hervorragend. Am 17. 9. 41 unterstellte die 6. Inf.-Division der Reiter-Schwadron/AA. 6, unter Führung von Rittmeister Georg v. Boeselager, die drei Reiterzüge ihrer Infanterie-Regimenter zur speziellen weiteren Ausbildung. Diese Maßnahme war zweifellos eine Anerkennung der bisherigen Erfolge gerade dieser Schwadron.
Zugleich aber war es für diese eine willkommene Verstärkung. Der ständige Einsatz in vorderster Front und an den Brennpunkten des Geschehens hinterließ seine Spuren.
Die AA. 6 hatte am 27. 12. 41 zum Beispiel noch folgende Gefechts-Stärken:[71]

Reiter-Schwadron:	1 Offz., 32 Uffz. u. Mannschaften, 4 lMG;
Radf.-Schwadron:	1 Offz., 22 Uffz. u. Mannschaften, 3 lMG, 1 sMG;
Schwere Schwadron:	1 Offz., 29 Uffz. u. Mannschaften, 1 sMG, 2 Pak, 1 Kav.-Geschütz.

Aber selbst stark geschwächt, unzureichend versorgt und während der Schlammperiode, war die Aufkl.-Abteilung 6 über jedes Lob erhaben.

Der Spähtrupp-Ausbildung wurde großer Wert beigemessen. Reiterspähtrupp des Kav.-Rgt. 18, Stuttgart-Bad Cannstatt. *(Nach einem Gemälde von Oskar Merté)*

Die Aufklärung abseits von Straßen und Wegen war und blieb eine wesentliche Aufgabe der Reiter. *(Archiv Verf.)*

Reiterspähtrupp in Rußland, nach einer Zeichnung von Ernst Eigener, 1941 Angeh. einer P.K.

Meldereiter erwiesen sich auch im Krieg als zuverlässiges Führungsmittel. *(Archiv Verf.)*

Der Zugführer weist einen Meldereiter ein. *(Sammlung Schenk)*

Reiter sitzen zum Gefecht ab. *(Archiv KR. 13)*

Rast einer Radfahrer-Schwadron.
(Archiv KR. 13)

3,7-cm-Pak in Stellung. Dieses leichte, wenig wirkungsvolle Geschütz (bekannt als »Panzeranklopfgerät«) war auch bei der Kavallerie praktisch die einzige, zur Abwehr von Panzern vorgesehene Waffe. 1941 kamen Panzerbüchsen hinzu.
(Archiv Verf.)

Hatten auch Radfahrer und motorisierte schwere Waffen die Kav.Rgtr. verstärkt, die 5 Reiterschwadronen blieben das Kernstück dieses Verbandes.
(Sammlung KR. 6)

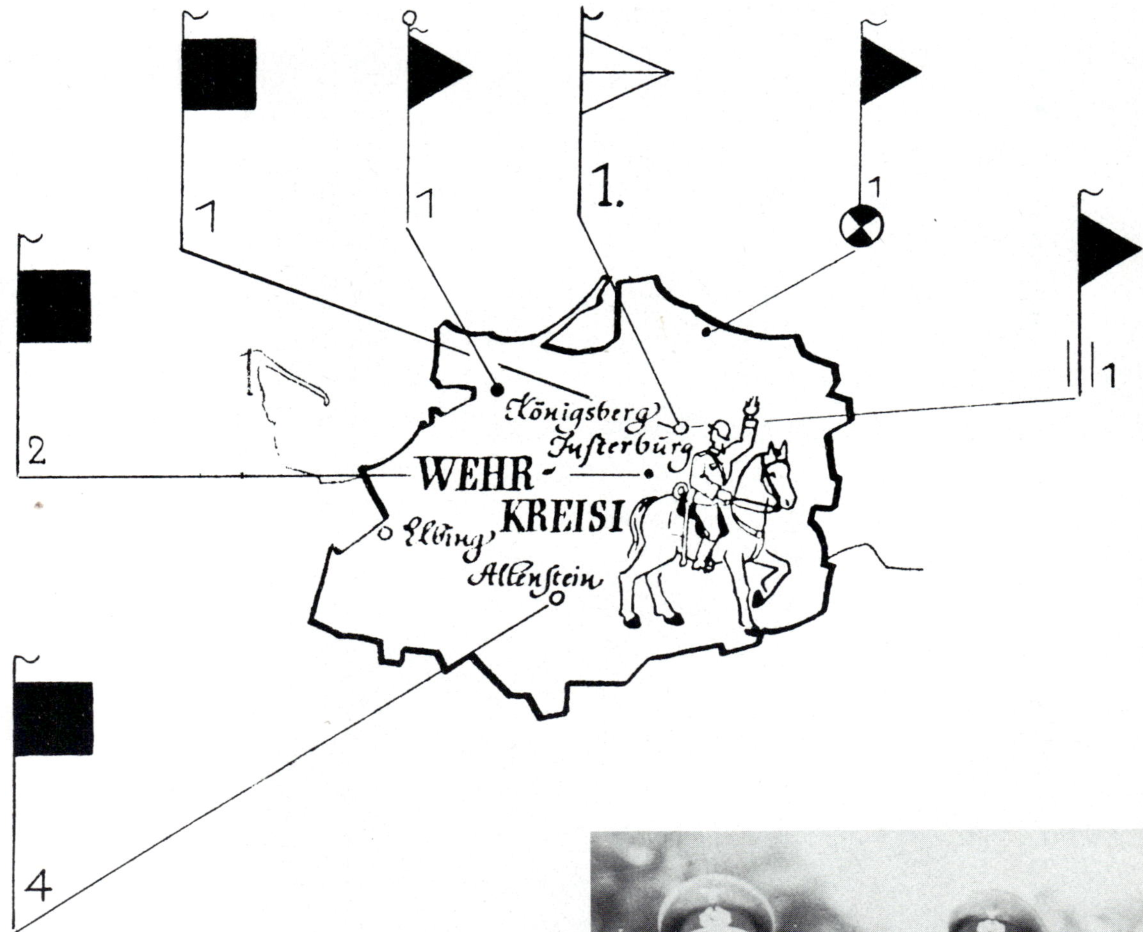

Der Wehrkreis I, Ostpreußen, war der mit Kavallerie am stärksten belegte des Deutschen Reiches. Es lagen 1939 in Ostpreußen in Garnison:

1. Kavallerie-Brigade Insterburg

Reiter-Rgt. 1	Insterburg
Reiter-Rgt. 2	Angerburg
Radf.-Abt. 1	Tilsit
Reit.Art.-Abt. 1	Insterburg

und, im Frieden der Brigade unterstellt:

Kav.-Rgt. 4	Allenstein
Aufkl.Abt.(mot) 1	Königsberg

Oberst Volk, bis 1937 Kdr. der 1. Kav.-Brigade, später letzter Kdr. Kav.Schule Hannover. Rechts daneben Rittm. v. Arnim, der Adjutant, zuvor Schwadr.Chef der 2./Reiter-Rgt. 6. *(Sammlung Rosenwald)*

Alle Widrigkeiten wurden, so gut es eben ging, gemeistert.
Seit dem 11. 11. 41 Führer der Abteilung, fand Rittmeister Freiherr v. Boeselager immer wieder Gelegenheit, in seinem Abschnitt durch mutige Entschlüsse und deren umsichtige Durchführung, zur Stabilisierung der teilweise ins Wanken geratenen deutschen Front beizutragen.
Am 31. 12. 1941 wurde ihm in Anerkennung seiner außergewöhnlichen Leistungen das Eichenlaub zum Ritterkreuz verliehen.
Auch die Aufkl.-Abteilung 5 des Rittmeister Niemack zeichnete sich in Rußland wieder in außergewöhnlicher Weise aus.
An der Szczara, einem südlichen Nebenfluß des Njemen verlegte die AA. 5 den Divisionen des russischen Korps Timoschenko den Rückzug und sperrte 3 Tage lang, völlig isoliert und nur durch einen Stuka-Verband unterstützt, einen 10 km breiten Streifen beiderseits der russischen Hauptrückzugsstraße.
Alle verzweifelten Durchbruchsversuche der Russen wurden abgewiesen und dabei eine erhebliche Anzahl von Panzern, Spähpanzern und Geschützen in erbitterten Kämpfen vernichtet.
Die durch die Kampferfolge der AA. 5 eingeleitete Schließung des Kessels von Bialystok führte zur völligen Vernichtung dieses Gegners. Rittmeister Niemack wurde im Wehrmachtsbericht genannt und am 10. Aug. 1941 als 30. Soldat der Deutschen Wehrmacht mit dem Eichenlaub zum Ritterkreuz ausgezeichnet.
Daß viele Aufklärungs-Abteilungen in Rußland die gleichen negativen Erfahrungen machen mußten wie die 1. Kav.-Division, beschreibt Karl Schönerstedt, bekannter hippologischer Autor, in seinem Buch »Pferde und Soldaten« u. a. wie folgt: »Wir marschierten lange in zweiter Linie, denn vor uns war ein Panzerkorps im Vorstoßen, und wir hatten die Aufgabe, die Wälder zu durchkämmen und die Spitze vor Überraschungen von hinten zu sichern.
Bald merkte es auch der kleinste Soldat, die Russen waren nicht mehr die schlechten Soldaten von 1914 bis 1918. Sie hatten die Soldatentechnik gelernt und ließen sich für Väterchen Stalin aus den einzelnen Schützenlöchern nur im Nahkampf herausholen.
Es gab erbitterte Kämpfe, und es gab sehr viele überraschende Aktionen des Feindes auch hinter der Front. Selbstverständlich waren wir dem Russen überlegen; aber die Masse des Menschenmaterials war erdrückend.
Zu einem unüberwindlichen Hindernis jedoch wurden die russischen Landstraßen. Sie raubten unsere letzten Kräfte, und der russische

Staub hüllte uns Tag für Tag ein, beengte unsere Kehle und machte jeden Marsch zur Hölle.
Die Luft war verpestet vom Rauch der brennenden Dörfer, und es stank nach verwesenden Kadavern. Der erbarmungsloseste Feldzug der Weltgeschichte verlangte das Letzte von Mensch und Tier.
Voller Neid blickten wir auf die motorisierten Verbände, die zwar auch Staub schlucken mußten, die aber immerhin nicht so große körperliche Anstrengungen zu vollbringen hatten wie wir.
In der Nähe von Opotschka hatten wir wieder Feindberührung. Und ich erlebte erstmalig größere Spähtruppunternehmen, die vielleicht ganz reizvoll werden konnten, wenn unsere Pferde einsatzfähig gewesen wären, aber sie fielen ja fast über ihre eigenen Beine.
Der Russe ließ uns des öfteren in ausgesprochene Fallen reiten. Wenn wir uns dann auf dem Rückweg befanden, bekamen wir ein Feuer, daß man glaubte, keiner käme heil durch.
Doch es war auch für die Russen schwer, Reiter auf galoppierenden Pferden zu treffen.
Meist ritten wir Spähtrupps, einige Male wurden wir Infanteristen und machten Angriffe zu Fuß.
Die kampfstarke Schwadron wurde immer kleiner, und immer mehr Pferde kamen zum Troß, wo sie gepflegt wurden, damit sie schnellstens wieder einsatzfähig wurden.«
Und weiter heißt es bei Schönstedt: »Diese Tierquälerei ging mir doch zu sehr zu Herzen.
In einem modernen Krieg wurden die Anforderungen für die Pferde, wenn sie im vordersten Einsatz waren, doch viel zu groß.
Vielleicht hatte ich Pech gehabt, daß man gerade von uns Übermenschliches verlangte, denn umsonst war unsere Schwadron nicht nach kurzer Zeit schon zu einem kleinen Häufchen zusammengeschmolzen. Beim Vormarsch mit Panzerverbänden Schritt zu halten, war so ziemlich unmöglich. Es sei denn, man hätte uns modernisiert. Dazu gehörte: kein Gepäck auf die Pferde, Trosse motorisiert, Bewaffnung nur Maschinenpistolen, keine gemischten Aufklärungs-Abteilungen, bestehend aus Reitern und Radfahrern, sondern nur Reitern und Motorisierten.«
Auch die »Geschichte des 10. (Preuß.) Reiter-Rgts.« weiß über die aus dem Kavallerie-Regiment 10 bei Kriegsausbruch aufgestellte Aufkl.-Abt. 24 u. a. ähnliches zu berichten:
»Am 27. 6. (1941) begann der Russe eine weiträumige Absetzbewegung. Eine Vorausabteilung wurde gebildet, um den Gegner zu ver-

folgen und den Rata-Abschnitt bei Mosty Wielki offenzuhalten. Die folgenden Tage brachten härteste Anforderungen für Mensch, Pferd und Motor. Nur mit eisernem Willen überwanden die Aufklärer die ungeahnten Schwierigkeiten.«

Anschaulich wird der Einsatz der Aufklärungs-Abteilungen im Rußlandfeldzug auch in dem Buch »Pferd und Reiter im II. Weltkrieg« von Janusz Piekalkiewicz geschildert:

»Die zu jeder deutschen Infanteriedivision gehörenden Reiterschwadronen der Aufklärungsabteilungen (A. A.) haben gerade im Rußlandfeldzug alle Hände voll zu tun. Tagaus, tagein sind drei kampfkräftige Spähtrupps der Schwadronen/A.A. in Stärke von mindestens zwei Gruppen mit je einem berittenen Funktrupp im Einsatz. Die mittlere Gruppe sichert den Hauptvormarschweg der Division, die beiden anderen schützen die Flanken des Vormarsches in einer Breite von 10 Kilometern.

So ist die Masse der Reiterschwadron rund um die Uhr unterwegs. Der Rest, bestenfalls je eine Gruppe pro Zug, und die MG-Staffel soll für Kampfaufträge nach Möglichkeit nicht eingesetzt werden. Oft zieht man jedoch die Divisionsaufklärungsabteilungen zur raschen Einnahme wichtiger Brücken, Engen oder Anhöhen im Vormarschraum hinzu. Auch der Flankenschutz der Division oder das Sperren feindlicher Rückzugstraßen gehören zu ihren Aufgaben.

Die Spähtrupps reiten meist in den frühen Morgenstunden ab und treffen oft erst gegen 23 Uhr wieder bei der Abteilung ein. Nicht selten bleiben sie über Nacht draußen, damit sie am nächsten Morgen mit einem per Funk übermittelten neuen Auftrag sofort weiterreiten können.«

Zusammenfassend zeigt sich, daß die Aufklärungs-Abteilungen ein wertvoller Bestandteil der Infanterie-Divisionen waren. Die ihnen erteilten Aufträge gingen sehr häufig über ihre eigentliche Kampfkraft hinaus, d. h., sie hatten mit den gleichen Überforderungen fertig zu werden wie die Verbände der Kav.-Division. Dennoch haben sie Gutes geleistet, zumeist mehr als erwartet werden konnte. Die Divisions-Kommandeure hielten zäh an ihren »AAs.« fest und rangen um jede Teileinheit, die etwa zu anderer Verwendung abgezogen werden sollte.

Als der Bewegungskrieg völlig zum Erliegen gekommen war, entstanden aus den Aufkl.-Abteilungen nach Abgabe der Reiter und häufig auch ohne Fahrräder die Divisions-Füsilier-Bataillone, die als leichte, »bewegliche« Infanterie die Kampfkraft der zum Teil zusammengeschrumpften Infanterie-Divisionen verstärken sollten. Auch das haben sie bis zum letzten Tag nach besten Kräften getan.

Was die Aufkl.-Abteilungen für die Infanterie-Divisionen waren, waren auf der nächst niedrigeren Führungsebene die Reiterzüge für die Infanterie-Regimenter, also Organe zur Aufklärung und zur Übermittlung von Meldungen sowie mit Einschränkungen auch zur Sicherung.
In diesem Zusammenhang ist es interessant festzustellen, daß die Panzer- und PzGrenBrigaden der Bundeswehr in der Brigade-Stabskompanie bis auf den heutigen Tag über einen Panzer-Spähzug verfügen, der nahezu die gleichen Aufgaben wahrzunehmen hat.
Nach der damaligen Terminologie waren die Reiter des Inf.-Reiterzuges keine Kavalleristen, sondern Infanteristen. Wegen ihrer weißen Waffenfarbe wurden sie auch gelegentlich »weiße Reiter« genannt.
Tatsächlich aber waren diese Reiter der Infanterie schon aufgrund ihrer eigentlichen Aufgabe mehr der Kavallerie zuzurechnen als ihrer Stammwaffe. Außer in der Waffenfarbe unterschieden sie sich von einem Reiterzug der Kavallerie eigentlich nur geringfügig.
Wie war es zu der Einführung dieses kavalleristischen Elementes bei der Infanterie gekommen?
Im Zuge der allgemeinen Heerevermehrung 1935 wurde u. a. auch die Infanterie enorm verstärkt. Die Verstärkung bezog sich sowohl auf die Anzahl ihrer Verbände, als auch deren Ausstattung, bzw. deren Etat. Damit wurde der Kampfwert der Infanterie erheblich verbessert, besonders für den Angriff. Für eine überwiegend beweglich operierende Infanterie jedoch, war die Aufklärung von entscheidender Bedeutung. Deshalb erhielt jede Inf.-Division eine Aufkl.-Abt. und analog dazu, jedes Inf.-Rgt. einen Reiterzug. Hierbei ist herauszustellen, daß der Reiterzug, mit all seinen Vor- und Nachteilen als die Norm angesehen wurde, Radfahrer- oder Kradzüge (bei Neuaufstellungen) dagegen galten als Aushilfsmöglichkeiten, wenn keine Reiter zur Verfügung gestellt werden konnten.
Die ersten Inf.-Reiterzüge entstammten der berittenen Hundertschaft »Seydlitz« der Landespolizei Berlin. Diese wurde im September 1935 von Potsdam auf den Truppenübungsplatz Grafenwöhr verlegt, dort als Polizei-Hundertschaft aufgelöst und, in drei Reiterzüge geteilt, in die Deutsche Wehrmacht übernommen.
Einer dieser 3 Züge wurde dem Inf.-Rgt. 17, Braunschweig, zugewiesen.

Zügig wurde nun bei allen Friedensregimentern ein derartiger Zug aufgebaut, zumeist durch Einzelabgaben von Reiter-, später Kav.-Regimentern. Weitere Züge wurden im Mob-Fall geschlossen von Kav.-Rgtrn. der Infanterie überstellt.
Bereits 1936 wurde die Ausbildungsvorschrift für die Infanterie, H.Dv. 130/8 Heft 8 »Der Infanterie-Reiterzug« herausgegeben. Danach waren für den Inf.-Reiterzug folgende Aufgaben vorgesehen:

— Aufklärung
— Sicherung
— in Ausnahmen Nachrichtenübermittlung
jedoch ausdrücklich — kein Einsatz zum Kampf!

Dem Führer des Reiterzuges konnte unter besonderen Umständen auch die einheitliche Leitung des gesamten Aufklärung- und Meldedienstes seines Regiments übertragen werden, in keinem Fall jedoch sollte er als Ord.-Offz. verwendet werden.
Der nur drei Jahre später beginnende Krieg führte diese Vorschriften bald weitgehend ad absurdum.
Die Infanterie-Reiterzüge gliederten sich in Zugführer mit Zugtrupp und 3 Gruppen, waren aber oftmals nicht so stark wie ein Reiterzug der Kavallerie.
Alle Infanterie-Regimenter der 1., 2. und 4. Welle, teilweise auch die der 3. Welle, verfügten bei dem Regimentsstab, neben einem Nachrichten- und einem Pionierzug, über einen derartigen Reiterzug. Die Regimenter der 3. sowie der 5. bis 10. und aller weiteren Wellen hatten in aller Regel keinen Reiterzug mehr, stattdessen aber einen Radf.-Zug.
Beim Vormarsch bildete der Reiterzug häufig die Spitze des Regiments, welche noch vor der Inf.-Spitze marschierte. Die Aufgabe der Vorhut war verständlicherweise bei unverhoffter Feindberührung, und dies ist in Feindesland immer zu erwarten, recht gefahrvoll und erforderte von den Reitern angespannte Aufmerksamkeit, blitzschnelles Reagieren und Umsicht.
Ein Zugführer der PzAbw.-Kompanie eines Inf.-Regiments schildert eine derartige Situation vom 25. 6. 1941:[72]
»Nach dreistündigem Marsch wurde um 22 Uhr von der Spitze durchgerufen: »Panzerjäger nach vorne!« Ich entschloß mich, wie schon oft, zunächst mit zwei Geschützen an den marschierenden Kolonnen vorbei bis an die Spitze vorzuziehen.
Das war leicht gesagt, bei den russischen Wegverhältnissen jedoch schwer durchzuführen. Meist mußte neben der Straße überholt wer-

den, wie immer, eine harte Aufgabe für Fahrer und Fahrzeug. Nach vorne gekommen, war von feindlichen Panzern weit und breit nichts zu sehen.

Da aber — wenn auch recht weit — panzerähnlicher Motorenlärm zu hören war, blieb ich mit beiden Geschützen vorne. Mit einem dieser beiden Geschütze (Geschützführer Unteroffizier Br.) begleitete ich im Mannschaftszug die Infanteriespitze. Auf Sichtentfernung vor uns trabte noch die Reiterspitze. Das zweite Geschütz (Geschützführer Unteroffizier Schw.) folgte aufgeprotzt auf etwa 200 bis 300 Meter. Man hörte zwar ab und zu noch das Motorengeräusch, doch blieb sonst alles ruhig. Etwa zwei Kilometer nordwestlich L. wurde die Reiterspitze plötzlich aus einem Wald auf 100 Meter Entfernung angeschossen. Es war inzwischen dunkel geworden. Jetzt kam »Leben in die Bude«. Während der Geschützführer Br. noch beschäftigt war, die Pak in Stellung zu bringen, raste auch schon die angeschossene Reiterspitze im gestreckten Galopp über uns hinweg. Einer der Pakschützen wurde hierbei von einem der zurückjagenden Pferde, die in einem kühnen Sprung über das Geschütz und die Bedienung wie über ein Hindernis auf dem Turnierplatz hinwegsetzten, gestreift, zum Glück aber nur ganz leicht verletzt. Einige Pferde waren bereits ohne Reiter — von vorne tönte der Ruf »Sanitäter«.«

Von den vielen Reiterzügen, die mit ihren Regimentern in Polen und im Westen gekämpft hatten und nun nach Rußland zogen, soll hier in Kurzform ein Eindruck von deren Tätigkeit vermittelt werden, und zwar am Beispiel des Reiterzuges eines Regiments mit »hoher Hausnummer«.[73]

Das Inf.-Regiment 528 lag nach dem Frankreichfeldzug in Oberschlesien. Die Zeit wurde zu Aufklärungs- und Angriffsübungen genutzt.

Der Reiterzug gymnastizierte seine Pferde. Im Ernstfall waren gut trainierte Pferde eine Art Lebensversicherung für ihre Reiter.

Nachdem am 22. Juli 1941 morgens um 03.15 Uhr das Regiment den Bug überschritten hatte, fand der Reiterzug reichlich Gelegenheit zu zeigen, was er in vielen Ausbildungsstunden gelernt hatte.

In ununterbrochener Folge mußten Meldungen überbracht und Aufklärung betrieben werden. Immer wieder kam es auf die Ausdauer und die Zuverlässigkeit der Pferde an. Die täglichen Ritte von 70 bis 80 km hielten nicht alle Pferde durch. Viele gingen schon nach wenigen Tagen in die Pferdelazarette.

Und dennoch: Vor der in schier unendlicher Breite vorgehenden deutschen Armee, bewegte sich ständig ein Schleier, gebildet von den Reitern der Aufklärungsorgane, die spähend, lauernd, im Schritt, Trab oder auch zügigem Galopp, dem Feind auf den Fersen blieben.

Versteifte sich der Feindwiderstand, so mußten die Reiter oder Radfahrer Möglichkeiten zu weiterem Vorgehen erkunden. Aufklärung und Erkundung brachten die Reiter häufig hinter die feindlichen Linien.

Ging es wieder voran, so ritt der Reiterzug wieder zur Sicherung an der Spitze des Regiments. Es kam auch vor, daß der verstärkte Reiterzug zur Umfassung eingesetzt wurde.

Eines Tages gegen Ende Juli glaubte der Kommandeur Inf.-Regiment 528 seinen Augen nicht trauen zu können. Links voraus marschierte müde und in die gleiche Richtung, eine große Kolonne. Sollte es sich um das Nachbarregiment handeln? Genaue Beobachtungen ergaben, daß dort Russen zurückgingen.

Die Artillerie war weit zurück. Der Feind aber mußte überraschend angegriffen werden. Also erhielt der Reiterzug, verstärkt durch mehrere Maschinengewehre, den Auftrag, die russische Kolonne zu umgehen, um sie aus der Flanke anzugreifen. Wenige Minuten später trabten die Reiter an. Das schwer übersehbare Kusselgelände ermöglichte ein unerkanntes Vorgehen.

In einer Bodenfalte wurde abgesessen. Rasch wurden auf einer kleinen Erhebung die MGs. in Stellung gebracht. Ihr Feuer richtete beim Gegner heillose Verwirrung an. Blitzschnell saßen die Reiter wieder auf, galoppierten zu einem anderen Punkt, eröffneten das Feuer und wechselten danach erneut die Stellung, gerade so, wie der Feuerkampf der Kavallerie im Frieden geübt worden war.

Der Feind glaubte einen stärkeren Gegner vor sich zu haben. Viele Russen warfen ihre Waffen weg und flüchteten.

Nach einer Stunde meldete sich der Zugführer beim Regiment zurück. Er brachte 300 Gefangene mit, ohne selbst Verluste erlitten zu haben.

Als Mitte Oktober die Schlechtwetterperiode einsetzte, gingen durch Erschöpfung die Pferde des Regiments reihenweise zu den Veterinär-Kompanien oder in Pferdelazarette. Gefangene mußten die Geschütze und die Troßfahrzeuge ziehen.

Erstaunlich gut dagegen ging es den Pferden des Reiterzuges. Der Reiterzug war nicht auf die völlig verschlammte Rollbahn angewiesen. Er konnte sich bessere Wege aussuchen. Das kam den Pferden sehr zugute.

In dieser Situation des Steckenbleibens im Schlamm bekam der Reiter-

zug den Auftrag zu einem Fernspähtrupp, um Erkenntnisse über das Verhalten des Feindes einzubringen. Nach einigen Tagen war auch dieser Auftrag erfüllt. Der Reiterzug hatte dabei 750 km (!) zurückgelegt, und 25 Zugochsen erbeutet, die als Bespannung für die Geschütze verwendet werden konnten!
Erstaunlich war in diesem Krieg, in welch geringem Umfang die feindliche Luftwaffe, den abseits der großen Straßen aufgelockert vorgehenden Reitern Verluste beibringen konnte.[74]
Während der Wintermonate wurden die Pferde des Reiterzuges als Bespannung für die ortsüblichen Panjeschlitten eingesetzt, dienten somit der Versorgung aber auch dem Einsatz gegen Partisanen.
Im Winter 1942/43 setzte infolge von Versorgungsschwierigkeiten erneut ein großes Pferdesterben ein. Davon blieb auch der Reiterzug nicht verschont. Ohne Futter, häufig nur durch halbfaules Stroh von den Dächern der Bauernkaten ernährt, mußten letztlich auch die widerstandsfähigsten Pferde zugrunde gehen, obwohl deren Reiter ihre dürftige Brotration mit ihnen teilten.
Die wenigen Pferde, die überlebten, wurden im Sommer hinter die Front gebracht, wo sie sich bei Erntekommandos wieder erholen konnten.
Nach und nach wurden die Pferdebestände wieder aufgefüllt. Der Krieg ging weiter. Immer häufiger mußte der Reiterzug abgesessen, zusammen mit dem Pionierzug, als Regimentsreserve eingesetzt werden.
Das letzte Pferd des Reiterzuges, ein französisches Beutepferd, das 1940 übernommen worden war und seither alle Strapazen überstanden hatte, wurde am 22. Januar 1945 als Zugpferd eines Troßfahrzeuges von einer russischen Panzergranate zerfetzt.
Soweit die Reiterzüge 1943 nicht zur Aufstellung der neuen Reiter-Regimenter abgegeben wurden, war ihr Los den hier geschilderten Begebenheiten sehr ähnlich.
Daß die Reiterzüge der Infanterie vom OKH für den Krieg im Osten als ein unabdingbarer Bestandteil dieser Waffengattung angesehen wurden, beweist die Neugliederung 1943 und die Aufstellung neuer Divisionen 1945. Auch diese sind selbstverständlich unter den Gegebenheiten und den materiellen Möglichkeiten jener Zeit zu sehen.
Die Gliederung einer Infanterie-Division (neuer Art) 1943 sah bei jedem der 3 Infanterie-Regimenter nun nur noch 2 Bataillone vor. Jedes Bataillon bestand aus dem Stab, 3 Gren.-Kompanien und 1 schw. Kompanie. Neben diesen beiden Bataillonen verfügte das Regiment über 1 Inf.Gesch.-Kompanie, 1 Pz.Jäg.-Kompanie und 1 Stabs-

Kompanie mit Nachr.-Zug, Pionier-Zug und Reiter- oder Radf.-Zug (letzterer nach Maßgabe der AOK.).
Eine Aufkl.-Abteilung war nicht mehr vorgesehen, dafür aber ein Div.-Füsilier-Bataillon, welches teilweise durch Fahrräder beweglich gemacht wurde.
Bei einer Verringerung der infanteristischen Kampfkraft der Division (n.A.) um 3 Bataillone verfügte diese somit wie bisher über 3 Reiter-Züge.
Auch das Beispiel einer 1945 aufgestellten Inf.-Division weist tatsächlich wiederum Reiter auf. Hier verfügte das Füsilier-Btl. (tmot) über eine 4. (Reiter) Kompanie mit 9 le. Maschinengewehren. Vermutlich dürfte es sich hierbei jedoch um einen aus der Not und den zur Verfügung stehenden Mitteln entstandenen Einzelfall handeln.[75]

Waren die Inf.-Reiterzüge während des Krieges doch überwiegend bekannt, so dürfte es weniger bekannt sein, daß auch die Luftwaffe über einen Reiterzug verfügte.[76]
Mit diesem hatte es folgende Bewandtnis. Aus der am 22. 2. 1933 in Berlin Kreuzberg aufgestellten Polizei-Abteilung »Wecke« kam nach Erweiterung zur Landespolizei-Gruppe »Wecke« zbV im Juni 1933 ein berittener Zug hinzu.
Der berittene Zug blieb auch nach Umbenennnung des Verbandes in Landespolizei-Gruppe zbV (mot) »General Göring« am 17. 7. 33 unverändert erhalten und erhielt die Tradition der ehem. Landespolizei in Deutsch-Südwestafrika.
Am 23. 9. 1935 wurde die Landespolizei-Gruppe »General Göring« als Luftwaffen-Jägerregiment gleichen Namens in die Luftwaffe überführt. Das Regiment erhielt den Auftrag, die Fallschirmtruppe zu entwickeln.
Als Anfang 1936 die Umkleidung von den grünen Polizei- in die blauen Luftwaffenuniformen erfolgte, erhielt der Reiterzug eine goldgelbe Umrandung der Spiegel. Eine zeitlang unterstand der Reiterzug dem Wachbataillon der Luftwaffe, welches Teil des Regiments war.
Am 1. 10. 1938 erfolgte die Auffüllung des Reiterzuges zur Schwadron. Ihr Chef bekleidete zwar die Dienststellung eines Hauptmanns, wurde aber allgemein als der einzige „Rittmeister" der Luftwaffe bezeichnet.
Die Schwadron erhielt am 26. 8. 39 den Mob-Auftrag, den Schutz des Hauptquartiers des Ob.d.Lw., welches in der Luftkriegsschule im Waldgebiet Wildpark-Werder untergebracht war, sicherzustellen.

Im Februar — März 1940 wurde die Reiterschwadron in eine Kradschützen-Kompanie umgerüstet. Allerdings blieb eine Reiterstaffel mit den gleichen Aufgaben weiterhin bestehen. Die überzähligen Pferde übernahm das Kav.-Regiment 9 in Fürstenwalde. Etwa im Juni 1941 wurde die Reiterstaffel wieder zu einem Zug aufgefüllt und zum Schutz des H.Qu. Ob.d.Lw. in der Rominter Heide eingesetzt.
Gegen Kriegsende kam dieser einzige Reiterzug der Luftwaffe in Ostpreußen zum Fronteinsatz und wurde dabei aufgerieben.
Außer in diesem Reiterzug wurden Pferde in der Luftwaffe auch anderweitig eingesetzt. So zum Beispiel in den Versorgungsdiensten des rückwärtigen Gebietes, aber auch auf Feldflugplätzen zum Transport von Bomben und Munition; natürlich auch hier an Stelle von motorisierten Transportfahrzeugen, um Betriebsstoff zu sparen.

25. FAKTOR PFERD IM OSTEN

Als am 22. Juni 1941 die Deutsche Armee zum Kampf gegen die Sowjetunion antrat, marschierten in den Verbänden neben 600 000 Kraftfahrzeugen, 3 580 Panzern und 3 Millionen Soldaten auch 750 000 Pferde mit.
Während des gesamten Krieges wurden auf deutscher Seite 2 750 000 Pferde und Maultiere eingesetzt.
Selbst die Panzerarmeen konnten auf Pferde nicht verzichten. So verwendete die 4. PzArmee bereits im Winter 1941/42 86 000 Pferde, die 1. PzArmee im Herbst 1943 sogar 146 000 Pferde. Es zeichnete sich mehr und mehr ab, daß der Krieg der Panzer und Flugzeuge, auch zu einem Krieg der Pferde wurde.
Je weniger Betriebsstoff zur Verfügung stand, und je schwieriger es wurde, technisches Großgerät zu ersetzen, um so mehr Bedeutung erlangten die Pferde.
Nur wenige Historiker haben dieser Tatsache bisher Rechnung getragen.
Gewiß hätten die Jahre von 1941—45 einen anderen Verlauf genommen, wenn insbesondere Panzer, Kfz., Flugzeuge und vor allem Betriebsstoff in dem für das Deutsche Reich wünschenswerten Umfang zur Verfügung gestanden hätten.

Da dem aber nicht so war, und zwar zu keinem Zeitpunkt, hätte eine verantwortungsbewußte, realistische Führung ihre Ziele angemessen abstecken und die zu deren Erreichen notwendigen Maßnahmen den tatsächlichen Möglichkeiten entsprechend durchführen müssen.

Dies geschah, entgegen den fortwährenden Bemühungen vieler hoher Truppenführer, seinerzeit aus politischen und ideologischen Gründen nur allzu häufig nicht. Die kriegsgeschichtliche Literatur bietet dafür in reichlichem Ausmaß geradezu unglaubliche Beispiele.

Um die operative Beweglichkeit des deutschen Heeres einmal insgesamt darzustellen, mag folgender grob vereinfachter Vergleich angebracht sein.

Auf deutscher Seite wurden während des II. Weltkrieges rund 400 Divisionen bzw. divisionsähnliche Verbände aufgestellt, davon waren oder wurden 40 Pz.-Divisionen, also etwa 10%. Der weitaus größte Teil der deutschen Streitkräfte bestand demnach aus pferdebespannten Inf.-Divisionen.

Schon dieser Vergleich zeigt, daß es unwahrscheinlich erscheinen mußte, die damals ins Auge gefaßten strategischen Ziele, selbst bei einer unzulässigen, günstigen Beurteilung der Gesamtlage, jemals zu erreichen.

Im Rahmen der Thematik dieser Ausführungen wird allerdings erneut sichtbar, welche Rolle dem Pferd innerhalb der deutschen Armee zwangsläufig zufiel.

Praktisch wurden fast 90% der Landstreitkräfte überwiegend durch Pferdekraft bewegt. Dabei soll die physische und psychische Kraft des deutschen Soldaten keineswegs unterschlagen werden.

Wie waren diese Pferde in der deutschen Armee eingesetzt?

Eine Inf.-Division der 1. Welle verfügte über 4842 Pferde. Aufgegliedert ergibt sich folgendes Bild:[77]

Div.-Kommando	6	Pferde
3 Inf.-Regimenter	1 923	Pferde
1 Aufkl.-Abt.	260	Pferde
1 Art.-Rgt. (mit Beob.-Abt.)	2 208	Pferde
1 Pi.-Btl.	52	Pferde
1 Nachrichten-Abt.	56	Pferde
Summe bei den fechtenden Teilen	4 505	Pferde

Dazu kamen bei den rückwärtigen Diensten	277	Pferde
und bei dem Feldersatz-Btl. noch einmal	60	Pferde.

Die Division hatte insgesamt 919 bespannte Fahrzeuge und 1 009 Kraftfahrzeuge (ohne Kräder).

Die Divisionen der 2. Welle verfügten über 4 854 Pferde, 823 bespannte Fahrzeuge und 902 Kraftfahrzeuge.

Die Divisionen der 3. Welle hatten zwar keine Aufklärungs-Abteilung, stattdessen lediglich eine verstärkte Radf.-Schwadron, verfügten aber aufgrund der geringen Kfz.-Ausstattung (578) über 6 033 Pferde und 1 529 Bespannfahrzeuge.

Die Divisionen der 4. Welle besaßen immer noch 4 077 Pferde, 926 Bespannfahrzeuge und 895 Kraftfahrzeuge. (Die Kfz.-Ausstattung auch der 2.—4. Welle ist hier jeweils ohne Kräder und Beiwagen angegeben).

Die Pferde- und Kfz.-Ausstattung der 5. und aller weiteren Aufstellungswellen war zwar sehr unterschiedlich, entsprach aber im wesentlichen den hier dargestellten Modellen.

Die Gebirgs-Divisionen waren mit 4 845 Pferden und Maultieren, 659 bespannten Fahrzeugen und 871 Kfz., ebenfalls ohne Kräder, ähnlich ausgestattet.

Eine große Anzahl von Pferden befand sich darüberhinaus bei dem Ersatzheer in den Ersatz-Truppenteilen, aber auch bei bodenständigen Einrichtungen und, wenngleich zu einem geringen Anteil, bei der Luftwaffe und der Marine.

Eng mit den Pferden und Maultieren war der Veterinärdienst der Deutschen Wehrmacht verbunden.[78]

Mit Kriegsbeginn fanden 8 150 Veterinäroffiziere Verwendung in der Armee.

Das gesamte Veterinärwesen der Wehrmacht umfaßte 130 000 Mann. Allein von den Veterinäroffizieren sind während des Krieges 1 276 gefallen, durch Kriegseinwirkungen gestorben oder werden vermißt. Dem zumeist im Hintergrund wirkenden, hervorragenden deutschen Veterinärdienst ist es zu verdanken, daß die Einsatzfähigkeit der Truppe hinsichtlich des Pferdematerials auch bei krisenhaften Entwicklungen immer wieder hergestellt werden konnte.

Die Aufgaben dieses Dienstes lagen nicht nur in der Behandlung und Wiederherstellung verwundeter, erkrankter und erschöpfter Pferde, sondern auch in der Versorgung mit Ersatz-Pferden, im Nachschub mit Hufbeschlagsmaterial sowie mit Arznei- und Verbandsmitteln.

Während der Kampfhandlungen mußten die Angehörigen des Vet.-Dienstes so manches Mal im Gefecht eingesetzt werden. Während der Kämpfe im Kessel von Demjansk, in Rschew, in Stalingrad, aber

auch im Einsatz gegen Partisanen wurden sie lobend erwähnt und vielfach ausgezeichnet.
Für die im II. Weltkrieg gefallenen und vermißten Angehörigen der Veterinär-Truppen wurde auf dem Gelände der Tierärztlichen Hochschule in Hannover am 13. 10. 1965 ein Ehrenmal enthüllt. Es zeigt ein an Erschöpfung zusammengebrochenes Pferd, dem ein Soldat gleichsam als letzten, wenn auch vergeblichen Liebesdienst eine Decke überlegt.
Obwohl die Tätigkeit der Veterinär-Dienste in erster Linie eine heilende und helfende war, mußten ihre Angehörigen manchmal mit Aufgaben betraut werden, die das Gegenteil dessen und geradezu niederschmetternd waren.
Als die in unhaltbarer Lage auf der Halbinsel Krim kämpfende 17. Armee am 8. Mai 1944 von Hitler endlich den Räumungsbefehl erhält, ist es für einen geregelten, kräfteerhaltenden Rückzug bereits zu spät.
Der etwa 30 000 Pferde umfassende, gesamte Bestand der 17. Armee kann, aus welchen Gründen auch immer, nicht zurückgeführt werden. Um diese den Sowjets nicht überlassen zu müssen, befiehlt die Armee, den gesamten Bestand zu erschießen.
Dabei sollte zunächst jeder Mann sein, oder seine Pferde eigenhändig erschießen. Jedoch, selbst unter den grausamen Bedingungen des Krieges, war den Reitern und Fahrern nicht zuzumuten, ihren Pferden, die sie so aufopfernd gepflegt und erhalten hatten, nun mit der Kugel ein Ende zu bereiten. So erhielten dann die Veterinär-Dienste den Befehl, die Massen-Liquidierung durchzuführen.
In langen Reihen wurden die vierbeinigen Kameraden, die so lange alle Mühen ertragen und treue Dienste geleistet hatten, auf eine steile Klippe am Rande des Schwarzen Meeres geführt und durch einen Schuß hinter das Ohr getötet. Danach wurden sie über den Klippenrand ins Meer gestoßen.
Als am Nachmittag die Zeit drängt, wurde der Rest an den Steilhang getrieben und mit Maschinengewehren niedergemäht. Auf diese Weise wurde deutsches Veterinär-Personal an einer der größten Pferde-Vernichtungsaktionen der Weltgeschichte beteiligt.[79]
In welchem Ausmaß die deutschen Operationen in Rußland von der Verwendung des Pferdes abhängig waren, mögen wiederum einige Beispiele beleuchten.
Um bei den äußerst schlechten Wegeverhältnissen die operative Beweglichkeit zu erhalten, wurden für den Rußlandfeldzug sogenannte

leichte Divisionen gebildet (nicht zu verwechseln mit den Leichten Divisionen des Friedensheeres), die unter teilweiser Verringerung ihres Bestandes an handelsüblichen Motorfahrzeugen vermehrt mit Panjefahrzeugen, den landesüblichen leichten Pferdewägelchen, ausgestattet wurden. Waren den Inf.-Divisionen zunächst 15 000 Panjewagen zusätzlich zugewiesen worden, so erweiterte die Truppe sehr bald ihren Bestand aus dem Lande in erheblichem Umfang, das heißt, so weit es irgend ging.

Zwar konnte auf dem einzelnen Gefährt nur eine relativ geringe Last befördert werden, diese aber auch unter den ungünstigsten Gelände- und Witterungsbedingungen, was z. B. mit den schweren deutschen Gespannfahrzeugen nicht immer der Fall war.

Als die Heeresgruppe Mitte am 2. 10. 41 zur letzten Offensive vor Einbruch des Winters in Richtung Moskau antrat, war sie personell und materiell in geringem Umfang aufgefüllt worden. Die Kämpfe gestalteten sich aber so verlustreich wie bisher, und als die Schlammperiode einsetzte, glaubte die Truppe zunächst, sich dagegen mit Gewalt durchsetzen zu können. Das aber führte zur körperlichen Erschöpfung von Mann und Pferd, und zum stärksten Verschleiß der Kraftfahrzeuge. So kam es zur ersten Krise dieses Krieges.

Am 27. 11. 41 mußte der Generalquartiermeister beim Lagevortrag u. a. vortragen:

»Pferdelage: Sehr ernst, Rauhfuttermangel quälend. Auflockerung der Pferdebeständig nötig . . . Bekleidung sehr schlecht. Mittel zur Behebung nicht abzusehen.«

Bei den Pferden an der Ostfront setzte im Januar 1942 das große Sterben ein. Vom 1. 10. 41 bis zum 15. 3. 42 gingen 179 609 Pferde verloren, während nur 20 012 nachgeschoben werden konnten.

Die Truppe half sich zwar durch Aushebung von Pferden aus dem Lande. Diese sehr genügsamen aber körperlich schwachen Tiere konnten (jedoch) nur leichte Lasten ziehen und kamen daher als Zugpferde für schwere Waffen und Lasten nicht in Betracht.

Hinsichtlich der Situation gegen Ende der Herbstoffensive 1941 erinnert sich ein Artillerist:[80]

»Eines Tages standen wir 60 Kilometer nördlich von Moskau. Das muß man sich mal vorstellen: Über russische Landstraßen mit bespannten Feldgeschützen, Munitionskolonnen, Fuhrwerken bis 60 Kilometer nördlich von Moskau!

Die Wendung begann damit, daß wir nicht mehr weiter zogen, sondern eine Feuerstellung aufbauten und in die Gegend ballerten. War

nicht sehr erheblich, aber auf irgend etwas werden sie ja wohl geschossen haben. Ich weiß das nicht, denn ich war bei der Munitionskolonne. Da auch jetzt noch von den Russen nichts zu sehen war, nahmen wir die ganze Lage nicht sehr tragisch. Über die Verpflegung machten wir uns auch keine großen Sorgen, denn es hatte sich herumgesprochen, daß wir in der Nähe von Moskau lagen. Keiner von uns zweifelte daran, daß wir demnächst in Moskau einziehen würden wie seinerzeit in Paris. Wahrscheinlich würde das nicht so schön sein wie in Paris, immerhin würde unsere Verpflegung gesichert sein und ein Dach würden wir auch über dem Kopf haben, wenn der Winter kam. Die kalte Jahreszeit kündigte sich nämlich schon an. Wir froren in den Nächten, denn so viel Holz, wie wir gebraucht hätten, um uns zu wärmen, gab es in der ganzen Gegend nicht.
Ein Glück bei allem war, daß unser Lastkraftwagen noch rollte und wenigstens die notwendigste Verpflegung und das Futter für die Pferde heranbrachte. War nicht gerade viel, doch es reichte, um die Tiere zu erhalten.
Es ist schwer zu beschreiben, wie das damals vor sich ging: Erst wurde es saukalt, dann begann es nachts zu schneien — und dann kam der Befehl zum Rückzug! Wie bedeppert wir waren, als es hieß: »Es geht zurück.« Damit war es also aus mit Moskau, aus mit dem Winterquartier, aus mit dem großen Sieg! Zurück durch den Schlamm, den Matsch — es war, als zögen wir einem großen Abgrund entgegen. Außerdem begann plötzlich die russische Artillerie die Gegend zu bepflastern. — Bis dahin hatten wir kaum gemerkt, daß die auch Artillerie hatten. Die Brüder schossen verdammt genau. Eigentlich war es ein Glück, daß der Schneefall immer anhaltender und dichter wurde, denn nun war es mit gezieltem Schießen zu Ende. Das war die eine Seite. Die andere Seite war unschöner, denn sie bedeutete, daß wir mit dem Gerät nicht mehr weiterkamen.
Der (eine) Kraftwagen (der Batterie) war schon vorher ausgefallen. Der hatte die Kälte nicht vertragen. Das nächste, was ausfiel, waren unsere Geschütze und Munitionsfahrzeuge. Die sprengten wir. — War eine große Erleichterung, doch verspürten wir sie nicht lange, denn der Schnee fiel immer dichter. Die Pferde kamen mit den Fahrzeugen nicht mehr weiter. Wir mußten sie schließlich ausspannen. Was wir konnten, packten wir ihnen auf —. Nach und nach kamen auch Schlitten auf, teils zusammengebastelt aus Stangen, teils requiriert.
Bald merkten wir, daß wir keine Nachhut mehr hinter uns hatten, denn die Panzer und Sturmgeschütze, die Kraftwagen und die Fahr-

zeuge der motorisierten Infanterie waren durch Kälte und Schnee anscheinend schachmatt gesetzt. Der ganze Verein zog genauso wie wir nach rückwärts, nur mit dem Unterschied, daß er überhaupt keine Fahrzeuge hatte. Manche hatten zwar auch russische Bauernschlitten und wohl auch Panjepferde aufgetrieben und zogen nun genauso wie wir truppweise durch den Schnee. Der Unterschied zwischen ihnen und uns war, daß dieser Betrieb für uns eine Selbstverständlichkeit war. Schließlich konnten die Leute mit Pferden kaum umgehen.
Je weiter wir nach hinten kamen, je mehr Schlitten tauchten auf. Die Mannschaften zogen die meisten selbst.
Wieviel Pferde noch übrigblieben? Weiß ich nicht. Ich weiß nur, daß diejenigen Pferde, die durchhielten, für die Mannschaften eine ähnliche Rolle spielten wie ein Rettungsboot für schiffbrüchige Seeleute auf hoher See. Schleppen konnte in dem hohen Schnee doch keiner von uns das Notwendigste. Noch nicht einmal die einfachsten Waffen und Munition hätten wir tragen können. Wo noch ein Pferd einen Schlitten zog, dort war Rettung.
Damals habe ich erst erlebt, was das Pferd auch in dem motorisierten Krieg ausrichten kann. Wo waren sie denn die großen Schleppmaschinen? Die Raupenschlepper? Die Kraftwagen? — Denen war die Kraft ausgegangen in Frost und Schnee. Wahrscheinlich blieben die meisten liegen, weil der Sprit nicht nachkam, aber warum sie liegenblieben, ist ja wohl egal. Sie blieben eben liegen, wogegen unsere Pferde — zu einem Teil wenigstens — unsere Schlitten zogen.«
Werner Berg, ebenfalls Kriegsteilnehmer und später Buchautor, faßte seine Erkenntnisse und seine Erfahrungen wie folgt zusammen:
»Durch die Beweglichkeit motorisierter Verbände, so hoffte man, würden Blitzkriege mit schnellem, siegreichem Abschluß möglich sein. Aber wie so oft im Laufe der Geschichte übersahen der Mensch und insbesondere sein »Führer« Wesentliches. Der Krieg in Rußland 1941/45 verlief ganz anders, als das Oberkommando der Wehrmacht es vorausgeplant und ins Werk gesetzt hatte. Zwar stießen die Panzer und motorisierten Verbände, begleitet von Bombengeschwadern, zügig, mit Geschwindigkeiten vor, die in früheren Kriegen unbekannt waren. Aber der erste Winterfeldzug 1941/42, der bis an die Randgebiete von Moskau führte, zeigte die Ohnmacht der Panzerverbände im Ringen gegen die unberechenbare Natur. Die Führung zog jedoch nicht die Lehre aus den Geschehnissen und Erfahrungen des verlorenen Winterfeldzuges. Sie verfiel der Hybris. So zeigten sich zunehmend die Konturen des Unterganges am Horizont des Ostfeldzuges ab. Das

1939 ging die Ära der Friedensausbildung auch bei der Kavallerie zu Ende. Gefechtsausbildung beim KR. 13 in Lüneburg.
(Archiv KR. 13)

Schießen hinter dem Pferd als Deckung.
(Archiv Verf.)

Die Maschinengewehre werden freigemacht.
(Archiv Verf.)

Die Kavallerie in Polen, Holland und Frankreich

1. 9. 1939. Mit dem Polenfeldzug beginnt der II. Weltkrieg. Die Reiter-Schwadron marschiert an ihrem Abt.-Kdr. vorbei. *(Archiv Verf.)*

Ein Reiterspähtrupp klärt zum Narew auf. *(Archiv Verf.)*

Vormarsch über polnische Landstraßen. (Archiv Verf.)

Stellungswechsel. Geländehindernisse boten bespannten Fahrzeugen zumeist nur geringe Schwierigkeiten. *(Archiv Verf.)*

Teile des reit. Art.-Rgt. 1 graben sich am 13. 5. 40 auf dem Deich des Ijsselmeeres ein. *(Archiv RR. 1)*

Die 4./Reiter-Rgt. 1 am 17. 5. 40 in Holland, auf dem Rückmarsch in die alten Unterkunfts-Räume um Lingen. *(Archiv RR. 1)*

Berittene und motorisierte Teile der 1. Kav. Div. in Holland.
(Archiv Verf.)

Links: Übersetzen mit Schlauchbooten in Frankreich.
(Archiv Verf.)

Rechts: Die Reiterspitze beim Vormarsch in Norwegen.
(Archiv Verf.)

Die Reiter-Schwadr. passiert eine von Artilleriefeuer gefaßte französische Batterie.
(Archiv Verf.)

Ende war ein Rückzug, der dem des Korsen und seiner »Großen Armee« unheimlich glich.
Zugleich wurde das vielfach beiseite geschobene Pferd, entgegen allen Planungen und Überlegungen, der Erretter und Diener in seiner Demut und Treue bis zum Erschöpfungstod. Im Winter, Anfang 1942, zogen wir stundenlang an unbeweglichen motorisierten Kolonnen vorbei. Die Fahrer hatten Feuer unter dem Getriebe angezündet. Das Motorenöl hatte dem harten Frost nicht widerstanden.
Der Russe war inzwischen schon fast auf Sichtweite heran. Wie in der Folge wieder und wieder fiel das ganze Material in Feindeshand. Beim ersten Rückzug von Woronesh kamen nur die von Pferden gezogenen Schlittenfahrzeuge durch die aufgehäufelten Schneewälle. Und es kamen Tage, an denen die Kommandeure mit ihren Kübelwagen und die Kradmelder mit ihren Krädern völlig festsaßen. Nur das Pferd hielt durch, solange seine Kraft reichte.
Daß dieser unser treuester und zuverlässigster Begleiter unvorstellbares Leid und grausige Not im Zweiten Weltkrieg erdulden mußte, bleibt eine Erinnerung erschütternder Tragik.«
Dr. Karl Hochmuth, im II. Weltkrieg Artillerieoffizier, später Autor zahlreicher Bücher und heute Universitätslehrer in Würzburg, verlieh diesen nüchternen Fakten dichterischen Ausdruck: »Hunderttausende waren es, die nach Rußland zogen, Hunderttausende von Pferden: Braune, Füchse, Rappen, Apfelschimmel, schwere treue Zugpferde, flinke, schnelle Reitpferde, die ihre Nüstern blähten, die Mähnen schüttelten und unseren Schenkeln gehorchten. Wie traurig blickten sie uns an in jenem Rußlandwinter 1941/42, wie standen ihnen die Rippen aus dem abgezehrten Leib. Wir aber quälten uns für sie und zogen nasses Stroh aus den Dächern.
Trotzdem waren sie stets bereit, dem Menschen zu dienen und ihm zu gehorchen, in der Nacht wie an donnererfüllten Tagen, wenn sich die Erde aufbäumte und sich das Eisen in ihr Fleisch grub, immer wieder war sie bereit, sie, die geschundene Kreatur.«
Hauptmann Oskar Schaub, in Rußland Bataillonskommandeur des SchtzRgt. 12 bringt den gleichen Sachverhalt anhand seiner Erfahrungen zum Ausdruck:
»Die schmalen Räder der Geschütze und Troßfahrzeuge mahlten sich bis an die Achsen in den Schnee. Die Lastwagen fuhren sich immer wieder fest. Am besten schafften es noch die pferdebespannten Einheiten, die der Landser in Anlehnung an die motorisierten, d. h. die mot.-Truppen, kurz und bündig »Hot«-Verbände nannte. Die zähen

Panjepferdchen machten mit Wagen oder Schlitten im Durchschnitt viereinhalb Kilometer in der Stunde. Die motorisierten Truppen mit ihren Ketten- und Räderfahrzeugen brachten es nur auf zwei Kilometer — halb soviel, wie ein Fußgänger unter normalen Umständen zurücklegt. Das Pferd war also dem Panzer und dem Auto jetzt weit überlegen. Sichtbar drückte sich das in der Tatsache aus, daß sich alle Panzerdivisionen während des Winters zusätzlich mit Pferden ausrüsteten.«

Die umfangreiche Verwendung des Pferdes, insbesondere im Osten, hat Dr. Wilhelm Zieger in seinem Buch »Das deutsche Heeresveterinärwesen im Zweiten Weltkrieg« in besonders eindrucksvoller Weise dargestellt. Dabei wird auch die Frage der Bewährung des Pferdes in diesem Krieg berührt und durch zahlreiche Beispiele, Stellungnahmen und Wertungen untermauert.

Es spricht für sich, daß nur ein einziges, ausschließlich negatives Urteil beigebracht werden konnte. Dieses stammt von Generaloberst Guderian, der zum Ostfeldzug 1941/42 bemerkt: »Pferde und Motoren versagten in gleicher Weise.«

Stellt man diese Aussage der Fülle positiver Bewertungen ebenfalls kompetenter Kriegsteilnehmer gegenüber, so erübrigt sich jeder Kommentar. Es sollte jedoch hier nicht unerwähnt bleiben, wie die Infanterie das Problem der Beweglichkeit in jenem Winter sah. Der erste GenStabsOffizier der 134. Inf.-Division faßte seine Erfahrungen wie folgt zusammen: »Im Winterkampf haben die Pferde allein Führung Kampf, Nachschub, Abschub ermöglicht; in diesem Gelände, bei diesem Schnee hat jedes Kraftfahrzeug restlos versagt, es wäre hoffnungslos im Schnee steckengeblieben. Allein der sowjetische T 34 mit seinen breiten Ketten hätte vielleicht noch durchkommen können. Das Pferd hat die deutsche Armee in diesem grauenvollen Winter 1941/42 vor dem Untergang bewahrt, nicht der Motor!«

Burkhart Müller-Hillebrand[81] kommt in seiner Studie zur Verwendung von Pferden an der Ostfront, wenngleich bei einer mehr differenzierenden Bewertung praktisch zu dem gleichen Urteil: »Das Pferd hat alle in es gesetzten Erwartungen dann voll erfüllt, wenn die mit ihm ausgestattete Truppe im Reiten, Fahren, in der Pflege, Fürsorge und in der veterinärärztlichen Betreuung gut ausgebildet war und wenn ausreichend Futter beizubringen war; wenn außerdem diese Truppe von mit Pferden erfahrenen und verständigen Truppenführen bis hinauf in die obere Führung und ebenso verständigen Führungsgehilfen ihre Aufträge erhielt. Die vorstehend genannten Voraus-

setzungen waren keineswegs bei allen Truppenteilen und jederzeit gegeben, so daß erhebliche Einbußen an Pferden häufig und ein Versagen von Truppenteilen mitunter eintraten. Je länger der Krieg dauerte und je schneller damit der Personalbestand aller Dienstgrade infolge von Verlusten und Abgaben für Neuaufstellungen wechselte, um so schlechter wurde die Betreuung und damit die Leistungsfähigkeit der Pferde.
Bei Neuaufstellungen bespannter Truppen konnte falsche Auswahl des Personals aller Dienstgrade zum Versagen der Truppe führen . . . Obgleich die Truppenführer im deutschen Heer noch fast ausnahmslos in reitenden oder bespannten Truppen groß geworden waren, zeigte sich mitunter, daß sie den Maßstab für die Leistungsfähigkeit bespannter Truppen verloren hatten, wenn sie nicht mehr selber im Sattel saßen oder inzwischen zur motorisierten Truppe gewechselt waren; dieselbe Erscheinung zeigte sich nachteilig bei jungen, aus der motorisierten Truppe hervorgegangenen Generalstabsoffizieren, die die Truppe und bespannten Kolonnen zu überfordern neigten.«
Die überaus starke Verwendung des Pferdes im deutschen Heer ist verschiedentlich auch kritisiert worden. Kamen im I. Weltkrieg noch 7 Soldaten auf 1 Pferd, so war das Verhältnis im II. Weltkrieg bereits 4 zu 1, mit anderen Worten, der Pferdebestand einer Infanterie-Division hatte sich gegenüber dem I. Weltkrieg verdoppelt.
Die Kritik richtete sich in erster Linie gegen den erhöhten Versorgungsbedarf, den die hohen Pferdezahlen zwangsläufig mit sich brachten, und das damit verbundene ungünstige Verhältnis von kämpfender Truppe zu den Versorgungsdiensten insgesamt.
Jedoch, dieses Problem war nicht gerade neu, und im Zweiten Weltkrieg sicherlich noch weniger zu lösen als zuvor.
Die unbestritten notwendige Verstärkung des Heeres durch die Vermehrung der schweren Waffen mußte unweigerlich auch den Umfang der Zugmittel und den Nachschubbedarf vergrößern.
Eine günstigere Relation hätten bis zu einem gewissen Grad geeignete Motorfahrzeuge herbeiführen können; doch diese standen eben nicht zur Verfügung, und so mußte es wohl oder übel bei diesen Pferdezahlen bleiben.
1944 wurden sogenannte Volksgrenadier-Divisionen aufgestellt, in deren Gliederung sich die Erfahrungen der großen Abwehrschlachten niederschlugen, soweit sie zu diesem Zeitpunkt materiell noch zu verwirklichen waren.
Etwa ein Drittel der deutschen Infanterie wurde in der Form von

Volksgrenadier-Divisionen neu aufgestellt, jedoch mußten auch hierbei z. T. erhebliche Abweichungen aufgrund der materiellen Möglichkeiten in Kauf genommen werden.
Obwohl die Volksgrenadier-Division vor allem für den Abwehrkampf aus Stellungen bestimmt und als Großverband nur noch bedingt angriffsfähig war, konnte auch bei dieser neuartigen Formation auf Pferde nicht verzichtet werden.
Träger der infanteristischen Kampfkraft dieses Divisionstyps waren 3 Volksgrenadier-Regimenter. Jedes davon verfügte bei einer Stärke von 1 854 Mann immerhin noch über 430 Pferde und 219 bespannte Fahrzeuge, sowie 100 Fahrräder, jedoch nur noch über 9 Kfz und 10 Kräder.
Die Pferde waren überwiegend als Bespannung für die schweren Waffen vorgesehen, wobei der KpChef der schweren Kompanie sowie die Zugführer des Inf.-Geschütz-Zuges und des Granatwerfer-Zuges beritten waren.
Btl.-Stab und Versorgungszug jedes der beiden Bataillone eines Regiments hatten ein Soll von 50 Pferden und 21 bespannten Fahrzeugen, die Grenadier-Kompanien jeweils 10 Pferde und 7 Bespannfahrzeuge. Insgesamt verfügte das Volksgrenadier-Regiment 1944 bei relativ geringer Stärke über eine verhältnismäßig große Feuerkraft bei guter Geländebeweglichkeit über kurze Entfernungen. Seine Schwäche lag im Fehlen jeglicher weitreichender PzAbwehr. Das Regiment verfügte nicht einmal über eine einzige Pak.
Die deutsche Rüstung war nicht leistungsfähig genug, um neben einer »starken« Panzerwaffe auch noch die Infanterie mit weitreichenden Panzerabwehrwaffen ausrüsten zu können.
War das Pferd im Osten in erster Linie ein unverzichtbares Zug- und Transportmittel, in Sonderheit bei der Infanterie, der Artillerie und den Nachschub-Truppen, so sollte darüber nicht vergessen werden, daß es bis zum letzten Tag des Krieges auch unter dem Reiter in vieltausendfacher Zahl eingesetzt wurde und sich auch in dieser Verwendung als unentbehrlich erwies.
Bei der Struktur der damaligen Heeresverbände waren die berittenen Führungsorgane der Artillerie und der Versorgungsdienste, die Meldereiter, die Fahrer schwerer Waffen der Infanterie, und nicht zuletzt auch die neu erstandenen Reiterformationen der Wehrmacht und der Waffen-SS, Faktoren, ohne die eine halbwegs geordnete Kampfführung der nichtmotorisierten Truppen praktisch unmöglich gewesen wäre.

Gerade auch in der Abwehr und in den Rückzügen der letzten Kriegsjahre haben die Reiter und die bespannten Einheiten durch ihren Einsatz der Infanterie ganz allgemein in vielfältiger Weise Unterstützung und Entlastung zuteil werden lassen.

IX. Die Wiedergeburt der deutschen Kavallerie

26. OBERST FREIHERR VON BOESELAGER

Wohl kein Name ist mit der deutschen Kavallerie des II. Weltkrieges so eng verbunden wie der des Freiherrn Georg v. Boeselager.
Nur wenige Reiterführer dieser Epoche sind, wenigstens dem Namen nach, in unserer Zeit lebendig geblieben. Und doch wären es viele, deren Haltung und Leistung es wert sind, auch in unseren Tagen der Vergessenheit entrissen zu werden. Mögen diese Zeilen vielleicht ein kleiner Beitrag dazu sein. Mit dem Frhr. v. Boeselager hat die seinerzeit häufig zitierte »Vorsehung« eine Ausnahme gemacht.
Unsere heutigen Streitkräfte, die Bundeswehr, ganz der Gegenwart und der Zukunft verpflichtet, haben diesem Soldaten des II. Weltkrieges, als einem von ganz wenigen, in zweifacher Weise ein Denkmal gesetzt.
Zum einen trägt die Kaserne des PzAufklLehrBtl in Munster seinen Namen, zum anderen führt die PzAufklTruppe der Bundeswehr alljährlich einen Leistungswettkampf durch, an dem alle Verbände dieser Waffengattung und z. T. auch vergleichbare Einheiten der Verbündeten beteiligt sind. Dieser militärische Wettkampf wird zur Erringung des »Boeselager-Pokals« ausgetragen, einem Wanderpreis, den die siegreiche Mannschaft für jeweils ein Jahr erhält.
Unabhängig davon wird in einem »Freundeskreis Frhr. v. Boeselager« in welchem Soldaten, die unter ihm dienten und deren Angehörige sich zusammengeschlossen haben, das Andenken an diesen außergewöhnlichen Offizier wachgehalten.
Georg v. Boeselager wurde am 25. August 1915 als drittes von 10 Kindern in Kassel geboren.
Seine Familie hat ihren Stammsitz im Tal des Flüßchens Swist auf der

alten Wasserburg Heimerzheim. Sie stammte jedoch ursprünglich aus dem Erzstift Magdeburg und zählte im Mittelalter zur Ritterschaft an der Slavengrenze.
Seine Erziehung wurde geprägt zum einen durch seinen Vater, Albert v. Boeselager, Reserveoffizier des Westf. Kürassier-Rgts. v. Driesen (Nr. 4), der ein erfahrener, passionierter und bekannter Jäger war; zum anderen durch seine Schulzeit im Aloisius-Kolleg bei Bad Godesberg, das unter dem Wahlspruch steht: Deo — Patriae — Vitae. Für Gott — Für das Vaterland — Für das Leben. Dieser Wahlspruch stand auch über seinem so früh vollendeten Leben.
Georg v. Boeselager wird in seiner Jugend, im Gegensatz zu seinen Geschwistern, als ein stiller, fast ein wenig scheuer Junge geschildert, der auch körperlich eher zart als robust zu beschreiben wäre.
In seiner Schulzeit tritt er wenig hervor. Er ist kein Streber. Seine schulischen Noten sind so, daß er gerade »durchkommt«. Sein Vater erteilt ihm deswegen manche strenge Rüge.
Aber die harte Schule der Jesuiten formt nicht nur die Haltung und Charakter, sie diszipliniert auch den Geist, und vermittelt neben dem Glauben auch Zucht, Ordnung und Selbstbescheidung.
Das erzieherische Ideal entsprach damit ebenso dem Priester wie auch dem des Offiziers.
Die Jahre im Aloisius-Kolleg haben Georg v. Boeselager wesentlich geprägt, und sein Rektor sagte von ihm, daß er hier mehr an Haltung als an Wissen gewonnen habe.
Eine seiner Leidenschaften war die Jagd. Das Vorbild seines Vaters war ihm auch hierin Richtschnur. Bezeichnend für ihn war, daß er, obwohl starker Raucher, bis zum Abitur auf das Rauchen verzichtete, um in den Karpaten einen von seinem Vater freigegebenen Hirsch zu schießen.
Nach dem Abitur zündete er sich wieder eine Zigarette an und blieb bis an sein Lebensende ein starker Raucher.
Nach der Schulzeit widmete er sich verstärkt den Pferden, eine weitere Leidenschaft von ihm.
Inzwischen hatte er sich längst für den Beruf des Offiziers entschieden, und am 1. April 1934 tritt er in das Reiter-Regiment 15 in Paderborn ein.
Sein Kommandeur ist der international hoch angesehene Turnierreiter Graf Rothkirch.
Im Dienst korrekt, äußert Boeselager, obwohl noch Fahnenjunker, auch gegenüber den Vorgesetzten freimütig seine Vorstellungen und An-

sichten. Graf Rothkirch erkennt sehr rasch die hervorragenden Eigenschaften dieses künftigen Reiteroffiziers. An der Infanterie-Schule in Dresden sind seine Leistungen zufriedenstellend. Er absolviert diese Ausbildung ohne hervorzutreten.

Am 20. April 1936, nach zwei Jahren Dienstzeit, wird er zum Leutnant befördert, und als Ausbildungsoffizier in der 3. Schwadron eingesetzt. Seine Rekruten waren sehr bald erstaunt, daß ihr Ausbildungsoffizier so wenig dem erwarteten Klischee entsprach. Sein Umgang mit Menschen ist Erziehung und Ausbildung im besten Sinne, und bei aller Härte ohne sinnlosen Schliff dem Einzelnen förderlich.

Ähnlich wie die Eigenschaften des wirklichen Jägers der Gefechtsausbildung des einzelnen Soldaten in hohem Maße zugute kommen, verhält es sich auch mit dem Reiten, und hier besonders hinsichtlich der Schulung des Offiziers.

Auch im Zeitalter des Motors ist die Reitkunst eine Charakterschulung.

Es ist eine alte Weisheit, daß derjenige, der mit schwierigen Pferden umzugehen versteht, auch im Umgang mit Menschen Gutes leistet. Boeselager ist Jäger und Reiter von Kindesbeinen an. Die dabei entfalteten und geformten Fähigkeiten und Eigenschaften sollten seine gesamte militärische Laufbahn sehr wesentlich mitbestimmen.

Reiterlich sagte ihm zunächst das Jagdreiten, welches den Aufgaben des Kavalleristen im Gelände am nächsten kommt, am meisten zu.

Aber er wurde auch ein bekannter und talentierter Dressur-, Spring- und Rennreiter.

Im Jahre 1938 wettete er mit Kameraden, daß er in einem Jahr je ein Rennen, ein Springen Klasse A, M und S, eine Dressurprüfung Klasse L und M, sowie einen Geländeritt gewinnen würde. Er gewann alle aufgeführten Konkurrenzen und damit die Wette.

Als fairer Sportsmann konnte er jedoch nicht nur lächelnd siegen, sondern auch mit einem Lächeln verlieren.

Bis zu seinem frühen Soldatentod bleibt er davon überzeugt, daß die Jagd und der Umgang mit Pferden ganz wesentliche Faktoren der Schulung und der Erziehung für den Soldaten im allgemeinen und den Offizier im besonderen darstellen.

Als am 1. September 1939 mit dem Polenfeldzug der II. Weltkrieg beginnt, wird im Rahmen der 6. Inf.-Division auch die Aufkl.-Abteilung 6 nach dem Westen verlegt. Täglich wird dort der Angriff der Franzosen erwartet. Diese griffen jedoch nicht an. Es entwickelte sich lediglich der »drôle de guerre«.

Boeselager ist Ordonanzoffizier beim Abt.-Stab, was ihm wenig behagt. Es gelingt ihm aber bald, als Zugführer in die Reiter-Schwadron versetzt zu werden.
Als solcher reitet er seine ersten Spähtrupps, sammelt wichtige Erfahrungen und macht Vorschläge für eine zweckmäßige Ausbildung. Auch für die Ausrüstung der Reiter gewinnt er neue Erkenntnisse. Handgranaten, Pistole und Spaten erweisen sich für den Reiter wichtiger als Seitengewehr und Säbel.
Leutnant v. Boeselager war einer der ersten Offiziere, die erkannten, daß die Zukunft der Reiterei in diesem Krieg in ihrer infanteristischen Verwendbarkeit lag, wobei das Pferd die wichtige Aufgabe der kräftesparenden, straßenunabhängigen Beweglichkeit zu übernehmen hatte. Seine wichtigsten Einsätze im Westen und in Rußland, seine ungewöhnlichen Erfolge und seine Auszeichnungen sind hier bereits geschildert worden.
Immer wieder zeigte sich, daß seine Schwadron, insbesondere aufgrund seiner speziellen Ausbildung, nicht nur alle Aufträge meisterte, sondern auch auffallend geringe Verluste erlitt.
Anfang Dezember 1941 blieben die deutschen Panzer nach einem letzten verzweifelten Anlauf 20 km vor der Moskauer Ringbahn stehen. Die deutschen Kräfte sind erschöpft, der russische Winter und sibirische Reserven erzwingen eine Wende. Die Initiative in diesem Feldzug geht zum erstenmal auf die andere Seite über. Auch die 6. Inf.-Division, und mit ihr die Aufklärungs-Abteilung 6 müssen sich zur Verteidigung einrichten. Die Fahrräder werden abgegeben und zurückgeschickt. Die Motoren verbrauchen bei der Kälte die dreifache Menge an Kraftstoff. Viele fallen ganz aus. Wie überall auf der deutschen Seite in diesem Winter, muß von dem noch einsatzfähigen Großgerät so manches gesprengt werden. Auf die Pferde dagegen ist nach wie vor Verlaß, auch wenn das Futter, wie alles andere, knapp wird. Am 9. Jan. 1942 muß die Schwadron Boeselagers 40 Pferde an Reiterzüge anderer Inf.-Divisionen abgeben.
Der Wert des Pferdes im Osten hat sich erneut bestätigt, doch da Ersatz in ausreichendem Umfang nicht gestellt werden kann, muß die Front selbst einen Ausgleich der noch vorhandenen Mittel herstellen.
Jedoch, wer vermag heute noch zu ermessen, was ein derartiger Befehl für den Reiter bedeutet, der nun sein Pferd abgeben mußte? Mit dem gleichen Korpsbefehl wird Rittmeister v. Boeselager zur Führerreserve in die Heimat versetzt.

Für manch einen wäre diese Versetzung in die Heimat geradezu einer Erlösung gleichgekommen. Bei den Strapazen, dem Grauen des Krieges und den unerbittlichen Naturgewalten des Winters 1941/42 in Rußland — menschlich durchaus verständlich.
Nicht so für Boeselager. Er vermag diesem Befehl nichts Positives abzugewinnen. Sein Platz ist gerade in dieser Zeit bei seiner Schwadron. Doch auch er muß sich, wenngleich widerstrebend, dem Befehl beugen.
Der Sinn dieser Maßnahme lag darin, bewährte, erfahrene Frontoffiziere zur Ausbildung des dringend notwendigen Ersatzes heranzuziehen, insbesondere des Ersatzes an jungen Offizieren.
Nach Empfang des Eichenlaubes im Führerhauptquartier und einem kurzen Urlaub tritt Rittmeister v. Boeselager seinen neuen Dienstposten als Taktiklehrer an der Schule für Schnelle Truppen in Krampnitz an.
Während seiner Zeit als Lehroffizier in Deutschland läßt ihn die Sorge um seine ehemalige Schwadron und um die langsam ersterbende Restkavallerie nicht los.
Die Panzerwaffe dominiert. Dabei hat sich gerade im ersten Rußlandwinter gezeigt, daß sehr viele wichtige Kampfaufträge nur durch die zu jeder Zeit, in jedem Gelände und bei jedem Wetter voll bewegliche, berittene Truppe durchgeführt werden können.
Auf der russischen Seite wird entsprechend gehandelt. In immer größeren Verbänden kommt Kavallerie, häufig im Verband mit Panzertruppen, zum Einsatz und trägt dazu bei, der Führung die Initiative zu erhalten.
Hierbei sei der Hinweis gestattet, daß die russische Panzerwaffe der Zahl nach, schon bei Kriegsausbruch der deutschen um ein Mehrfaches überlegen war.[82] Im Verlauf des Krieges traten zur Eigenproduktion noch englische und amerikanische Hilfslieferungen hinzu, so daß die Sowjetunion auch hinsichtlich der Panzerverbände praktisch stets eine quantitative Überlegenheit aufzuweisen hatte.
Boeselager kennt den Wert der eigenen Kavallerie. Berichte und Erfahrungen von den Kameraden an der Front halten ihn auch in der Heimat auf dem laufenden.
Im Juli 1942 legt er der Schule für Schnelle Truppen den Entwurf für eine berittene Aufkl.-Abteilung vor.
Sein Vorschlag, der im einzelnen näher begründet wird, sieht vor, die Abteilung in Stab mit Nachrichtenzug,

3 Reiter-Schwadronen und
1 Sturmgeschütz-Schwadron zu gliedern.

Während eine Reiter-Schwadron vorwiegend der Aufklärung dienen soll, müssen nach seinen Vorstellungen die beiden anderen Schwadronen in ihrer Ausrüstung der Infanterie angeglichen sein. Die Sturmgeschütze dienen als stählerner Rückhalt und zur Abwehr der ständigen Panzer-Gefahr.
Diese Abteilung konnte nach den Erfahrungen Boeselagers in Rußland zur Aufklärung, zur Verfolgung, als Gegenstoßreserve, zur Verschleierung und zur Partisanenbekämpfung im geschlossenen Verband eingesetzt werden.
Wenigstens jedes im Osten eingesetzte Korps sollte eine derartige Abteilung erhalten.
Gliederung, Ausrüstung und Verwendung dieser vorgeschlagenen Abteilung entsprachen im Prinzip, allerdings nicht in der Größenordnung, den späteren Kavallerie-Brigaden.
Jedoch war diesem Vorschlag zunächst kein sichtbarer Erfolg beschieden. Rittmeister v. Boeselager konnte sich auch nicht mehr um ihn bemühen, da er bereits im Juli als Taktiklehrer zum Stabe des »Ausbildungsleiters für Kavallerie« der rumänischen Armee versetzt wurde.
Seinen Plan gab er allerdings nicht auf. Er verwendet einen Teil seines Weihnachtsurlaubes 1942 dazu, seine ehemalige Schwadron zu besuchen, die im Raum Rschew im Einsatz steht. Da sich sein Bruder Philipp als Ordonanzoffizier beim Oberbefehlshaber der Heeresgruppe Mitte, Generalfeldmarschall v. Kluge, befindet, wird auch bei diesem ein Besuch vorbereitet.
Feldmarschall v. Kluge kennt Boeselager bereits aus seiner Zeit als Wehrkreisbefehlshaber in Münster. Es kommt zu langen Gesprächen. Dabei wird auch das Thema Aufkl.-Abteilungen berührt. Rittmeister v. Boeselager merkt mit sicherem Instinkt sehr schnell, daß er in diesem hohen Truppenführer einen Förderer seiner Pläne gefunden hat.
Es gelingt dem Rittmeister durch klare Vorschläge den Feldmarschall zu überzeugen.
Mit einem beweglichen, zu Aufklärung und Kampf befähigten Reiter-Verband wäre der Heeresgruppe in vielfacher Hinsicht geholfen.
Dabei ist sich der Feldmarschall durchaus bewußt, welche Schwierigkeiten die Aufstellung eines derartigen Verbandes im 4. Kriegsjahr mit sich bringen würde. Aber er fühlt auch, daß kein anderer als Boeselager besser geeignet ist, diese Schwierigkeiten zu überwinden.
So gibt er den Befehl, seine Reiter-Schwadronen aus der Front heraus-

ziehen zu lassen, um daraus den »Reiter-Verband Boeselager« zu bilden. Die Einzelheiten klärt der Rittmeister v. Boeselager mit dem Ia der Heeresgruppe, Oberst i. G. Henning v. Treskow, später einem der führenden Männer des 20. Juli 1944.

Anfang März 1943 teilt Feldmarschall v. Kluge dem Chef der Organisationsabteilung seine Absicht mit, im Laufe des Sommers ein verstärktes Reiter-Regiment als bewegliche Heeresgruppenreserve aufzustellen, wozu aber über das Herausziehen sämtlicher im Osten noch vorhandenen Reiter-Schwadronen entschieden werden müsse.

Am 25. 3. 43 wird die 1938 geschaffene Waffengattung »Schnelle Truppen« aufgelöst und dafür, unter einem eigenen Generalinspekteur, die der »Panzertruppe« ins Leben gerufen.

Ab 1. 4. 43 treten die Reiter und die Radfahrer zur Waffengattung Infanterie (In 2). Wäre diese vernünftige Lösung früher realisiert worden, wie viel Substanz hätte erhalten und nutzbringend eingesetzt werden können?[83]

Auch Rittmeister v. Boeselager begrüßt diese Lösung, gerade weil er ein überzeugter Reiter ist. Häufig bezeichnete er sich selbst als einen »berittenen Infanteristen«.

Die nun einsetzende organisatorische Arbeit am Schreibtisch behagt v. Boeselager wenig. Aber sie muß verrichtet werden. Für Ende März ist die Aufstellung befohlen. Die Widrigkeiten und Hindernisse türmen sich haushoch. Vielerorts hat man kein Ohr für Reiter. Nur Panzer zählen, Pferde und Reiter dagegen nicht. Sie sind veraltetes Inventar, in das zu investieren sich nicht mehr lohnt. Boeselager kennt diese Einstellung nur zu gut.

Aber auch Hilfe wird ihm zuteil. Sachbearbeiter der Kavallerie im Stabe des Waffengenerals der Infanterie ist Major Erik v. Amsberg, dem Boeselager auf einer Reise nach Rumänien seine Vorstellungen bereits einmal vortragen konnte. Diese Bekanntschaft wird für das Vorhaben von großer Bedeutung, in Sonderheit hinsichtlich des Ersatzes von Offizieren, Unteroffizieren und Mannschaften.

So entsteht nach den dringendsten Vorarbeiten, ab 7. April 1943, allmählich das spätere Reiter-Regiment »Mitte«, dessen Kommandeur Rittmeister v. Boeselager wird.

Obwohl noch in der Aufstellung und während der Ausbildung, müssen bereits Anfang April Teile des Regiments zum Kampf gegen Banden und Fallschirmjäger eingesetzt werden. Die ersten Ausfälle treten ein. Die Schwierigkeiten nehmen zu, anstatt ab. Es fehlt nicht nur an Material, Pferden und Unteroffizieren — die Sturmgeschütze waren gar nicht erst bewilligt worden — es fehlt mitten im Krieg auch an geeigneten und erfahrenen Ausbildern und Spezialisten. Gerade bei den Offizieren legt der junge Regiments-Kommandeur einen hohen Maßstab an. Wen er für nicht geeignet erachtet, wird sofort wieder versetzt.

Während der kurzen Planungsphase und den ständigen Widrigkeiten während des Aufbaues fand Boeselager dennoch Zeit und Gelegenheit, über seinen Rahmen hinaus Vorschläge für den Neuaufbau der Kavallerie zu unterbreiten. So schlug er vor, auch bei den Heeresgruppen Nord und Süd gleichartige Kavallerie-Regimenter aufzustellen und in Deutschland eine Schule zur Ausbildung des Ersatzes sowie Ersatzabteilungen zu errichten.

Rittmeister v. Boeselager wurde somit, bei aller Anerkennung der Unterstützung und Mithilfe durch höhere Offiziere und Dienststellen, zum Initiator der neuen deutschen Heeres-Kavallerie. Am 1. Juni 1943 wird er mit Wirkung vom 1. April 1943, d. h. nach 9 Jahren Gesamtdienstzeit, zum Major befördert.

Die Persönlichkeit des Freiherrn v. Boeselager wäre unvollständig beschrieben, bliebe sein äußeres Erscheinungsbild und seine Wirkung auf Dritte unberücksichtigt. Eher klein und zierlich von Gestalt, entsprach sein Äußeres der typischen »trockenen« Rennreiterfigur, weniger zunächst dem personifizierten Vorgesetzten. Jedoch verspürte jeder, der ihm gegenüberstand, etwas von der gespannten, verhaltenen Kraft, welche diese Persönlichkeit auszeichnete. Bei aller Selbstzucht und Entschlußkraft verband sich in ihm, trotz seines jugendlichen Alters, ein hohes Maß an menschlicher Reife, Güte und Liebenswürdigkeit. Sein vornehmes Wesen entsprach dem eines wirklichen Gentleman.

Dabei konnte er bei Verfehlungen unnachsichtig, jedoch nicht ohne vorheriges sorgfältiges Abwägen durchgreifen, wobei ihn stets seine natürliche Klugheit leitete.

Im Gefecht führte er, wo immer möglich, von vorn. Dabei trug er zumeist die weiche Feldmütze, achtete aber streng darauf, daß jeder seiner Untergebenen den Stahlhelm trug. Häufig hatte er eine Reitgerte unter dem Arm.

Dieses Bild, dem heutigen Soldaten kaum noch verständlich welches in mancher Hinsicht den Kavallerieoffizieren entsprach, die im I. Weltkrieg, bei der Infanterie eingesetzt, auch in den zermürbenden Materialschlachten des Stellungskrieges in hervorragender Weise ihren Mann standen, gab Boeselagers Reitern Vertrauen und Zuversicht, wobei das vielleicht etwas legère Äußere in einem bezeichnenden

Gegensatz zu dem persönlichen Mut und dem umsichtigen, entschlossenen Führen stand.
Erfaßt man das Wesen des Freiherrn von Boeselager in allen seinen Teilen, so werden Parallelen zu dem Freiherrn von Seydlitz erkennbar, dem berühmten Reitergeneral Friedrichs des Großen, mit dem er gelegentlich auch verglichen worden ist.
Es wird dann aber auch erkennbar, warum gerade er wie jener dazu berufen war, die Kavallerie seiner Aera zu erneuern.
Des weiteren wird verständlich, weshalb Georg Frhr. v. Boeselager, der bis zuletzt Kavallerist blieb und damit einer relativ kleinen, vielfach abgeschriebenen Waffengattung angehörte, für sein militärisches Gesamtwerk am 28. 11. 1944 posthum, bei gleichzeitiger Beförderung zum Oberst, mit den Schwertern zum Eichenlaub des Ritterkreuzes ausgezeichnet wurde.
Hans Rudolf von Stein, 1945 letzter Adjutant der 3. Kav.-Div. und einer der ersten, die sich nach dem Krieg kritisch mit der deutschen Kavallerie von 1939—1945 auseinandersetzten, schrieb 1955 in der Zeitschrift »Feldgrau« u. a.:
»So kam es im Verlauf der Kriegsjahre, wie es kommen mußte. Aus der 1. K.D. wurde die 24. Pz.D. und aus den Div.A.A. (tmot) wurden Divisions-Füsilierbataillone, eine Bezeichnung, die auf die Rest-A.A.'s der Kriegsjahre 1943—45 wesentlich besser paßte.
Damit wäre die deutsche Kavallerie wohl begraben gewesen, wenn nicht ein Mann, der 29jährige Oberst und Träger des Ritterkreuzes mit Eichenlaub, Georg Freiherr von Boeselager (gefallen am 27. 8. 1944 als Kommandeur der 3. K.Br.) gewesen wäre. Ihm gelang es mit dem Reiterverband Boeselager, später K.R. Mitte bzw. 3. K.Br. zu beweisen, daß größere Reiterverbände besonders unter den Bedingungen des Ostkrieges — auch in Zeiten der Motorisierung — noch immer ihre volle Daseinsberechtigung hatten und haben.«
Hans Joachim Köhler, heute einer der führenden Hippologen in der Bundesrepublik, 1944/45 unter Georg v. Boeselager Kommandeur der I. Abt. des Reiter-Rgt. 31, beendete 1977 einen Aufsatz über »Die Boeselager'sche Reiterei« wie folgt:
»Das Geheimnis der Würdigung der Boeselager'schen Reiter bei Freund und Feind lag in mehreren Gegebenheiten begründet. Der Ton, der bei ihnen herrschte, war boeselagersch liebenswürdig, fair und alles andere als laut, ›mehr sein als scheinen‹ war die unausgesprochene Devise. Achtung vor dem Menschenleben war ungeschriebenes Gesetz und so wurde oft die Hälfte der Kampfkraft geschont,

weil es die andere Hälfte allein schaffte. Dem Gegner wurde hart, aber nur waidgerecht begegnet. Wehrlosen Pardon gegeben. Unbedingter Verlaß aufeinander und volle Hingabe an Auftrag oder Situationsbewältigung sicherten bis zum allerletzten Schluß Vertrauen, Disziplin und Zusammenhalt. Der Kopf Boeselager war geradezu genial. Er überzeugte auch grimmigste Oberbefehlshaber und fand Respekt bei ihnen. Und er taxierte so rechtzeitig und genau wie ein begnadeter Springreiter, der es seinen Pferden leicht macht, sie dort schont, wo nicht alles sein muß, sie aber da fordert, wo es um Entscheidendes, geht, stets alles vermeidend, was — unnötig — Nerven oder Knochen kostet. Das hatte Boeselager seinen Kommandeuren und Chefs unmerklich eingeimpft durch sein eigenes Denken, Leben und Handeln.
Nicht zuletzt dadurch auch der Truppe. So war es kein Wunder, daß dieser Geist am Leben blieb, als Boeselager starb. Es war dies wohl die beste ›innere Führung‹, die es je gab. Denn sie stand nicht als Vorschrift auf dem Papier, unterlag keiner Diskussion, gab es auch in keinem Unterricht, sondern wirkte und wurde sich zu eigen gemacht allein durch die Ausstrahlung einer uneingeschränkt glaubwürdigen und überzeugenden, makellosen Persönlichkeit christlichen Glaubens.«

27. Die KAVALLERIE-REGIMENTER NORD, MITTE UND SÜD

Bereits Anfang 1942 waren im Bereich der Heeresgruppe Mitte Versuche unternommen worden, die nach dem Vormarsch des Vorjahres und den verlustreichen Wintermonaten übriggebliebenen Reiter- und Radfahr-Schwadronen, die in den derzeitigen Kämpfen ohne spürbare Erfolge mehr und mehr abgenutzt wurden, sinnvoll einzusetzen.
An der Front war man sich im Gegensatz zu verschiedenen Stufen der Führungs-Hierarchie durchaus des Wertes gerade dieser Spezialeinheiten bewußt.

Als wichtigste Maßnahme zu ihrer Erhaltung erschien zunächst die Zusammenfassung zur Verwendung als Eingreif-Reserve, zumal bewegliche Reserven bei den schwachen eigenen Kräften und den nur allzu oft stark überdehnten Abschnitten eine unabdingbare Notwendigkeit waren.

So entstanden im März/April 1942 bei der 9. Armee unter einem Armee-Kavallerie-Kommando zbV (Kdr.: Oberst Holste) die Armee-Reiter-Regimenter 1, 2 und 3 mit einer vorgesehenen Gliederung zu jeweils 5 Schwadronen. Diese Regimenter sollten möglichst ausschließlich beritten sein (Beweglichkeit durch Pferd und Panjewagen, keine Kfz!). Jedoch mußten wiederum Radf.-Schwadronen eingegliedert werden, und auf motorisierte schwere Waffen konnte ebenfalls nicht verzichtet werden. Letzten Endes waren auf diese Weise nur verstärkte Aufkl.-Abteilungen der bisherigen Struktur entstanden.

Bei der Heeresgruppe Mitte (unmittelbar unterstellt) entstand 1942 der »Reiterverband v. Winning« zu vier Reiter-Schwadronen. Das Armee-Kavallerie-Kommando zbV wurde bereits am 24. 7. 42 wieder aufgelöst, der »Reiterverband v. Winning« im Frühjahr 1943. Über die Gründe ist wenig bekannt geworden. Es kann auch hier nur vermutet werden, daß diese Verbände einerseits nicht die gewünschten Erfolge erbrachten, was nicht verwundern darf, da sie z. B. gegenüber einem Pz.-Feind praktisch wirkungslos bleiben mußten; zum anderen aber werden sich die abgebenden Divisionen sehr heftig um die Rückgliederung ihrer Einheiten bemüht haben, da es gerade bei ihnen auf jeden Mann ankam.

Betrachtet man diese Versuche als Mißerfolg, so liegt der Grund nicht zuletzt darin, daß ihnen bereits von der Struktur her die Möglichkeit fehlte, gegenüber stärkerem Feind und insbesondere Feindpanzern, die überall und ständig zu erwarten waren, erfolgreich zu operieren.

Dem »Reiterverband Boeselager«, aus dem später das Kavallerie-Regiment Mitte hervorging, war mehr Erfolg beschieden.

Boeselager hatte das Glück, daß während der Aufstellung seines Verbandes die Unterstellung der Reiter und Radfahrer unter den Waffengeneral der Infanterie erfolgte. Diese Maßnahme, von vielen alten Kavalleristen bedauert, erwies sich für das Wiedererstehen der Kavallerie von großem Vorteil.

Generaloberst Guderian, nunmehr Generalinspekteur der PzTruppen, war, wie bereits erwähnt, zwar kein ausgesprochener Freund der Reiter, hatte diese aber zumeist fair behandelt und womöglich gefördert.

Hauptwachtmeister Alfred Malek mit den Troßfahrzeugen der 3./KR. 21 während des Vormarsches in Frankreich. *(Archiv Reiter 8)*

Die Spitze der Aufkl. Abt. geht durch ein brennendes französisches Dorf vor.
(Archiv Verf.)

Siegesparade in Paris. Der Inf.-Reiterzug an der Spitze seines Rgts.
(Archiv Verf.)

Inf.-Reiter-Züge

Der Inf.-Reiterzug des I.R. 17, Braunschweig, während der Abschluß-parade nach den Herbst-manövern des IX. Armeekorps 1936 bei Fritzlar.
(Foto Tellgmann)

Reiterzug im Frankreichfeldzug.
(Archiv Verf.)

Inf.-Reiterzug auf dem Vormarsch.
Die Packtaschen werden hinten getragen.
(Archiv Verf.)

Kavallerie kam auch während des Balkanfeldzuges zum Einsatz. Reiter verfolgen die zurückgehenden Engländer bei den Thermopylen. *(Archiv Verf.)*

Kavallerie in Rußland

Als einziger Heeres-Kavallerieverband hatte die 1. Kav.-Div. beim Einmarsch in Rußland den Auftrag, die Südflanke der Pz.-Gruppe 2 zu decken.
(Archiv 1. K.D./24.P.D.)

Reiter der 1. Kav.-Div. treten im Morgengrauen zum Angriff an.
(Archiv Verf.)

Oben: Ein Reitender Panzerjäger-Zug der 1. Kav.-Div. durchfurtet den Pripjet.
(Archiv Verf.)

Mitte: Vormarsch in Rußland 1941. Neben motorisierten Fahrzeugen, bespannte Trosse, Reiter und Radfahrer.
(Sammlung DPM)

Rechts: Oberst v. Randow, Kdr. 2. Reiter-Brigade, und Oberstlt. v. Werder, Kdr. Reiter-Rgt. 21, bei einer Besprechung an der Vormarschstraße.
(Archiv Reiter 8)

In der derzeitigen, prekären Situation hätte er sich aber sicherlich nicht für die Abstellung von Sturmgeschützen oder gar Panzern zu neuaufzustellenden Reiterverbänden eingesetzt. Sein Amt als Generalinspekteur der Panzertruppen verlangte von ihm geradezu gebieterisch die Zusammenfassung aller gepanzerten Kräfte in den Panzer-Divisionen, was ihm bis zu seiner erneuten Abberufung auch in bemerkenswertem Umfang gelang.
In Major von Amsberg, dem Sachbearbeiter der Kavallerie beim Waffengeneral der Infanterie (In 2), dem Major Ballhorn, Personalbearbeiter für die Kavallerie im OKH, und dem Oberst i. G. Stieff, Leiter der Org.Abt. im GenStab d. Heeres, waren der neuen Reitertruppe drei begeisterte Förderer zugefallen.
Diese Offiziere waren Kraft ihres Amtes in der Lage, sehr viel für die neu entstehende Heeres-Kavallerie tun zu können.
Aus dem laut Befehl des Oberkommandos Heeresgruppe Mitte vom 14. 1. 43 entstandenen »Reiterverband Boeselager« mit einer Sollstärke von:

28 Offizieren
160 Unteroffizieren
920 Mann und
1 123 Pferden

wurde Anfang April gemäß zweier Befehle des OKH vom 16. 3. 43 und 31. 3. 43 das »Kavallerie-Regiment Mitte« aufgestellt. In diesem Verband fanden u. a. wesentliche Teile des Kavallerie-Regiments 15, aus dem v. Boeselager hervorgegangen war, ihre neue militärische Heimat.
Mit Datum vom 16. 7. 43 befahl das OKH GenStab des Heeres/Organisations-Abteilung unter der Nr. I/6580/43 geh. zur Aufstellung von Reiterverbänden bei den Heeresgruppen, die Gliederung und die Ausstattung gemäß KSTN und KAN sowie die personelle und materielle Ergänzung des Kav.-Regiments Mitte. Diese Gliederung sollte auch für die Kavallerie-Regimenter Nord und Süd Anwendung finden.
Wenngleich die von Boeselager geforderten Sturmgeschütze nicht genehmigt wurden, war die Ausstattung des Regiments insgesamt wenigstens zufriedenstellend.
Neben ausreichenden Nachrichten- und Führungsteilen, zu denen auch ein Volkswagen-Erk.Zug gehörte, verfügte das Regiment über Pioniere, Panzer-Jäger und eine reitende Artillerie-Abteilung mit leichten Feldhaubitzen und einer Leichtgeschütz-Batterie.

Als Stärken waren für das Regiment vorgesehen:

etwa 130 Offiziere,
5 000 Unteroffiziere und Mannschaften, sowie
5 000 Pferde,

geliedert in eine Stabs-Abteilung,

drei Reiter-Abteilungen und
eine Artillerie-Abteilung.

Auch der kühnste Optimist hätte im Herbst 1941, anläßlich der Auflösung der 1. Kav.-Division, eine derartige Entwicklung nicht zu erhoffen gewagt.

Die vorgesehene Gliederung konnte in vollem Umfang zunächst jedoch nicht erreicht werden, was für die etwas später aufgestellten Kav.-Regimenter Nord und Süd in noch stärkerem Maße zutraf.

Unter dem Rittmeister Georg v. Boeselager als Regimentskommandeur und den beiden Rittmeistern Philipp v. Boeselager (Bruder) und Schmidt-Salzmann als Abt.-Führern bestand das Kav.-Rgt. Mitte im April 1943 tatsächlich aus dem

Regiments-Stab
2 Reiter-Abteilungen
(zu je 4 Schwadronen)
1 schweren Schwadron
1 Nachrichten-Schwadron und
1 Geschütz-Schwadron.

Doch rasch gewann das Regiment an materieller und personeller Stärke, und über den genehmigten Etat hinaus befanden sich ab Mitte des Jahres 1943 ein Fla.-Zug, ein Pz.-Spähzug, ein MTW-Zug, eine Panzer-Kompanie, eine Nachrichten-Schwadron und eine le. Kav.-Kolonne (tmot.) bei diesem Regiment.

Dem erst am 1. 6. 43 zum Major beförderten Georg v. Boeselager unterstand somit ein für die damaligen Verhältnisse äußerst vielseitiger und kampfstarker Verband, der in den wesentlichen Teilen seinen ursprünglichen Vorstellungen entsprach. Interessant ist dabei, daß sogar ein Trompeterkorps etatisiert wurde.

Das Kavallerie-Regiment Nord wurde gemäß OKH-Befehl vom 23. 5. 1943 in Fellin/Estland aufgestellt.

Es setzte sich mit Masse aus den Aufkl.-Abteilungen der Inf.-Divisionen der AOK 16 und 18 zusammen.

Der Oberbefehlshaber der Heeresgruppe Nord, Generalfeldmarschall v. Küchler, förderte diesen neuen Verband in besonderer Weise und blieb ihm bis zum Ende der Unterstellung eng verbunden.

Kommandeur des Kav.-Regiments Nord wurde Major Prinz zu Salm-Horstmar.

Auch das KR. Nord konnte zunächst nur mit 2 Abteilungen aufgestellt werden. Es erhielt eine Stärke von insgesamt 2 701 Mann. Wenn es damit auch nicht die Stärke und die Ausrüstung des KR. Mitte erreichte, so war es für diese Phase des Krieges doch recht gut ausgestattet.

Der Erk.-Zug besaß Schwimmwagen und VW-Kübel, der Panzer-Jäger-Zug von Halbketten-Zugmaschinen gezogene franz. 7,5 cm Pak und die Reiter des Rgts. wurden als eine der ersten Heereseinheiten durchweg mit dem Sturmgewehr 44 und dem MG 42 ausgerüstet. Sie verfügten somit über eine ungewöhnlich hohe infanteristische Feuerkraft. Ab Okt. 1943 trat zu dem Regiment endlich auch eine Artillerie-Abteilung mit Stab/Stabsbatterie und 2 schießenden Batterien, ausgestattet mit le. Feldhaubitzen, die von Vollketten-Schleppern (RSO) gezogen wurden.

Gegen Ende des Jahres 1943 erhielt das Kavallerie-Regiment Nord eine KSTN genehmigt, die eine gewisse Angleichung an das KR. Mitte vorsah:

Regiments-Stab
Stabs-Schwadron
2 berittene Abteilungen
(zu je 3 Reiter-Schwadronen
1 MG-Schwadron
1 Granatwerfer-Schwadron)
1 schwere Abt. (mot)
1 Art.-Abt.
1 Nachschub-Abt.

Die schwere Abteilung (mot), aus Panzer-, Sturmgeschütz-, Fla- und Pionier-Schwadron bestehend, konnte tatsächlich erst im Frühjahr 1944 aufgestellt werden.

Das besondere Kennzeichen des Kavallerie-Regiments Nord wurde der Totenkopf der ehem. Danziger Leibhusaren, womit die Verbindung zu dem alten Kavallerie-Regiment 5 hergestellt wurde, welches mit erheblichen Teilen zur Aufstellung des KR. Nord beigetragen hatte.

Als 1943 die ersten metallenen Totenköpfe für die Offiziere und Unteroffiziere geliefert wurden, erfolgte im Kriegstagebuch eine Eintragung: »Gestern sind die goldenen Totenköpfe gekommen, die wir jetzt auf den Schulterstücken tragen. Es sieht aus, als wären wir von einer Totengräberkompanie! Unteroffiziere tragen die Dinger in Silber und Landser gestickt. An den Mützen trägt alles den großen Stolper Totenkopf . . .«[84]

Wegen des zunächst »eigenmächtigen« Anlegens dieses Totenkopfes gab es mit dem Befehlshaber des Ersatzheeres, Generaloberst Fromm, eine Auseinandersetzung, wobei dieser darauf hinwies, daß nur der Waffen-SS und, in anderer Form, der Pz-Waffe das Tragen des Totenkopfes gestattet sei. Unter Hinweis auf die alte Husarentradition setzte sich das Regiment schließlich durch, und Mitte 1944 wurden von dem Heereszeugamt Spandau 5 000 Totenköpfe für die Mannschaftsschulterklappen geliefert.

Diese Episode über die »Totenköpfe« zeigt, daß es auch damals unmöglich war, einen Konsens aller Beteiligten über derartige Angelegenheiten herbeizuführen, ja, daß selbst die damit Geehrten nicht uneingeschränkt einverstanden waren; schließlich aber auch, daß höchste Heeresdienststellen sich mit für sie unbedeutenden Kleinigkeiten befaßten, in einer Zeit, in der sie mit eminent wichtigen Aufgaben geradezu überlastet sein mußten.

In diesem Zusammenhang ist interessant, daß Georg v. Boeselager für sein Regiment bereits den sogenannten »Schwedter Adler« als gemeinsames, verbindendes Erkennungszeichen eingeführt hatte, welches ursprünglich von den 2. Dragonern getragen wurde. Die Verbindung zu den Dragonern lag v. Boeselager, der sich als berittener Infanterist empfand, besonders nahe.

Das Kavallerie-Regiment Süd wurde nach entsprechenden Befehlen des OKH und des Oberkommandos d. Heeresgruppe Süd am 1. Juni 1943 aufgestellt.

Erster Kommandeur wurde der Major Ludwig-Ferdinand Prinz zu Sayn-Wittgenstein-Berleburg. Er war, wie auch sein Adjutant, aus dem Kavallerie-Regiment 18 hervorgegangen.

Unter dem Regiments-Stab konnte zunächst nur eine Reiter-Abt. gebildet werden, wozu neben anderen, insbesondere Einheiten aus den ehemaligen Kavallerie-Regimentern 18 (Bad Cannstatt), 17 (Bamberg), aber auch 8 (Oels/Schles.) herangezogen wurden. Eine leichte Geschütz-Batterie kam hinzu, mußte aber wegen starker Verluste bereits am 15. 9. 43 wieder aufgelöst werden.

Am 2. 8. konnte auch mit der Aufstellung der II. Abteilung begonnen werden.

Als aufstellender Heimat-Wehrkreis für das Kav.-Regiment Süd war

der Wehrkreis VIII, als Ersatztruppenteil die Aufkl.Ers.Abt. 8 in Oels/Schles. zugewiesen worden.
Für die berittenen Teile des KR. Mitte galt zunächst die Aufkl.Ers. Abt. 5 in Stolp/Pommern (WK. II), und für das KR. Nord die Aufkl.Ers.Abt. 1 in Sudauen als Ersatztruppenteil.
Ab 15. Dez. 1943 wurde die Kav.-Ersatz-Abt. 100 in Lüneburg (WK. X) der Ergänzungstruppenteil für alle berittenen Teile der Kavallerie. Auch diese Regelung geht auf einen Vorschlag Oberstlt. v. Boeselagers zurück. Jedoch wurde auch weiterhin Ersatz von den Stamm-Abteilungen aus den ehemaligen Friedensgarnisonen gestellt, soweit diese noch bestanden.
Obwohl alle neuen Kavallerie-Formationen aus einer Vielzahl von Reiter-Schwadronen der bisherigen Aufkl.-Abteilungen und z. T. auch aus Reiterzügen der Infanterie zusammengestellt wurden und diese Einheiten und Teileinheiten wiederum auf die 13 Kav.-Rgtr. des Friedensheeres zurückzuführen sind, wird deutlich das Bemühen sowohl des OKH als auch der Regiments- und Abteilungs-Kommandeure erkennbar, landsmannschaftliche Zusammengehörigkeiten zu erhalten oder wieder herzustellen.[85]
Gerade in der letzten Phase des Krieges spielte das Gefühl der Zusammengehörigkeit eine wichtige psychologische Rolle.
Leider wurde bei anderen Neuaufstellungen nur selten nach dieser Erkenntnis verfahren, was sich fast immer bereits beim ersten Gefecht als äußerst nachteilig erwies.
Auch bei den 3 neuen Kav.-Regimentern gelang dieses Vorhaben aufgrund der großen Zahl von kleinen und kleinsten Resteinheiten aus allen Bereichen des Heeres nur zum Teil. Hinzu kam, daß bereits in der Aufstellungsphase Teile der Regimenter ins Gefecht geworfen werden mußten; dabei entstanden Ausfälle, die wiederum zu Zusammenlegungen führten.
Wie viel einfacher und vor allem effektiver wäre es gewesen, diese neuen Reiterformationen aus der organisch entstandenen und in drei Feldzügen bewährten alten 1. Kav.-Division zu bilden? Doch ein Großteil dieser ehemaligen Reiter war im Rahmen der 24. Pz.Division zu diesem Zeitpunkt im Kessel von Stalingrad bereits gefallen oder in Gefangenschaft geraten.
Ein Beispiel, das den Wert der Zusammengehörigkeit und des Zusammenhaltes in geradezu einmaliger Weise demonstriert, ist die Geschichte der 5. Schwadron des Kav.-Regiments 8, ehemals Oels/Schlesien.

Bei Mobilmachung, am 25. 8. 1939, wurde diese Einheit: 1. (Reiter-) Schwadron der Aufkl.-Abteilung 18. Als solche nahm sie im Rahmen der 18. Inf.-Division am Polen- und Frankreichfeldzug teil. Nach dem Westfeldzug wurde sie geschlossen aus der Aufkl.-Abt. 18 herausgelöst und zur Neuaufstellung (auf dem Truppenübungsplatz Meseritz) der 123. Inf.-Division herangezogen, bei deren Aufkl.-Abt. sie als 1. (Reiter-) Schwadron eingesetzt wurde.
Mit der 123. ID. machte sie den Rußlandfeldzug bis zur Wolga mit, danach den Rückzug bis in den Kessel von Demjansk, in dem sie 14 Monate festlag, dabei aber ihre Substanz erhielt.
Nach Räumung des Kessels ab 19. März 1943 wurde sie erneut aus der Aufkl.-Abt. (123) herausgezogen und in Fellin (Estland) als 2./Kav.-Rgt. Nord eingesetzt.
Auch während der weiteren Kriegsjahre blieb diese Reiter-Schwadron ungeteilt zusammen. Erst im Juni 1945, also einen Monat nach der Kapitulation, wurde sie in der Gefangenschaft auseinandergerissen. Landsmannschaftlich geschlossen, in sich ruhend und mit einem Stamm hervorragender Wachtmeister, Unteroffiziere und Obergefreiten galt diese Schwadron als eine der diszipliniertesten und schlagkräftigsten Einheiten der Kavallerie. Das trat besonders gegen Kriegsende zu Tage, als ihre Heimat verlorenging, die allgemeine Unsicherheit über das Schicksal ihrer Angehörigen auf ihnen lastete und sich auch bei vielen deutschen Verbänden Zeichen des Zerfalls und der schrittweisen Demoralisierung bemerkbar machten.
Die bis Kriegsende ausschließlich aus Ostpreußen stammenden Pferde dieser Schwadron waren ihr ganzer Stolz. Zwei dieser Pferde hatten bereits im Frieden der Ausbildung gedient, die Ostpreußen-Stute »Puppe« und der Ostpreußen-Wallach »Rost«. Sie hielten wie ihre Reiter alle Feldzüge mit deren unerbittlichen, oft grausamen Begleitumständen durch und wurden erst in der Gefangenschaft abgegeben.

Sind bei der bisherigen Schilderung des Wiederaufbaues der deutschen Heeres-Kavallerie überwiegend Fragen der Ausrüstung, der strukturellen Zusammensetzung so wie der personellen Stärke behandelt worden, so darf darüber das Problem der Pferdeausstattung nicht unterschlagen werden.
Das 3. Reich konnte bereits im Frieden den Bedarf an Truppendienstpferden nicht vollständig decken. Schon 1935, im Zuge der allgemeinen Herresvermehrung, mußten Pferde aus dem Ausland angekauft werden.

Durch die Kriegseinwirkungen war ein großer Teil verloren gegangen, insbesondere in den Feldzügen in Rußland, wie aufgezeigt worden ist.

Dennoch gelang es immer wieder, durch Beutepferde, den Ersatz aus dem Heimatgebiet und durch weitere Ankäufe im Ausland die größten Lücken zu schließen.

Freilich war dieses Pferdematerial nicht mit den im friedensmäßigen Dienstbetrieb des deutschen Heeres herangebildeten Pferden zu vergleichen.

Die mangelnde Gymnastizierung und Ausbildung während des Krieges führte auch ohne Waffeneinwirkung unter den Belastungen des Einsatzes häufig zu raschem Verschleiß.

Das Beste, was die deutsche Armee an Kavalleriepferden aufzubieten hatte, die rund 17 000 Pferde der ehemaligen 1. KD., war zum größten Teil so aufgeteilt und unsachgemäß eingesetzt worden, daß es zur Aufstellung der neuen Kavallerie-Regimenter nicht mehr herangezogen werden konnte.

So mußte nun Pferdematerial der verschiedensten Art und Qualität aufgeboten werden, um die berittenen Teile des Heeres hippomobil zu machen.

Wie Georg Frhr. v. Boeselager, hielten viele Fachleute das ostpreußische Pferd, das ja seit zwei Jahrhunderten vorwiegend für militärische Zwecke herangezüchtet worden war, für die beste Kavallerie-Remonte.

Auch die leichteren, trockenen Typen Hannovers und seiner Nachzuchtgebiete haben sich gut bewährt, weniger dagegen die schweren Rassen und vor allem nicht die Kaltblüter, die bei ihrer Futter- und Pflegeaufwendigkeit unter den harten Bedingungen des Krieges nur allzu häufig versagen mußten.

Es zeigte sich während des Krieges aber auch, daß viele ausländische Pferde bei sachgemäßem Einsatz Gutes leisteten, und einige Rassen standen den Ostpreußen nur wenig nach, wenngleich sie im Material auch die Einheitlichkeit der deutschen Zuchten vermissen ließen.

So wurden von der Truppe die polnischen, tschechischen, ungarischen und jugoslawischen Pferde durchaus geschätzt, soweit sie keine charakterlichen Mängel aufwiesen oder aufgrund von Gebäude- oder Stellungsfehlern zu raschem Ausfall neigten. Die russischen Pferde waren am uneinheitlichsten. Die leichteren Typen hielten zwar gut durch, waren aber entsprechend ihres geringen Kalibers wenig leistungsfähig.

Von den in der Wehrmacht verwendeten Pferden Westeuropas waren die Iren weniger gut brauchbar. Sie kamen mit den Witterungsbedingungen und dem häufig geringen Futter nicht zurecht, die edleren, z. T. auf orientalischer Basis gezogenen Franzosen erwiesen sich dagegen selbst unter den extremen russischen Bedingungen als außerordentlich widerstandsfähig.
Weiterhin wurden (dem Kav.-Rgt. Nord) auch Pferde aus Italien und größere Kontingente aus der dänischen Armee zugeführt.
Die zur Aufstellung der Kavallerie-Regimenter herangezogenen Schwadronen und Züge brachten in der Regel ihre Pferde mit. Nicht selten aber waren sie von den abgebenden Divisionen geradezu »ausgeplündert« worden, so daß sie auf zugewiesenes Pferdematerial angewiesen waren.
Von diesem Material schrieb z. B. Major Prinz zu Sayn-Wittgenstein während der Aufstellung seines Regiments u. a.: »Wenigstens Pferde waren mal da, wenn wir auch schon alle schönere gesehen haben«.
Als das Kavallerie-Korps Harteneck im Juni 1945 in der Gefangenschaft aufgelöst wurde, verfügte es über ein ausgezeichnetes Pferdematerial.[87]
General d. Kav. Harteneck erinnerte sich nach dem Krieg: »Ich glaube es hat kaum jemals in der Geschichte eine besser berittene Kavallerie gegeben, als die der 3. und 4. Kav.-Division. Wir hatten die Auswahl gehabt zwischen Araberhengsten der Spahis und den besten deutschen Zuchten, den hochgezüchteten Pferden aus Lippiza, aus Polen und der Ukraine. Und die schlechtesten Pferde hatten wir nicht ausgesucht.«

Noch während der Aufbauphase der drei Kavallerie-Regimenter zwang die Feindlage bei allen Heeresgruppen zum vorzeitigen Einsatz der bereits halbwegs fertigen Teile. Förderte dies zwar die Ausbildung im »scharfen« Schuß, so wurde jedoch durch das Auseinanderreißen und die unvermeidlich eintretenden Verluste der Aufstellungsprozeß immer wieder unterbrochen, das Zusammenwachsen der neuen Verbände empfindlich gestört.
Selbst der nach personeller und materieller Lage als möglich erachtete Kriegsumfang wurde nur selten, und immer nur kurzfristig erreicht. Dabei gab es zwischen den einzelnen Regimentern beträchtliche Unterschiede.
Am günstigsten sah es in dieser Hinsicht häufig noch beim Kav.-Regiment Mitte aus, welches durch 650 Kosaken verstärkt wurde, aber

auch beim Kav.-Regiment Nord lagen bis zu den ersten Einsätzen die Schwadronsstärken bei 250—300 Mann anstelle von vorgesehenen 225.

Der erste Einsatz wurde dem Kav.-Regiment Mitte bereits im Mai 1943 befohlen. Dabei handelte es sich darum, einen Raum zwischen Orscha und Witebsk von Partisanen zu säubern.

Am 14. Mai steht die I. Abt./KR. Mitte in Zusammenarbeit mit der 286. Sich.Div. im Kampf gegen Banden. Diese arbeiten bereits eng mit der Zivilbevölkerung zusammen, und die großen Waldgebiete erleichtern ihnen das rasche Untertauchen nach ihren Einsätzen. Durch eine speziell für den Bandenkampf entwickelte Taktik gelingt es den Reitern Boeselagers in kurzer Zeit, die Partisanen zu vernichten, bzw. sie zum Abzug in andere Gebiete zu zwingen. Beim Partisanen-Einsatz in Rußland zeigte es sich, daß die starke Durchsetzung des Regiments mit Kosaken auch Probleme aufwarf.

Der zweite Einsatz für das KR. Mitte folgte im Juli 1943 im weiteren Verlauf des Unternehmens »Zitadelle«.

Als nach wenigen Tagen den Sowjets große Einbrüche in den deutschen Frontbogen um Orel gelingen und der gesamte Südflügel der Heeresgruppe Mitte infolge unzureichender Reserven ins Wanken gerät, wird u. a. auch Stab und I. Abt./KR. Mitte nördlich der Straße Brjansk — Orel in das Gefecht geworfen.

Für die neue Heeres-Kavallerie bedeutete dieser Einsatz, daß sie die Richtigkeit ihrer Aufstellung, ihrer Gliederung und Ausrüstung, sowie ihrer Einsatzgrundsätze unter besonders schwierigen Umständen zu beweisen hatte.

Der Beweis wurde erbracht. Dem Freiherrn v. Boeselager, der erst am 1. Juni 1943 zum Major befördert worden war, werden im Verlauf dieser Kämpfe zu seiner eigenen Abteilung 5 weitere Bataillone unterstellt, so daß er mit seinem Regiments-Stab nun eine Kampfgruppe führt. Die Kämpfe sind heftig. Mehrere Tage steht die Kampfgruppe ohne Anlehnung an weitere eigene Kräfte 3 russischen Divisionen gegenüber.

Die Verluste sind hoch, insgesamt fallen rund 300 Offiziere, Unteroffiziere und Mannschaften der I. Abteilung aus.

Aber gemessen an den Erfolgen und im Vergleich mit anderen deutschen Verbänden, ist festzustellen, daß sich das KR. Mitte im ersten größeren Fronteinsatz voll bewährt hat.

Die Erfahrungen, die bei diesem Einsatz gemacht wurden, werden von Boeselager ausgewertet und in klarer, überzeugender Form den vorgesetzten Dienststellen eingereicht. So kommt die Auswertung dieser Erfahrungsberichte auch den anderen Kavallerie-Regimentern, der SS-Kavallerie-Division und den Kosaken-Regimentern zugute.

Im September und Oktober 1943 erfolgten weitere Einsätze des Regimentes.

Die Panzer- und Artillerie-Überlegenheit der Sowjets während dieser und der folgenden Kämpfe wirkt zeitweilig erdrückend. In den Gefechten gegen einen zahlenmäßig, und zumeist auch materiell überlegenen Feind, schrumpft das Regiment zusammen. Die Chronik der 6./K.R. Mitte hält für diese Phase fest: »Der Kommandeur I. Abt., Philipp Frhr. v. Boeselager, steht wie ein Fels in der Schlacht, so wie wir es auch von seinem Bruder Georg gewohnt sind, Ruhe und Selbstvertrauen ausstrahlend.«

Am 23. Oktober wird während der harten Abwehrkämpfe nördlich des Dnjepr, in der sogenannten »Pantherstellung« zunächst Philipp v. Boeselager verwundet. Die Gefechtsstärke des Regiments sinkt auf 120 Mann!

Am Nachmittag des gleichen Tages bringt der Regiments-Kommandeur, Georg v. Boeselager, die zurückweichende eigene Front wieder zum Stehen und wird dabei selbst durch einen Schuß in den Oberschenkel schwer verwundet.

Es war dies seine erste Verwundung in 4 Kriegsjahren.

Auch am 24. und 25. Oktober gehen die erbitterten Kämpfe weiter. Die Gefechtsstärke des KR. Mitte sinkt auf 4 Offiziere und 47 Mann!

Am 25. Oktober werden die Reiter des Regiments aus der Front herausgezogen und als Heeresgruppen-Reserve (!) in einen Raum um Minsk zurückgenommen.

Die vorgesetzten Kommando-Dienststellen kamen nicht umhin, dem Kavallerie-Regiment Mitte Dank und Anerkennung für die außergewöhnlichen Leistungen auszusprechen.

Das Regiment erholt sich wieder, wird aber nach den Erfahrungen der letzten Kämpfe umgegliedert.

Die schweren Waffen werden aus den Reiter-Schwadronen herausgelöst und in je eine Granatwerfer- und eine sMG-Schwadron gegliedert. Die 13. (schwere) Schwadron erhält den Pionier-Zug, einen Pak-Zug und einen Fla-Zug mit 2-cm-Geschützen.

Die Panzer-Kompanie besteht nun aus einem Zug T 34, 2 Zügen mit Versuchs-Kampfwagen, einem Zug Panzer II und einem MTW-Zug.

Nach Abschluß der dringendsten Umgliederungs- und Auffüllungsmaßnahmen wird das Regiment, ohne I. Abteilung, unter Graf

Oberndorff wieder eingesetzt, und steht bald im Rahmen der 2. Armee in harten Kämpfen am Rande des Pripjetgebietes.
Ende Dezember wird auch die I. Abt. unter ihrem wieder genesenen Kommandeur Philipp v. Boeselager zur Sicherung und Aufklärung gegen die Pripjetsümpfe eingesetzt.
In Anerkennung seiner persönlichen Leistungen, aber auch wohl in Anerkennung der Erfolge und der Leistungen der neuen Kavallerie, die zu einem Großteil sein Werk ist, wird Georg v. Boeselager am 1. Dez. 1943 zum Oberstlt. befördert. Er war somit nach dem Lebensalter einer der jüngsten, wenn nicht der jüngste Oberstleutnant des Heeres. Seine Verwundung heilt jedoch schlecht, eine Lungenentzündung kommt hinzu und letztlich muß er in ein Lazarett nach Deutschland geflogen werden.

Auch das in Fellin (Estland) und Umgebung in Aufstellung begriffene Kav.-Regiment Nord mußte schon Anfang Okt. 1943, obwohl einige Schwadronen kaum länger als 4 Wochen zusammen waren, im Raum Wesenberg an der Nordküste Estlands Sicherungsaufträge übernehmen. Dazu wurde die I. Abt./KR. Nord abgestellt.
Anfang November wurde die II. Abt./KR. Nord in den Raum Ostrow — Palkino verlegt, wo sie zur Partisanenbekämpfung eingesetzt wurde.
Bis Dezember standen die Schwadronen des KR. Nord dann im Partisaneneinsatz entlang der Eisenbahnlinie Pleskau — Staraja Russa im Bereich des AOK. 16. Dort erhielten sie auch ihre Feuertaufe im Großeinsatz gegen eine geschlossen operierende Partisanen-Brigade, die über schwere Waffen verfügte.
Diese konnte vernichtet, bzw. zur Aufgabe ihres Operationsgebietes gezwungen werden.
Der Einsatz des KR. Nord ermöglichte das Herauslösen von zwei Inf.-Divisionen, die dringend der Heeresgruppe Mitte zugeführt werden mußten.
Am 10. Januar 1944 erhielt das Regiment, obgleich noch immer nicht voll aufgestellt, von Generalfeldmarschall v. Küchler den Befehl, die Festung Nowgorod freizukämpfen, um damit einen tiefen russischen Einbruch auf der Nahtstelle zwischen den AOK. 16 und 18 zu bereinigen. Dazu wurden dem Regiment zwei Eisenbahn-Panzer-Züge und die Reste einer Lw.-Feld-Division unterstellt.
Die I. Abt./KR. Nord unter Führung von Major Moritz erzwang noch in der ersten Nacht ihres Angriffs die Verbindungsaufnahme zum

AOK. 16, wobei sie durch Sturmgeschütze, die Mörser der Festungsartillerie und schwere Flak unterstützt wurde. Sie erlitt jedoch in den Waldkämpfen gegen russische Ski-Jäger, die ausschließlich mit Maschinenpistolen ausgerüstet waren, so schwere Verluste, daß sie, von den rückwärtigen Teilen und den Handpferden abgesehen, praktisch zerschlagen wurde.
Die II. Abt./KR. Nord wurde ohne Wissen des Regiments-Kommandeurs noch während des Bahntransportes auf offener Strecke entladen, um örtliche Einbrüche zu bereinigen.
Trotz des zersplitterten Einsatzes und der ungeheuren Verluste der I. Abt., gelang es dem KR. Nord mit den unterstellten Teilen, wozu noch die Versprengten einer ehemals nördlich von Nowgorod eingesetzten Jäger-Division stießen, und Dank der Unterstützung durch eine wohlausgerüstete Pz.-Jäger-Abteilung, am folgenden Tag den Anschluß nach Norden zu erkämpfen, die Lücke zwischen den AOK. 16 und 18 zu schließen, und somit den gestellten Auftrag zu erfüllen. Die heftigen Angriffe des nächsten Tages wurden unter Einsatz letzter Kräfte abgewiesen.
Nachdem das Ziel dieses Einsatzes unter extremen Verlusten erreicht worden war, erging von der Heeresgruppe der Befehl, die Festung zu räumen und sich mit allen Teilen in Richtung Luga abzusetzen! — Am nächsten Tag wurde das Regiment wegen seines hervorragenden Einsatzes und seiner dabei bewiesenen Haltung im Wehrmachtsbericht genannt.
Dies konnte jedoch nur wenig darüber hinwegtrösten, daß praktisch aller Einsatz vergebens gewesen war, und die enormen Verluste letztlich sinnlos waren.
Die Reste des Regiments, einzelne Schwadronen wiesen noch eine Stärke von 10—15 Mann auf, wurden nun von Rittmeister Bischoff geführt, da der Kommandeur auf Befehl des Oberbefehlshabers wegen Erkrankung zur Ersatzabteilung nach Fellin zurückgeschickt worden war.
Auf dem Krankenlager in Fellin erhielt Major Prinz zu Salm-Horstmar von dem neuen OB, Generaloberst Model, den Befehl, die Reste seines Regiments, welches fast nur noch aus Pferdehaltern und Funktionspersonal bestand, sofort an der Narwa einzusetzen, was dieser ablehnen mußte, da es um die Existenz des Verbandes ging.
Der kranke Regiments-Kommandeur begab sich nunmehr selbst zum Hauptquartier und rang mit Generaloberst Model eine Nacht lang um sein Regiment.

Danach gab sich Model mit dem Einsatz nur einer Kampfgruppe an der Narwa zufrieden, deren Stärke der Regiments-Kommandeur selbst bestimmen konnte.
Diese Kampfgruppe übernahm Rittmeister Bessenbach, da Major Moritz infolge Verwundung bereits wieder ausgefallen war.
Auch an der Narwa wurde auf beiden Seiten mit unerbittlicher Härte gekämpft, wobei die Kampfgruppe des KR. Nord fast bis zum letzten Mann fiel.
Sieben Monate später erklärte Model, der Stratege der Defensive, gegenüber Prinz zu Salm-Horstmar, daß durch den aufopfernden Einsatz des KR. Nord bei Nowgorod und an der Narwa der Heeresgruppe Nord ein ähnliches Schicksal erspart wurde, wie es der Heeresgruppe Mitte dreieinhalb Monate später widerfuhr.
Was von dem KR. Nord übrig geblieben war, darunter 3 000 bis 4 000 Pferde, wurde zu Beginn des Monats April in den Raum Dünaburg zur weiteren Auffrischung verlegt, denn auch Model wollte auf die Kavalleristen in der Abwehr nicht verzichten.

Dem Kav.-Regiment Süd erging es nicht viel besser. Zunächst der Heeresgruppe Süd direkt unterstellt, ab 1. 7. 43 der 6. Armee und anschließend der 4. PzArmee, mußten auch seine Schwadronen von der Phase der Aufstellung ab zu Einsätzen herangezogen werden. Der kontinuierliche Aufbau wurde so auch bei diesem Regiment ständig unterbrochen.
Während der schweren Kämpfe im Raum Shitomir, wobei das KR. Süd im Verband des XIII. AK der 4. PzArmee eingesetzt war, fiel am 22. November 1943 der Kommandeur, Oberstleutnant Prinz zu Sayn-Wittgenstein-Berleburg, mit seinem Adjutanten, dem Rittmeister Bacherer (jr.).
Am 20. 1. 1944 wurde der Prinz posthum wegen Tapferkeit vor dem Feind mit dem Ritterkreuz ausgezeichnet.
Insgesamt waren die Verluste infolge der frühen Einsätze so hoch, daß einzelne Schwadronen, Führungsteileinheiten und Stäbe wiederholt neu aufgestellt werden mußten.
Nach dem Tode des ersten Regiments-Kommandeurs übernahm Major Rojahn das Regiment. Die Dienststellung des Regiments-Adjutanten wurde Oberleutnant d. R. Reichsgraf v. Hochberg, Frhr. v. Fürstenstein übertragen. Er, wie auch der Kommandeur der I. Abteilung, Rittmeister Franz-Dieter v. Wagenhoff, entstammten dem Kav.-Regiment 8, Oels/Schlesien.

Im Februar und März 1944 traten bei dem Kav.-Rgt. Süd erneut Änderungen und Umgliederungen ein.
Der Rgts.-Stab und die Stabs-Schwadron werden neu gebildet. Letztere erhält einen Nachrichtenzug (tmot.), einen Pakzug und einen Erkundungszug (mot.).
Vorübergehend wurde dem Regiment auch eine Fla-Schwadron unterstellt. Mit der bereits am 20. 2. hinzugetretenen bisherigen II./Art.-Rgt. 340 nahm das Kav.-Rgt. Süd nun folgende Gliederung ein:

Regiments-Stab
Stabs-Schwadron mit Nachr.-, Pak- und Erk.-Zug
I. Abteilung
1.—3. (Reiter-)Schwadron
4. (sMG.-)Schwadron
5. (Gr.W.-)Schwadron
II. Abteilung
6.—8. (Reiter-)Schwadron
9. (sMG.-)Schwadron
10. (Gr.W.-)Schwadron
Art.-Abt. Süd (aus bisheriger II./Art.-Rgt. 340)
unterstellt: 16. (Geb.) Fla-Schwadron.

Am 1. Juni 1944 meldete das Regiment dem OKH (Chef H. Rüst u. BdE/AHA/Ic) die mit Wirkung vom 29. Mai 1944 erfolgte Umbenennung in »Reiter-Regiment 41« (befohlen durch OKH/Gen.St.d.H./Org.Abt.Nr.I/4843/44 geh. vom 26. 5. 1944).
Damit erfolgte auch ein Wechsel im Unterstellungsverhältnis. Das Reiter-Rgt. 41, bisher 3. Kav.-Brig., wurde der 4. Kav.-Brig. zugeteilt. Die Art.-Abt. Süd wurde der 4. Kav.-Brig. direkt unterstellt, die 16. (Geb.) Fla-Schwadron wurde abgezogen und dem Pz.-AOK. 3 zugeführt.
Der Einsatzwille, die militärischen Leistungen allgemein und die Erfolge der neuen Kavallerie-Regimenter während der kurzen Zeit ihres Bestehens wurden von der Führung, aber auch von den anderen Fronttruppen mit einem gewissen Erstaunen und mit Anerkennung zur Kenntnis genommen.
Worauf gründeten sich diese Qualitäten, die 1943/44 keineswegs mehr bei allen deutschen Verbänden anzutreffen waren?
Sie waren zum einen auf den hohen moralischen und physischen Wert dieser Verbände zurückzuführen, die im Kern immer noch aus der gut ausgebildeten Reichswehr und der Friedenswehrmacht hervorgegangen waren. Diese alten Stämme verfügten noch immer über einen

ungewöhnlichen Korpsgeist und den unschätzbaren inneren Zusammenhalt.
Zum anderen aber waren die Erfolge der dem Krieg im Osten entsprechenden Gliederung und Ausrüstung sowie den zweckmäßigen Einsatzgrundsätzen zu verdanken.
Die neue Kavallerie kämpfte weitgehend selbständig. Sie wurde nicht mehr an die Kampfweise der motorisierten oder gepanzerten Truppen gebunden. In der nun vorherrschenden Abwehr wurde sie vor allem in schwierigem Gelände (z. B. den Pripjetsümpfen) zur Wirkung gebracht, wo sie in stützpunktartigem Einsatz und unter Ausnutzung ihrer hohen Beweglichkeit oftmals zum Bindeglied zwischen Panzern und Infanterie wurde.
Ihr infanteristisches Element war durchweg beritten. Eine Mischung von Reitern, Radfahrern und Kradzügen gab es nicht mehr. Die schweren Waffen, auf die keine Infanterie im modernen Krieg verzichten kann, waren nach Art und Zahl erheblich verstärkt worden. Sie wurden in besonderen Abteilungen oder Schwadronen zusammengefaßt und konnten somit schneller im Schwerpunkt zum Einsatz gebracht werden.
Von ganz besonderem Vorteil aber, und letztlich unverzichtbar, waren die Panzer und gepanzerten Fahrzeuge sowie die bei der Infanterie überaus geschätzten Sturmgeschütze, die den Kav.-Regimentern teils strukturell beigegeben waren, teils ihnen unterstellt wurden.
Freilich war in dem fortgeschrittenen Stadium des Krieges nicht alles im ausreichenden Maße und bei allen Regimentern in gleicher Weise vorhanden. Vieles wäre zu verbessern gewesen. Jedoch hat die neue Kavallerie mit dem, was ihr zur Verfügung gestellt werden konnte, mehr erreicht, als zu erwarten war.
Die Erfolge der Kavallerie ließen sogar Hitler, der sich häufig in Einzelheiten einschaltete, aufhorchen. Besonders muß ihn der Einsatz des Kav.-Regiments Nord, der wesentlich zur Stabilisierung der Lage im Nordabschnitt beigetragen hatte, beeindruckt haben. In den ersten Apriltagen 1944 ließ er überraschend den Kdr./KR. Nord, Prinz zu Salm, nach Frankenstruck bei Salzburg kommen, damit er über die weitere Verwendung der Kav.-Regimenter Vortrag halten solle.
Hitler erblickte in seiner »Wundergläubigkeit« allem Anschein nach in der Kavallerie nun eine »Wunderwaffe«, obwohl er sie bisher, als in seinen Augen besonders reaktionär, stets abgelehnt hatte. Generaloberst Zeitzler, nunmehr Chef des GenStabes d. Heeres, hatte dementsprechend zu deren Vergrößerung bereits Pläne ausgearbeitet,

die darauf hinausliefen, ein Heeres-Kavallerie-Korps zu schaffen. Major Prinz zu Salm versuchte das bei seinem Vortrag mit allen Mitteln zu verhindern, er konnte Zeitzler jedoch nicht von der Richtigkeit seiner Ansichten überzeugen.
Die Gegenargumente des Prinzen zu Salm waren:

1. Die Ersatzlage von ausgebildeten Reitern und Pferden.
2. Die Schwierigkeit der Versorgung, besonders mit Rauhfutter.
3. Die zu erwartende enorme Zusammenballung der Handpferde bei einer immer stärker werdenden Luftüberlegenheit des Feindes.
4. Die erheblichen Schwierigkeiten, die sich bei dem beweglichen Einsatz eines Kav.-Korps hinsichtlich der Führung ergeben mußten.

Seine Forderungen waren dagegen:

1. Auffrischung der bestehenden Regimenter bis zur Sollstärke gem. der vom OKH genehmigten Kriegsstärkenachweisung.
2. Soweit möglich, Verstärkung durch weitere Panzer-, bzw. Sturmgeschütz-Abteilungen.
3. Umbenennung in Brigaden, bzw. Divisionen, da die Regimenter Nord und Mitte bereits 1943/44 gem. KSTN derartige Stärken aufwiesen.
4. Unterstellung wie bisher, entweder direkt unter die Heeresgruppen oder das OKH.

Generaloberst Zeitzler sagte daraufhin zu, das KR. Nord entsprechend aufzufüllen und einsatzfähig zu machen, gab aber den Plan eines Kav.-Korps nicht auf, welches nun aus den Kav.-Regimentern Mitte und Süd sowie einer ungarischen Kav.-Division gebildet werden sollte.
Major Erik v. Amsberg, der Sachbearbeiter für Kavallerie beim Waffengeneral der Infanterie, hatte seinerseits ebenfalls vorgeschlagen, die Kavallerie-Regimenter zu einer Brigade zusammenzufassen. Es stellte sich jedoch heraus, daß das Kavallerie-Regiment des Oberstleutnants v. Boeselager bereits allein den Umfang einer Brigade hatte.
So wurde dann am 3. Mai 1944 die Aufstellung von zwei Brigaden befohlen. Der Persönlichkeit v. Boeselagers war es entgegen anders lautenden Plänen zu verdanken, daß die 3. Kav.-Brigade letztlich aus seinem Regiment, die 4. Kav.-Brigade aus den Regimentern Nord und Süd errichtet wurde.
Erneute Umstellungen und neue Bezeichnungen wurden notwendig. So erhielt die 3. Kav.-Brigade die umgebildeten Regimenter 31 und 32, die 4. Brigade die Regimenter 41 und 42.

Der Kav.-Geschütz-Zug (mot.) der 5./RR. 21. Taktische Erkennungszeichen: G = PzGruppe 2 (Guderian), Springender Reiter = 1. Kav.-Div.
(Archiv Reiter 8)

Die 3./R.R. 21 rastet während des Vormarsches 1941 in Sluzk. 1944 wurde das I. Kav.-Korps bei Sluzk wiederum in schwere Kämpfe verwickelt.
(Archiv Reiter 8)

Tränken in Rußland. Uffz. Gerhard Pohl und Wachtmeister Springwald, 3./RR. 21.
(Archiv Reiter 8)

Futterausgabe bei der 3./RR. 21.
(Archiv Reiter 8)

Die 1./RR. 21 vor Gomel am 12. 8. 41.
(Archiv Reiter 8)

Nach der Erstürmung des Friedhofs von Dobrusch ostwärts Gomel am 19. u. 20. 8. 41. Abgessessen waren die Kavalleristen von der Infanterie kaum zu unterscheiden.
Lt. Frhr. v. Maltzan mit dem 2. Zug der 3./RR. 21.
(Archiv Reiter 8)

Die Handpferde werden nachgeführt.
(Archiv Verf.)

Auflösung der 1. KD. am 11. 11. 41 bei Gomel. Dabei: Oberstlt. v. Werder, Rittmeister v. d. Groeben und Lt. Christian von Loesch.
(Archiv Reiter 8)

Die letzte Parade der 1. Kav.-Div. bei Gomel am 7. Nov. 1941. Rechts der Div.Kdr., GenMaj. Feldt.
(Bundesarchiv)

GenFeldmarschall von Brauchitsch, Oberbefehlshaber des Heeres und GenOberst Frhr. von Fritsch (1934/38 Chef HL./Ob.d.H.). Auch die beiden letzten Ob. d.H. hatten ein durchaus positives Verhältnis zur Kavallerie.
(Archiv Verf.)

Links: Rittm. Georg Michael, vormals 6./Reiter-Rgt. 22, gefallen am 18. 1. 44.
(Archiv Verf.)

Rechts: Rittm. Niemack, Kdr. der Aufkl.Abt. 5. beide Offiziere zeichneten sich im Rahmen der Kavallerie und später bei der Panzertruppe in besonderer Weise aus.
(Archiv Verf.)

Diesen neuen Bezeichnungen waren bereits andere Vorschläge vorausgegangen. So hatte Prinz zu Salm-Horstmar schon im Spätherbst 1943, mit dem nachträglichen Einverständnis seines Freundes und ehem. Schwadronskameraden Georg v. Boeselager und seines Schwagers Prinz zu Sayn-Wittgenstein vorgeschlagen, dem KR. Nord die Bezeichnung »GFM v. Mackensen«, dem KR. Mitte »Seydlitz« und dem KR. Süd »Ziethen« zu geben.[88]

Diese Vorschläge wurden allerdings nicht realisiert. Jedoch wurde mit Fernschreiben vom 3. Juni 1944 dann eine erneute Namensänderung angeordnet, indem das OKH bekanntgab:

»Bezug: OKH/GenSt.d.H./Org.Abt.I/4843/44 geh. v. 25. 5. 44

Betrifft: Bezeichnung der Einheiten der 3. und 4. Kav.-Brig.

1. Das Kav.-Rgt. Nord wird entgegen Bezugsbefehl nicht in Reiter-Rgt. 42 sondern in Kav.-Rgt. 5 umbenannt.
2. Damit übernimmt das Rgt. die Tradition des ehem. Kav.-Rgt. 5. Einzelheiten werden durch Chef H Rüst und BdE befohlen.«

Stieß diese Regelung zunächst auch nicht auf allgemeine Zustimmung, da praktisch nur eines der vier Reiter-Rgtr. hervorgehoben wurde, so sollte damit doch wohl eine Entwicklung eingeleitet werden, nach der zu einem späteren Zeitpunkt auch die anderen Reiter auf eine besondere Tradition verpflichtet werden sollten.

Nach der Neugliederung mußte Oberstlt. v. Boeselager aufgrund seines Lebensalters von der Führung der praktisch von ihm geschaffenen 3. Kav.-Brigade zunächst zurücktreten. Er wurde Kommandeur des RR. 31. Brigade-Kommandeur wurde Oberst Frhr. v. Wolff.

Major Prinz zu Salm-Horstmar mußte »seinen« Verband, das Kav.-Rgt. 5, ebenfalls abgeben, da zwischen ihm und dem Brigade-Kommandeur, Generalmajor Holste, häufig nur schwer zu überbrückende Meinungsverschiedenheiten hinsichtlich der Führung und des taktischen Einsatzes bestanden. Diese unterschiedlichen Auffassungen kulminierten als die Kav.-Brigaden dem I. Kav.-Korps unterstellt wurden. So kam es bereits anläßlich der ersten Meldung des Major Prinz zu Salm bei dem KG, Gen. d. Kav. Harteneck, zu einem »recht kräftigen Zusammenstoß«. Zwischen dem General Harteneck, der bisher überwiegend in Generalstabsstellungen verwendet worden war, und dem langjährigen, fronterfahrenen Truppenkommandeur kam auch in der Folge kein Konsens zustande, und so mußte, wie im militärischen Bereich die Regel, der Dienstgradniedrigere gehen.

Maj. Prinz zu Salm wurde in das XV. Kos.-Kav.-Korps versetzt, wo er zunächst als Kdr. das Terekkosakenregiment 6 führte. Später wurde er als Oberst zeitweilig mit der Führung der 2. Kos.-Kav.-Division beauftragt.

Die mehr oder minder sang- und klanglose Ablösung hat diesen um die Kavallerie verdienten, hervorragenden, und von seinen Untergebenen geschätzten Offizier sicherlich hart getroffen. Neuer Regiments-Kommandeur wurde der Ia der 4. Kav.-Brigade, Major i. G. Sauer.

Das Kav.-Rgt. 5 wurde später gemäß OKH/Ag P. 1/1/Zentral/Abt./Ib/Nr. 251/45 vom 29. 12. 1944 zu einem Sonderverband erklärt, erhielt die zusätzliche Bezeichnung »Feldmarschall v. Mackensen«, und seine Angehörigen wurden zum Tragen des Totenkopfes der Danziger Leibhusaren sowie eines Ärmelbandes »Feldmarschall v. Mackensen« berechtigt.

Die Stiftungsurkunde der Org.Abt. II/53506 II. Ang. vom 4. 12. 44 lautete dazu:

»DER FÜHRER Hauptquartier, den 6. 12. 1944

In dankbarer Würdigung der unter Führung des Generalfeldmarschalls v. Mackensen vollbrachten Waffentaten, deren Ruhm in Volk und Wehrmacht für alle Zeiten weiterlebt, verleihe ich anläßlich seines 95. Geburtstags dem Kavallerie-Regiment 5 das Ärmelband »Feldmarschall von Mackensen«. Ich ehre damit den großen Feldherrn des Ersten Weltkrieges, dem Kavallerie-Regiment 5 aber sei es ein Ansporn, sich seines Chefs stets würdig zu erweisen. Die Durchführungsbestimmungen erläßt der Chef des Oberkommandos der Wehrmacht.

Adolf Hitler«

Auch die anderen Reiterverbände ließen kavalleristische Traditionen wieder aufleben.

Nach der Umbenennung der Kav.-Brigaden in 3. und 4. Kav.-Div. im Februar 1945 trug die aus dem ehem. Kav.-Rgt. Mitte hervorgegangene 3. KD. den von Frhr. v. Boeselager für sein Rgt. selbständig eingeführten »Schwedter Adler« als Traditionsabzeichen, und das aus dem ehem. KR. Süd gebildete Reiter-Rgt. 41 den Totenkopf der Braunschweiger Husaren.

Diese Traditionsübernahme hatte insofern ihre Berechtigung, als die Braunschweiger Husaren auf die »Schwarze Schar« des Herzogs Friedrich Wilhelm von Braunschweig-Oels zurückzuführen sind, deren ursprünglicher Stamm sich 1809 zu einem großen Teil aus Schlesien rekrutierte, und nun wiederum auch im KR. Süd, später RR. 41, viele

Offiziere, Unteroffiziere und Mannschaften des Kav.-Rgts. 8 (Oels/Schlesien) zusammengezogen worden waren.
Wenige Tage vor Kriegsende erhielt die 4. Kav.-Division ein Ärmelschild, welches zwei Pferdeköpfe auf goldgelbem Grund zeigt. Über die Verleihung ist leider nichts Näheres bekannt geworden. Es konnte ebenfalls nicht festgestellt werden, ob dieses Ärmelschild auch für die anderen Verbände des Kav.-Korps, in Sonderheit für die 3. Kav.-Division und die 23. Pz.-Division vorgesehen war.
Jedoch sei hier die abschließende Folgerung gestattet, daß gerade in dieser späten Phase des Krieges Truppe wie Führung bestrebt waren, bei diesen relativ jungen Verbänden den so notwendigen inneren Zusammenhalt durch die Bindung an traditionsreiche Vorgänger zu stärken.

28. DAS KALMÜCKISCHE KAVALLERIE-KORPS

Daß Kosaken während des II. Weltkrieges auf deutscher Seite gegen die Rote Armee, aber auch gegen die Tito-Partisanen kämpften, ist wohl allgemein bekannt.
Weniger bekannt hingegen ist die Tatsache, daß unter den vielen Verbänden mit Angehörigen fremder Nationalität auch ein Kalmückischer Reiterverband gegen die Armee der Sowjetunion focht.
Als im Rahmen der deutschen Offensive im Südabschnitt, beginnend am 28. 6. 1942, das Gebiet der Kalmücken erreicht wurde, wußte die Deutsche Wehrmacht von diesem asiatischen Volk recht wenig.
Deshalb waren der im Verband des III. PzArmeekorps kämpfenden 16. Inf.-Division (mot.), die den Auftrag erhielt, die Kalmücken-Steppe in beweglicher Kampfführung zu sichern, zwei Spezialisten beigegeben worden, die über persönliche Erfahrungen im Umgang mit den Kalmücken verfügten.
Einer dieser beiden Spezialisten, die zur 16. ID. (mot.) kommandiert wurden, war der Sonderführer Dr. Doll mit seinem Abwehrtrupp 103. Durch geschickte, menschliche und kluge Behandlung gelang es bald, das Vertrauen zu diesem eigenständigen Volk herzustellen.
Dabei bestätigte es sich, daß auch die Kalmücken eine ausgesprochen antikommunistische Haltung an den Tag legten. Auf Antrag von Dr. Doll wurden daher mit Beutewaffen ausgerüstete kalmückische Polizei-Kader aufgestellt, welche ihre Dörfer sicherten, aber auch Aufklärung in deren Umkreis betrieben.

Inzwischen waren im Zusammenhang mit der Schlacht um Stalingrad überlegene sowjetische Truppen in das Kalmücken-Gebiet eingedrungen, so daß die 16. ID. (mot.) mit Teilen zurückweichen mußte.
Auf russischer Seite kämpfte zudem eine kalmückische Reiterabteilung in variabler Stärke von 800—2 000 Mann, die als weiterer Störfaktor angesehen werden mußte. Es schien daher zweckmäßig, ein die eigenen Kräfte verstärkendes Gegengewicht zu schaffen. Aus den antisowjetischen Ortsmilizen der Kalmücken wurden durch Dr. Doll die berittenen Teile nach und nach herausgezogen und in Schwadronen zusammengefaßt.
Diese Schwadronen wurden dann an der Seite antisowjetischer Partisanen gegen die Rote Armee im Nordosten und Osten der Kalmücken-Steppe eingesetzt.
Im September 1942 standen im Bereich der 16. ID. (mot.) zwei Kalmücken-Schwadronen. Diese wurden dann im Winter 1942/43 zur Unterstützung der Division herangezogen, indem sie Fernaufklärung über hunderte von Kilometern betrieben, aber auch direkt in die Kämpfe eingriffen und schwerpunktmäßig sowjetische Partisanengruppen, die von Astrachan aus operierten, vernichteten.
Aus den 2 Schwadronen wurde rasch eine Abteilung zu 6 Schwadronen. Als die Heeresgruppe A im November 1942 zum Rückzug aus dem Kaukasus antreten mußte, bewährte sich die Abteilung, der 444. Sich.Div. als Flankenschutz unterstellt, in hervorragender Weise.
Trotz des deutschen Rückzuges meldeten sich auch im Januar 1943 zahlreiche waffenfähige Kalmücken zum freiwilligen Dienst bei dieser Abteilung.
In Übereinstimmung mit der Org.Abt. des GenStab des Heeres, bildete Dr. Doll nun ein Kalmückisches Kavallerie-Regiment zu 3 Abteilungen, genannt »Kalmücken-Verband Dr. Doll«.
Im Februar 1943 wurde das Regiment der 3. PzDiv. unterstellt, in den Raum Taganrog zurückgeführt und zusammen mit dem Kosaken-Regiment v. Jungschulz zum Küstenschutz am Asowschen Meer eingesetzt.
Unter dem Kommando des XXIV. PzKorps (Gen.d.PzTr. Nehring) hatte der Kalmücken-Verband einen 40 km breiten Abschnitt von Budenowka Ost bis zum Mius zu sichern.
In der relativ ruhigen Zeit des Küstenschutzes wurde verstärkt Ausbildung betrieben, die Ausrüstung verbessert und eine vierte Abteilung aufgestellt.
Es folgten eine Reihe weiterer Einsätze gegen Partisanen im Bereich

der Heeresgruppe Süd, die hinsichtlich der Versorgung des XXXX. PzKorps wesentliche Entlastung brachten.
Die kalmückischen Reiter erwiesen sich im Partisanenkampf als zuverlässig und tapfer, 34 von ihnen wurden ausgezeichnet.
Der Status des Kalmücken-Kavallerie-Korps fand in der Deutschen Wehrmacht keine Parallele. Er entsprach eher dem eines Freikorps, welches durch die Persönlichkeit Dr. Dolls geformt worden war und von ihm nun geführt wurde. Alle weiteren Führer waren Kalmücken, im Gegensatz zu anderen Fremdverbänden, die zu einem großen Teil mit deutschen Führern durchsetzt waren.
Dr. Doll, der von den Kalmücken geradezu verehrt wurde, hatte lediglich einen kleinen »Stab« von 2 Unteroffizieren und 3 Gefreiten zu seiner Unterstützung. Später traten noch ein deutscher Arzt und ein Oberzahlmeister hinzu.
Jedoch hatte kein Deutscher außer Dr. Doll Befehlsbefugnis über Kalmücken, und so fühlte sich das Kalmückische Kavallerie-Korps auch nicht als deutsche Hilfstruppe, sondern als ein Verband von Verbündeten des Deutschen Reiches.
Im August 1943 bestand das Korps aus 5 Abteilungen mit je 5 Schwadronen zu 120—150 Reitern. Die Gesamtstärke betrug 3 500 Mann und 4 600 Pferde.
5 weitere Schwadronen waren zum selbständigen Kampf gegen die Rote Armee in der Kalmücken-Steppe zurückgeblieben.
Es gelang auch, insbesondere durch das Wirken des General der Kavallerie Köstring, in seiner Eigenschaft als General der Freiwilligen-Verbände, alle Versuche abzuwehren, die darauf hinausliefen, dieses Korps durch Umbesetzung der Führerstellen gleichzuschalten.
Mit der zurückweichenden deutschen Front gingen auch die Kalmücken zurück und wurden weiterhin mit großem Erfolg im Kampf gegen Banden und Partisanen eingesetzt.
Dabei waren sie in ihren Methoden nicht zimperlich und wurden deshalb sowohl in der Ukraine als auch in Polen von der Bevölkerung wenig geschätzt.
Die deutsche Führung mochte aber gerade in den rückwärtigen Gebieten auf diese Truppe nicht verzichten, da sie im Aufspüren und in der Bekämpfung von Banden und Untergrundkämpfern auch da Erfolge hatten, wo deutsche Einheiten versagten.
Auch fernab ihrer Heimat standen die Kalmücken bei geschickter Führung treu zu ihrer selbstgewählten Aufgabe und führten alle Befehle blindlings aus.

1944 wurde das Korps der Feldkommandantur Lublin zur Bekämpfung polnischer Untergrundkämpfer unterstellt.
Die im Juli überraschend vorstoßenden Truppen der Roten Armee überrannten auch das Kalmückische Kavallerie-Korps, wobei dieses starke Ausfälle erlitt. Hierbei fiel auch der bisherige Führer, der so überaus geschätzte Dr. Doll.
Der Nachfolger Dr. Dolls, ein Oberstleutnant Bergen, führte nun einen völlig entgegengesetzten Führungsstil ein, versuchte die Kalmücken auf deutsche Vorschriften festzulegen, gliederte den Verband um und besetzte die höheren Führungsstellen mit deutschen Offizieren. Auf diese Weise wollte er die Disziplin der Kalmücken verbessern.
Jedoch entstand nun durch diese der Mentalität der Kalmücken nicht entsprechenden Maßnahmen eine Krise in dem Kalmückischen Kavallerie-Korps, die durch andere Vorgänge noch verstärkt wurde. So versuchte die Waffen-SS das ganze Korps zu übernehmen. Der General der Freiwilligen Verbände verfügte schließlich die Ablösung aller deutschen Offiziere einschließlich des Oberstlt. Bergen, um so die urprüngliche Gliederung und Befehlsstruktur wieder aufleben zu lassen.
Neuer Kommandeur des Kalmücken-Kav.-Korps wurde Oberst Hoerst.
Mitten in die Umgliederungsmaßnahmen fiel die sowjetische Offensive vom 16. 1. 1945 im Raum Radom — Kielce.
Das Korps wurde zum zweiten Male überrannt, völlig auseinandergerissen und erlitt schwerste Verluste, besonders bei den Trossen und den teilweise mitgeführten Familienangehörigen.
Die Reste schlugen sich nach Westen durch und fanden wieder Anschluß an die deutschen Verbände.
Auf dem Truppenübungsplatz Neuhammer am Queiß wurde aus den noch kampffähigen Teilen des Kalmückischen Kav.-Korps unter Rittmeister Brücker ein Regiment zu 2 Abteilungen gebildet. Dieses wurde der in Kroatien kämpfenden 1. Kosaken-Kav.-Division zugeführt.
Bei Kriegsende befanden sich die restlichen Kalmücken im Verband des XV. Kosaken-Kavallerie-Korps an der Drau-Front.
Wie die Kosaken, so schlossen sich auch die Kalmücken auf dem Kongreß in Virovitica der sogenannten Wlassow-Armee an, was aber lediglich einer politischen Demonstration gleichkam, und keinerlei taktische Auswirkungen nach sich zog.
Im Zuge der deutschen Kapitulation versuchten die Kalmücken sich

in kleinen Gruppen in den von den Engländern besetzten Teil des Alpenraumes durchzuschlagen.
Die meisten fielen jedoch dabei den Tito-Partisanen in die Hände, die wenigen, denen es gelang sich durchzuschlagen, wurden von den Engländern im Mai 1945 an die Russen ausgeliefert.
Ihnen wurde somit das gleiche Schicksal wie der größeren Volksgruppe der Kosaken innerhalb der Deutschen Wehrmacht zuteil.

29. DAS KOSAKEN-KAVALLERIE-KORPS

Helmuth von Pannwitz, von 1910 bis 1914 Kadett in Wahlstatt/Schles. und Berlin-Lichterfelde, wurde während des I. Weltkrieges 1915 im Ulanen-Rgt. 1 wegen Tapferkeit vor dem Feind mit 17 Jahren zum Leutnant befördert. Wie viele andere Offiziere wurde auch er während der Verringerung der Armee auf 100 000 Mann im Jahre 1920 verabschiedet.
Bis zu seiner Reaktivierung 1935 als Rittmeister war er als Güterdirektor der Fürstin Radziwill in Mlochow bei Warschau tätig.
In Polen fand er viel Zeit zum Nachdenken und Gelegenheit zum Kennenlernen des osteuropäischen Menschen.
In der Wehrmacht Schwadronschef und Major beim Stabe des RR. 2 in Angerburg, wurde er 1939 als Abt.Kdr. in das neu errichtete Kav.-Rgt. 11 in Stockerau bei Wien versetzt.
In Polen, Frankreich und Rußland führte er die Aufkl.-Abt. 45 und erhielt als Kommandeur dieses Verbandes am 4. 9. 1941 das Ritterkreuz.
Vom 1. 12. 1941 bis zum 15. 11. 1942 war er im OKH Referent bei dem »General der Schnellen Truppen«. In dieser Verwendung wurde er zum Oberst befördert.
Aus seiner Kenntnis des östlichen Menschen und seinen speziellen Erfahrungen an der Ostfront im Umgang mit Überläufern und Kriegsgefangenen entwickelte sich in ihm die Idee, Ukrainer und insbesondere Kosaken, die teilweise schon in deutschen Einheiten in kleineren Trupps als Hilfswillige Dienst verrichteten, zum größten Teil aber in Gefangenen-Lagern darbten, zu einem geschlossenen Verband zu formieren. Zwar waren viele Gelegenheiten für ein derartiges Unternehmen bereits verstrichen oder vertan, jedoch war es vielleicht noch nicht zu spät.

Seine Vorstellungen verdichteten sich zu einem Plan. Oberst v. Pannwitz nutzte nun jede Gelegenheit, diesen Plan den Offizieren der Org.Abt. im GenSt. d. Heeres vorzutragen, und hier besonders dem Oberst i. G. Stieff und dem Major i. G. Graf Stauffenberg.

Wenngleich sich diese beiden Offiziere seinem Plan gegenüber sehr aufgeschlossen zeigten, so hing die Entscheidung doch letztlich von Gen. d. Inf. Zeitzler, dem Chef des GenStabes ab, der dafür noch gewonnen werden mußte.

Weitere Zeit verging. Am 20. 9. 1942 erhielt v. Pannwitz die Gelegenheit in die Gebiete am Don, Terek und Kuban zu fliegen, um sich an Ort und Stelle über die Kosaken-Lage zu orientieren.

Dort hatte er eine wertvolle Aussprache mit General d. Kav. Köstring, dem »General der Freiwilligen-Verbände«, und am 27. 9. konnte er sich bei dem Oberbefehlshaber der Heeresgruppe A, dem Generaloberst v. Kleist, melden, welcher v. Pannwitz bereits aus Breslau kannte. Auch v. Kleist unterstützte das Vorhaben, und so reichte er dem OKH einen dementsprechenden Vorschlag ein, wobei er v. Pannwitz als Führer des Kosaken-Verbandes vorschlug.

Wieder im OKH, erhielt v. Pannwitz endlich die Zustimmung zur Errichtung einer Kosaken-Division.

Nun wurden v. Pannwitz erhebliche Schwierigkeiten von verschiedenen Seiten, besonders aber von dem Gauleiter Koch und dem Reichsleiter Bormann in den Weg gelegt.

Unterstützung dagegen erfuhr er von dem Reichsführer SS, der ohne Rücksicht auf Rassentheorien bestrebt war, Fremdvölker für seine Pläne und Ziele nutzbar zu machen.

Am 8. November 1942 wurde von Pannwitz zum Kommandeur aller Kosakenformationen ernannt. Aus Gründen der Tarnung gegen die Gruppe um Bormann und Koch wurde nach Innen die Bezeichnung »Reiterverband von Pannwitz« verwendet.

Jedoch wurde aus der Aufstellung der Kosaken-Division zunächst nichts. Nachdem Oberst v. Pannwitz am 15. November 1942 das OKH verlassen hatte und gerade dabei war, bei der Heeresgruppe A einen Arbeitsstab für die künftige Division zu errichten, gelangen der Roten Armee tiefe Einbrüche im großen Donbogen.

Die Lage der dort im Kampf stehenden deutschen Verbände wurde prekär. Da entschied der Chef des GenStabes, daß v. Pannwitz mit rasch zugeführten Truppen die südliche Flankenbedrohung der PzGruppe Hoth auszuschalten habe.

Mit einer Pz.-Abt. (Maj. Sauvant), einer rumänischen Kav.-Brig.,

einer (!) rumänischen Batterie und deutschen Nachschubeinheiten, zusammengefaßt zur »Kampfgruppe v. Pannwitz«, zerschlug der verhinderte Kosaken-Kommandeur nacheinander zwei russische Kav.-Divisionen und eine Inf.-Division.
Damit war die Lage bereinigt.
Am 23. Dezember 1942 wurde ihm während des Weihnachtsurlaubes für diesen ungewöhnlich erfolgreichen Einsatz als 167. Soldaten das Eichenlaub zum Ritterkreuz verliehen.
Wieder bei der Heeresgruppe A, widmete sich v. Pannwitz unverzüglich seinem alten Plan. Durch das Zurückweichen der eigenen Front waren die eigentlichen Kosakengebiete inzwischen bereits verloren gegangen.
Mit den zurückgehenden Truppen gingen aber auch Tausende von Kosaken mit ihren Angehörigen zurück.
Diese wurden aufgefangen, versorgt und von Atamanen geordnet. Oberst v. Pannwitz wurde infolge der ernsten Lage erneut anderweitig eingesetzt, wobei er einen Küstenabschnitt auf der Krim als »Abschnitt-Kommandeur Feodosia« übernehmen mußte.
Als er endlich in Feodosia abgelöst wurde, hatte sich die Lage hinsichtlich der Aufstellung seiner Kosaken-Division erheblich verbessert. Der Truppenübungsplatz Mielau in Südostpreußen war als Aufstellungsort, und der 21. April 1943 offiziell als Aufstellungstermin befohlen worden. Die Befehle für das Herausziehen schon bestehender Kosaken-Verbände waren ebenfalls bereits gegeben.
Den Kern der Division bildeten im Partisanen-Einsatz bereits bewährte, selbständige Verbände, die durchweg gut beritten waren.
Es waren dies:

1. die Abt. des Oberstlt. Frhr. v. Wolff
   (bisher Raum Poltawa),
2. das Rgt. des Major Jungschulz von Roebern
   (bisher Raum Kiew),
3. das Rgt. des Major Kononow
   (bisher Raum Mogilew).

Auch das deutsche Rahmenpersonal war bereits in Milau eingetroffen. Die noch nicht eingeordneten Kosaken, einschließlich ihrer Angehörigen, wurden auf dem Übungsplatz versammelt und geordnet.
Anschließend setzte eine intensive Ausbildung zu Fuß und zu Pferde ein. Die deutschen und die Kosaken-Offiziere bemühten sich, aus diesem Völkergemisch eine disziplinierte, kampfkräftige Truppe zu schaffen.

Daneben entstand sogar eine Unteroffiziervorschule für die noch nicht kampffähigen Jungkosaken.
Oberst v. Pannwitz wurde am 1. Juni 1943 zum Generalmajor befördert.
Um den Zusammenhalt zu fördern, führte er die alte Kosaken-Uniform wieder ein, die jedoch nur bei feierlichen Anlässen getragen werden konnte. Der normale Dienstanzug entsprach dem deutschen Zuschnitt, allerdings mit den Emblemen der entsprechenden Kosaken-Tradition.
Das Zusammenwachsen und die Ausbildung machten rasche Fortschritte. Der Kosak, seit jeher dem Waffendienst verbunden, war auch hier mit Feuereifer bei der Sache. Selbstverständlich mußten in Bezug auf die Disziplin andere Maßstäbe angelegt werden als in den deutschen Kampfverbänden.
Die große Leidenschaft der Kosaken waren auch hier ihre Pferde. Jeder Kosak entwickelte zu »seinem« Pferd ein ganz bestimmtes, persönliches Verhältnis, unabhängig davon, ob dieses Pferd edel oder grob, schön oder häßlich, charakterlich einwandfrei oder mit Mängeln behaftet war.
Die Pferde wurden zumeist nur auf Trense geritten und nicht nach deutscher Art schulmäßig ausgebildet. Dennoch standen sie in absolutem Gehorsam, hatten sich den Gewohnheiten ihres Reiters angepaßt und folgten ihm auf Pfiff und Zuruf, obwohl die Kosaken nicht besonders zimperlich mit ihren Pferden umgingen. Im Einsatz später kam es vor, daß einzelne Kosaken, die keine Unterkunft für ihr Pferd gefunden hatten, dieses in die oberen Stockwerke der Häuser mitnahmen und es anschließend ohne Schwierigkeiten wieder nach unten brachten. So schauten in den Ortschaften, in denen Kosaken im Quartier lagen, häufig Pferdeköpfe aus den Fenstern der oberen Etagen.
Mitte September 1943 erfolgte der Abmarsch zum Einsatz gegen die Tito-Partisanen in Jugoslawien. Tito war es inzwischen gelungen, seine Basis zu vergrößern und auch nichtkommunistische Teile in seine Untergrundarmee einzubeziehen. Darüberhinaus wurde er von England mit allen Mitteln unterstützt. Die wenigen deutschen Einheiten waren dem Partisanenkampf nur schlecht gewachsen. Von den Kosaken versprach man sich hier größere Erfolge.
Im Bereich der Heeresgruppe Südost, geführt von Feldmarschall von Weichs, wurde die 1. Kosaken-Division der 2. Panzerarmee von Generaloberst Dr. Rendulic unterstellt.
Das Unterstellungsverhältnis entwickelte sich zunächst nicht besonders

günstig, was wohl auf deutsche Vorurteile gegenüber den Kosaken, der Kavallerie ganz allgemein und auf den geplanten Einsatz der Division zurückzuführen ist.

Die ersten Kampfeinsätze der beiden Kosaken-Brigaden erbrachten keine greifbaren Ergebnisse. Die Tito-Partisanen wichen ständig aus und ließen die Kosaken ins Leere stoßen.

Die Führung erwies sich als schwierig. Die Disziplin war manches Mal nur mit drakonischen Maßnahmen aufrecht zu erhalten.

Die kommunistische Infiltration trat hinzu. Auch die Kriegslage wurde nun für Deutschland immer ungünstiger, und das Heimweh belastete die Kosaken schwer.

Es sah also zu diesem Zeitpunkt in der 1. Kosaken-Division nicht sehr rosig aus.

Allerdings liefen bis Kriegsende von den 25 000 Kosaken nur etwa 250 zu den Partisanen über, eine erstaunlich geringe Zahl, gemessen an den Überläufern anderer, auch deutscher Verbände.

Nach und nach spielte sich der Führungsapparat jedoch ein, die Kosaken wurden mit der Partisanentaktik vertraut, und die Lage verbesserte sich allmählich.

Die Sowjetunion nahm vom Einsatz dieser Division Kenntnis und unterstützte zum ersten Mal, mehr oder minder symbolisch, Tito und seine Partisanen.

Die Einsätze im Kampf gegen die Partisanen verliefen zunehmend erfolgreich. Leider wurden aber immer wieder Teile der Division zu anderen Aufgaben abgezogen, so daß ein geschlossener, offensiver Einsatz nicht zustande kam.

Im Januar 1944 wurden verschiedene personelle Veränderungen innerhalb der Division durchgeführt, u. a. wurde der bisherige Kdr. der 1. Kos.-Reiter-Brigade, Oberst Frhr. v. Wolff, ein Balte, durch das OKH zur neu gebildeten 3. (Heeres-) Kav.-Brigade versetzt.

Er fiel dort Ende Juni bei einer Gefechtsübung durch einen Kurzschuß eigener Granatwerfer. Sein Nachfolger wurde Oberstlt. Frhr. v. Boeselager.

Bei den Truppenbesuchen durch Gen. d. Kav. Köstring (Gen. d. Freiwilligenverbände) und durch den Oberst i. G. Baron v. Freytag-Loringhoven, der v. Pannwitz bei der Aufstellung der Division sehr unterstützt hatte, hinterließen die Kosaken einen guten Eindruck, desgleichen auch bei Gen. v. Grolmann, dem Chef des Gen.Stabs der 2. PzArmee. Allerdings war das gebotene Bild nicht mit dem einer deutschen Division zu vergleichen.

In den vielen Einzeleinsätzen des Jahres 1944 wurde der Kampfwert der Kosaken mehr und mehr gehoben und der Korpsgeist gestärkt.
Zu geschlossenen Einsätzen kam es jedoch weiterhin nicht.
Am 26. August 1944 wurde v. Pannwitz zu Himmler befohlen, der ihm seine Pläne, insbesondere über die Zukunft der Kosaken, unterbreitete. Waren diese angesichts der Lage auch nicht sehr realistisch, so erbrachte die Unterredung doch, daß die im Westen eingesetzten Kosaken-Abteilungen herausgezogen werden sollten, um sie v. Pannwitz zu unterstellen.
Dadurch wurde zwangsläufig eine Vergrößerung des Kosaken-Verbandes notwendig. Unverzüglich wurde die Aufstellung eines Korps* in Angriff genommen. Schwere Granatwerfer, 10,5-cm-Haubitzen und 3,7-cm-Flak wurden als schwere Waffen zugewiesen.
Am 1. Februar 1945 wurde v. Pannwitz zum Kommandierenden General ernannt, und ab 25. Februar führte die bisherige Division offiziell die Bezeichnung XV. Kosaken-Kavallerie-Korps.
Damit war die Aufstellung jedoch noch nicht abgeschlossen. Die bisherigen Brigaden wurden nun Divisionen, eine 3. Division wurde geplant, desgleichen auch eine Inf.-Division, die allerdings nur noch Brigadestärke erreichte.
Nun, im Frühjahr 1945, als der Krieg praktisch bereits verloren war, wurde endlich die Zusammenfassung aller Kosaken in einem Korps erreicht.
Dem XV. Kosaken-Kav.-Korps wurde dann im März 1945 folgender Auftrag erteilt:

1. Die Sicherung an der Drau nach Norden
2. Die offensive Kampfführung gegen die Verbände der jugoslawischen Volksarmee im Papukgebirge.

Auf dem Kosaken-Kongreß in Virovitica, ebenfalls im März 1945, wurde Gen. v. Pannwitz die seltene Ehre zuteil, zum Obersten Feldataman aller Kosaken gewählt zu werden, eine Ehre, die bisher nur dem Zaren zuteil geworden war. Danach schworen ihm die versammelten Führer der Kosaken über alle Zeiten hinweg die Treue.
Wie sich die Lage allerdings realistisch darbot, beschreibt Erich Kern: »Alle Erfolge der Kosaken, denen die Partisanen trotz starker materieller Unterstützung durch die Engländer und nun auch durch die

* Lt. BENDER/TAYLER, »Waffen-SS« wurde das Korps als XV. SS-Kosaken-Kavallerie-Korps am 27. 12. 44 in die Waffen-SS übernommen. Besondere Auswirkungen in taktischer Hinsicht hatte diese Maßnahme jedoch nicht mehr.
FELIX STEINER führt z. B. in seiner »Truppenübersicht über die Verbände der Waffen-SS« nur das XV. SS-Armeekorps, nicht aber die unterstellten Verbände auf, desgleichen auch WOLF KEILIG in »Das deutsche Heer 1939—45«.

Rote Armee nicht gewachsen waren, vermochten das düstere Gesamtbild der Lage und der sich abzeichnenden Katastrophe nicht zu verbessern. Ungeachtet dieser bedrückenden Situation erfüllten die Kosaken und ihre Offiziere in hervorragender Weise ihre Pflicht. Sie schienen aus einer anderen fernen Zeit zu stammen. Noch einmal wurden in ihnen die Wesenszüge früherer Reiterheere sichtbar. Tausende von Kilometern von ihrer Heimat entfernt, ohne Hoffnung, in einer Lage, verzweifelt genug, um auch die stärksten Nerven zu brechen, standen die Kosaken Schulter an Schulter mit ihren deutschen Kameraden, die ihrer Reiterwaffe damit zugleich die letzte Ehre erweisen sollten.«

Am 6. März 1945 begann die letzte große deutsche Offensive beiderseits des Plattensees. Entgegen dem Vorschlag Generaloberst Guderians, der eine Zangenoperation aus Schlesien und Pommern vorgeschlagen hatte, welche mit den zur Verfügung stehenden Kräften immerhin noch Aussicht auf einen begrenzten Erfolg gehabt hätte, da die Rote Armee zu diesem Zeitpunkt ebenfalls mit erheblichen Schwierigkeiten fertig werden mußte, welche die Grenzen ihrer Möglichkeiten aufzeigten, befahl Hitler den letzten großen Angriff in Ungarn. Nach seinen »strategischen« Vorstellungen hatte die Sicherung der Getreidevorräte westlich der Donau sowie die Nutzung der geringen Erdölfelder Ungarns und Österreichs die Priorität vor der Sicherung der deutschen Ostgrenze zwischen Oder und Weichsel. Die Offensive in Ungarn war theoretisch zwar vorzüglich geplant, jedoch vereitelten insbesondere die Witterungs- und Bodenverhältnisse einen entscheidenden Erfolg. Ganz Ungarn war zu dieser Jahreszeit in einen bodenlosen Morast verwandelt, dem selbst modernste Vollkettenfahrzeuge nur schwerlich gewachsen waren.

Während die 6. Armee und 6. SS-PzArmee unter größten Schwierigkeiten nördlich des Plattensees vorgehend die Donau mit ihren Spitzen noch erreichen konnten,[89] blieb der Angriff der 2. PzArmee südlich des Plattensees insgesamt nach kurzer Zeit liegen. Zu dieser letzten Offensive wurde u. a. auch das Kav.-Korps Harteneck ostwärts des Plattensees eingesetzt, und im Rahmen der Heeresgruppe E, die in einem dritten Keil nordostwärts gegen Mohács und die Donau vorstoßen sollte, waren auch Teile des XV. Kosaken-Kavallerie-Korps im Einsatz (4. Kuban.Kos.Rgt.), während die Masse des Korps an der Drau sicherte.

Dem 4. (Kuban) Kosaken-Regiment gelang dabei noch einmal ein seltener Erfolg. Da eigene Artillerie fehlte, sollte die feindliche durch einen Überraschungsangriff bei Nacht ausgeschaltet werden. Nach sorgfältiger Erkundung bei Tage schlug die II. Abteilung unter Major v. Laer in abgesessenem Kampf bei Nacht eine Bresche in die feindlichen Stellungen, durch welche die aufgesessene, dicht herangehaltene I. Abteilung des Major Mach eine Attacke mit gezogenem Säbel ritt. Bei dieser wohl einzigartigen Attacke von 400 Kosaken in der Nacht vom 22. zum 23. März 1945 gelang es, die bulgarische Artillerie vollständig auszuschalten, und bei auffallend geringen eigenen Verlusten 450 Gefangene einzubringen. Dafür erhielt Major Mach noch am 30. April 1945 das Ritterkreuz verliehen.

Trotz örtlicher, z. T. bedeutender Erfolge blieb die Gesamtoperation schließlich ohne wesentliches Ergebnis im Schlamm stecken. Die Geländegewinne mußten nach und nach wieder der Roten Armee überlassen werden. Das Ende rückte unaufhaltsam näher.

Der weitere Einsatz auch des XV. Kos.-Kav.-Korps, häufig noch mit harten Kämpfen verbunden, konnte von nun an lediglich dem Ziel dienen, sich möglichst geordnet in den von den westlichen Aliierten gewonnenen Raum der östlichen Alpen abzusetzen, denn welches Schicksal gerade die Kosaken bei der Roten Armee erwartete, war ihnen nur allzu bekannt.[90]

Trotz der eigenmächtigen Kapitulation des Höheren SS-Führers Italien, SS-Obergruppenführer Wolff, die für alle deutschen Truppen in Italien galt und wodurch die deutschen Verbände auf dem Balkan praktisch in der Luft hingen, was für sie eine tödliche Gefahr darstellte, gelangen diese Absetzbewegungen zu einem großen Teil.

Das gilt auch für das Kos.-Kav.-Korps mit seinen enormen Trossen und den zahlreichen Familienangehörigen.

Nur relativ geringe Teile fielen, zumeist durch List und Tücke, in die Hände der jugoslawischen und italienischen Partisanen.

Die Masse des Korps ergab sich am 12./13. Mai 1945 nach entsprechenden Verhandlungen des Gen. v. Pannwitz mit dem Kommandeur der 11. britischen Pz.-Division auf britisch besetztem Gebiet. Kurz zuvor war es noch einmal zu einem kurzen aber heftigen Kampf mit bulgarischen Truppen und Partisanen gekommen, die den Übertritt zu den Engländern zu verhindern suchten. Hierbei zeichnete sich wiederum der Kommandeur des 6. (Terek-) Kosaken-Regiments, Oberstlt. Prinz zu Salm-Horstmar aus, der am 1. 9. 1944 in Rußland die Führung des KR. Nord hatte abgeben müssen.

Mehr oder minder glücklich gelangte das XV. Kos.-Kav.-Korps in englische Gefangenschaft. Dort erwartete es ein furchtbares Los. Zunächst

über ihre Zukunft durch unredliche Maßnahmen seitens der Engländer im unklaren gelassen, wurde, am 28. Mai 1945 beginnend, wider jegliches Kriegs- und Völkerrecht, das gesamte Korps mit allen Zivilangehörigen von der Kulturnation England, die für die Freiheit und gegen Unterdrückung in den Krieg gezogen war, an die Russen ausgeliefert. In Lienz, dem Schauplatz der gewaltsamen Auslieferung, spielten sich grausame Szenen ab. Viele Frauen und Kinder gaben sich den Tod.
Die Engländer kannten kein Erbarmen. Unter Anwendung von Waffengewalt gegen Wehrlose wurden alle in Viehwaggons getrieben und nach endlosen Transporten in 33tägiger Fahrt ins Kusnezkbecken im Gebiet von Kemerowo verfrachtet.
In der Sowjetunion erhielten die Mannschaften durchschnittlich 8 Jahre Zwangsarbeit auferlegt, die Offiziere und alle Kosaken, die sich ausgezeichnet hatten, 25 Jahre, desgleichen auch die Offiziere des deutschen Rahmenpersonals.
Gen. v. Pannwitz wurde am 16. 1. 1947 vom Obersten Militärgericht der UdSSR wegen Führung des Kos.-Kav.-Korps zum Tode durch den Strang verurteilt und hingerichtet.
Das gleiche Schicksal erlitten eine nicht bekannte Zahl höherer Kosaken-Kommandeure.
Den Pferden des Kosaken-Kavallerie-Korps erging es besser. Die wertvollsten behielten die Engländer für sich und nahmen sie z. T. mit nach England. Der Rest wanderte in Österreich in die Landwirtschaft.

30. DIE KAVALLERIE DER WAFFEN-SS

Bereits im Polenfeldzug hatten sich die drei Inf.-Regimenter der SS-Verfügungstruppe in einem so hohen Maße bewährt, daß im OKH beschlossen wurde, aus je einem Regiment eine Division aufzustellen. In diesem Zusammenhang machte Hermann Fegelein, der nach Kriegsausbruch 1939 Chefreiterführer der Allgemeinen SS geworden war, den Vorschlag, die Aufkl.-Abteilungen der künftigen SS-Divisionen mit Reiter- und Radf.-Schwadronen etwa nach dem Muster des Heeres auszustatten. Das OKH gab zu diesem Vorschlag seine Zustimmung. Bis zum Frankreichfeldzug konnte jedoch, statt der vorgesehenen drei Divisionen, nur eine SS-Division aufgestellt werden. Diese wurde voll motorisiert und kam unter Paul Hausser als Divisions-Kommandeur zum Einsatz.

Damit entfiel für den inzwischen aufgestellten SS-Totenkopf-Reitersturmbann die eigentliche Aufgabe.
Gleichwohl wurde aus diesem Reitersturmbann, durch Betreiben Fegeleins am 15. 11. 39 eine SS-Totenkopf-Reiterstandarte errichtet, aus der am 21. 5. 40 die SS-Totenkopf-Reiterstandarten 1 und 2 aufgestellt wurden. Beide Standarten dienten in Polen als Besatzungstruppe (SS-TK-Reiterstandarte 1 in Warschau, 2 in Lublin, Stärke: pro Standarte 5, später 7 Schwadronen, dazu 1 reit. Bttr.).
Am 25. 2. 1941 wurden diese beiden Standarten in SS-Kavallerie-Regiment 1 und 2 umbenannt.
Die Angehörigen beider Regimenter trugen nun statt des Totenkopfes die Sigrune der Waffen-SS am rechten Kragenspiegel und wechselten damit praktisch den bisherigen Status einer politischen Organisation mit dem einer Kampftruppe innerhalb der deutschen Streitkräfte.
Fegelein hatte seinen Plan, die Reiter der SS geschlossen im Kampf einzusetzen, nie aufgegeben.
Sein Streben hatte Erfolg. Am 9. Oktober 1941 wurden die beiden Regimenter zu einer Brigade zusammengefaßt und diese durch Pionier-, Nachrichten-, Fla- und Versorgungs-Einheiten verstärkt.
»Allerdings«, so schreibt Hanns Bayer, Angehöriger der späteren 8. SS-Kav.-Division von deren Aufstellung bis zu ihrem Untergang, »war von der Bildung der SS-TK-Reiterstandarte über die SS-Kav.-Regimenter bis zum Herausziehen der SS-Kavallerie-Brigade am 26. 5. 42 aus der Front bei Rshew alles mehr oder weniger eine Improvisation, sowohl hinsichtlich der Fahrzeuge als auch der Waffen!«
Dessen ungeachtet, kämpfte der Verband unter der Bezeichnung »SS-Kavallerie-Brigade Fegelein« in der Winterschlacht von Rshew, um die Jahreswende 1941/42 bei zum Teil 46 Grad Kälte und schwersten Verlusten ebenso aufopfernd wie die anderen dort eingesetzten deutschen Truppen.
Der OB der 9. Armee, der spätere Generalfeldmarschall Model, sprach ihr dafür seine besondere Anerkennung aus.

Mit Wirkung vom 21. 6. 1942 wurde auf dem Truppenübungsplatz Debica gemäß Führerbefehl Ge/Ia Az.11 W/d Tgb.Nr. 73/42 g.Kdos. vom 21. 6. 42 die Aufstellung einer »SS-Kavallerie-Division« verfügt. Die Gliederung entsprach weitgehend dem Muster der ehemaligen 1. Kavallerie-Division des Heeres. Somit stellten sich zunächst nahezu die gleichen Unzulänglichkeiten und Mängel ein, unter denen seinerzeit die 1. KD. gelitten hatte.

Das Pferd im Osten

Gerade im Osten, mit den schwierigen Witterungs- und Wegeverhältnissen, war der Melder zu Fuß oder zu Pferde oftmals das wichtigste Führungsmittel.
(Archiv Verf.)

Artillerie auf dem Vormarsch im Osten.
(Archiv Verf.)

Fast 90% der deutschen Divisionen wurden überwiegend durch Pferdekraft beweglich gemacht.
Die bespannten Trosse und Kolonnen waren für die nichtmotorisierten Verbände Voraussetzungen für jeden Einsatz. *(Archiv Verf.)*

Die Gulaschkanone, bei den nichtmotorisierten Truppen zumeist durch Pferdezug beweglich gemacht.
(Sammlung Henn)

Bespannte Fahrzeuge und Tragtiere waren auf fast allen Kriegsschauplätzen des II. Weltkrieges wichtige Faktoren bei der Sicherstellung der Truppenversorgung. *(Archiv Verf.)*

MG-Kompanie eines in Bergen-Hohne 1941 aufgestellten Inf.-Rgts. *(Archiv Verf.)*

Fahrzeuge des Nachr.-Zuges eines Inf.-Rgts. *(Archiv Verf.)*

Oben links: Der Chef einer Pionier-Kompanie überprüft den von seiner Einheit gebauten Knüppeldamm. Nordabschnitt 1943. *(Archiv Verf.)*

Oben rechts: Der erfahrene Obergefreite war auch bei den Reitern in der Tat das Rückgrat der Truppe. *(Sammlung DPM)*

Schwierigkeiten wurden durch das Zusammenwirken von Roß und Mann überwunden. *(Archiv Verf.)*

Pferde waren nicht selten so wichtig, daß sie mit Transportflugzeugen zur Front gebracht wurden. *(Archiv Verf.)*

Tränken während des Rußlandfeldzuges. Deutsche und Russen teilten sich die oftmals spärlichen Wasservorräte. *(Archiv Verf.)*

Die Artillerie hatte einen enormen Bedarf an Pferden. Bis zum Kriegsende war ein großer Teil der Artillerie bespannt. *(Archiv Verf.)*

Schweres Inf.-Geschütz im sechsspännigen Zug bei nahezu gleichmäßiger Zugleistung. *(Archiv Verf.)*

Erschwerend kam hinzu, daß sich der überwiegende Teil der Mannschaften aus ungarischen Volksdeutschen zusammensetzte, welche die deutsche Sprache nur mangelhaft oder überhaupt nicht beherrschten, und die keinerlei vormilitärische Ausbildung erhalten hatten. Es wäre daher mindestens die doppelte Dauer der für reichsdeutsche Rekruten vorgesehenen Ausbildungszeit notwendig gewesen.*

Die Pferde kamen roh zur Truppe, so daß reiterlich nicht vorgebildete Männer auf nicht als Remonte gegangenen Pferden ausgebildet werden mußten.

Letztlich ergab es sich, daß vom Tage der Aufstellung bis zum Abmarsch (August 1942) durchschnittlich nur $2^1/_2$ Monate für die infanteristische und die reiterliche Ausbildung zur Verfügung gestanden hatten!

Aufgrund der Erfahrungen der Heeres-Kavallerie und Dank der starken Stellung des Reichsführers SS, der Prioritäten hinsichtlich des Material- aber auch des Personalersatzes häufig sehr viel leichter durchsetzen konnte, wurde die SS-Kav.-Division wenigstens mit dem notwendigen, modernen Großgerät versehen.

Nach Abschluß der Neuaufstellung auf dem Truppenübungsplatz Debica Mitte August 1942 gliederte sich die Division (1. SS-Kav.-Div.) dann wie folgt:

Div.Stab
SS-Kav.-Rgt. 1, 2 und 3 (später: SS-Kav.-Rgt. 15, 16, 17 u. 18)
SS-Radf.-Aufkl.-Abt. 8 (später: SS-Pz.-Aufkl.-Abt. 8)
SS-Pz.-Jäger-Abt. 8
SS-Sturmgeschütz-Battr. (später: Teil der SS-Pz.-Jäger-Abt. 8)
SS-Artillerie-Rgt. (mot.) 18
SS-Flak-Abt. 18
SS-Pionier-Btl. (mot.) 8
SS-Nachrichten-Abt. (mot.) 8
SS-Feldersatz-Btl.
Vers.-und Sanitätstruppen

Divisions-Kommandeur wurde ab 1. 5. 1942 der SS-Brigadeführer und Generalmajor der Waffen-SS Wilhelm Bittrich.

In der Zeit vom 1. 9. 42—14. 9. 43 stand die Division in den Räumen Demidow-Welish-Welikije Luki, Ssytschewka-Rshew-Bilyi, im Bereich

* Der erste Div.-Kommandeur, SS-Brigadeführer und Generalmajor der Waffen-SS Bittrich, hebt u. a. hervor, daß die volksdeutschen Rekruten »seelisch, geistig und körperlich als vollkommene Zivilisten zur Truppe kamen«. (Bayer)

des Reichskommissariats Ukraine (Orelbogen), in den Abwehrschlachten Südrußlands, beim Absetzen auf den Dnjepr und in der Abwehrschlacht im Raum westlich Charkow im Einsatz.
Mit Datum vom 22. Oktober 1942 war eine Neubenennung der Division erfolgt. Ihre Bezeichnung lautete nun: 8. SS-Kavallerie-Division.
Hatte sich die 8. SS-Kav.-Division auch in allen Schlachten und Gefechten bewährt, so waren ihre Verluste doch erheblich.
Schließlich mußte sie aus dem Kampfgebiet herausgezogen werden. Im März 1944 wurde sie zur Auffrischung nach Ungarn verlegt. Hier erhielt sie am 19. 3. 1944 die Bezeichnung:

8. SS-Kavallerie-Division »Florian Geyer«.

Wieder aufgefüllt, kam die Division in den Räumen Siebenbürgen — Ukraine zum Einsatz. Dort kämpfte sie u. a. im Oktober 1944 im Rahmen des XXIX. Korps (8. Armee).
Anschließend machte sie die Rückzugskämpfe in Ungarn bis nach Budapest mit. Dabei war sie im November/Dezember dem III. Korps (6. Armee) und im Januar 1945 bis zum 12. 2. 45 dem IX. SS-Korps (6. Armee) unterstellt.
Mit Datum vom 29. April 1944 wurde die Aufstellung einer weiteren SS-Kav.-Division befohlen. Den Stamm dafür bildete das SS-Kav.-Rgt. 17 (die SS-Kav.-Rgtr. 1, 2 und 3 der 8. SS-Kav.-Div. waren am 22. 10. 43 in 15, 16 und 17 umbenannt worden).
Die Neuaufstellung der Division vollzog sich im Raum Budapest. Diese neue, aus den SS-Kav.-Rgtr. 17 und 52 sowie anderen Einheiten hervorgegangenen Division erhielt den Namen:

22. SS-Freiw.-Kavallerie-Division »Maria Theresia«.

Da sich die Division fast ausschließlich aus Volksdeutschen ungarischer Staatsangehörigkeit rekrutierte, die sich teils freiwillig gemeldet hatten, teils aber auch verpflichtet worden waren, wurde sie in der Anfangszeit auch als 22. SS-Freiw.-Kav.-Division »Ungarn« bezeichnet*. Das Pferdematerial dieser Division war durchweg in Ungarn angekauft worden.
In den schweren Kämpfen um Budapest, welches am 24. Dezember 1944 völlig eingeschlossen wurde, gingen die beiden SS-Kav.-Divisionen zusammen mit Teilen der ungarischen Armee, der 13. Pz.-Div., der 17. Flak-Brigade, dem Polizei-Regiment 1 und der Div.-Kampf-

* Nach WOLF KEILIG »Das deutsche Heer 1939—45« wurde Anfang 1945 unter Verwendung von Teilen der ungarischen Armee auch eine 33. Waffen-Kav.Div.-SS (Ungar. Nr. 4) aufgestellt. Diese wurde jedoch noch während der Aufstellung im Raum Budapest zerschlagen. Verbände: SS-Kav.-Rgt. 88 und 89, auch 90 (?).

gruppe 271* unter, nachdem sich die »Festung« Budapest 49 Tage lang gehalten hatte.
Bei dem am 11. Februar 1945 endlich gestatteten Ausbruch fielen beide Div.-Kommandeure an der Spitze der Restteile ihrer Divisionen.
Etwa 800 Mann der Waffen-SS-Kavallerie konnten sich zu den deutschen Linien durchschlagen.
Der Reichsführer SS, Heinrich Himmler, befahl jedoch bereits am 19. 2. 1945 die Aufstellung einer neuen SS-Kav.-Division.
Diese wurde aus den Restteilen der beiden bisherigen Kavallerie-Divisionen unter Heranziehung ungarischer Volksdeutscher und rumänischer Hilfswilliger errichtet.
Als 37. SS-Freiw.-Kav.-Division »Lützow« im Raum Preßburg aufgestellt, wurde sie noch im März/April 1945 nach Verstärkung durch Heeresverbände und durch eine ungarische Division zwischen der 6. PzArmee und der 8. Armee, nördlich Wien gegen die nachdrängende sowjetische Front eingesetzt.
Die 37. SS-Freiw.-Kav.-Division, Kdr.: SS-Standartenführer Karl Gesele, vormals Ia der 8. SS-Kav.-Div., erreichte im April 1945 noch folgende Gliederung:

Div.-Stab
SS-Kav.-Regiment 92 mit I. und II. Abt.
SS-Kav.-Regiment 93 mit I. und II. Abt.
SS-Art.-Abt. 37
SS-Pionier-Btl. 37
SS-Feldersatz-Btl. 37 zu 4 Kompanien.

Am 5. Mai 1945 mußte diese letzte Kavallerie-Division der Waffen-SS kapitulieren. Anschließend ging sie in amerikanische Gefangenschaft.
Obgleich stets dem Reichsführer SS unterstellt, ist die Waffen-SS von ihrer Aufstellung bis zu ihrem Ende als Kampftruppe innerhalb der deutschen Armee aufzufassen.** Sie zeichnete sich nicht zuletzt dadurch aus, daß sie dem Feind stets mit besonderer Bravour gegenübertrat.
Die hohen Auszeichnungen auch der Führer von SS-Kav.-Verbänden weisen aus, daß die Reiter der Waffen-SS, fast ständig in den Brennpunkten des Kampfes eingesetzt, bis zur Selbstaufgabe standhielten.
Insgesamt sind 33 Ritterkreuzträger aus der Kavallerie der Waffen-SS hervorgegangen.***

* aus abgeschnittenen kleinen Teilen der 4. SS-Polizei-Pz.Gren.Division gebildet.
** Diese Aussage gilt de facto, de jure war die Waffen-SS kein Bestandteil des deutschen Heeres oder der Deutschen Wehrmacht, sondern stand organisatorisch neben der Wehrmacht.
*** »Die Ritterkreuzträger« Ausgabe 1976, v. Seemen.

Außer dem Schöpfer der SS-Kavallerie, dem SS-Gruppenführer und Generalleutnant der Waffen-SS Hermann Fegelein, wurden auch dem SS-Brigadeführer und Generalmajor der Waffen-SS Joachim Rumohr und dem SS-Brigadeführer und Generalmajor der Waffen-SS August Zehender wegen des hervorragenden Einsatzes ihrer Divisionen (8. SS-Kav.-Div. und 22. SS-Kav.-Div.) das Eichenlaub zum Ritterkreuz verliehen.
Der SS-Obergruppenführer und General der Waffen-SS Wilhelm Bittrich, vormals erster Div.-Kdr. der 8. SS-Kav.-Division, wurde noch am 6. 5. 1945 als Kommandierender General des II. SS-PzKorps mit den Schwertern zum Eichenlaub des Ritterkreuzes ausgezeichnet.
Wie wenig die Waffen-SS in das so häufig von ihr gezeichnete Klischee paßt, mag ein Auszug aus dem gewiß unverdächtigen Buch »20. Juli 1944« beleuchten:
»Feldmarschall Rommel fuhr am 13., 14. und 15. Juli zur Front und besprach sich mit den Führern aller Grade, unter anderem auch mit den SS-Obergruppenführern Sepp Dietrich und Hausser, deren Berichte über die Situation besonders ernst klangen. Sie waren rückhaltlos offen. Rommel erwartete von der Waffen-SS im Falle selbständiger Entschlüsse im Westen keine Schwierigkeiten. Der Kommandierende General des I. SS-Panzerkorps und spätere Führer der 6. SS-Panzerarmee, SS-Obergruppenführer Sepp Dietrich, hatte bei einem Besuch auf dem Gefechtsstand der Heeresgruppe sowohl dem Oberbefehlshaber wie dem Chef des Generalstabes gegenüber seinen Unwillen über die höchste Führung bekundet und »selbständige Maßnahmen im Falle eines Zerreißens der Front« gefordert. Die am Feinde gebundenen, tapfer kämpfenden Verbände der Waffen-SS waren fest in der Hand ihrer Führung, die — um der Gerechtigkeit willen sei es ausgesprochen — vom SD und seinen Methoden deutlich abrückte. Den SD in Paris und Frankreich glaubte der Militärbefehlshaber gegebenenfalls mühelos ausschalten zu können.«

31. DAS KAVALLERIE-KORPS HARTENECK

Der Kommandeur des Kav.Rgt. Nord, Major Prinz zu Salm-Horstmar, hatte Anfang April 1944, als er im OKH Vortrag über die weitere Verwendung der Kavallerie im Osten zu halten hatte, seine Ansicht letztlich nicht durchsetzen können.

Zwar sagte ihm der Chef des GenStabes d. Heeres, Generaloberst Zeitzler, zu, sein Regiment in der vorgeschlagenen Form schnellstens einsatzfähig zu machen, andererseits aber sollte auf jeden Fall der Versuch unternommen werden, ein Kav.-Korps aus den Kav.-Regimentern Mitte und Süd sowie der ungarischen Kavallerie-Division zu bilden.
Die Einwände des erfahrenen Frontoffiziers gegen eine derartige Massierung von Kavallerie ließ das OKH, vertreten durch Generaloberst Zeitzler nicht gelten, offenbar weil Hitler selbst in dieser Phase des Krieges, nach den unbestreitbaren Erfolgen der Kavallerie, hier Ansätze zu »Wundern« zu erblicken glaubte.
Wie ein Ertrinkender bekanntlich nach jedem Strohhalm greift, um sich zu retten, so erhoffte sich Hitler in der immer unhaltbarer werdenden Lage nun überall dort Hilfe, wo Erfolge sich abzeichneten, selbst wenn diese in keiner Relation zu seinen Plänen bzw. Wünschen standen.
Die Kavallerie, in der jüngsten Vergangenheit zumeist gering geschätzt, vielfach als überholt, ja als unbrauchbar angesehen, erfuhr plötzlich eine kaum zu erwartende Aufwertung, die noch dazu von allerhöchster Stelle ausging.
Doch es war nicht Hitlers »Wunderglaube« allein, der diesen Wandel in der Auffassung des OKH bewirkte.
Die Erfolge der Kavallerie des Gegners seit dem Winter 1941/42 sprachen für sich.
Sie konnten nicht ohne Rückwirkungen auf die Maßnahmen des OKH bleiben. Es war daher unumgänglich hier ein entsprechendes Gegengewicht zu schaffen. Des weiteren muß noch einmal betont werden, daß es unmöglich war, die Zahl der eigenen operativen Panzerverbände zu erhöhen, und das Betriebsstoffproblem gestaltete sich immer schwieriger.
Zwangsläufig wurden in dieser Lage selbständige, durch schwere Waffen verstärkte Kavallerie-Verbände, zu einer brauchbaren Lösung.
Bevor die weitere Entwicklung, die zur Bildung des I. Heeres-Kavallerie-Korps führte, dargelegt wird, erscheint es zweckmäßig, Einsätze, Erfolge und Umfang der sowjetischen Kavallerie zu betrachten.
Während des russischen Rückzuges im Sommer 1941 waren Teile der sowjetischen Kavallerie im hinhaltenden Kampf eingesetzt, wobei es ihnen gelang, größere Truppenkörper der Vernichtung durch die deutschen Angriffsspitzen zu entziehen. Die Masse der russischen Kavallerie wurde allerdings in Reserve gehalten.

Erst als die Schlechtwetterperiode zu wirken begann, kam Ende November, im Verlauf der russischen Gegenoffensive, die zur Rückgewinnung von Rostow führte, ein Kavallerie-Korps zum Einsatz. Es umging die 1. (deutsche) PzArmee, schnitt deren rückwärtige Verbindungen ab, und beeinträchtigte dadurch das Operationsvermögen dieser Armee erheblich.

An der Abwehrschlacht um Moskau nahmen u. a. zwei russische Garde-Kavallerie-Korps teil, im Norden das 2., unter Generalmajor Dowator und im Süden das Korps des populären General Belov.

Es gelang der russischen Kavallerie, überwiegend Kosaken, Guderians PzArmee abzuschnüren und drei Inf.-Divisionen einzuschließen. Eine weitere, selbständige russische Kav.-Division operierte wochenlang hinter den deutschen Linien und desorganisierte die rückwärtigen Verbindungen.

Während der Abwehrkämpfe nordwestlich von Moskau kam es zu der legendären Attacke bei Mussino, wo 3 000 Reiter der 44. Mongolischen Kav.-Division die Stellung der 106. deutschen Inf.-Division mit gezogenem Säbel attackierten. In offener Feuerstellung zerschlug die deutsche Artillerie diese Reitermasse innerhalb von 30 Minuten.

Wenngleich es mehr oder weniger gelang, die durch die russische Kavallerie herbeigeführten kritischen Situationen zu meistern, so waren deren Erfolge nicht zu übersehen.

Zwischen Swenigorod und Istra durchbrachen die Kosaken des Generalmajor Dowator die deutsche Front an der Flanke des VII. Korps, hoben das IX. Korps aus den Angeln und zwangen es zum Rückzug. Paul Carell schreibt dazu:

»Dieser Kosakengeneral muß ein großartiger Reiterführer gewesen sein. Er operierte mit seinem Korps im Rahmen der 5. sowjetischen Armee außerordentlich geschickt, kühn und draufgängerisch. Er lenkte seine schnellen Kavallerieverbände wie ein Panzerführer, und die Panzerwaffe ist ja die technische Fortsetzung der alten Kavallerie.«

Generalmajor Dowator fiel am 19. Dezember 1941 auf dem Eis der Rusa, als er seine abgesessenen Kosaken persönlich gegen die Stellungen der schlesischen 252. ID. vorreißen wollte.

Am gleichen Tage wurden auf deutscher Seite »Sündenböcke« für das Entstehen der krisenhaften Situation vor Moskau gesucht und gefunden.

Adolf Hitler entließ den Oberbefehlshaber des Heeres, Generalfeldmarschall von Brauchitsch, und übernahm selbst das Oberkommando über das Heer. Generalfeldmarschall v. Bock, OB der Heeresgruppe Mitte, erhielt »Erholungsurlaub«. Der Generalfeldmarschall v. Kluge trat an seine Stelle.

Die Schwierigkeiten hielten dennoch an. Der Winter und die immer stärker drängenden russischen Truppen brachten die deutsche Offensive entgültig zum Erliegen.

Im Winter 1941/42 zeichneten sich an der Front bei Welikije Luki und am Ilmensee neben russischen Skijägern ebenfalls Reiterverbände aus. Im Sommer 1942 kämpft u. a. ein russisches Kav.-Korps, wiederum hinhaltend, gegen den deutschen Vorstoß zum Kaukasus.

Als es zur Schlacht um Stalingrad kommt, werden auf russischer Seite erstmals Reiter mit Panzern gekoppelt. Nach und nach wird diese Taktik zur Vollkommenheit entwickelt. Der Armeegeneral P. I. Batow schrieb dazu:

»Schon bei der Planung des Durchbruchs der Dwinsastellungen erörterten wir das Problem des zweckmäßigen Einsatzes unserer Kavalleriekorps. Im modernen Gefecht, das mit starken Panzerkräften und einer großen Zahl automatischer Waffen geführt wird, ist die Kavallerie leicht verwundbar. Nach allseitiger Analyse entschlossen wir uns, sie durch eine rhombenförmige Gliederung der Kampfwagen gegen feindliche Panzerangriffe zu sichern. Von jedem Panzerkorps hatten zwei Brigaden keilförmig in den Durchbruch hineinzustoßen. Mit ihrem weiteren Vormarsch verbreiterte sich die Basis des Keils. In dem von den Panzersoldaten gesäuberten Raum sollten die Divisionen des Kavalleriekorps in den Durchbruch eindringen, gefolgt von der dritten Brigade des Panzerkorps, deren weit auseinandergezogene Gefechtsordnung den rückwärtigen Teil des Rhombus bildete. Die Aufgaben der Panzer und die der Kavallerie waren exakt gegeneinander abgegrenzt. Erstere hatten die technischen Kampfmittel des Gegners zu vernichten, während die Kavalleristen seine Infanterie verfolgen sollten. Hatten Panzer und Kavallerie die operative Tiefe erreicht, brauchten die Divisionen der Schützenkorps nur noch die Reste der deutschen Kräfte niederzukämpfen. Diese Taktik sicherte uns ein hohes Angriffstempo. Unbesorgt um ihre unmittelbaren und in der Tiefe gelegenen rückwärtigen Dienste konnten die Panzer zügig weiter vordringen. Und Ortschaften, in denen der Gegner noch kampfkräftige Einheiten mit wirksamen automatischen Waffen zurückgelassen hatte, wurden durch die für Straßenkämpfe ungeeignete Kavallerie so lange blockiert, bis unsere Infanterie nachrückte.«

Der größte operative Erfolg sowjetischer Kavallerie war nach russischer Darstellung der Vorstoß durch die Nogaisteppe, welcher die

Abschnürung der Halbinsel Krim bewirkte. Die dort eingesetzte Armeegruppe soll fast ausschließlich aus Kavallerie bestanden haben. Insgesamt wurden auf russischer Seite im europäischen Teil der Sowjetunion während des II. Weltkrieges nicht weniger als 25—30 Kavallerie-Divisionen eingesetzt.

Der Einsatz russischer Kavallerie, ihre Gliederung, Bewaffnung und Ausrüstung wurden von der Wehrmachtsführung mit zunehmender Kriegsdauer aufmerksam verfolgt.
Ein geheim eingestufter Kräftevergleich des (Waffen) Generals der Infanterie beim Ob.d.H. vom 11. Mai 1943 ist ein interessanter Beleg dafür.
In diesem wird die KStN des Kav.-Rgt. Mitte vom März 1943 einer sowjetischen Kav.-Division gem. Merkblatt g. 11/6 vom Januar 1943 gegenübergestellt:

a) Gliederung

Kav.-Rgt. Mitte	sowjetische Kav.-Division
Regimentsstab	Divisionsstab m. Stabsquartier
	u. NKWD-Zug
Nachrichtenschwadron (t.mot.)	Nachrichtenhalbschwadron
3 Reiterabteilungen:	3 Kavallerieregimenter:
Stab u. Nachrichtenzug	Stab-, Nachrichtenzug, Flakzug
3 Reiterschwadronen	4 Reiterschwadronen
je 18 l.MG	je 8 l.MG
2 s.MG	4 l.Gr.W.
2 m.Gr.W.	6 Pz.B.
1 schwere Schwadron	1 MG-Schwadron
8 s.MG	16 s.MG
	1 schwere Schwadron
	Pakzug 4 Pak 4,5 cm
	Geschützzug 4 Gesch. 7,6 cm
	1 Gr.W.-Schwadron
	6 m.Gr.W.
	1 Pionierzug
	1 Gasabwehrzug
schwere Schwadron (mot.)	
Krad-Erkundungszug	1 Aufklärungsabteilung
3 l.MG	1 Reiterschwadron
	8. l.MG, 4 Pz.B.
Panzerspähzug	1 Aufkl.-Pz.-Schwadron
8 Pz.Sp.Wg. (2 cm u. MG)	(10 T 70)
Pionierzug	1 Pionierzug
3 l.MG	
Pakzug	1 Pionier-Schwadron
3 s.Pak	
3 l.MG	
	1 Gasabwehr-Schwadron
	1 Flak-Batterie (mot)
	(6 Flak 3,7 cm)
1 Artillerie-Abteilung	1 Artillerie-Abteilung
Stabsbatterie	Stabsbatterie
3 Batterien zu 4 l.Gesch.	2 Batterien zu 4 s.Gr.W.
1 Nebelwerferbatterie zu	1 Batterie zu 4 Kanonen (7,6 cm)
6 Nb.W. (mot.)	

Kav.-Rgt. Mitte	sowjetische Kav.-Division
geplant:	
1 Flak-Batterie (mot.) (12 Flak 2 cm (Sfl.))	
Ausbau der schweren Schwadron:	
Panzerjägerschwadron:	
6 s.Pak (mot.Z.)	
6 l.Pak (Sfl.)	
Panzerspähschwadron:	
Pionierschwadron:	
1 Kolonnenabteilung (t.mot.)	1 Artilleriekolonne (t.mot.)
	1 Verpflegungsnachschubkolonne (mot.)
1 Krankenkraftwagenzug (mot.) mit chirurgischer Gruppe	1 Sanitätsschwadron (mot.)
1 Veterinär-Lazarettstaffel	1 Veterinärlazarett
1 Kw.-Werkstattzug	

b) Stärke

6 199 Mann	rund 5 040 Mann
5 967 Pferde	5 128 Pferde
237 Kfz	rund 130 Kfz
115 Kräder	3 Kräder
308 Wagen (bespannt)	rund 300 Wagen

c) Bewaffnung

495 MP	447 MP
188 l.MG	118 l.MG
42 s.MG	48 s.MG
—	48 l.Gr.W.
36 m.Gr.W.	18 m.Gr.W.
—	8 s.Gr.W.
	76 Pz.B.
3 s.Pak	12 Pak (4,5 cm)
12 l. Geschütze (10,5 cm)	16 Geschütze (7,6 cm)
6 Nebelwerfer	—
55 Funkgeräte	rund 25 Funkgeräte
8 Panzerspähwagen	10 Panzer (T 70)
—	9 Fla MG (12,7 mm)
—	6 Flak (3,7 cm)

Hierbei werden nicht nur interessante Parallelen sichtbar, die sich aus dem direkten Vergleich ergeben, wobei offensichtlich das russische Modell in mancher Beziehung für die neuerstandene deutsche Kavallerie Pate gestanden hat.
Interessant ist ebenfalls die Tatsache, daß nach den Erfahrungen der ersten Kriegsmonate die Rote Armee dazu überging, ihre Kav.-Divisionen überwiegend in selbständige Kav.-Korps zusammenzufassen, wodurch die Operationsfähigkeit dieser Waffengattung deutlich verbessert wurde.
Zusammenfassend kann man wohl davon ausgehen, daß die Erfolge der russischen Kavallerie mit dazu beigetragen haben, den Wiederaufbau der deutschen Reiterwaffe zu beschleunigen.
Viele Argumente gegen diese Entwicklung wurden durch die Einsätze russischer Kavallerie jedenfalls entkräftet.
Bereits einen Monat nach dem Vortrag des Major Prinz zu Salm-Horstmar vor Generaloberst Zeitzler wird mit Wirkung vom 3. Mai 1944 (Verfügung v. 15. 2. bzw. 5. 5. 1944) die Aufstellung von zwei Kav.-Brigaden befohlen, für die später ein eigenes Generalkommando geschaffen werden soll.
Damit waren die Weichen zur Bildung eines deutschen Kavallerie-Korps endgültig gestellt. Als Aufstellungstag des I. (Heeres-) Kav.-Korps gilt der 25. 5. 1944.[92]
Zu diesem Entschluß mag sicherlich noch ein weiterer Aspekt beigetragen haben.
Der ungarische Reichsverweser, Admiral Horthy, hatte dem Deutschen Reich eine Kavallerie-Division für den Kampf im Osten zur Verfügung gestellt. Diese war zwar nicht sonderlich modern ausgestattet, und ihr Einsatz war auch mit verschiedenen Einschränkungen verbunden,[93] doch konnte Hitler auf keine ihm angebotene Unterstützung verzichten. Da eine einzelne derartige Division nicht optimal zur Wirkung gebracht werden konnte, bot sich auch aus diesem Grund die Bildung eines Kav.-Korps geradezu an.
Am 22. Juni 1944 sollte das »I. Kavallerie-Korps« unter dem KG, Gen.d.Kav. Harteneck, den Befehl über die unterstellten Verbände übernehmen.
Allerdings konnte zu diesem Zeitpunkt von einem funktionierenden Kavalleriekorps-Kommando noch nicht die Rede sein.
Das Generalkommando war aus dem Stab des ehemaligen LXXVIII. AK. z.b.V. gebildet worden und somit für kavalleristische Aufgaben weder ausgerüstet noch zusammengesetzt.

Korpstruppen, insbesondere die so notwendige Nachrichten-Abteilung waren nicht vorhanden.
Die beiden deutschen Kavallerie-Brigaden waren ebenfalls noch unfertig, und die wenig schlagkräftige ungarische Kav.-Division stand in den Pripjet-Sümpfen bereits im Kampf mit den nachdrängenden Sowjets.
Der erste Einsatz des absolut unfertigen Kav.-Korps erfolgte während des Zusammenbruchs der Heeresgruppe Mitte, wobei in drei Tagen (21.—23. Juni 1944) die 4. und 9. Armee völlig, und die 3. PzArmee bis auf geringe Reste zerschlagen wurden. Insgesamt fielen damit 25 deutsche Divisionen aus. Der Weg zur deutschen Reichsgrenze stand den sowjetischen Armeen praktisch offen.
Lediglich die 2. Armee kam im Bereich der Heeresgruppe Mitte noch zur Verteidigung der Grenze Ostpreußens in Frage.
Sie bewegte sich als »wandernder Kessel« aus dem Raum Pinsk nach Nordwesten in Richtung Bug und Narew.
In dieser Lage sollte das »Kav.-Korps« in hinhaltendem Kampf den Inf.-Divisionen das Lösen vom Feind erleichtern, bzw. ermöglichen. Der Oberbefehlshaber der 2. Armee, Generaloberst Weiss gab dazu Gen.d.Kav. Harteneck den lapidaren Befehl: »Halten Sie den russischen Vormarsch auf. Sie finden an der großen Straße Sluzk — Baranowitschi in Sluzk, das zur Festung erklärt wurde, einen Kampfkommandanten und die mit Lkw vorausbeförderten Schützen der 4. Kav.-Brigade. Alles, was im dortigen Raum sich noch bewegt, wird Ihnen unterstellt.«

27. 6.—6. 9. 1944
Das noch unfertige Generalkommando erreichte den befohlenen Raum und richtete einen Gefechtsstand in einem kleinen Dorf hart nordwestlich Sluzk ein.
Die Pferdehalter mit den Handpferden der 4. Kav.-Brigade mußten sich auf dem Weg nach vorn schon gegen Partisanen durchkämpfen. Die 129. ID. unter GenLt. v. Larisch konnte sich aus dem wandernden Kessel, wenngleich unter erheblichen Verlusten, freikämpfen und stand somit dem Kav.-Korps zur Verfügung. Aus dem rückwärtigen Raum wurde die 4. Pz.-Division zugeführt. Versprengte wurden gesammelt und zu Kampfeinheiten zusammengestellt. Unter den Versprengten befand sich die Nachrichten-Abt. einer Inf.-Division, wodurch das Kav.-Korps sogar die Möglichkeit zur Führung durch Fernmeldemittel erhielt.

Doch sehr rasch wird der Feinddruck stärker. Russische Kavallerie stößt nördlich an Sluzk vorbei. Das Generalkommando selbst wird bereits am 2. Tag angegriffen und buchstäblich aus dem Gefechtsstand herausgeschossen.
Die 4. Pz.-Division führt einen Entlastungsangriff zur Aufklärung und Erkundung nach Südosten durch.
Die 4. Kav.-Brigade wird gegen die russische Kavallerie nördlich Sluzk angesetzt, wobei es ihr gelingt, deren weiteres Vorgehen aufzuhalten.
Als weitere russische mot.- und Kav.-Verbände aufmarschieren und Sluzk frontal und umfassend angreifen, muß das Kav.-Korps, nun beiderseits umfaßt, nach Baranowitschi ausweichen. (Anm.: Das Kav.-Korps kämpfte in dieser Lage ohne Anlehnung und mußte sämtliche Erkenntnisse über den Feind durch eigene Aufklärung gewinnen.)
Inzwischen hatte Generalfeldmarschall Model im Raum der ehemaligen Heeresgruppe Mitte den Befehl übernommen. In der für ihn typischen Art stellte er sofort Kampfverbände aus rückwärtigen Einheiten, Urlaubern und Versprengten auf, um zunächst den wichtigen Knotenpunkt Baranowitschi zu halten. Diese zusammengewürfelten Einheiten wurden dem Kav.-Korps unterstellt, jedoch nicht in die bereits bestehenden Verbände eingegliedert.
So kam, was kommen mußte. Baranowitschi fiel beim ersten Angriff. Insgesamt aber war es dem Kav.-Korps gelungen, den Angriff der beweglichen russischen Verbände entscheidend zu verzögern. Es leistete damit einen wertvollen Beitrag zur Rettung der im Raum Pinsk — Brest Litowsk zurückgehenden deutschen Verbände. Oberst Rudolf Holste, Führer der in diesen Kämpfen besonders hervorgetretenen 4. Kav.-Brigade, wurde am 27. 8. 1944 in Anerkennung der Leistungen seines Verbandes mit dem Eichenlaub zum Ritterkreuz ausgezeichnet.
Im weiteren Verlauf der Kämpfe wurde endlich auch die ungarische Kav.-Division zugeführt. Diese war wenig kampfgewohnt und panzerabwehrschwach. Ihr wurde daher eine schwere Panzer-Abt. unterstellt.
Trotz dieser Verstärkung wurde sie für das Kav.-Korps kein bedeutender Gewinn. Nach dem ersten größeren Angriff der Russen ritt sie »in schlankem Trabe« nach Westen zurück, nachdem ihr Kommandeur mit dem Kommandeur der 4. Kav.-Brigade den Rückzug verabredet, die schweren Waffen übergeben und ihn mit der Deckung seines Rückzuges beauftragt hatte.[94]

7. 9.—28. 10. 1944
Während der weiteren hinhaltenden Kämpfe wurde versucht, am Schara-Abschnitt eine neue Front aufzubauen.
Auch hier nahm der ungarische Div.-Kommandeur seine Regimenter wiederum eigenmächtig zurück. Die Ungarn erlitten dabei erhebliche Verluste durch russische Flieger. Nach dieser erneuten Eskapade schied die ungarische Kav.-Division aus dem Verband des Kav.-Korps Harteneck aus.
Als das I. Kav.-Korps sich hinhaltend kämpfend dem Ende der Pripjet-Sümpfe näherte, mußten aufgrund der neuen Geländeverhältnisse die drei unterstellten Großverbände umgruppiert werden. Bei ständiger Feindberührung gelang das Unternehmen im Laufe einer Nacht.
Während der weiteren Kämpfe trat nun erstmals die 3. Kav.-Brig. unter den Befehl des Kav.-Korps, wenig später auch die 14. und die 102. Inf.-Division.
Das Korps gewann im Norden endlich Anschluß an eine Jäger-Division. Die Kämpfe nahmen jedoch auch weiterhin an Härte zu. Bialistok mußte geräumt werden, weitere Geländeverluste waren nicht zu vermeiden.
In der Gegend des polnischen Übungsplatzes Zambrow kam es zu schwersten Kämpfen gegen Massenangriffe russischer Infanterie- und Panzerverbände, die durch überlegene Artillerie und pausenlose Fliegerangriffe unterstützt wurden.
Die beiden zusammen eingesetzten Kav.-Brigaden bewährten sich hierbei außerordentlich gut. Der russische Angriffsschwung erlahmte, und das Kav.-Korps konnte ohne große Schwierigkeiten in den befohlenen Abschnitt hinter den Narew zurückgenommen werden, wo im Raum nördlich Rozan und Nowogrod eine neue Verteidigungsstellung bezogen wurde.
Am Narew trat als weiterer Großverband die 292. ID. unter den Befehl des Kav.-Korps.
Durch den Einsatz des Kav.-Korps Harteneck war es gelungen, die prekäre Lage in diesem Abschnitt einigermaßen zu stabilisieren. Die Leistungen des Korps wurden von höchster Stelle anerkannt und sämtliche unterstellten Verbände wurden, teilweise sogar mehrfach, im Wehrmachtsbericht erwähnt.
In der Verteidigungsstellung im Narew-Abschnitt trat für das Kav.-Korps eine Phase der Ruhe und Auffrischung ein.
Die Ausbildung konnte verbessert werden. Ein sinnvolles System zur

Schaffung von Reserven wurde errichtet,[95] so daß dem weiteren Geschehen mit einer gewissen Gelassenheit entgegengesehen werden konnte.
In den Kav.-Brigaden wurde am Narew sogar Zeit und Gelegenheit zum Reitsport und zu Reitjagden gefunden.

29. 10.—17. 12. 1944
Dem Einsatz am Narew folgte ein kurzer aber unerfreulicher Einsatz in Ostpreußen. Die 3. und 4. Kav.-Brigade wurde dazu aus dem Verband des Kav.-Korps herausgelöst und der 4. Armee unter General Hoßbach zugeführt.
Das Generalkommando mußte wegen der Übergabe des Befehls noch einige Zeit bei der 2. Armee verbleiben und konnte somit keinen Einfluß auf den Einsatz der beiden Kav.-Brigaden nehmen.
Als es dann in Ostpreußen eintraf, waren die beiden Kav.-Brigaden zur Abwehr russischer Angriffe bereits zerrissen und abteilungsweise von einer Führung eingesetzt worden, der kavalleristisches Führen fremd war. Die Folge waren hohe Verluste ohne Erfolge. Der Ruf der Kavallerie, die sich bisher so gut geschlagen hatte, sank auf einen Tiefpunkt.
Ein Grund für diese unerfreuliche Entwicklung war der Umstand, daß sich die Kommandeure der Kavallerie-Brigaden als Obristen gegenüber der höheren Führung nicht genügend durchsetzen konnten und zum Führen von Verbänden gemischter Waffen noch nicht genügend ausgebildet waren.[96]
An dieser Stelle sei nochmals eingefügt, daß Oberstlt. v. Boeselager, bereits der dritte Kommandeur der 3. Kavallerie-Brigade, am 27. August 1944 gefallen war.
Während eines Angriffs seiner Brigade mit der unterstellten 104. Pz.-Brigade wurde er westlich des Dorfes Lady Mans in Polen, von der Bordwand seines Schützenpanzers aus den Angriff führend, durch eine MG-Garbe tödlich getroffen.
Dieser Vorfall ereignete sich auf einer kleinen Anhöhe und war somit fast der gesamten Brigade sichtbar.
Nach einer kurzen Phase der Lähmung, welche nun durch ein Gefühl der Leere und Verlassenheit einsetzte, griff die Brigade weiter an und errang einen großen Erfolg. Der Gegner wurde schwer angeschlagen und Boeselagers abgekämpfte Reiter gewannen einige Tage der Ruhe.
Aufgrund der negativen Erfahrungen in Ostpreußen arbeitete das Generalkommando mit Nachdruck daraufhin, die Kav.-Brigaden in

Divisionen umzuwandeln, allein um die Führung durch Divisions-Kommandeure sicherzustellen.
Bei ihrem letzten Einsatz in Ostpreußen, im Suwalkizipfel, wurden dem Kav.-Korps zusätzlich die 131. und 558. Volksgrenadier-Division sowie die Kampfgruppe Hannibal und der Verband des General-Major Schulze unterstellt.
Noch vor Jahresende 1944 erfolgte die Herauslösung des I. Kav.-Korps und die anschließende Verlegung nach Ungarn. Wiederum wurde die 3. Kav.-Brigade voraus in Marsch gesetzt und in Ungarn dem XXII. Gebirgs-Korps des General Lanz unterstellt.

25. 12. 1944—2. 3. 1945
In Ungarn bewährte sich die 3. Kav.-Brigade erneut und wurde sogar wieder im Wehrmachtsbericht erwähnt.
Sie konnte jedoch erst Mitte Januar 1945 wieder unter den Befehl des I. Kav.-Korps gestellt werden.
Am 14. Januar 1945 wurde der Kommandeur der II./R.R. 31, Rittmeister d. R. Hans-Detlev Gollert-Hansen, mit dem Eichenlaub zum Ritterkreuz ausgezeichnet.
Dieser vorbildliche, tapfere Offizier fiel nach achtmaliger Verwundung am 6. März 1945 durch Volltreffer eines sowjetischen Salvengeschützes an der Spitze seiner Abteilung.
Als das Kav.-Korps Harteneck kurz vor Weihnachten 1944 in Ungarn eintraf, war Budapest schon fast eingeschlossen. Hitler jedoch verbot jeden Ausbruch.
Nach wechselvollen Abwehrkämpfen wurde das I. Kav.-Korps zusammen mit dem Pz.-Korps Breit dann im letzten Augenblick gegen Budapest angesetzt, um einen Weg für den Ausbruch der Besatzung zu öffnen.
Trotz überlegener Feindkräfte gelang das Unternehmen in einem Nachtangriff. Wenigstens Teile der Verteidiger von Budapest konnten sich, wenn auch unter Verlust der schweren Waffen, zu den eigenen Linien durchkämpfen.[97]
Nach den ersten Einsätzen in Ungarn, erhielt auch der Kommandeur der schweren Kav.-Abt. 4 (4. Kav.-Brig.), Rittmeister Georg Graf v. Plettenberg, am 5. 2. 1945, das Eichenlaub zum Ritterkreuz.
Bei der zunehmenden Überlegenheit der Roten Armee, sowohl hinsichtlich der eingesetzten Verbände, als auch des Materials, gewannen die schweren Waffen der Kavallerie mehr und mehr an Bedeutung.

Die Waffen-SS stellte für den Rußlandfeldzug eine Kav.-Brigade auf, die später zur Division erweitert wurde, und aus der zwei weitere Divisionen hervorgingen.
Rast der SS-Kav.-Brig. im Sommer 1941.
(Bundesarchiv)

Kavallerie-Trompeter der Waffen-SS.
(Bundesarchiv)

Alle Anstrengungen auf dem Gebiet der Motorisierung vermochten es nicht, den Reiter von dem Gefechtsfeld zu verdrängen.
(Archiv Verf.)

Die Wiedergeburt der Kavallerie

Links: GenFeldmarschall v. Kluge im Gespräch mit Major Frhr. v. Boeselager. Das Zusammenwirken der beiden Offiziere ermöglichte das Wiedererstehen der Heereskavallerie. Januar 1943.
(Sammlung Boeselager)

Rechts: Brigadeführer und GenMajor der Waffen-SS Wilhelm Bittrich, auf dem Bild noch als Obersturmbannführer, stellte aus den Resten der SS-Kav.-Brigade im Juni 1942 eine Kav.-Division auf, die bis zu ihrem Untergang in Budapest 1945, äußerst erfolgreich kämpfte.
(Sammlung Bücheler)

Der Reiter-Verband Boeselager, später Kav. Rgt.Mitte, entstand, wie die beiden Schwesterverbände Nord und Süd, aus den abzugebenden Reiter-Schwadronen der Aufkl.Abt., teilweise traten auch Inf.-Reiterzüge hinzu. Hier eine Schwadron der A.A. 34.
(Sammlung KR. 6)

Lehrvorführung im Rahmen der Aufstellung des KR. Mitte. Das noch fehlende Gerät wird durch Schilder dargestellt.
(Sammlung Boeselager)

Nach einer Idee Major v. Boeselagers sollten die schweren Waffen der Reiter im Tandemzug beweglich gemacht werden, um so mit den schlechten Wegen im Osten besser fertig zu werden.
Auf dem Bild ein Gr.W.-Fahrzeug.
(Sammlung Boeselager)

GenFeldmarschall v. Kluge überzeugt sich von den Fortschritten beim Aufbau des K.R. Mitte.
Links neben ihm Rittm. Philipp v. Boeselager, Kdr. I. Abt., rechts Major Georg v. Boeselager, der Rgts.Kdr.
(Sammlung Boeselager)

Oben (v. l. n. r.):
Oberstleutnant Prinz zu Salm, erster Kdr. des KR. Nord.
(Sammlung Reiter 8)

Oberstleutnant Georg Frhr. v. Boeselager, Begründer der Heereskavallerie 1943 und Kdr. des KR. Mitte.
(Sammlung Boeselager)

Oberstleutnant Prinz zu Sayn-Wittgenstein-Berleburg, erster Kdr. des KR. Süd.
(Sammlung KR. 18)

Der Original-Stander des KR. Mitte. Er hat den Krieg überdauert und befindet sich heute im Besitz des Frhr. v. Boeselager (Philipp), des letzten Kdr. des RR. 31.
(Archiv Verf.)

Der Kommandeurswagen des KR. Mitte. Im Fond Philipp und Georg v. Boeselager.
(Sammlung Boeselager)

6. 3.—19. 3. 1945

Die ab September 1944 in Ungarn zum dritten Mal neuaufgestellte 6. Armee (Gen.d.PzTr. Hermann Balck) hatte bis Anfang März 1945 den Durchbruch von drei sowjetischen Heeresgruppen nach Norden in das Wiener Becken mit seinen Erdölraffinerien und den Rüstungswerken in Böhmen und Mähren, obwohl nur notdürftig aufgefüllt, abwehren können.

Die Gefahr eines sowjetischen Durchbruchs bestand aber fort. Um die letzten in deutscher Hand befindlichen Ölfelder und Raffinerien in dem Dreieck Varpalota — Preßburg — Plattensee nicht zu verlieren und vermutlich auch aus Rücksicht auf die letzten Verbündeten des Reiches in Europa, nämlich Ungarn und Kroatien, befahl Hitler eine letzte große Offensive aus dem Raum Plattensee — Stuhlweißenburg unter dem Decknamen »Frühlingserwachen«.

Das Ziel dieser an sich gut vorbereiteten Operation war, die russische Front in Richtung Donau zu durchbrechen, um damit die Wende im Südosten herbeizuführen, welche nach seinen Wünschen und Vorstellungen eine Wende des Krieges überhaupt einleiten sollte.

Für diese letzte große Offensive war die 6. SS-PzArmee (SS-Oberstgruppenführer und Generaloberst der Waffen-SS Sepp Dietrich), die nach der gescheiterten Ardennen-Offensive erneut aufgefüllt worden war, aus dem Westen nach Ungarn verlegt worden.

Ihre PzKorps besaßen für die damalige Zeit eine außergewöhnliche Kampfkraft und waren als Stoßtruppen dieser Offensive gedacht.

Insgesamt wurden noch einmal 10 Pz.-Divisionen, 3 Inf.-Divisionen, 3 Kav.-Divisionen sowie starke Heerestruppen und 2 ungarische Korps zusammengefaßt und geschlossen eingesetzt.

Der Beginn dieser Offensive wurde für den 6. 3. 1945 festgelegt. Es gelang in den ersten zehn Tagen zwar einen 50 km breiten und 30 km tiefen Einbruch zu erzielen, der Durchbruch zur Donau aber mißlang. Die Gründe dafür lagen in den um diese Jahreszeit ungünstigen Witterungsverhältnissen, der enormen Überlegenheit des Gegners und den zum Teil wenig phantasievollen Angriffsplänen.

Hinzu kam, daß die Betriebsstoffausstattung mitten in einem Erdölgebiet wieder unzureichend und auch Munition nicht in ausreichendem Umfang vorhanden war.

Dem I. Kav.-Korps fiel bei dieser Offensive die Aufgabe zu, ostwärts des Plattensees zum Angriff antretend, den Czatorna-Abschnitt zu gewinnen, um danach im freien Raum gegen den Rücken der russischen Front einzuschwenken.

Für diesen Auftrag waren dem Kav.-Korps Harteneck allerdings nur die 3. und die 4. Kav.-Division unterstellt.
Gemäß OKH-Verfügung vom 23. 2. 45 waren die beiden Kav.-Brigaden ohne jegliche Verstärkung zu Divisionen erhoben worden.
Allerdings läßt der Bestand von 11 000 Pferden bei der 3. Kav.-Division (Sollstärke Anfang 1945: 11 333 Mann) auf eine tatsächliche personelle Stärke schließen, die erheblich über der einer Brigade lag.[98]
Die zweigliedrigen Kavallerie-Divisionen verfügten jeweils über 2 Reiter-Regimenter zu 3 Abteilungen, 1 schwere (mot) Kav.-Abt. mit Sturmgeschützen, SPw, Panzern, PzAbwehr und Pionieren, sowie 1. Art.-Regiment zu 3 Abteilungen. Hinzu kam 1 Nachrichten-Abt. und die rückwärtigen Dienste.
Die 4. Kav.-Division erreichte diese Ausstattung nicht ganz. So besaßen bei ihr die Reiter-Regimenter nur 2 Abteilungen, das Art.-Rgt. ebenfalls nur 2 Abteilungen, zusätzlich aber eine schwere Granatwerfer-Abteilung.
Gen. d. Kav. Harteneck erkannte, daß der seinem Korps befohlene Angriff nur mit massiver Artillerie-Unterstützung Aussicht auf Erfolg haben konnte, zumal seine eigene Artillerie bereits unter Munitionsmangel litt. Als die artilleristische Unterstützung nicht zugesagt werden konnte, weigerte sich der KG so anzugreifen. Er fand aber bei den anderen Kommandierenden Generalen keine Unterstützung.
Schließlich wurde mit dem OB der 6. SS-PzArmee, Sepp Dietrich, einem ehemaligen bayerischen Ulan, ein Kompromiß erreicht, der einen Vorausangriff bei Nacht durch die 3. Kav.-Div. unter Generalmajor Peter von der Groeben vorsah.
Der Angriff der Kavallerie gelang. Die SS-PzKorps nördlich des Plattensees blieben nach kurzer Zeit liegen. Dadurch geriet das vorgepreschte I. Kav.-Korps in eine sehr kritische Lage, insbesondere, als die SS-PzKorps auch noch auf Stuhlweißenburg zurückgingen.
Bald war die Kavallerie links ohne Anlehnung. Im beweglichen, hinhaltenden Kampf geübt, gelang es jedoch sich abzusetzen und das Nordufer des Plattensees zu erreichen. Dort trat die 23. Pz.-Division unter dem alten Kavalleristen, GenLt. von Radowitz, (vormals einem SS-PzKorps unterstellt) unter den Befehl des I. Kav.-Korps, bei dem sie von nun an bis Kriegsende auch verblieb.
Die Stellungen und Stützpunkte am Nordrand des Plattensees konnten zunächst gehalten werden, obwohl diese von der vollen Wucht des russischen Gegenangriffs getroffen wurden und die linke Flanke des I. Kav.-Korps nach wie vor in der Luft hing.

In dieser äußerst kritischen Situation befahl das Korps: »Keinen Schritt zurück. Das Generalkommando des Kav.-Korps und die Div.-Stäbe gehen in die Höhe der Rgts.-Stäbe und die Rgts.-Stäbe in die Höhe der Abt.-Stäbe und richten sich dort zur Verteidigung ein. Geführt wird mündlich.«

Diese Maßnahme hatte Erfolg. In beweglicher Kampfführung wurden die Stellungen gehalten und die offene linke Flanke geschützt. Zurückweichende Verbände konnten aufgenommen werden.

Das erreignete sich am 23./24. März. Die deutsche Offensive mußte jedoch seit dem 15. März als gescheitert angesehen werden Einer der wesentlichen Gründe war die absolut unzureichende Betriebsstoff-Situation.

Das IV. SS-Panzerkorps mußte (lt. Kriegstagebuch) am 24. März seine letzten »Tiger« wegen Betriebsstoffmangel sprengen. Bei der schweren Tiger-Abt. 509, einer Heeres-Truppe, war es ähnlich.

20. 3.—3. 4. 1945

Während der Kämpfe in Ungarn wurden dem I. Kav.-Korps außer der 23. Pz.-Div. vorübergehend auch die 1., 3. und 6. Pz.-Division, die 71., 96., 118. und 297. Inf.-Division sowie wieder einmal die ungarische Kav.-Division und das II. ungarische AK. unterstellt. Von der Waffen-SS kämpften zeitweise die 9. SS-Pz.-Div., die 16. SS-Pz.-Div. und die 14. (ukrainische) SS-Division unter dem Befehl des Kav.-Korps Harteneck.

Die Kavallerie war nach ihren schwungvollen Angriffen und ihrem erfolgreichen, zähen Einsatz in der Abwehr und im hinhaltenden Kampf als Elite-Truppe anerkannt worden.[99]

Selbst bei Hitler war die Kavallerie plötzlich gut angeschrieben, nachdem er verschiedenen SS-Divisionen, die in seinen Augen versagt hatten, darunter auch die Leibstandarte, die Ärmelstreifen ganz zu unrecht aberkannt hatte.

Geflissentlich übersah er dabei wie so häufig, daß Panzer sich ohne Betriebsstoff nicht mehr bewegen und Geschütze ohne Munition nicht mehr wirken können.

Inzwischen war es tatsächlich Frühling geworden. Das I. Kav.-Korps, nun der 6. Armee unterstellt, kämpfte sich mit der rechten Flanke an den Plattensee gelehnt, im beweglichen Einsatz nach Westen zurück. Mitten im Erdölgebiet war das Korps, welches neben den Reitern ja auch über zahlreiche mot. und gepanzerte Einheiten verfügte, ohne jeglichen Nachschub an Betriebsstoff. Auch hier mußten Panzer gesprengt werden. Wieder einmal war das Korps in einer schwierigen Situation.

4. 4.—8. 5. 1945

An der Mur kam es während der Absetzbewegungen noch einmal zu Kampfhandlungen, danach ließ der russische Druck nach. Die Russen wandten sich nun in Richtung Wien. Das I. Kav.-Korps verteidigte die Grenzlinie zwischen Ungarn und der Steiermark. Diese Linie wurde mit Ausnahme einiger Frontbegradigungen bis zum Eintritt des Waffenstillstandes gehalten.

8. 5.—Juni 1945

In der Nacht des Waffenstillstandes setzte sich das I. Kav.-Korps mit 3. und 4. Kav.-Division sowie der 23. Pz.-Division nach Westen in den Alpenraum ab.

Von Norden fielen dem Korps noch einmal russische Kräfte in die Flanke, gleichzeitig aber näherten sich von Süden englische Truppen. Das I. Kav.-Korps fand die Demarkationslinie im salzburgischen Zipfel südlich des Tauernpasses. Dort kapitulierte es gegenüber den Engländern.

Als Gen.d.Kav. Harteneck den Engländern sein Korps meldete, bekam er zur Antwort: »Oh, wir wissen Bescheid, Sie sind das berühmte Kavallerie-Korps.«

Die Behandlung seitens der Engländer war gut. Jedoch erging eines Tages der Befehl, die Pferde zur Verpflegung der Gefangenen zu schlachten.

Als Gegenmaßnahme wurde ein Reitturnier organisiert. Dieses verfehlte seine Wirkung bei den sportbegeisterten Engländern nicht.

Der englische Div.-Kommandeur und sein GenStabsOffz. verschafften Gen.d. Kav. Harteneck die nötigen Papiere, um die Pferde in die amerikanische Besatzungszone zu überführen. Es gelang die Amerikaner davon zu überzeugen, daß sie die Pferde zum Aufbau der Landwirtschaft in ihrer Zone dringend benötigten.[100]

Auch nach der Kapitulation blieben die Schwadronen intakt und im wesentlichen zusammen. Die Offiziere durften zur Aufrechterhaltung der Disziplin ihre Pistolen behalten.

Engländer und Amerikaner, die zuletzt nur noch gegen Trümmer der Deutschen Wehrmacht gekämpft hatten, waren über das Auftreten der Kavalleristen erstaunt. Haltung und Disziplin dieser Männer, selbst in der Gefangenschaft und nach der größten Niederlage einer

deutschen Armee, nötigten den westlichen Alliierten eine gewisse Anerkennung ab.
Im Zuge bevorstehender Einzelentlassungen und des bevorstehenden Abtransportes der Verbände des Kav.-Korps Harteneck nach Deutschland mußte auf Befehl der 4. Kav.-Division Oberstlt. i. G. Sauer (als Österreicher) sein Regiment am 9. Juni 1945 an Major Hacke übergeben.
Diese Übergabe erfolgte mit Aufmarsch aller berittenen Teile des Regiments und anschließendem Vorbeimarsch an dem scheidenden Rgts.-Kommandeur.
Der spätere Hptm. d. Bw. Immendorf schrieb als Teilnehmer dazu in der Zeitschrift »Panzer« Nr. 2/3 1960:

Das Ganze halt! — Abgesessen!

»Es war der 9. Juni 1945. Einer der warmen Frühsommertage dieses unseligen Jahres der größten Niederlage. Nur die Natur zeigt den geschlagenen deutschen Soldaten durch besonders schöne Witterung ihr Mitleid.
In dem stillen Tal der Mur, unweit des kleinen steierischen Städtchens St. Michael, bot sich am Vormittag dieses Tages dem Beschauer ein seltsames, fast unwirklich erscheinendes militärisches Schauspiel. Einen Monat nach der bedingungslosen Kapitulation der Deutschen Wehrmacht ritten die Schwadronen eines Kavallerie-Regiments der 4. Kavallerie-Division, des letzten und einzigen Kavallerie-Korps, welches am 11. Mai 1945 vor der 8. britischen Armee kapituliert hatte und — nach Abgabe der Waffen — mit Mann und Pferd im Murtal interniert worden war, zur Parade auf.
Schwadron neben Schwadron, Pferd an Pferd; es blitzten in der Sonne Zaumzeug, Bügel und Sporen. Ein Bild, aus einer Zeit zurückgekehrt, die doch schon Jahrzehnte zurückzuliegen schien — oder waren es nicht schon Jahrhunderte?
Schweigend ritten die Schwadrons-Chefs durch die Glieder, überprüften Reiter und Pferde, ehe sie sich vor die Front ihrer Einheiten setzten.
Aus dem nahen Städtchen galoppierte ein Reiter heran: Der Regimentskommandeur! Kommandos erschallten: »Stillgesessen — Zur Meldung — Augen rechts!« Die Reiter strafften sich, faßten die Zügel fester und blickten ihrem Regimentskommandeur entgegen. Hell klang nach der Meldung des ältesten Abteilungskommandeurs sein Grußwort, und einstimmig antwortete das Regiment. Dann ritt »der Alte« die Glieder entlang, sah jedem in die Augen, grüßend, dankend.

Er ritt langsamer, als es sonst üblich war, als ob er dieses endgültige Vorbei, was nun folgen mußte, hinauszögern wollte. Zum letzten Mal sprach der Oberst zu seinen Reitern: Kurz, knapp und klar, so wie stets seine Befehle waren, aber diese Worte faßten alles zusammen, was den anständig gebliebenen deutschen Soldaten auch damals noch prägte: Dank, Stolz, Gedenken, Zuversicht.
Es waren Minuten, die sich in die Erinnerung derjenigen hineinbrannten, die dabei sein durften.
Durch das Tal hinauf zu den noch schneebedeckten Gipfeln der steierischen Alpen hallte das letzte Hurra, ausgebracht auf das Regiment, auf die Kameradschaft, auf das Vaterland. — Die Grußhand des Kommandeurs zitterte dabei und seine sonst so klare Kommandostimme vibrierte bei seinem letzten Kommando ...
Und dann schwangen sich die Reiter zum letzten Male aus den Sätteln über die Kruppen ihrer braven, vierbeinigen Kameraden.
Das Kavallerie-Regiment 5, das voll Stolz den Namen seines Chefs ›Generalfeldmarschall von Mackensen‹ führte, hatte endgültig aufgehört zu bestehen.«
Anwesende Amerikaner bemerkten angesichts dieses militärischen, der Gegenwart entrückt erscheinenden Schauspiels: »Dies ist keine geschlagene Truppe!«

X. Ausklang

Mit dem Ende des Kav.-Korps Harteneck, des XV. Kosaken-Kav.-Korps und der 37. SS-Freiw.-Kav.-Div. »Lützow« endet auch die Geschichte der deutschen Kavallerie.
Wie die gesamte deutsche Armee ging auch sie nicht »leuchtend« unter, jedoch weitgehend intakt, mit ungebrochener Moral und mit einer Haltung, der auch die Gegner ihre Achtung nicht versagen konnten.
Unter schwierigsten Verhältnissen in der zweiten Hälfte des Krieges wiedererstanden, zeigte die Kavallerie bald, daß keine Anachronismen zu neuem Leben erweckt worden waren.
Trotz ständiger Überforderungen und durch die allgemeine Notlage erzwungen, leisteten die Reiter Hervorragendes in Angriff, Abwehr und hinhaltendem Kampf.[101] Dazu wurden sie befähigt durch die in jeder Lage gegebene Beweglichkeit ihrer Pferde und das enge Zusammenwirken mit »ihren« Sturmgeschützen, Panzern und Artilleriewaffen, die den Reitern einen stählernen Rückhalt boten.
Gerade in der beweglich geführten Abwehr traten bei der Kavallerie Qualitäten zutage, die kaum zu erwarten gewesen waren, die aber Generaloberst v. Seeckt 1933 in seinem militärischen Testament vorausgesagt hatte. Ihr Fehlen 1942 wurde »schmerzlich vermißt«, und als in der Zeit von 1943—45 die »für ihre Kampfweise nötigen Waffen« zur Verfügung standen, wurde sie »ein besonders wertvoller Bestandteil einer beweglichen Deckungsarmee«.[102]
In unseren Tagen gibt es keine Kavallerie mehr.[103] Max E. Amman, hippologischer Journalist und Autor der »Geschichte der Schweizer Kavallerie«, schloß die Einleitung seines Buches wie folgt ab:
»Dieser Tod der Kavallerie ist zweifellos für die heutige Generation endgültig. Es ist aber denkbar, daß in einigen Jahren oder Jahr-

zehnten eine neue Generation von Heerführern, abhängig vielleicht von Treibstoffüberlegungen, sich des Pferdes und des Reiters erinnern wird: nicht des säbelschwingenden Husaren, sondern des berittenen Infanteristen, des Dragoners, der Ende 1972* als Folge einer fragwürdigen politischen Entscheidung endgültig absitzen mußte.«

Die Zukunft wird auf diese Aussage eine Antwort finden. Was aber ist in unserer Gegenwart als Erbe der Kavallerie erhalten geblieben, was hat sie uns überliefert?

Auf den ersten Blick erscheint es, als habe uns die Kavallerie nur wenig hinterlassen. Dieser Schein trügt.

Der Schlußpunkt ist auch nicht durch das 1960 für die deutsche Kavallerie in München errichtete Mahnmal gesetzt worden. Geradezu symptomatisch war auch dieses Denkmal, das einen Hengst in wenig natürlicher Haltung zeigt, bei seiner Enthüllung nicht unumstritten. Viele alte Kavalleristen, die durch Spenden zu dem Denkmal beigetragen hatten, waren sogar enttäuscht.

Auch die militärischen Museen, die sich u. a. die Pflege des kavalleristischen Erbes zur Aufgabe gemacht haben, bilden keinen Endpunkt. In vielen Bereichen, oft unerkannt, lebt die Kavallerie weiter. Mögen Technik und Taktik auch das Bild der Armeen verändert haben, »der blitzschnelle Entschluß, das reaktionsschnelle Zupacken, das eiskalte Abwarten und das Denken in großen Räumen«[104] sind ursprünglich kavalleristische Eigenschaften, die bei den gepanzerten Kampftruppen der Gegenwart ihre Bedeutung nicht verloren haben. Noch heute z. B., wenngleich in den Vorschriften nicht festgelegt, finden Begriff und Inhalt des »Sattelbefehls« bei ihnen ihre Anwendung.

Der Kämpfer zu Pferde symbolisierte seit jeher die Ritterlichkeit. Gen.d.Inf. Blumentritt formulierte: »Bei allen Völkern und zu allen Zeiten haftet der Reiterei etwas Adeliges an!«[105] Dieser Adel der Gesinnung, der Haltung und des Handelns muß auch in unserer völlig gewandelten Welt unverzichtbarer Bestandteil menschlichen Seins bleiben.

Insbesondere aber ist die Kavallerie im Reitsport lebendig geblieben, welcher Dank der wirtschaftlichen Situation auch in unserem Land ständig an Verbreitung und Bedeutung gewinnt. Wird die militärische Herkunft des Reitens zwar häufig bestritten und noch häufiger nicht erkannt, so können die Fakten jedoch nicht geändert werden.

Durch nichts wird diese Tatsache besser unterstrichen, als durch die

* Die Jahresangabe 1972 bezieht sich auf die Auflösung der letzten Kavallerieformationen der Schweiz.

gültige LPO*, die Grundlage des klassischen Reitens schlechthin, welche in ganz wesentlichen Teilen auf den Ausbildungsvorschriften der Kavallerie basiert, diese z. T. wörtlich wiedergibt.
Noch immer wird die klassische Vielseitigkeitsprüfung, u. a. Olympische Disziplin, als »Military« bezeichnet. Alle Versuche diesen Begriff durch einen »zivileren« zu ersetzen, sind bisher gescheitert.
Und selbst jene Reiterkreise, die ihren Sport in bewußtem Gegensatz zur Leistungsprüfungsordnung ausüben, wandeln bei ihrer Art des Reitens, seien es nun Wander-, Strecken- und Distanzritte oder Reiterspiele, auf den Spuren der Kavallerie, und je mehr sie sich hierbei um Vervollkommnung bemühen, desto mehr nähern sie sich den erprobten Verhaltensnormen der alten Kavallerie an.
Clemens Laar, vor nicht allzu langer Zeit ein sehr bekannter hippologischer Autor, sah in seiner »Kavallerie-Retraite«:[106] »in dem Glanz, der Macht, in Schwung, Prunk und Größe der einstigen Kavallerie-Regimenter nur das buntfarbige Dekorum der reinen Reiterei«.
Nach seinen Worten ist zwar das poetisch-romantische Kolorit verschwunden, doch »das Wesentliche lebt glühender und prächtiger als jemals zuvor: der Geist«.
Heute vermag man sich dieser euphorischen Auffassung wohl nicht mehr uneingeschränkt anzuschließen.
Clemens Laar aber stellte weiter fest:
»Die große Kavallerie-Retraite ist abgeschlossen. Pferd und Reiter, vom Menschen seit Jahrhunderten entwickelt, um Mittel der Vernichtung, des Verderbens und der Gewalttat zu sein, sind uns zu einer profanen Religion geworden. Niemand ist dem Frieden verschworener als der Reiter. Sein Dasein will Kraftentfaltung ohne Härte, Grausamkeit und Gewalt, will Mut und Tapferkeit ohne Haß, will ein unaufhörliches, lautlos jubelndes Ja zur Schöpfung und zum Schöpfer, und es ist sein brüderlicher, geliebter Gefährte, das Pferd, das ihn durch solches Dasein trägt. Im Reiten hat der unzulängliche, unfertige Mensch sich die erste Annäherung zum Menschen, wie er sein soll, errungen . . .«
Diese Aussagen werden sicherlich von allen Menschen, die sich dem Pferd und der Reiterei verbunden fühlen, im Kern als Teil ihres eigenen Empfindens verstanden werden.

* LPO = Leistungsprüfungsordnung: Vorschrift für die Abhaltung und Ausschreibung von Pferdeleistungsprüfungen (Reit- und Fahrturniere), herausgegeben vom Hauptverband für Zucht und Prüfung deutscher Pferde e. V. — Deutsche Reiterliche Vereinigung (F.N.).

XI. Anlagen

ANLAGE A
ANMERKUNGEN UND QUELLENANGABEN

1 Militärgeschichtliche Mitteilungen 1/76
»Der Weg zum Offizier im Reichsheer der Weimarer Republik«
von Oberst a. D. Meier-Welcker

2 Wohlfeil/Dollinger: »Die deutsche Reichswehr«

3 Das Reiter-Rgt. 17 wurde ab 1928 in der Rangliste des deutschen Reichsheeres als »der 3. Kav.-Division unterstellt« geführt.

4 Für die Maschinengewehr-Halbzüge und den Nachrichten-Zug der Reiter-Regimenter gab es keinen eigenen Etat. Diese Teileinheiten wurden aus Kommandierten des Rgts.-Stabes und der Eskadronen gebildet. Waffen und Gerät waren allerdings in Geräteeinheiten vorhanden.
Das gleiche gilt für die später aufgestellten Kav.-Geschütz-Züge, wobei diese bis gegen Ende der 20er Jahre nur Attrappen führten. Dr. Friedrich Stuhlmann, Oberstlt. a. D.: »Deutsche Wehrmacht«.
Die beiden SMG-Halbzüge des Regiments wurden bereits 1923 etatisiert.
Oskar Graf von Matuschka: in Mitt. Blatt der Kameradschaft 8 Reiter, Dezember 1977.

5 Wohlfeil/Dollinger: »Die deutsche Reichswehr«

6 Auch in der Reichswehr klagten die Einheitsführer häufig über Personalmangel. In der »Kavallerie-Fibel« heißt es bezeichnenderweise dazu: Da Eskadronen mit vollen neun Gruppen nur in besonderen Fällen gebildet werden können, ist im allgemeinen wie folgt zu verfahren:
Die Zahl der Schützen in den Schützenabmärschen ist zu verringern. Die fehlenden l. MG. werden durch Flaggen dargestellt; oder die Züge werden zu zwei vollen und einer Flaggengruppe gebildet; oder der 3. Zug hat weniger Gruppen oder fällt ganz fort und wird durch Flaggen dargestellt.

7 Dr. Friedrich Stuhlmann: »Deutsche Wehrmacht«

8 Cord v. Hobe, GenLt. d. Bw. a. D.: »Mit Pferden erlebt«

9 Horst Kadgien, GenMaj. a. D.: »Das 1. (Preuß.) Artillerie-Regiment«

10 Wohlfeil/Dollinger: »Die deutsche Reichswehr«

11 Heinz Guderian, Generaloberst: »Erinnerungen eines Soldaten«

12 Walter K. Nehring, Gen.d.PzTr. a. D.: »Die Geschichte der Deutschen Panzerwaffe 1916 bis 1945«

13 Janusz Piekalkiewicz: »Pferd und Reiter im II. Weltkrieg«

14 dazu a) »Die LKW-Produktion für die Wehrmacht deckte im Februar 1940 nicht (einmal) den laufenden Verbrauch, geschweige denn (etwaige) Operations- oder Gefechtsverluste, so daß Halder ernsthafte Vorkehrungen für eine Entmotorisierung der Armee traf . . .«
Militärgeschichtliche Mitteilungen 1/76: »Autarkie, Großraumwirtschaft und Agression« von Hans-Erich Volkmann.
dazu b) »Allgemein war die Ausstattung mit Kraftfahrzeugen ein besonderer Schwächepunkt, der übrigens während der späteren Kriegszeit niemals überwunden werden konnte.«
»Das Heer 1939—1945« von Müller-Hillebrand.

15 GenOberst Guderian: »Erinnerungen eines Soldaten«

16 Guderian erwähnt in seinen »Erinnerungen« das Kraftfahr-Kavallerie-Korps, desgleichen Günter Horn in »Panzer« 3/61 neben der 1. KD. und der 2. KD.
Demnach war 1934 die 3. KD. (später Leichte Division Weimar), sowie die 5. und 6. Reiter-Brigade dem Kraftfahr-Kavallerie-Korps unterstellt.
Tatsächlich war am 1. 4. 1934 aus der Inspektion der Kavallerie, wenngleich aus Gründen der Tarnung, ein Kavallerie-Korps-Kommando gebildet worden, welches also mit dem erwähnten Kraftfahr-Kavallerie-Korps identisch gewesen sein müßte. Gen.d.PzTr. Nehring bezweifelte in seiner »Geschichte der Deutschen Panzerwaffe« die tatsächliche Existenz des Kraftfahr-Kavallerie-Korps

17 Gordon A. Craig: »Die preußisch-deutsche Armee«

18 Bereits 1928 hatte eine inoffizielle deutsche Offiziers-Equipe sehr erfolgreich an mehreren Turnieren in Nordamerika teilgenommen.
Harald Momm: »Pferde, Reiter und Trophäen«
Hinsichtlich des Sports in der Reichswehr darf die vorbildliche Arbeit des Reiter-Rgt. 16, Erfurt, nicht unerwähnt bleiben, und hierbei besonders Rittm. Theo Schelle, später als Oberstlt. i. G. Referent für Leibesübungen im Reichswehrministerium.
Theo Schelle war der erste der damaligen, verantwortlichen Führer, die der Leibeserziehung im weitesten Sinne im Alltag des Truppendienstes zum Durchbruch verhalfen.
»Der deutsche Militärsport zwischen den Weltkriegen«
GenMaj. d. Bw. a. D. Heinrich Baron von Behr. Truppenpraxis 6/66.

19 Nach Freiherr v. Recum (als Angehöriger dieser ersten Remonte-Ankaufskommission nach dem I. Weltkrieg)

20 Harald Momm: »Pferde, Reiter und Trophäen«

21 G. Brandt, GenLt. a. D.: »Moderne Kavallerie«

22 Hptm. Dr. Pulte gehörte damals der Inspektion des Reit- und Fahrwesens (In 3) an.

23 Rittm. a. D. Dietrich Kuehn: Das Reiter-Rgt. 1 hatte, von einigen irischen Ankäufern abgesehen, bei Kriegsausbruch nur zwei Hannoveraner in seinem Bestand. Davon diente einer als Paukenpferd, der andere war zur Ausbildung als Paukenpferd vorgesehen.

24 F.-K. von Plehwe: »Reiter, Streiter und Rebell«

25 Oberst a. D. v. Rauchhaupt: »Die deutsche Kavallerie zwischen den beiden Kriegen« (v. Rauchhaupt gehörte u. a. dem Reiter-Rgt. 1 und dem Kav.-Rgt. 18 an).

26 Oberst d. Bw. a. D. Klaus Hildebrand: »Wir Leutnante des Jahrganges 1937 im Kav.-Rgt. 14«

27 F.-K. von Plehwe: »Reiter, Streiter und Rebell«
(v. Plehwe war 1939 Rgts.-Adj. im Kav.-Rgt. 3)

28 Die Geschichte des Kav.-Rgts. 9 enthält u. a. ein längeres humorvoll gehaltenes Gedicht über eine Reitjagd 1929 in Ragow.

29 Gräfin Marissa Sponeck: »Trakehner Jagden«

30 In der Rgts.-Geschichte des 7. (Preuß.) Reiter-Rgts. wird für das Jahr 1934 u. a. erwähnt: »Schon in diesem Jahr begann das Regiment sich aufzulösen. Zur Aufstellung neuer Truppenteile mußten Leute abgegeben werden. Vor allem brauchte die neuaufgestellte Luftwaffe brauchbare Soldaten.«

31 Jahrbuch des Heeres 1938

32 Das KTB Halders enthält unter Datum des 13. 9. 39 den Eintrag: »AHA: Aufstellung einer K(avallerie)-Division.«

33 Es blieben jedoch weiterhin berittene Polizei-Verbände bestehen und kamen während des Krieges auch zum Einsatz.
Helmuth Koschorke: »Polizeireiter in Polen«, erschienen 1940.
Im »Waffen- und schießtechnischen Leitfaden für die Ordnungspolizei«, 4. Auflage 1943, ist die Pferdeausrüstung der Ordnungspolizei (Schutzpolizei und Gendarmerie) noch ausführlich enthalten.

34 Oberst a. D. v. Rauchhaupt: »Die deutsche Kavallerie zwischen den beiden Kriegen«

35 Bei den Turnieren im Berliner Sportpalast war die Reichswehr (u. a. auch zur Repräsentation) allerdings relativ stark vertreten.
1927 Karussell von 32 Unteroffizieren der Reichswehr, Pas de Deux von Rittmeister Gerhard und Oberleutnant R. v. Barnekow.
1929 Zapfenstreich zu Pferde, ausgeführt von einem Trompeterkorps und den Kesselpaukern aller 18 Reiter-Regimenter der Reichswehr.
1930 Großes Karussell der Reichswehr-Kavallerie, ausgeführt von 72 Unteroffizieren und Mannschaften der RR. 3 und 9, dem Trompeterkorps des RR. 4 sowie Offizieren des Schul- und Springstalles der Kav.-Schule Hannover.
Karl Schönerstedt: »Gustav Rau«

36 Müller-Hillebrand: »Das deutsche Heer 1933—1945«

37 »Tag und Nacht am Feind«, herausgegeben im Auftrag des OKH

38 National-Sozialistisches-Reiter-Korps

39 16 Remonte-Ämter:

16 Remonte-Ämter:	12 Wehrkreispferde-lazarette:	13 Wehrkreis Reit- u. Fahrschulen:
Bergstetten	Altdamm	Aalen (Württ.)
Barthelsdorf (b. Herrnhut)	Berlin	Babenhausen (Hess.)
Breithüllen	Breslau	Bamberg
Ferdinandshof (Pommern)	Darmstadt	Beeskow
Grabau (üb. Bad Oldesloe)	Dresden	Demmin
Gudwallen (Krs. Angerapp)	Hamburg	Dillingen (Donau)
Liesken (üb. Bartenstein)	Hannover	Gardelegen
Mansbach (üb. Hünfeld)	Königsberg	Großenhain
Mecklenhorst (üb. Wunstorf)	Ludwigsburg	Lyck
Neuhof (b. Treptow)	München	Militsch (Bz. Breslau)
Neuhof-Ragnit	Münster	Oschatz
Obersohland	Nürnberg	Schloßhof
Perlin (Mecklenburg)		Soltau
Roßlinde		
Schönböken		
Weeskenhof (üb. Pr. Holland)		

40 v. Senger und Etterlin: »24. PzDiv./1. Kav.Div.«

41 Rittmeister a. D. Dietrich Kuehn: »Geschichte des Reiter-Rgts. 1« Teil II

42 ebenda

43 ebenda

44 ebenda

45 Dieses wurde jedoch zunächst nicht einheitlich durchgeführt. (Kuehn)

46 ebenda

47 F.-K. von Plehwe: »Reiter, Streiter und Rebell«
Dazu ergänzend: Der I.Zg. der Reiter-Schwadron/AA. der 1. Geb.Div. geriet am 7. 9. 39 bei Teplice ebenfalls in einen Hinterhalt, welcher durch 3 polnische Kompanien gebildet wurde. Bei einer Absitzstärke von 20 Mann gelang es, diesem überlegenen Feind erhebliche Verluste zuzufügen, den Hinterhalt dadurch praktisch wirkungslos werden zu lassen und der 1. Geb.Div. einen Aufenthalt von 24 Stunden zu ersparen. Verluste des Zuges: 1 Toter, 1 Verwundeter und 6 Pferde.
Dieser Reiterzug (Stammtruppenteil: Kav.-Rgt. 17, Bamberg) legte in der Zeit vom 3. 9.—9. 10. 39 in dem äußerst schwierigen Gelände der Waldkarpaten 1170 km zu Pferde zurück. Dabei sind die Spähtrupps nicht eingerechnet.
Rembrand Elert: »Reiter im Polenkrieg«

48 F.-K. von Plehwe: »Reiter, Streiter und Rebell«

49 Rittmeister a. D. Dietrich Kuehn

50 Guderian: »Erinnerungen eines Soldaten«

51 Lt. Stellenbesetzung des OKH vom 15. 11. 39 erfolgte die Umbenennung der 1. Kav.-Brig. in 1. Kav.-Div. am 20. 11. 39.

52 Rittmeister a. D. Dietrich Kuehn

53 von Senger und Etterlin: »24. PzDiv./1. Kav.Div.«

54 ebenda

55 »Tag und Nacht am Feind« (OKH)

56 ebenda

57 ebenda

58 ebenda

59 »Geschichte des Reiter-Rgt. 1« Teil II (Kuehn)

60 ebenda

61 **Hier wurde zum erstenmal auf der unteren Führungsebene die klassische Dreiergliederung der Kavallerie aufgegeben. Bisher bildeten**
3 Abmärsche (zu 4 Reitern) eine Gruppe
3 Gruppen einen Zug
3 Züge eine Eskadron

Dadurch ergaben sich folgende Stärken:

1 Reitergruppe	= 12 Mann × 3 =	36 Mann
Zugtrupp einschl. ZgFhr		5 Mann
	=	41 Mann pro Zug
1 Reiterzug	= 41 Mann × 3 =	123 Mann
Eskadronstrupp:		7 Mann
Gefechtsstärke d. Esk.:		130 Mann
(einschließlich Offiz., aber ohne Trosse)		

Die Absitzstärke war hingegen erheblich geringer.

1 Reitergruppe	3 Pferdehalter × 3 =	9 Mann
Zugtrupp:	2 Pferdehalter =	2 Mann
Pferdehalter pro Zug		11 Mann

Die Absitzstärke eines Reiterzuges betrug demnach 30 Mann.

Pferdehalter pro Eskadr.	= 11 × 3 =	33 Mann
Eskadronstrupp:		2 Mann
Pferdehalter insgesamt:		35 Mann

Absitzstärke der Eskadron bei
1 Mann, 4 Pferde: 95 Mann

Alternativ dazu war auch das Absitzen 1 Mann, 2 Pferde vorgesehen.
Durch Hinzufügen einer 4. Gruppe wurde die Absitzstärke der (Wehrmachts)Schwadron um 27 Mann erhöht.
Im weiteren Verlauf des Krieges wurde die Absitzstärke wieder verringert. Bei den Kav.-Regimentern Nord, Mitte und Süd sollte bei einer Schwadronstärke von 225 Mann die Absitzstärke (1 Mann, 4 Pferde) 168 Mann betragen. Die Absitzstärke wurde jedoch häufig auf 1 Mann, 2 Pferde reduziert, wodurch sich eine Absitzstärke von 112 Mann ergab. Diese relativ geringe Absitzstärke hatte sich als zweckmäßig erwiesen, da einerseits alle l.MGs eingesetzt werden konnten, andererseits bei den Handpferden eine starke, ausgeruhte Reserve vorhanden war. (Geschichte des Kav.-Rgt. 5)
Ähnlich wurde bei den Volksgrenadier-Divisionen verfahren. In der Abwehr wurden häufig nur der GrpFhr. und der MG-Schtz. 1 eingesetzt (hohe Feuerkraft bei geringem Personaleinsatz).
Siehe dazu: Truppendienst Taschenbuch »Gefechtsspiele aus dem II. Weltkrieg«

62 Rittm. a. D. Dietrich Kuehn: »Geschichte des Reiter-Rgts. 1« Teil II

63 ebenda

64 Das Herauslösen der 1. KD. aus dem Raum des nördlichen Pripjet-Gebietes begründet GenMaj. a. D. Alfred Philippi damit, daß ihre Nachrichtenmittel in diesem Raum versagten, und somit eine Führung von oben und nach unten in befriedigender Weise nicht mehr gegeben war.
Ferner drohte ihre Beweglichkeit durch starke Pferdeausfälle verloren zu gehen. Diese wiederum wurden durch den unzureichenden Nachschub in Futtermitteln bedingt.
Alfred Philippi: »Das Pripjetproblem« Wehrwirtschaftliche Rundschau März 1956

65 Hptm. d. Bw. a. D. Rubbel, damals Hauptwachtmeister im RR. 1

66 »Die Deutsche Kavallerie zwischen den beiden letzten Kriegen« (v. Rauchhaupt)

67 »Das Heer 1933—1945« (Müller-Hillebrand)

68 »Kampftruppen« 1/1971 (Martens)

69 ebenda

70 Guderian stellt in seinen »Erinnerungen« die Führbarkeit der Aufkl.-Abteilungen (tmot.) infrage, u. a. bezeichnete er sie als »merkwürdige Mischung«.

71 Oberst a. D. Alfred Grampe (Kav.Rgt. 15) »Ein Reiter- und Kav.-Rgt. in Krieg und Frieden«

72 Waffenhefte des Heeres: »Schnelle Truppen« Teil I, Panzer und Panzerjäger. (OKH)

73 Herbert Plate: »Schicksale der Gefährten«

74 Übereinstimmend heben Plate, Hartenack, Bedé-Kraut (zuletzt Oberst im österr. Bundesheer) und andere mehrfach hervor, daß »reinrassige« Reiter-Einheiten und -Verbände im Gegensatz zu bespannten Kolonnen der Artillerie, Infantérie, den Nachschubtruppen, aber auch mot. Verbänden auf Grund ihrer speziellen Möglichkeiten durch die feindliche Luftwaffe nur geringe Verluste erlitten. Die Fähigkeit sich rasch in kleinste Teile zu zerlegen, Wege zu benutzen, die für Kolonnen aller Art nicht infrage kamen, und die eingeübte, aufgelockerte Aufstellung der Handpferde hatten zur Folge, daß die gegnerische Luftwaffe bei den Reitern nur selten lohnende Ziele erkennen konnte.

Diese Erfahrungen gelten allerdings überwiegend für die östlichen Kriegsschauplätze. Welche Wirkungen hier die Luftüberlegenheit der westlichen Alliierten hätte erreichen können, muß offen bleiben.

75 »Das Heer 1933—1945« (Müller-Hillebrand)

76 »Kampftruppen«

77 »Das Heer 1933—1945« (Müller-Hillebrand)

78 »Pferd und Veterinärdienst im Zweiten Weltkrieg« (Dr. vet. med. Wilhelm Jahn)

79 Die Geschichte des II. Weltkrieges gibt allerdings auch Beispiele dafür, daß derartige Befehle nicht ausgeführt wurden bzw. anders verfahren wurde.
Als die 82. Inf.-Div. sich über den Dnjestr absetzen mußte, blieben die Pferde (lebend) auf dem Ostufer zurück. Einem Wachtmeister gelang die bewundernswerte Leistung, mit zwei Reitpferden den reißenden Dnjestr zu durchschwimmen.
»Ich hatt' einen Kameraden« (Werner Berg)
Auch bei der Pferdevernichtungsaktion auf der Krim gelang es einzelnen Soldaten »ihr« Pferd zu den russischen Linien zu treiben.

80 »Goliath« (Ludwig L. Kreutz)

81 »Das Heer 1933—1945«. Nicht nur in seiner Studie, sondern insbesondere auch in seinem dreibändigen Werk beleuchtet Müller-Hillebrand in vielfältiger Weise die Rolle des Pferdes im deutschen Heer.

82 Die Zahlenangaben hinsichtlich des Panzerbestandes der Roten Armee schwanken zwischen 10 000 bis 20 000 Stück.

83 Es erscheint heute unerklärlich, daß die Wehrmachtsführung erst im 5. Kriegsjahr erkannte bzw. Folgerungen aus der Tatsache zog, daß Reiter und Radfahrer keine »schnellen Truppen« mehr waren, sondern eine spezielle Truppengattung der Infanterie. Nach der Überstellung zu In 2 wurden die Reiter und Radfahrer 1944/45 auch im HPA in der 2. Abt. (Inf., Kav.) Oberst v. Uslar-Gleichen, Gru. e (Kav.) Oberstlt. Ballhorn geführt.

84 »Geschichte des Kav.-Rgt. 5« (Stolz/Grieser)

85 Im späteren Reiter-Rgt. 31 (3. KD.) bestand beispielsweise die 1. Schwadron nur aus Rheinländern, alle Pferde Füchse, und die 2. Schwadron nur aus Mecklenburgern, alle Pferde Rappen.
Hans Joachim Köhler: »Die Boeselager'sche Reiterei«
(H. J. Köhler war während des Krieges Abt.-Kdr. im RR. 31)

86 »Geschichte des Kav.-Rgts. 5« (Stolz/Grieser)

87 Die 11 000 Pferde der 3. Kav.-Div. 1944/45 waren hochwertige Reitpferde überwiegend ostpreußischer, teils hannoverscher Zucht. (»Die Boeselager'sche Reiterei« H. J. Köhler)

88 »Geschichte des Kav.-Rgt. 5« (Stolz/Grieser)

89 Gen.d.Kav. Harteneck als Beteiligter beschreibt die Erfolge der 6. Armee und der 6. SS-PzArmee nördl. des Plattensees allerdings weniger optimistisch als Erich Kern.

90 Hinzu kommt, daß das Kos.-Kav.-Korps seit Dezember 1944 Bestandteil der Waffen-SS geworden war.

91 siehe Anhang: Divisionszeichen. Alle drei Kav.-Div. der Waffen-SS erhielten ein für sie typisches (takt.) Divisionszeichen.

92 »Rangliste des Deutschen Heeres 1944/45« von Wolf Keilig, Podzun Verlag 1955
Für das Kav.-Korps werden in der Literatur nebeneinander folgende Bezeichnungen verwendet:
I. Heeres-Kavallerie-Korps (I.HKK.)
I. Kav.-Korps (I.KK.)
Kavallerie-Korps
Kavallerie-Korps-Harteneck

93 Der DivKdr. der ung. Kav.-Div. hatte die Weisung »die Blüte der ungarischen Nation keinen großen Verlusten auszusetzen«. Er hatte deshalb ein Stichwort verabredet, bei dessen Durchgabe alle Teile in Richtung Heimat zurückgehen sollten. (Harteneck)

94 siehe oben. Zum Wehrmachtsbericht vom 14. 9. 44 wurde allerdings ergänzend gemeldet: »In den harten Kämpfen nordöstlich Warschau hat sich die Königlich-Ungarische 1. Kavalleriedivision unter Führung von Generalmajor *Ibranji* durch Standhaftigkeit und schneidig geführte Gegenangriffe besonders ausgezeichnet.«

95 In der Endphase des Krieges wurden Reserven von der übergeordneten Führung häufig zu anderer Verwendung abgezogen. Wurden also nennenswerte Reserven gebildet, so mußten diese »getarnt« werden.

96 Gen.d.Kav. Harteneck, KG I.HKK.

97 Nach H. J. Köhler (Boeselager'sche Reiterei) konnten nur 700 Mann aufgenommen werden.

98 Die 4. Kav.-Brig. hatte Anfang 1945 eine Sollstärke von 11 317 Mann.

99 Sepp Dietrich sagte damals zu Gen.d.Kav. Harteneck:
»Ihr seid Kerle, Ihr gehört eigentlich in die Waffen-SS.«
Für Sepp Dietrich war diese Feststellung das höchste Lob. Die Einstellung der 3. u. 4. KD. war jedoch wenig »SS-freundlich«, und Harteneck hatte häufig Mühe, seine Verbände abzuschirmen. Die konservative Einstellung der Kavallerie hat jedoch während der gemeinsamen Einsätze praktisch zu keinerlei Abträglichkeiten geführt.

100 Dadurch gelangte ein nicht unbeträchtlicher Teil der Pferde nach Württemberg und Hessen.

101 Im Wehrmachtsbericht wurden die Leistungen der Verbände des I.HKK. 1944/45 mehrfach hervorgehoben:
8. 8. 1944
»Ferner zeichneten sich im Raum Bialystock die 4. Kavalleriebrigade unter Oberst *Holste*, und nördlich der Memel die Sturmgeschützbrigade 232 unter Hauptmann Kley besonders aus.«
1. 9. 1944
»In den schweren Abwehrkämpfen zwischen Bug und Narew hat sich die 3. Kavallerie-Brigade durch unermüdlichen Angriffsschwung und Härte in der Abwehr ausgezeichnet. An ihrer Spitze fand der bereits Anfang 1942 mit dem Eichenlaub zum Ritterkreuz ausgezeichnete 28jährige Brigadekommandeur Oberstleutnant Georg Freiherr von Boeselager den Heldentod. Sein im gleichen Frontabschnitt kämpfender Bruder, Ritterkreuzträger Major Philipp Freiherr von Boeselager, hat sich erneut durch höchste Tapferkeit hervorgetan.«
6. 1. 1945
»In den schweren Abwehrkämpfen nordöstlich des Plattensees hat die II. Abteilung des Kavallerieregiments 5 »Feldmarschall von Mackensen«, unter Führung von Rittmeister Bullinger, besondere Standhaftigkeit bewiesen.«
Und selbst der »Völkische Beobachter« meldete am 24. 3. 1945 zu den Kämpfen während des 13./14. März 1945 am Siokanal u. a.: »Die Kommandeure zweier hier eingesetzter Kav.-Abteilungen, Major Hacke und Rittmeister Epping, erkannten die für die Brücke selbst und die gesamte taktische Kampfführung bedrohliche Lage und traten deshalb aus eigenem Entschluß zum Gegenangriff an.
An der Spitze ihrer Truppen rangen sie die Bolschewisten im Nahkampf nieder und schlugen sie unter blutigen Verlusten zurück. Entschlossene Führung und persönliche Tapferkeit zweier Reiteroffiziere sicherten so den einzigen Übergang für zwei deutsche Divisionen und damit die Voraussetzung für weitreichende Unternehmungen.
Am folgenden Tage riß Rittmeister Epping seine Kavalleristen gegen einen angreifenden starken Sowjetpanzerverband mit Infanterie vor. In einem schweren Gefecht, in dem er verwundet wurde, warf er den Gegner Drei Sowjetpanzer wurden im Nahkampf vernichtet, die begleitende Infanterie niedergemacht.«
In den letzten Kriegswochen wurden die Kav.-Verbände entsprechend der allgemeinen Lage, nur noch »schonend« eingesetzt, und überwiegend nur, um den geordneten Rückzug auf das von den westlichen Alliierten besetzte Gebiet durchzuführen.
Auch die Kavallerie der Waffen-SS wurde im Wehrmachtsbericht erwähnt:
9. 10. 1944
»bei den Kämpfen in Siebenbürgen hat sich die vorwiegend aus Deutschen des Südostraumes zusammengesetzte 8. SS-Kavalleriedivision unter Führung des Ritterkreuzträgers SS-Standartenführer Joachim Rumohr hervorragend geschlagen.«
Im russischen Wehrmachtsbericht wurde die deutsche Kavallerie als »Gelbe Gefahr« (nach ihrer Waffenfarbe) bezeichnet!

102 GenOberst v. Seeckt: »Die Reichswehr«, Studie über Wesen und Werden des Reichsheeres. Leipzig 1933

103 Diese Aussage muß insofern eingeschränkt werden, als China noch über mehrere Kav.-Division verfügt, die Sowjetunion 1 Kav.-Rgt. zugibt, und Rhodesien sowie Südafrika reguläre Kavallerie in jüngster Zeit zur Guerilla-Bekämpfung eingesetzt haben.

104 Aus der Ansprache des GenMaj. d. Bw. Reichelt anläßlich der Enthüllung des Mahnmals: »Der Deutschen Kavallerie zum Gedenken« am 29. Mai 1960 in München.

105 »Strategie und Taktik«, Gen.d.Inf. Blumentritt

106 »Kavalkade« 1951

ANLAGE B
ZEITTAFEL ZUR GESCHICHTE DER KAVALLERIE VON REICHSWEHR UND WEHRMACHT

6. 3. 1919	Auflösung der alten Armee und Schaffung einer vorläufigen Reichswehr.
11. 8. 1919	Inkrafttreten der neuen, republikanischen Reichsverfassung. Der Reichspräsident übernimmt den Oberbefehl über die Armee. Die Amtsgeschäfte werden dem Reichswehrminister übertragen. Die Reste der alten Armee sind innerhalb von 3 Monaten auf ein sogenanntes Übergangsheer von 200 000 Mann zu reduzieren.
18. 12. 1919	Laut Verfügung des Reichswehrministeriums Nr. 2494/12. 19 T2 Gründungstag der Reichswehr-Kavallerie-Regimenter.
1. 2.—1. 10 1920	Die Stämme der zukünftigen Reiter-Regimenter treten in ihren zugewiesenen Standorten zusammen.
1. 10. 1920	Stichtag für die Bildung der eigentlichen Reichswehr.
24. 8. 1921	Erlaß über die Regelung der Traditionspflege in der Reichswehr.
1925	Zu der bisherigen Bewaffnung werden bei der Kavallerie offiziell leichte Maschinengewehre zugelassen.
6. 10. 1926	Generaloberst von Seeckt, Chef der Heeresleitung, reicht seinen Abschied ein.
1. 10. 1927	Die Lanze wird abgelegt.
1929	Aufstellung einer mot. Aufkl.-Eskadron beim RR. 4 in Potsdam.
Anfang 1930	An der Kavallerie-Schule Hannover wird (zusätzlich) ein Springstall eingerichtet.
Juni 1930	Eine offizielle deutsche Offiziers-Equipe nimmt an dem Turnier in London teil, danach Turnierreise nach Amerika. Dort bedeutende Erfolge.
1931	„1. Waffentag der Deutschen Kavallerie“ vom 11.—13. Juli in Dresden.
1932	Bei viermaliger Teilnahme an Nationenpreisen — 4 Siege durch die Mannschaft der Kav.-Schule.
1933	Die Equipe der Kav.-Schule gewinnt die ‚Coppa d'Oro Mussolini‘ endgültig.
1. 4. 1934	Erste organisatorische Veränderungen innerhalb der Reichswehr nach der Machtübernahme durch Hitler. Umbenennung des Inspekteurs der Kavallerie in »Kavallerie-Korps-Kommando«. Gleichzeitig werden für die Kavallerie Brigade-Kommandos eingerichtet.
2. 8. 1934	Der Reichspräsident Generalfeldmarschall v. Hindenburg stirbt und wird mit mil. Ehren zu Grabe getragen.
1. 10. 1934	Die Eskadronen werden in Schwadronen umbenannt.
Oktober 1934	Erste Abgaben der Kavallerie (RR. 11 und RR. 16) an die Kraftfahrtruppen.

Obere Reihe: Trageweise der Traditionsabzeichen (v. l. n. r.):

Totenkopf der ehem. Leib-Husaren, Danzig, Oberwachtmeister Wölber, 4./AA. 22. *(Archiv KR. 13)*

Totenkopf der ehem. 17. Husaren, Braunschweig, Lt. Jeffke, Kav.-Rgt. Süd. *(Archiv Reiter 8)*

Der »Schwedter Adler« der ehem. 2. Dragoner. Oberst Bronsart v. Schellendorf. Gefallen als Kdr. einer Pz.-Brig. am 22. 9. 44. *(Sammlung KR. 6)*

Links: GenLt. Hellmuth v. Pannwitz, Schöpfer der Kosaken-Kavallerie und zuletzt Kommandierender General des XV. Kos.Kav.Korps. *(Sammlung Reiter 8)*

Das Don-Kosaken-Regiment 1944 in Kroatien. *(Bundesarchiv)*

Eine seltene Aufnahme von Offizieren der 3. Kav.Brig. im Sommer 1944.
Von li. nach re.: O.Arzt Dr. Waltinger, Ltn. v. Seckendorf, Obltn. Kortmann, Obltn. Schulte, Oberstlt. Georg v. Boeselager, Ltn. Capellmann, Maj. Philipp v. Boeselager, Maj. Brinkmann, Ltn. v. Schmettow, Rittm. König, Rittm. Köhler, Ltn. Thiedemann, Ltn. v. Buddenbrock.
(Sammlung v. Boeselager)

Führer und Angehörige der bewährten 2./KR. Nord, in der Mitte der Ritterkreuzträger Lt. d. R. Ameling.
(Archiv Reiter 8)

Links: Rittm. Gollert-Hansen, Kdr. der II./RR. 31, ein besonders tapferer Offizier der 3. Kav.Brig., gefallen am 6. 3. 45 in Ungarn.

Rechts: Gen.d.Kav. Gustav Harteneck, KG. des I. Heeres-Kav.-Korps.
(Archiv Waffenring)

Oben: GenMaj. Holste, Kdr. 4. Kav.-Div., mit Offizieren des Kav.-Rgt. 5 »Feldmarschall v. Mackensen«. Ganz links Rittm. Epping, rechts neben GenMaj. Holste Major Graf v. d. Schulenburg, ganz rechts Lt. Prinz von Croy. *(Archiv Reiter 8)*

Rückzug 1944. 2./Kav.-Rgt. 5 marschiert durch Brest-Litowsk. Die Reiter sind mit dem Sturmgewehr 44 ausgerüstet. *(Archiv Reiter 8)*

Entladen in Ungarn am 24.12.1944. Als Sonderverband trugen die Reiter des Kav.-Rgt. 5 eine komplette Tarnbekleidung. *(Archiv Reiter 8)*

Letzte Parade des RR. 31 am 2. Juni 1945 auf einer Alm in der Nähe des Tauernpasses. Der Kdr., Maj. v. Boeselager (Philipp) reitet die Front ab.

Am Morgen vor der Kapitulation.
Mit Tarnjacke Oberstlt. i. G. Sauer Kdr. KR. 5, mit Reitgerte Frhr. v. Cramm, vorn rechts Maj. Herbert Bullinger, Kdr. II./KR 5.
Gut zu erkennen das Ärmelschild der 4. Kav.-Div., sowie das Ärmelband »Feldmarschall v. Mackensen«.
(Archiv Reiter 8)

Der letzte Appell deutscher Kavallerie.
Der Rgts.-Kdr. Oberstlt. i. G. Sauer und Maj. Bullinger reiten das zur Parade angetretene Kav.-Rgt. 5, »Feldmarschall v. Mackensen« ab. 9. Juni 1945 bei St. Michael in Österreich.
(Archiv Reiter 8)

Frühjahr 1935	Weitere Abgaben (RR. 12 und Einzelabgaben von RR. 4, 7, 17 und 18). Im Laufe des Jahres werden das RR. 4 und das RR. 7 geschlossen abgegeben. Die 1. PzDiv. entsteht aus der »leichten Division Weimar«, vormals 3. Kav.-Div.
März 1936	Hitler verfügt die Verleihung von Fahnen und Standarten an alle Truppenteile der Wehrmacht. 1. und 2. Kav.-Div. werden aufgelöst, desgleichen die Reiter-Brigaden 1—4. Die 5. Reiter-Brigade bleibt erhalten, wird jedoch in 1. Kav.-Brigade umbenannt. Das Reiter-Rgt. 4 wird in Ostpreußen aus Abgaben anderer Reiter-Rgtr. und der berittenen Landespolizei wieder errichtet.
1937	Die Kav.-Schule verlegt mit Teilen nach Döberitz, vorgesehener Endstandort: Krampnitz. Dabei Teilung in: Kav.-Schule Kav.-Lehr- und Versuchsabteilung und Heeresreit- und Fahrschule
1938	Die beiden österreichischen Dragoner-Regimenter treten zur Wehrmacht und bilden das wieder errichtete Kav.-Rgt. 11 in Stockerau bei Wien. Im Herbst erhalten alle Kav.-Rgtr. die endgültige Gliederung mit I. (Reit.) und II. (Radf.) Abt. sowie einer 11. Nachrichten-Schwadron. Einziger Heeres-Kavallerie-Verband bleibt die 1. Kav.-Brigade in Ostpreußen. Die Deutsche Wehrmacht verfügt nun insgesamt über 13 Kav.-Rgtr. und 2 Reiter-Rgtr.
1. 9. 1939	Beginn des Polenfeldzuges. 1. Kav.-Brig. schützt die Ostflanke der 3. Armee.
6. 9. 1939	Die 1. Kav.-Brig. überschreitet als erster Verband des deutschen Heeres den Narew.
21. 9. 1939	Ende des Einsatzes der 1. Kav.-Brig. in Polen.
November 1939	Bildung einer Kav.-Division.
Januar 1940	Zuführung der inzwischen aufgestellten 2. Kav.-Brigade von Königsbrück/Sachs. in den Raum nordwestl. Osnabrück (zu 1. KD.).
10. 5. 1940	Beginn des Westfeldzuges, 1. KD. marschiert in Holland ein.
14./15. 5. 1940	Kapitulation Hollands, 1. KD. besetzt Westküste.
27. 5. 1940	1. KD. überschreitet die holländisch-belgische Grenze.
4. 6. 1940	1. KD. erreicht französischen Boden.
13. 7. 1940	Rittmeister Niemack (Kdr. AA. 5) erhält als erster Kav.-Offizier das Ritterkreuz.
23. 6. 1940	Letzte Kämpfe der 1. KD. bei Bressuire.
Ab 5. 7. 1940	Besatzungstruppe im Raum Bordeaux.
August 1940	1. KD. wird nach Polen verlegt.

20. 12. 1940	Wegfall des Säbels bei der Kavallerie und den Infanterie-Reiterzügen. Gem. OKH (Ch.H.Rüst u. BdE), vom 20. 12. 1940. Damit führte die Kavallerie, vom Seitengewehr abgesehen, ab Frühjahr 1941 keine Blankwaffen mehr.
18. Januar 1941	Oberleutnant Georg v. Boeselager (AA. 6) erhält als zweiter Offizier d. Kav. für seine hervorragenden Leistungen im Frankreichfeldzug das Ritterkreuz.
19. Januar 1941	Lt. Georg Michael 6./RR. 22 wird für seine Leistungen während des Frankreichfeldzuges, mit dem Ritterkreuz ausgezeichnet.
22. Juli 1941	Beginn des Rußlandfeldzuges. 1. KD. deckt den rechten Flügel des XXIV. PzKorps (PzGruppe Guderian).
Ab 13. 10. 1941	Letzte Einsätze der 1. KD. in den Wäldern bei Sswatoje.
24. 10. 1941	1. KD. tritt zum Rückmarsch nach Gomel an.
5. 11. 1941	Schlußappell der 1. KD. bei Gomel.
Ab 15. 11. 1941	Rücktransport der 1. KD. nach Ostpreußen (TrÜbPl. Stablack).
Winter 1941/42	Umrüstung der 1. KD. zur 24. PzDiv.
1942	Die Waffen-SS bildet aus bisherigen Reiterformationen eine Kav.-Brigade, die später zur Division aufgestockt wird und mit Erfolg in Rußland weiterkämpft. Aus den Reiter-Schwadronen verbliebener Aufkl.-Abt. der Inf.-Divisionen (Heeresgruppe Mitte) werden der »Reiterverband v. Winning« und das »Armee-Kav. Kdo.« zbV gebildet.
September 1942	Bei der 16. ID. (mot.) entstehen 2 Kalmücken-Schwadronen aus welchen im weiteren Verlauf des Krieges das »Kalmückische-Kavallerie-Korps« gebildet wird.
Januar 1943	Bei der Heeresgruppe Mitte (GenFeldmarschall v. Kluge) entsteht der »Reiterverband Boeselager«, woraus im März das Kav.-Rgt. Mitte hervorgeht. Im gleichen Jahr werden die KR. Nord und Süd aufgestellt.
21. 4. 1943	Aufstellung einer Kosaken-Kav.-Division in Milau/Ostpreußen, Kdr.: Generalmajor von Pannwitz.
1943/44	Die 3 neuen Kav.-Regimenter bewähren sich im Einsatz an der Ostfront.
April 1944	Der Chef des GenStabes d. Heeres, Generaloberst Zeitzler, erwägt die Vergrößerung und Zusammenfassung der Kavallerie zu einem Heeres-Kav.-Korps.
3. 5. 1944	Das OKH genehmigt die Aufstellung von 2 Kav.-Brigaden.
10. 6. 1944	Aufstellungsdatum für das Generalkommando des I. Heeres-Kavallerie-Korps.
22. 6. 1944	Gen.d.Kav. Harteneck übernimmt das I. Heeres-Kav.-Korps, bestehend aus 3. und 4. Kav.-Brigade und einer ungarischen Kav.-Division.
27. 6.—Dezember 1944	Einsatz des I. Heeres-Kav.-Korps in Rußland, Polen und Ostpreußen.
Dezember 1944	Das Heeres-Kav.-Korps wird nach Ungarn verlegt.

25. 12. 44—2. 3. 1945	Abwehrkämpfe und Entsatzangriff westlich Budapest.
6. 3.—19. 3. 45	Angriffskämpfe zwischen Plattensee und Stuhlweissenburg. Die 23. Pz.-Div. unterstellt sich dem Kav.-Korps und verbleibt bis Kriegsende ständig unter dessen Kommando.
22./23. 3. 45	Nachtattacke mit blanker Waffe der I. Abt./4 Kuban-Kos.-Rgt. unter Major Mach gegen bulgar. Artillerie. 450 Gefangene werden eingebracht.
3. 4.—8. 5. 45	Kämpfe des Heeres-Kav.-Korps in Westungarn und an der Grenze zur Steiermark.
8./9. 5. 45	Das Kav.-Korps Harteneck kapituliert mit den Engländern südl. des Tauernpasses. (4. Kav.-Div. kapituliert am 11. Mai 1945 gesondert.)
13. 5. 1945	Das XV. Kos.-Kav.-Korps tritt im Raum Völkermarkt auf englisch besetztes Gebiet über.
Anfang Juni 1945	Die Angehörigen des XV. Kos.-Kav.-Korps, von den Engländern an die Sowjets ausgeliefert, werden nach Sibirien abtransportiert.
9. Juni 1945	Letzte Parade-Aufstellung und anschließender Vorbeimarsch eines deutschen Kav.-Regiments (Kav.-Rgt. 5 »Feldmarschall v. Mackensen«).

ANLAGE C
STATIONIERUNG, ENTWICKLUNG UND TRADITIONSTRUPPENTEILE DER 3 REICHSWEHR-KAVALLERIE-DIVISIONEN

Bezeichnung des Rgts. Standort des Rgts.-Stabes Standorte der 1.—6. Eskadron	Truppenteil des Übergangsheeres, bzw. der vorläufigen Reichswehr	Traditionstruppenteil/ Armee-Korps der alten Armee
	1. Kavallerie-Division (Frankfurt/Oder)	
1. (Preuß.) Reiter-Rgt. Tilsit		
1. Tilsit	Rw.Kav.Rgt. 1 (später 133?)	Drag. 1/I
2. Insterburg	Rw.Kav.Rgt. 1	Ulan. 8/I
3. Insterburg	Rw.Kav.Rgt. 1	Ulan. 12/I
4. Tilsit	— (133?)	Jäg. z. Pf. 12/XVI
5. (Erg.) Insterburg	(?)	Jäg. z. Pf. 9/I
2. (Preuß.) Reiter-Rgt. Angerburg, vorläufig Königsberg		
1. Lyck, vorl. Königsberg	Rw.Kav.Rgt. 233	Kür. 5/XX
2. Lyck, vorl. Königsberg	Rw.Kav.Rgt. 233	Ulan. 4/XX
3. Allenstein, vorl. Guttstadt	Rw.Kav.Rgt. 20	Drag. 10/XX
4. Allenstein, vorl. Angerburg	Rw.Kav.Rgt. 20	Drag. 11/XX
5. (Erg.) Allenstein, vorl. Angerburg	Rw.Kav.Rgt. 33, später ?	Jäg. z. Pf. 10/I
6. Königsberg	Rw.Kav.Rgt. 1	Kür. 3/I
3. (Preuß.) Reiter-Rgt. Rathenow		
1. Rathenow	Rw.Kav.Rgt. 103	Kür. 6/III
2. Rathenow	Rw.Kav.Rgt. 3	Hus. 3/III
3. Stendal	Rw.Kav.Rgt. 4	Hus. 10/IV
4. Stendal	Rw.Kav.Rgt. 4	Drag. 6/XVIII
5. (Erg.) Rathenow	Rw.Kav.Rgt. 3	Ulan. 7/XXI
4. (Preuß.) Reiter-Rgt. Potsdam		
1. Potsdam	Rw.Kav.Rgt. 103	Gardes du Corps/Garde
2. Potsdam	Rw.Kav.Rgt. 115	Garde-Kür./Garde
3. Potsdam	Rw.Kav.Rgt. 103	1. Garde-Ulan./Garde
4. Potsdam	Rw.Kav.Rgt. 115	2. Garde-Ulan./Garde
5. (Erg.) Potsdam	Rw.Kav.Rgt. 103	3. Garde-Ulan./Garde
6. Potsdam	Rw.Kav.Rgt. 3	Leibgarde-Hus./Garde

Bezeichnung des Rgts. Standort des Rgts.-Stabes Standorte der 1.—6. Eskadron	Truppenteil des Übergangsheeres, bzw. der vorläufigen Reichswehr	Traditionstruppenteil/ Armee-Korps der alten Armee
5. (Preuß.) Reiter-Rgt. Stolp¹)		
1. Belgard	Rw.Kav.Rgt. 17	Leib-Hus. 1/XVII
2. Belgard	üpl.Rw.Kav.Brig. 17	Leib-Hus. 2/XVII
3. Stolp	üpl.Rw.Kav.Brig. 17	Hus. 5/XVII
4. Stolp	Rw.Kav.Rgt. 37	Jäg. z. Pf. 4/XVII
5. (Erg.) Stolp	Rw.Kav.Rgt. 2	Jäg. z. Pf. 5/XIV
6. (Preuß.) Reiter-Rgt. Pasewalk		
1. Pasewalk	Rw.Kav.Rgt. 2	Kür. 2/II
2. Pasewalk, vorl. Schwedt	Rw.Kav.Rgt. 15	Drag. 2/III
3. Demmin	Rw.Kav.Rgt. 102	Gren. z. Pf. 3/II
4. Schwedt	Rw.Kav.Rgt. 15	Jäg. z. Pf. 6/XI; später: 6./Reiter-Rgt. 16; dafür neu aus Drag. 2
5. (Erg.) Pasewalk	Rw.Kav.Rgt. 2	Drag. 12/II
6. Demmin	Rw.Kav.Rgt. 102	Ulan. 9/II

2. Kavallerie-Division
(Breslau)

7. (Preuß.) Reiter-Rgt. Breslau		
1. Breslau	Rw.Kav.Rgt. 6	Kür. 1/VI
2. Breslau	Rw.Kav.Rgt. 8	Kür. 8/VIII
3. Ohlau	Rw.Kav.Rgt. 8	Hus. 4/VI²)
4. Ohlau	Rw.Kav.Rgt. 8	Hus. 6/VI²)
5. (Erg.) Breslau	Rw.Kav.Rgt. 6	Jäg. z. Pf. 2/XI
8. (Preuß.) Reiter-Rgt. Oels		
1. Militsch	—	Drag. 7/XXI (Abwicklung Stendal)
2. Oels	Rw.Kav.Rgt. 6	Drag. 8/VI
3. Militsch	Rw.Kav.Rgt. 105	Ulan. 1/V
4. Namslau	Rw.Kav.Rgt. 6	Ulan. 2/VI
5. (Erg.) Bernstadt	Rw.Kav.Rgt. 8	Jäg. z. Pf. 11/VI und Drag. 15/XV

1) Bereits 2. 3. 1920 umbenannt, offenbar direkt aus der „Vorläufigen Reichswehr", ohne eine neue Bezeichnung im Wehrkreis II (202?) erhalten zu haben.

2) 3. und 4./Reiter-Rgt. 7 wurden 20. 6. 1922 1. und 2./Reiter-Rgt. 11, dafür von dort 3. Lüben (Drag. 4) und 4. Lüben (Drag. 14).

Bezeichnung des Rgts. Standort des Rgts.-Stabes Standorte der 1.—6. Eskadron	Truppenteil des Übergangsheeres, bzw. der vorläufigen Reichswehr	Traditionstruppenteil/ Armee-Korps der alten Armee
9. (Preuß.) Reiter-Rgt. Fürstenwalde		
1. Fürstenwalde	Rw.Kav.Rgt. 115	1. Garde-Drag./Garde
2. Fürstenwalde	Rw.Kav.Rgt. 15	Ulan. 3/III
3. Beeskow, vorl. Jüterbog	Rw.Esk. 107	Jäg. z. Pf. 7/VIII
4. Beeskow, vorl. Perleberg	Rw.Esk. 107	Jäg. z. Pf. 8/VIII
5. (Erg.) Fürstenwalde	Rw.Kav.Rgt. 115	2. Garde-Drag./Garde
10. (Preuß.) Reiter-Rgt. Züllichau		
1. Torgau	Rw.Kav.Rgt. 4	Kür. 7/IV
2. Torgau	Rw.Kav.Rgt. 16	Hus. 12/IV
3. Züllichau	—	Hus. 13/XVI und Jäg. z. Pf. 13/XVI (Abwicklung Jerichow)
4. Züllichau	Rw.Kav.Rgt. 5	Ulan. 10/V
5. (Erg.) Züllichau	Rw.Kav.Rgt. 5	Jäg. z. Pf. 1/V
11. (Preuß.) Reiter-Rgt. Lüben, 1922 Neustadt/OS		
1. Lüben	Rw.Kav.Rgt. 6	Drag. 4/V[1])
2. Lüben	Rw.Kav.Rgt. 6	Drag. 14/XV[1])
3. Sprottau, vorl. Perleberg, später: Neustadt/OS	Rw.Kav.Rgt. 103	Ulan. 11/XXI
4. Sprottau, vorl. Perleberg, später: Neustadt/OS	—	Ulan. 15/XXI (Abwicklung Osterburg)
5. (Erg.) Lüben, später Ohlau	—	Jäg. z. Pf. 3/XV
12. (Sächs.) Reiter-Rgt. Dresden		
1. Grimma	Rw.(Grz.Jäg.) Hus.Rgt. 19	sächs.Karab./XIX
2. Grossenhain	Rw.(Grz.Jäg.) Hus.Rgt. 12	Hus. 18, 20/XII
3. Grimma	Rw.(Grz.Jäg.) Hus.Rgt. 19	Hus. 19/XIX

1) 1. und 2./Reiter-Rgt. 11 wurden 20. 8. 1922 3. und 4./Reiter-Rgt. 7, dafür von dort 1. Ohlau (Hus. 4) und 2. Leobschütz (Hus. 6).

Bezeichnung des Rgts. Standort des Rgts.-Stabes Standorte der 1.—6. Eskadron	Truppenteil des Übergangsheeres, bzw. der vorläufigen Reichswehr	Traditionstruppenteil/ Armee-Korps der alten Armee
4. Grossenhain	Rw.(Grz.Jäg.) Hus.Rgt. 12	Ulan. 17/XII
5. (Erg.) Dresden	Rw.(Grz.Jäg.) Hus.Rgt. 19	Ulan. 18,21/XIX
6. Dresden	Rw.(Grz.Jäg.) Hus.Rgt. 12	sächs.Garde-Reiter/XII

3. Kavallerie-Division
(Weimar)

13. (Preuß.) Reiter-Rgt. Hannover		
1. Hannover	Rw.Kav.Rgt. 10	Ulan. 13/X
2. Hannover	—	Drag. 9/XVI und Ulan. 14/XVI
3. Lüneburg	Rw.Kav.Rgt. 10	Drag. 16/X
4. Lüneburg	Rw.Kav.Rgt. 10	Hus. 17/X
5. (Erg.) Hannover	Rw.Kav.Rgt. 4	Ulan. 16/IV
14. Reiter-Rgt. Ludwigslust		
1. (Mecklb.) Ludwigslust	Rw.Kav.Rgt. 9	Drag. 17/IX
2. (Mecklb.) Parchim	Rw.Kav.Rgt. 9	Drag. 18/IX
3. (Preuß.) Schleswig	Rw.Kav.Rgt. 9	Hus. 16/IX
4. (Preuß.) Schleswig	Rw.Kav.Rgt. 9	Drag. 13/XVI
5. (Erg.) (Preuß.) Ludwigslust	Rw.Kav.Rgt. 9	Hus. 15/IX
15. (Preuß.) Reiter-Rgt. Paderborn		
1. Paderborn	Rw.Esk. 331	Hus. 7/VIII
2. Paderborn	Rw.Kav.Rgt. 7 und Esk. 208	Hus. 8/VII
3. Münster	Rw.Esk. 231	Hus. 11/VII
4. Münster	Rw.Esk. 131	Ulan. 5/VII
5. (Erg.) Paderborn	Rw.Kav.Rgt. 10	Drag. 19/X
6. Münster	Rw.Kav.Rgt. 7	Kür. 4/VII
16. Reiter-Rgt. Langensalza, später Erfurt		
1. (Preuß.) Hofgeismar (später Erfurt)	—	Hus. 9/XV
2. (Preuß.) Hofgeismar	Rw.Kav.Rgt. 11 und Rw.Esk. 308	Drag. 5/XI

Bezeichnung des Rgts. Standort des Rgts.-Stabes Standorte der 1.—6. Eskadron	Truppenteil des Übergangsheeres, bzw. der vorläufigen Reichswehr	Traditionstruppenteil/ Armee-Korps der alten Armee
3. (Hess.) Langensalza, vorl. Hofgeismar	Rw.Kav.Rgt. 11	Drag. 23, 24/XVIII
4. (Preuß.) Langensalza	Rw.Kav.Rgt. 11	Ulan. 6/XVIII
5. (Erg.) Langensalza	Rw.Kav.Rgt. 11	Hus. 14/XI
6. Kassel (später Erfurt)	—	Jäg. z. Pf. 6/XI (zunächst: 4./Reiter-Rgt. 6; siehe dort)
17. (Bayer.) Reiter-Rgt. Bamberg (unterstand der bayer. 7. Division)		
1. Bamberg	Rw.Kav.Rgt. 23	bayer. 1 Ulan./II. bayer. bayer. 4. Chev./I. bayer.
2. Ansbach	Rw.Kav.Rgt. 24	bayer. 2. Ulan./II. bayer. bayer. 1. Chev./III. bayer.
3. Ansbach	Rw.Kav.Rgt. 24	bayer. 2. Chev./III. bayer. bayer. 8. Chev./I. bayer.
4. Straubing	Rw.Kav.Rgt. 21	bayer. 1. schw.Reiter/ I. bayer.; bayer. 2. schw. Reiter/I. bayer.
5. (Erg.) Bamberg, vorläufig Bayreuth	Rw.Kav.Rgt. 23	bayer. 5. Chev./II. bayer. bayer. 6. Chev./III. bayer.
6. Straubing	Rw.Kav.Rgt. 21	bayer. 3. Chev./II. bayer. bayer. 7. Chev./III. bayer.
18. Reiter-Rgt. Stuttgart-Bad Cannstatt		
1. (Württ.) Ludwigsburg	Rw.Kav.Rgt. 13	Drag. 25/XIII Ulan. 20/XIII
2. (Württ.) Bad Cannstatt	Rw.Kav.Rgt. 13	Ulan. 19/XIII
3. (Bad.) Ludwigsburg	Rw.Kav.Rgt. 113	Drag. 20/XIV Drag. 21/XIV
4. (Bad.) Ludwigsburg	Rw.Kav.Rgt. 113	Drag. 22/XIV
5. (Erg.) (Württ.) Bad Cannstatt	Rw.Kav.Rgt. 13	Drag. 26/XIII

ANLAGE D
GLIEDERUNG UND ENTWICKLUNG DER DEUTSCHEN KAVALLERIE VON 1919—1945

1 Taktische Truppenzeichen.

2 Die Befehls- und Kommandostruktur der Reichswehr von 1919—1934.

3 Die Befehls- und Kommandostruktur des Reichsheeres einschließlich der höheren Truppenführer von 1919—1926, sowie die Gliederung in 7 Wehrkreise.

4 Die wehrgeographische Gliederung des Deutschen Reiches während der Zeit der Weimarer Republik.

5 Die Inspekteure der Kavallerie 1920—1939.

6 Der Hufnagel-Erlaß.

7 Die beiden Divisionstypen der Reichswehr (nach Edgar Graf v. Matuschka). Knapp 3 Inf.-Divisionen und 2 Kav.-Divisionen dieser Art waren zur Deckung der deutschen Ostgrenze, von Ostpreußen bis Oberschlesien vorgesehen.

8 Gliederung eines Reiter-Regimentes der Reichswehr 1920. Aus den, nach dem Stand des I. Weltkrieges zugestandenen Reiter-Rgtrn., bildete die Reichswehrführung unter den gegebenen, stark eingeschränkten Möglichkeiten relativ moderne Verbände, deren strukturelle Merkmale, insbesondere die Gliederung in Führungs-, Unterstützungs-, Kampf- und Versorgungsteile über ihre Zeit hinaus erhalten blieben, und somit Vorbild für die Gliederung aller heutigen Kampftruppen wurden.

9 Die Dislozierung der 18 Reiter-Rgtr. der Reichswehr. Stand: 1934
Angegeben sind nur die Standorte der Rgts.-Stäbe.

10 Die weitere Entwicklung der Kavallerie von 1934—1938 einschließlich der Standorte und der Unterstellungsverhältnisse.
Die Standorte der Rgts.-Stäbe sind hervorgehoben.

11 Gliederung des Heeres 1938.

12 Friedensgliederung eines Kav.-Rgts. der Wehrmacht, Stand: 1938.

13 Friedensgliederung eines Reiter-Rgts. der Wehrmacht, Stand: 1938.

14 Gliederung der 1. Kav.-Brigade 1939.

15 Gliederung der 1. Kav.-Division 1940.

16 Die Aufklärungs-Abt. (tmot) einer Inf.-Division.

17 Die SS-Kav.-Brigade 1942.

18 Die SS-Kav.-Division 1943.

19 Die 1. Kosaken-Kav.-Division 1943.

20 Das Kavallerie-Rgt. Mitte, Anfang 1944.

21 Das I. Kav.-Korps 1944.

22 Die 3. Kavallerie-Brigade 1944.

23 Die 4. Kavallerie-Division 1945.

24 Die Aufklärungs- und Kavallerieschule Bromberg, sp. (1945) Naestved/Dänemark.

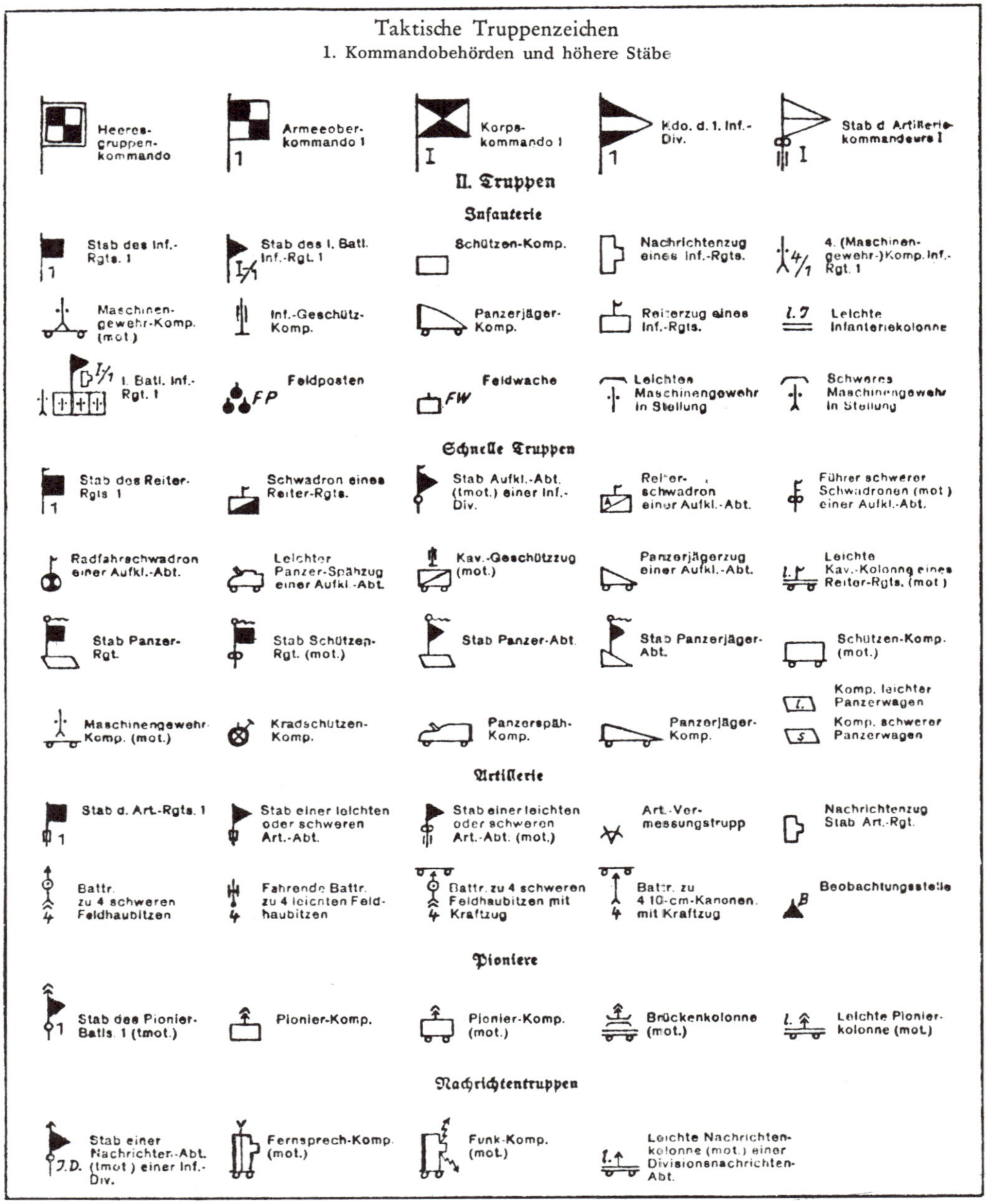

* Für die Reichswehr treffen die taktischen Zeichen nur zu, soweit die dargestellten Kommandobehörden, Stäbe, Verbände und Einheiten bei ihr vorhanden waren.

D 2) DIE BEFEHLS- UND KOMMANDOSTRUKTUR DER REICHSWEHR 1919—1934

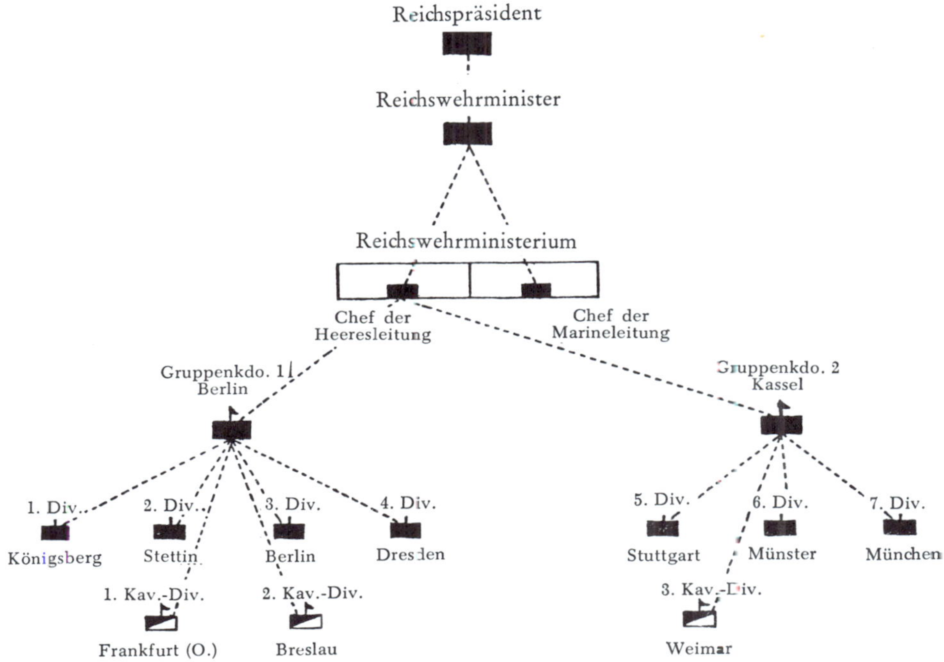

D 3) DIE BEFEHLS- UND KOMMANDOSTRUKTUR DES REICHSHEERES EINSCHLIESSLICH DER HÖHEREN TRUPPENFÜHRER VON 1919—1926, sowie der Gliederung des Reiches in sieben Wehrkreise

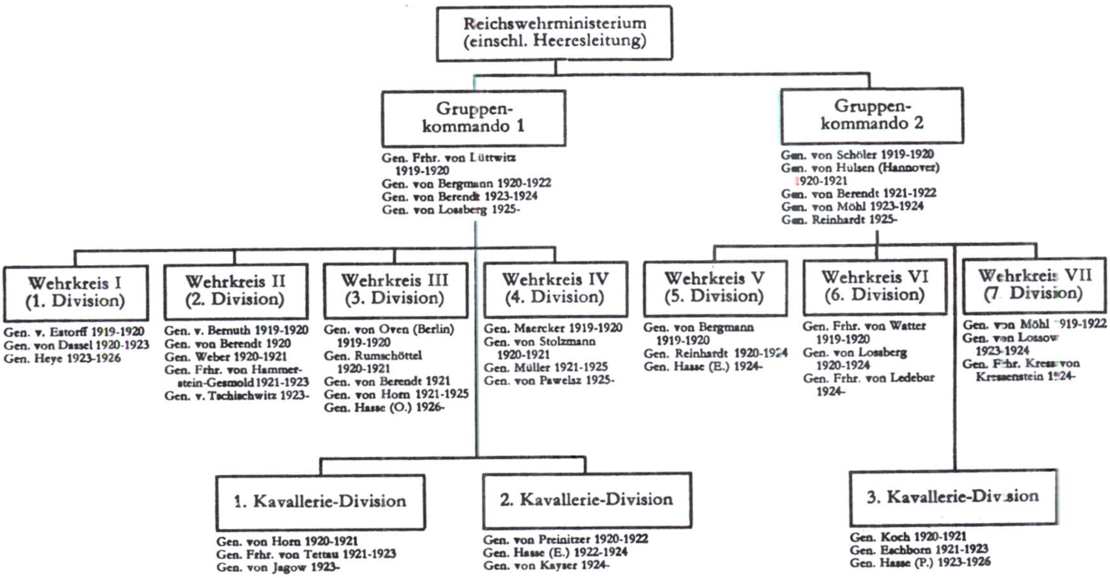

D 4) DIE WEHRGEOGRAPHISCHE GLIEDERUNG DES REICHES ZUR ZEIT DER WEIMARER REPUBLIK

D 5) DIE INSPEKTEURE DER KAVALLERIE VON 1920—1939

1. General d. Kav.	von Poseck	1920—1926
2. GenLt.	von Kayser	1926—1929
3. GenLt.	Brandt	1929—1931
4. GenMaj.	Frhr. v. Hirschberg	1931—1933
5. GenLt.	Knochenhauer	1933—1935
6. GenLt.	von Pogrell	1935—1938
7. Gen. d. PzTr.	Guderian (Inspekteur der Schnellen Truppen)	1938—1939
und Oberst	Frhr. v. Langermann und Erlenkamp (Inspekteur des Reit- und Fahrwesens)	

D 6) DER »HUFNAGEL-ERLASS« DES CHEFS
DER HEERESLEITUNG GENERALOBERST VON SEECKT

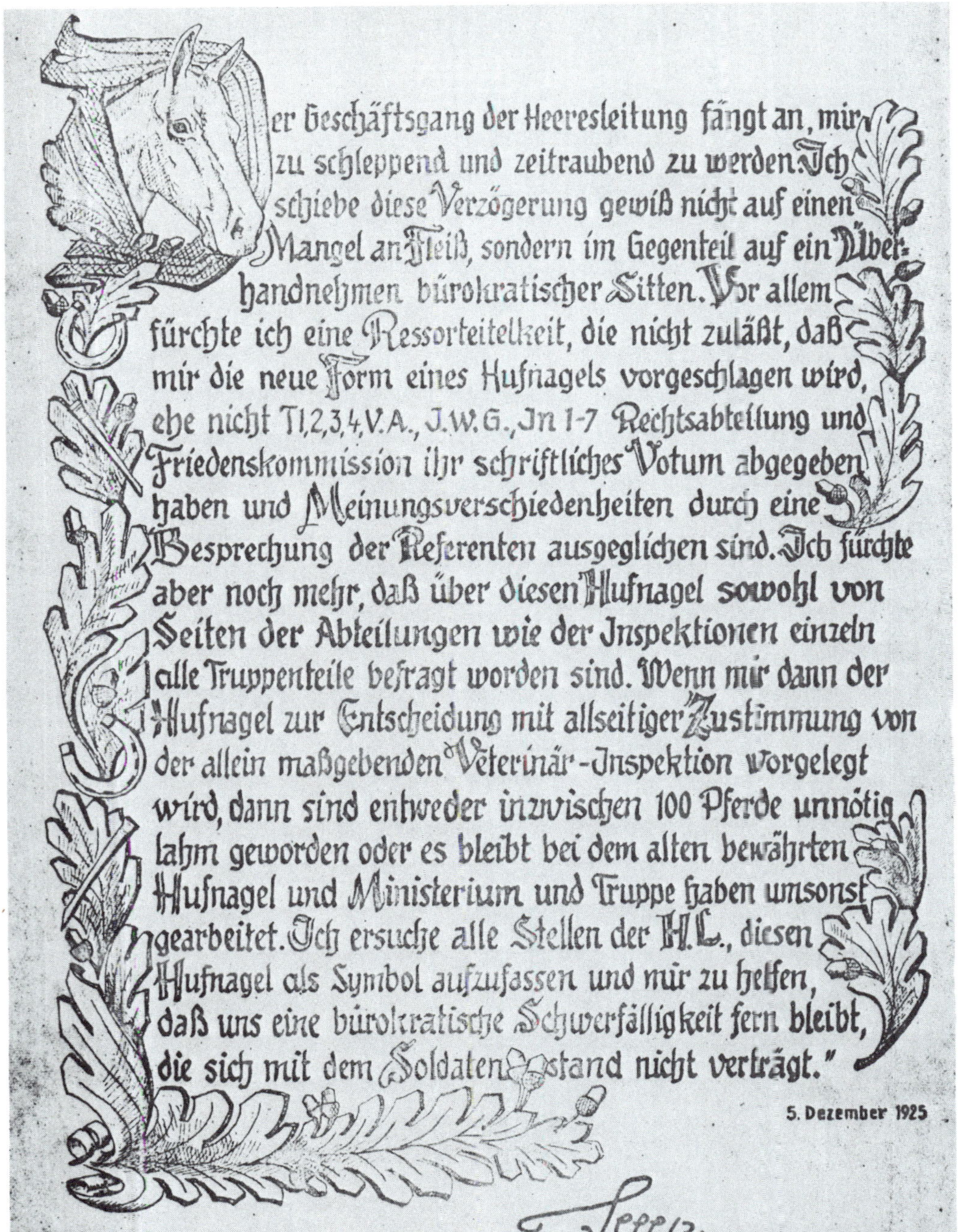

Der Geschäftsgang der Heeresleitung fängt an, mir zu schleppend und zeitraubend zu werden. Ich schiebe diese Verzögerung gewiß nicht auf einen Mangel an Fleiß, sondern im Gegenteil auf ein Überhandnehmen bürokratischer Sitten. Vor allem fürchte ich eine Ressorteitelkeit, die nicht zuläßt, daß mir die neue Form eines Hufnagels vorgeschlagen wird, ehe nicht T1,2,3,4,V.A., J.W.G., Jn 1-7 Rechtsabteilung und Friedenskommission ihr schriftliches Votum abgegeben haben und Meinungsverschiedenheiten durch eine Besprechung der Referenten ausgeglichen sind. Ich fürchte aber noch mehr, daß über diesen Hufnagel sowohl von Seiten der Abteilungen wie der Inspektionen einzeln alle Truppenteile befragt worden sind. Wenn mir dann der Hufnagel zur Entscheidung mit allseitiger Zustimmung von der allein maßgebenden Veterinär-Inspektion vorgelegt wird, dann sind entweder inzwischen 100 Pferde unnötig lahm geworden oder es bleibt bei dem alten bewährten Hufnagel und Ministerium und Truppe haben umsonst gearbeitet. Ich ersuche alle Stellen der H.L., diesen Hufnagel als Symbol aufzufassen und mir zu helfen, daß uns eine bürokratische Schwerfälligkeit fern bleibt, die sich mit dem Soldatenstand nicht verträgt."

5. Dezember 1925

Seeckt

D 7) DIE BEIDEN DIVISIONSTYPEN DER REICHSWEHR
(nach Edgar Graf v. Matuschka)

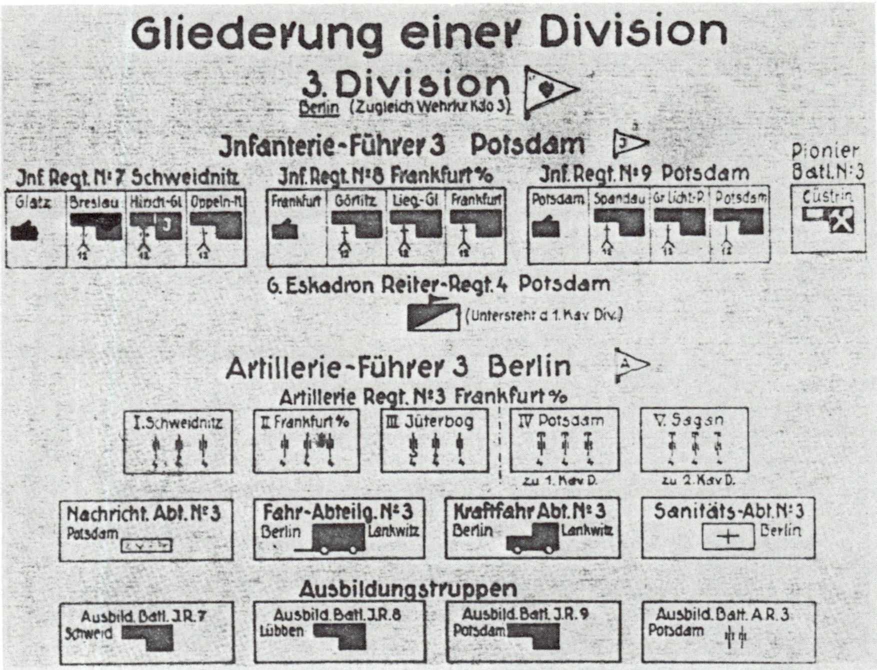

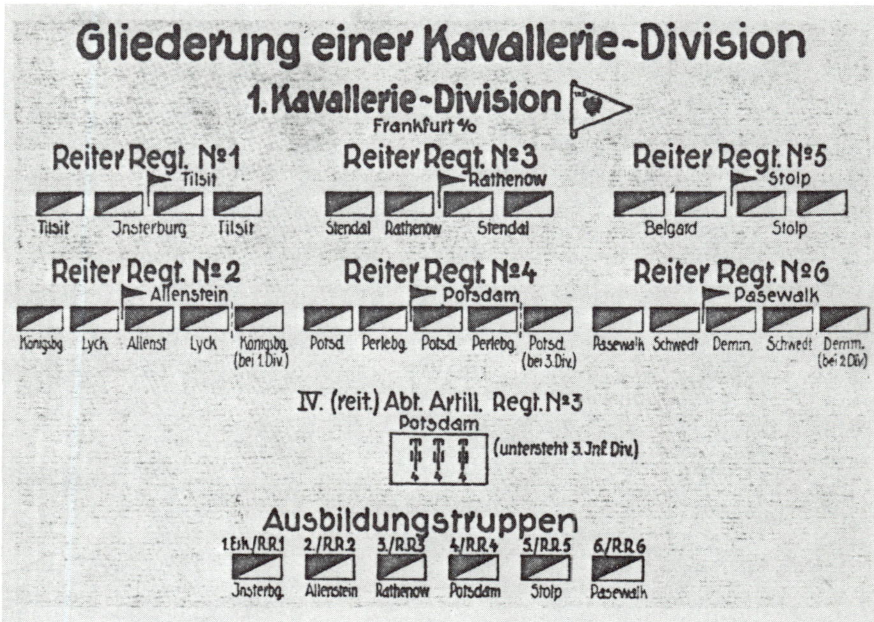

D 8) GLIEDERUNG EINES REITER-REGIMENTS DER REICHSWEHR 1920

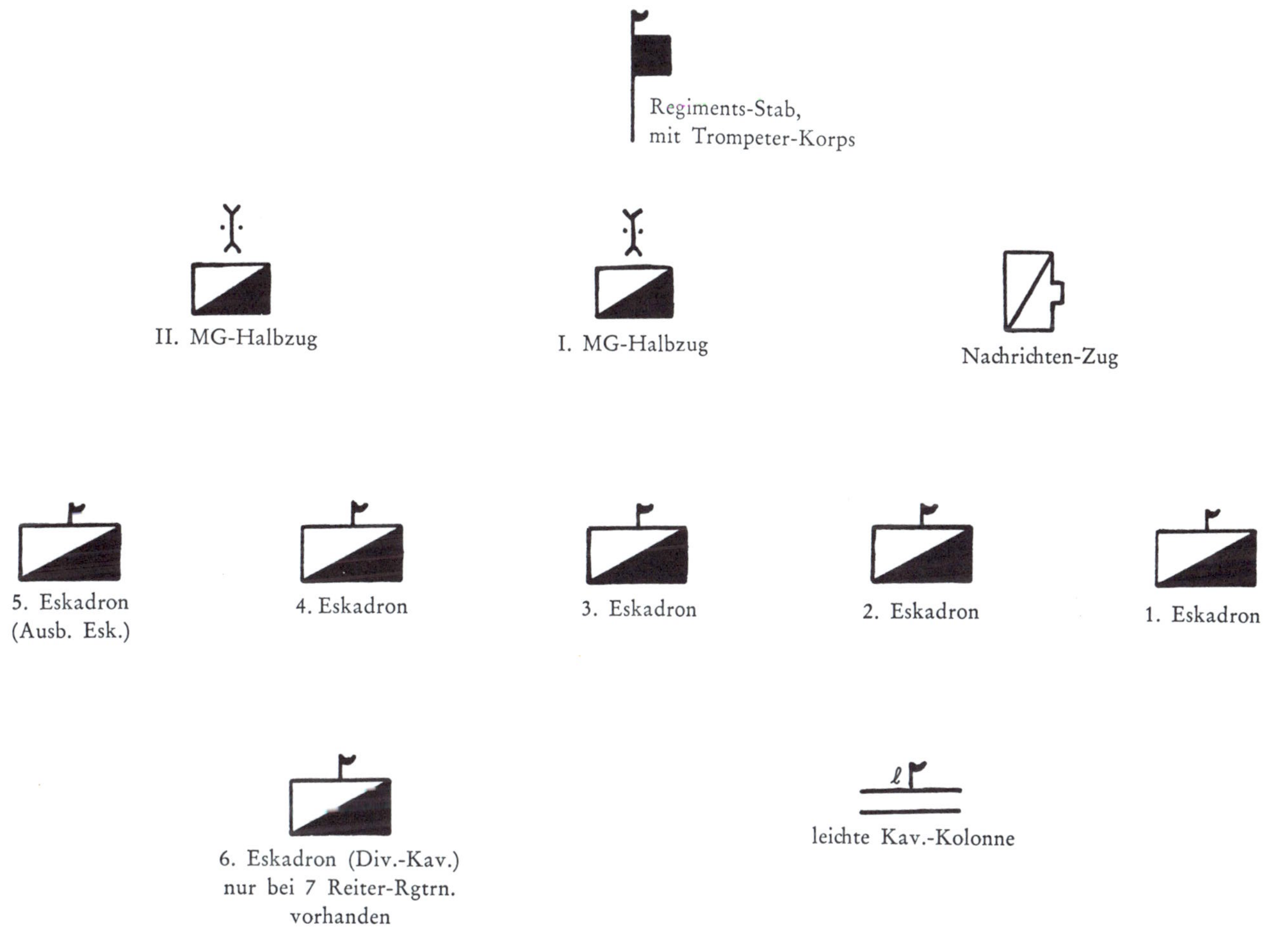

D 9) DISLOZIERUNG DER 18 REITER-REGIMENTER, STAND 1934

D 10) DIE ENTWICKLUNG DER KAVALLERIE VON 1934—1938 EINSCHLIESSLICH IHRER STANDORTE

Reiter-Rgt.	1. 4. 34	1. 10. 34	15. 10. 35	6. 10. 36	12. 10. 37	10. 11. 38
1.	*Tilsit* Insterburg 1. KB/1. KD	*Insterburg* 5. RB/Kav.K	*Insterburg* 5. RB/I	*Reit. Insterburg* 1. KB/I	*Insterburg* 1. KB/I	*Insterburg* 1. KB/I
2.	*Osterode* Allenstein 1. KB/1. KD	*Angerburg* 5. RB/Kav.K	*Angerburg* 5. RB/I	*Reit. Angerburg* 1. KB/I	*Angerburg* 1. KB/I	*Angerburg* 1. KB/I
3.	*Rathenow* Stendal 1. KD	*Rathenow* Stendal 4. RB/2. KD	*Rathenow* Stendal 4. RB/2. KD	*Kav. vl. Rathenow* vl. Stendal IX	I *Göttingen* II Göttingen IX	I *Göttingen* II Göttingen IX
4.	*Potsdam* Perleberg 1. KD	*Potsdam* = PzRgt. 6 1. RB/1. KD	*Allenstein* Osterode 5. RB/I	*Reit. Allenstein* Osterode 1. KB/I	*Kav. I Allenstein* II Allenstein 1. KB/I	I *Allenstein* II Allenstein 1. KB/I für I
5.	*Stolp* Belgard 2. KB/1. KD	*Stolp* 1. RB/1. KD	*Stolp* 1. RB/1. KD	*Kav. Stolp* II	I *Stolp* II Stolp II	I *Stolp* II Stolp II
6.	*Pasewalk* Schwedt Demmin 2. KB/1. KD	*Schwedt* 1. RB/1. KD	*Schwedt* 1. RB/1. KD	*Kav. vl. Schwedt* III	I *Darmstadt* II vl. Bensheim XII	I *Darmstadt* II vl. Bensheim sp. Darmstadt XII
7.	*Breslau* Lüben KK Breslau/2. KD	*Breslau* = PzRgt. 2 3. RB/2. KD	— — —	— — —	— — —	— — —
8.	*Brieg* Oels Namslau KK. Breslau/2. KD	*Brieg* 3. RB/2. KD	*Brieg* Namslau 2. KD	*Kav. Brieg* Namslau VIII	I vl. *Brieg* II Oels VIII	I *Oels* II Oels VIII
9.	*Fürstenwalde* Beeskow KK Dresden/2. KD	*Fürstenwalde* Beeskow 4. RB/2. KD	*Fürstenwalde* Beeskow 4. RB/2. KD	*Kav. Fürstenwalde* vl. Beeskow III	I *Fürstenwalde* II Fürstenwalde III	I *Fürstenwalde* II Fürstenwalde III
10.	*Züllichau* Torgau KK Dresden/2. KD	*Torgau* 4. RB/2. KD	*Torgau* 2. KD	*Kav. Torgau* IV	I *Torgau* II Torgau IV	I *Torgau* II Torgau IV
11.	*Neustadt/OS* Ohlau Leobschütz KK Breslau/2. KD } = Reit.Rgt.11 (mot.)	— — —	— — —	— — —	— — —	I *Stockerau*** II Stockerau** XVII

* Abkürzungen: Kav.K = Kavalleriekorps, KD = Kavalleriedivision
KB = Kavalleriebrigade, RB = Reiterbrigade,
KK = Kavalleriekommando.

** am 1. 4. 1938 aus dem österr. Bundesheer übernommen

Reiter-Rgt.	1. 4. 34	1. 10. 34	15. 10. 35	6. 10. 36	12. 10. 37	10. 11. 38
12.	*Dresden* Grimma Großenhain KK Dresden/2. KD	— — — = Reit.Rgt.12 (mot.)	— — —	— — —	— — —	— — —
13.	*Hannover* Lüneburg 3. KB/3. KD	*Hannover* Lüneburg 2. RB/1. KD	*Hannover* Lüneburg 2. RB/1. KD	*Kav. Lüneburg* X	I *Lüneburg* II Lüneburg X	I *Lüneburg* II Lüneburg X
14.	*Ludwigslust* Parchim Schleswig 3. KB/3. KD	*Ludwigslust* Parchim 2. RB/1. KD	*Ludwigslust* Parchim 2. RB/1. KD	*Kav. Ludwigslust* Parchim XI	I *Parchim* II *Ludwigslust* XI	I Parchim II *Ludwigslust* XI
15.	*Paderborn* Neuhaus Münster 3. KD	*Paderborn* Neuhaus 2. RB/1. KD?	*Paderborn* Neuhaus VI	*Kav. Paderborn* Neuhaus VI	I Neuhaus II *Paderborn* VI	I Neuhaus II *Paderborn* VI
16.	*Erfurt* Hofgeismar Langensalza 3. KD	= Reit.Rgt.16 (mot.)	— — —	— — —	— — —	— — —
17.	*Bamberg* Ansbach Straubing 3. KD	*Bamberg* 6. RB/Kav.K	*Bamberg* VII	*Kav. Bamberg* VII	I *Bamberg* II Bamberg XIII	I *Bamberg* II Bamberg XIII
18.	*Stuttg.-Cannstatt* Ludwigsburg 3. KD	*Cannstatt* 6. RB/Kav.K	*Cannstatt* V	*Kav. Stuttg.-Cannstatt* Münsingen V	I vl. *Stuttgart* II Stuttgart V	I vl. *Stuttgart* sp. *Bruchsal* II Bruchsal V

RADFAHRER-BATAILLON

Btl./Abt.						
1.			(bei der Inf.) *Radf.Btl. 1* vl. Tilsit (Wkr. I) 5. RB/I	(bei der Kav.) *Radf.Btl. 1* Tilsit 1. KB/I	*Radf.Abt. 1* Tilsit 1. KB/I	*Radf.Abt. 1* Tilsit 1. KB/I

D 11) GLIEDERUNG DES HEERES 1938

Heeresgruppenkommando 1 in Berlin
Heeresgruppenkommando 2 in Frankfurt a. M.
Heeresgruppenkommando 3 in Dresden
Heeresgruppenkommando 4 in Leipzig
Heeresgruppenkommando 5 in Wien
Heeresgruppenkommando 6 in Hannover

Es gehören zum

Wehrkreis I
(Generalkommando I. Armeekorps in Königsberg):
Die 1. Division . . Kommando Insterburg
Die 11. Division . . Kommando Allenstein
Die 21. Division . . . . Kommando Elbing
Die 1. Kav.-Brigade Kommando Insterburg

Wehrkreis II
(Generalkommando II. Armeekorps in Stettin):
Die 2. Division . . . . Kommando Stettin
Die 12. Division . . . Kommando Schwerin
Die 32. Division . . . . Kommando Köslin

Wehrkreis III
(Generalkommando III. Armeekorps in Berlin):
Die 3. Division Kommando Frankfurt a.d.O.
Die 23. Division . . . Kommando Potsdam
Die 3. leichte Division Kommando Kottbus
Die 3. Panzer-Division . Kommando Berlin

Wehrkreis IV
(Generalkommando IV. Armeekorps in Dresden):
Die 4. Division . . Kommando Dresden
Die 14. Division . . . Kommando Leipzig
Die 24. Division . . Kommando Chemnitz

Wehrkreis V
(Generalkommando V. Armeekorps in Stuttgart):
Die 5. Division . . . . . Kommando Ulm
Die 25. Division . Kommando Ludwigsburg
Die 35. Division . . Kommando Karlsruhe

Wehrkreis VI
(Generalkommando VI. Armeekorps in Münster i. W.):
Die 6. Division . . . Kommando Bielefeld
Die 16. Division . . . Kommando Münster
Die 26. Division . . . . . Kommando Köln
Die 1. leichte Div. Kommando Wuppertal

Wehrkreis VII
(Generalkommando VII. Armeekorps in München):
Die 7 Division . . Kommando München
Die 27. Division . . Kommando Augsburg
Die 1. Geb.-Div. Komm. G.-Partenkirchen

Wehrkreis VIII
(Generalkommando VIII. Armeekorps in Breslau):
Die 8. Division . . . . Kommando Neiße
Die 18. Division . . . Kommando Liegnitz
Die 28. Division . . . Kommando Breslau
Die 5. leichte Div. . Kommando Oppeln/S.

Wehrkreis IX
(Generalkommando IX. Armeekorps in Kassel):
Die 9. Division . . . Kommando Gießen
Die 15. Division Kommando Frankfurt a. M.
Die 29. Division . . . . Kommando Erfurt
Die 2. leichte Division . Kommando Gera
Die 1. Panzer-Division Kommando Weimar

Wehrkreis X
(Generalkommando X. Armeekorps in Hamburg):
Die 20. Division . . Kommando Hamburg
Die 22. Division . . . Kommando Bremen
Die 30. Division . . . Kommando Lübeck

Wehrkreis XI
(Generalkommando XI. Armeekorps in Hannover):
Die 13. Division . Kommando Magdeburg
Die 19. Division . . Kommando Hannover
Die 31. Division . Kommando Braunschweig

Wehrkreis XII
(Generalkommando XII. Armeekorps in Wiesbaden):
Die 33. Division . . Kommando Mannheim
Die 34. Division . . . Kommando Koblenz
Die 36. Division . Kommando Kaiserslautern

Wehrkreis XIII
(Generalkommando XIII. Armeekorps in Nürnberg):
Die 10. Division . Kommando Regensburg
Die 17. Division . . Kommando Nürnberg
Die 46. Division . . Kommando Karlsbad
Die 4. Panzer-Div. Kommando Würzburg

Wehrkreis XVII
(Generalkommando XVII. Armeekorps in Wien):
Die 44. Division . . . . Kommando Wien
Die 45. Division . . . . . Kommando Linz
Die 4. leichte Division . Kommando Wien
Die 2. Panzer-Division . Kommando Wien

Wehrkreis XVIII
(Generalkommando XVIII. Armeekorps in Salzburg):
Die 2. Gebirgs-Div. . Kommando Innsbruck
Die 3. Gebirgs-Division Kommando Graz

Außerdem gibt es noch:

das Korpskommando XIV . in Magdeburg
das Korpskommando XV . . . . . in Jena
das Korpskommando XVI . . . . in Berlin

Zu jeder Inf.- und Gebirgs-Division trat im Mob-Fall eine Aufkl.-Abt., gebildet aus den Kav.-Rgtrn. der Armeekorps.

D 12) FRIEDENSGLIEDERUNG EINES KAVALLERIE-REGIMENTS
DER WEHRMACHT STAND 1938

Rgt-St.	11. Nachr.-Schwdr.				
St. I. Abt.	1. Schwdr.	2. Schwdr.	3. Schwdr.	4. Schwdr.	5. Schwdr.
St. II. Abt.	6. (Radf.) Schwdr.	7. (Radf.) Schwdr.	8. (Rdf.) Schwdr.	9. (PzAbw.) Schwdr.	10. (schw.) Schwdr.

D 13) FRIEDENSGLIEDERUNG EINES REITER-REGIMENTS
DER WEHRMACHT STAND 1938

Rgt-St.	Nachr.-Zg.	St.-Schwdr.		
1. Schwdr.	2. Schwdr.	3. Schwdr.	4. Schwdr.	5. (schw.) Schwdr.

D 14) GLIEDERUNG DER 1. KAVALLERIE-BRIGADE 1939

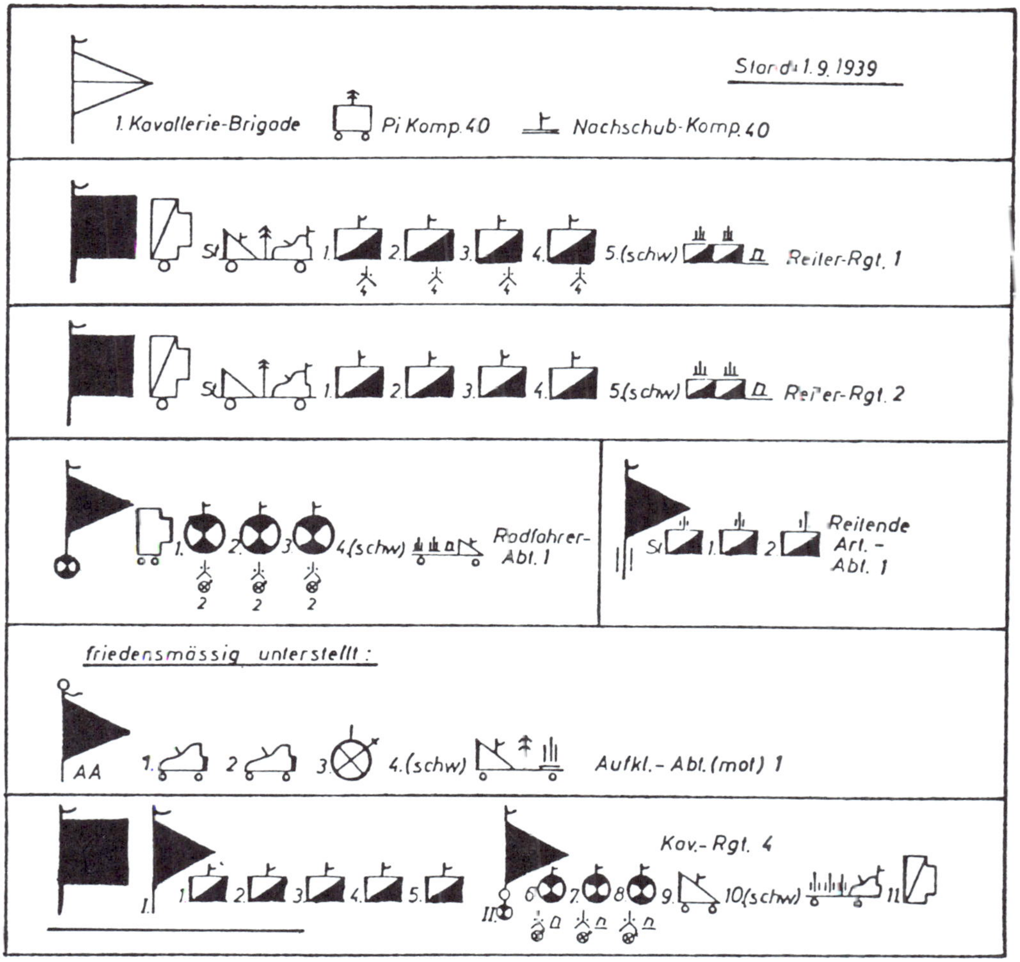

Die 1. Kav.-Brigade, als letzter Heereskavallerie-Verband der deutschen Wehrmacht 1939, hatte gemäß *Mob-Plan* ein Soll von 4 552 Pferden.

Davon waren: 2 603 Reitpferde,
1 862 leichte Zugpferde,
87 schwere Zugpferde.

Ein Reiter-Rgt. verfügte über 1 421 Pferde, die reitende Artillerie-Abt. über 954 Pferde und die rückwärtigen Dienste über 615 Pferde.

D 15) GLIEDERUNG DER 1. KAVALLERIE-DIVISION

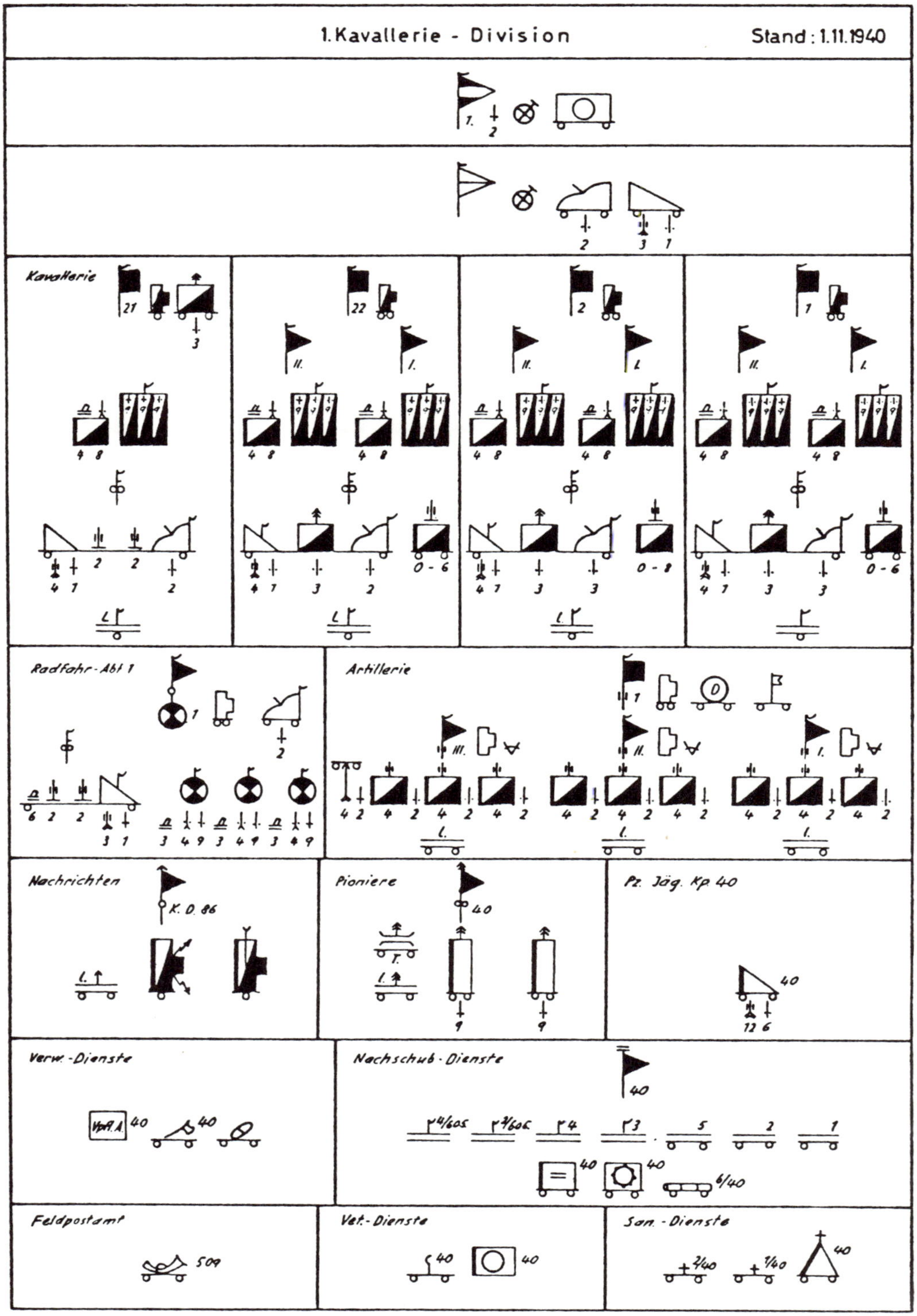

D 16) DIE AUFKLÄRUNGSABTEILUNG (tmot) EINER INFANTERIE-DIVISION

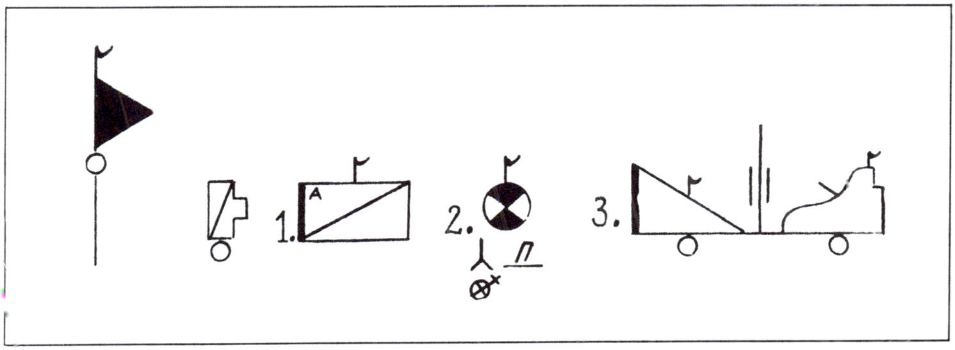

Stab mit Nachrichtenzug
1. Reiterschwadron
2. Radfahrschwadron
3. schwere Schwadron
mit: Panzerabwehrzug
Kav.-Geschützzug
Panzerspähtrupp

dazu Gefechtstroß
Munitions- und Gerätestaffel
Gepäcktroß

Eine Schwadron war im allgemeinen zur Aufklärung in 10 km Breite befähigt. Die Marschleistung bei fehlendem Feindwiderstand und günstigen Geländeverhältnissen konnte pro Tag 75 km für Reiter- und Radfahrerspähtrupps, etwa 200 km für Panzerspähtrupps und 50 bis 60 km für die Aufkl.-Abt. selbst betragen.
Als durchschnittliche Marschgeschwindigkeit konnte gelten, wenn Feind und Gelände dem nicht entgegenstanden:

für die Aufklärungs-Abt. (tmot)	etwa	6 km in der Stunde
für den Reiterspähtrupp	etwa	8 km in der Stunde
für den Meldereiter	etwa	10 km in der Stunde
für den Radfahrerspähtrupp	etwa	12 km in der Stunde
für den Panzerspähtrupp	etwa	40 km in der Stunde

gem.: H.Dv. 299/10 (Entwurf)
Ausbildungsvorschrift für die Kavallerie
Berlin 1939

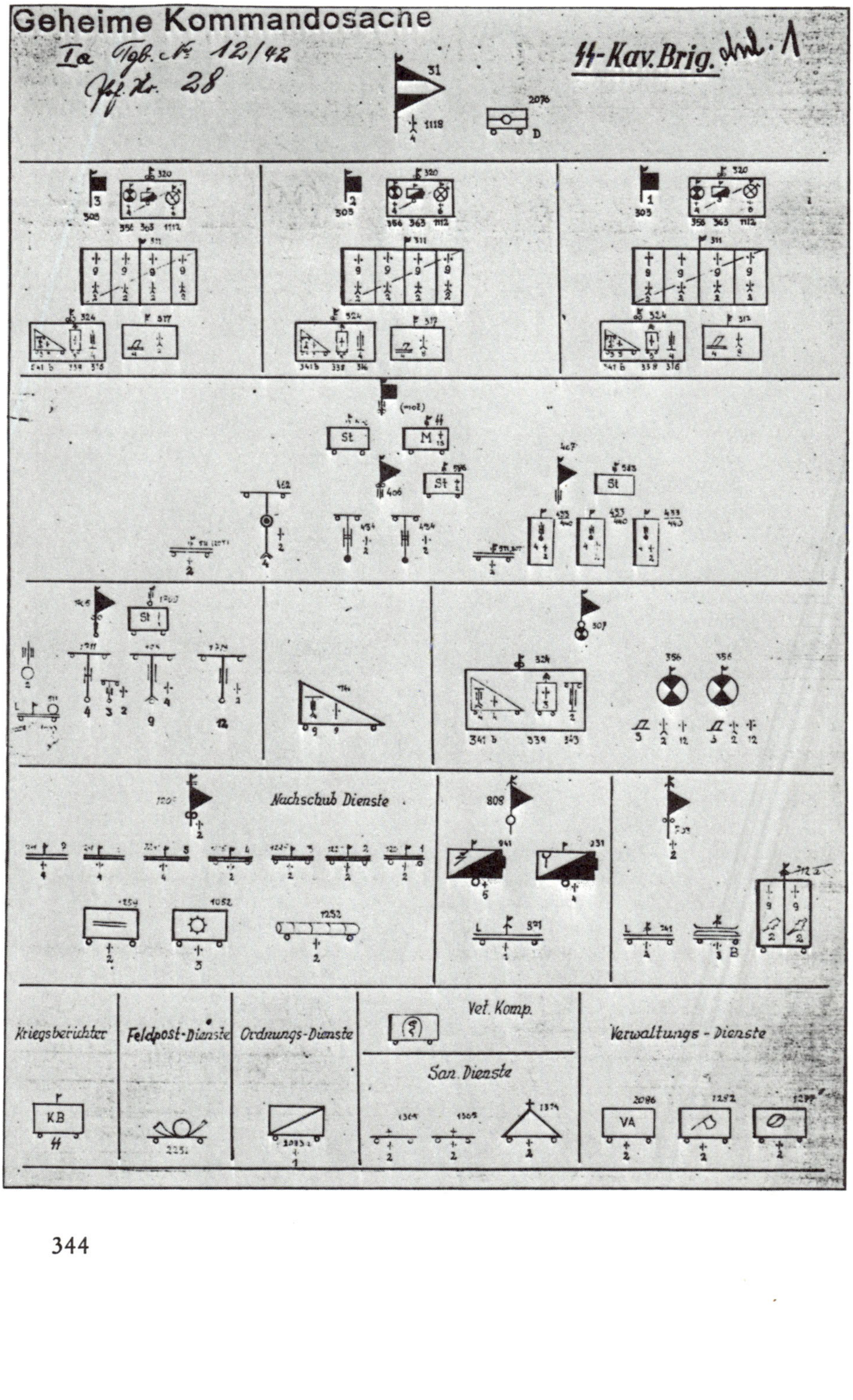

Geheime Kommandosache
Ia Tgb. Nr. 12/42
SS-Kav.Brig.
Anl. 1
Nachschub Dienste
Vet. Komp.
Kriegsberichter
Feldpost-Dienste
Ordnungs-Dienste
San. Dienste
Verwaltungs - Dienste
KB
VA

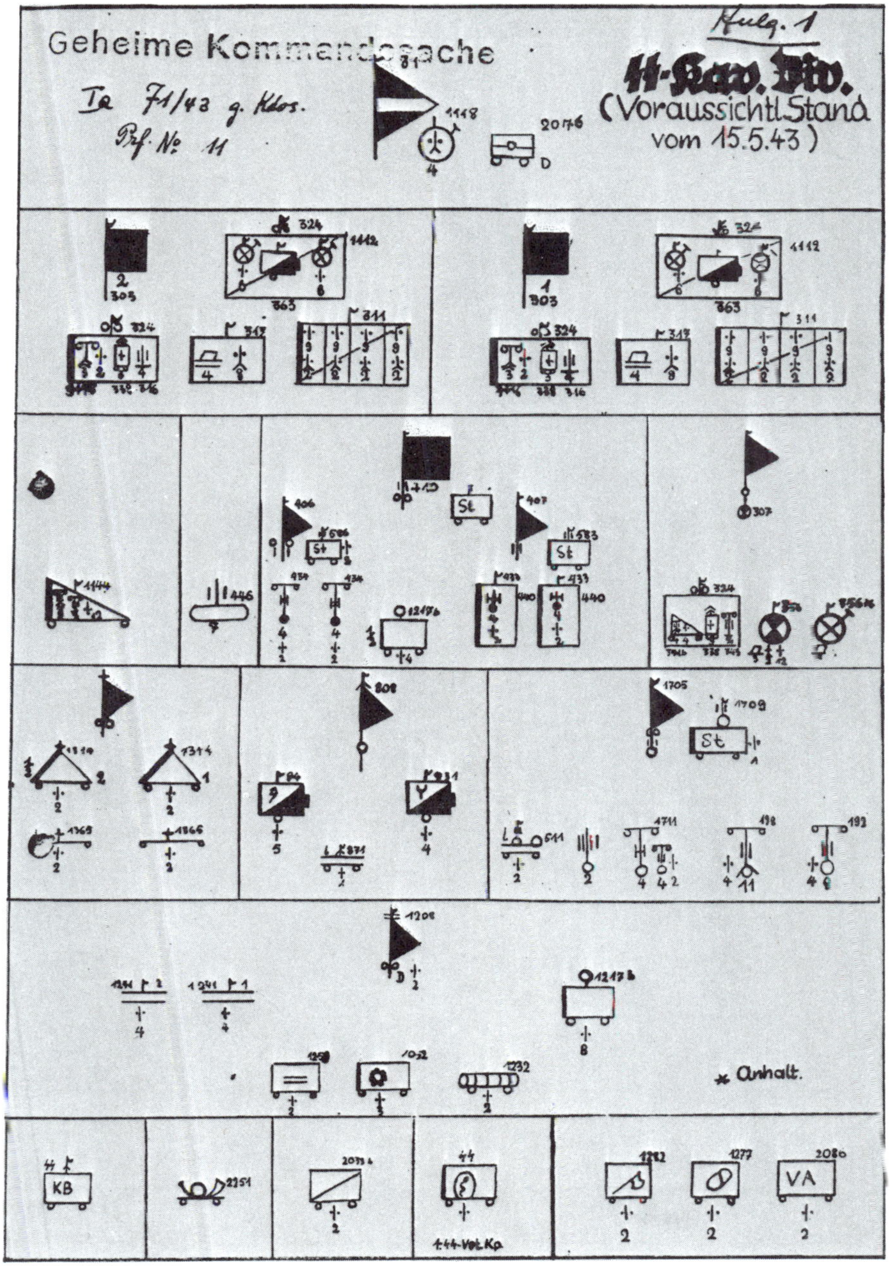
Geheime Kommandosache
Anlg. 1
Ia 71/43 g. Kdos.
Ausf. Nr. 11
SS-Kav. Div.
(Voraussichtl. Stand vom 15.5.43)
St
St
St
St
* Anhalt.
KB
VA
1. 44-Vet. Kp.

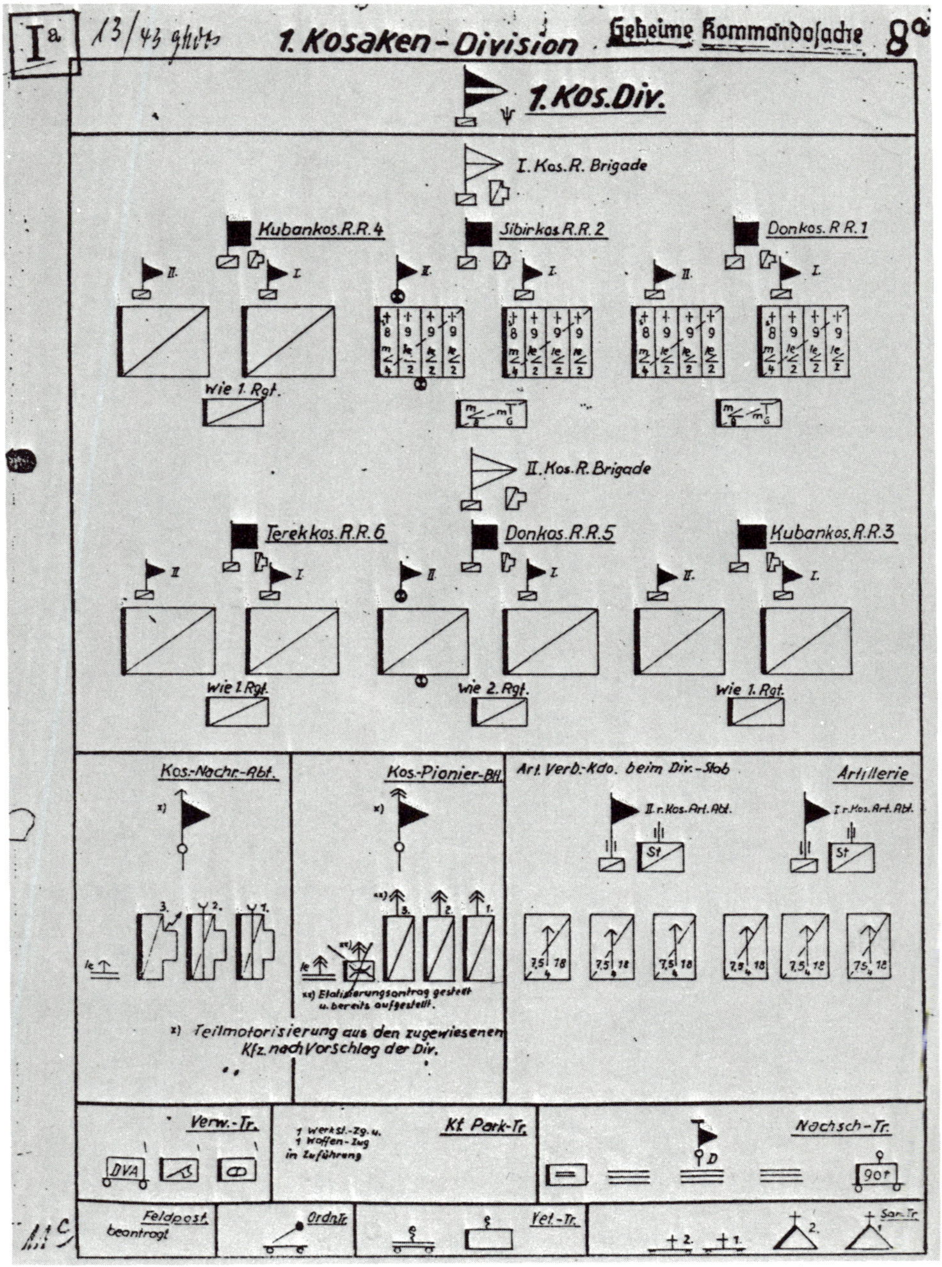
Ia
13/43 g.Kdos
1. Kosaken-Division
Geheime Kommandosache
1. Kos.Div.
I. Kos.R. Brigade
Kubankos.R.R.4
Sibirkos.R.R.2
Donkos.R.R.1
Wie 1. Rgt.
II. Kos.R. Brigade
Terekkos.R.R.6
Donkos.R.R.5
Kubankos.R.R.3
Wie 1. Rgt.
Wie 2. Rgt.
Wie 1. Rgt.
Kos.-Nachr.-Abt.
Kos.-Pionier-Btl.
Art. Verb.-Kdo. beim Div.-Stab
Artillerie
II. r. Kos.-Art. Abt.
I. r. Kos.-Art. Abt.
St
xx) Etatisierungsantrag gestellt u. bereits aufgestellt.
x) Teilmotorisierung aus den zugewiesenen Kfz. nach Vorschlag der Div.
Verw.-Tr.
DVA
1 Werkst.-Zg. u. 1 Waffen-Zug in Zuführung
Kf. Park-Tr.
Nachsch.-Tr.
90 t
Feldpost. beantragt
Ordn.Tr.
Vet.-Tr.
San.-Tr.

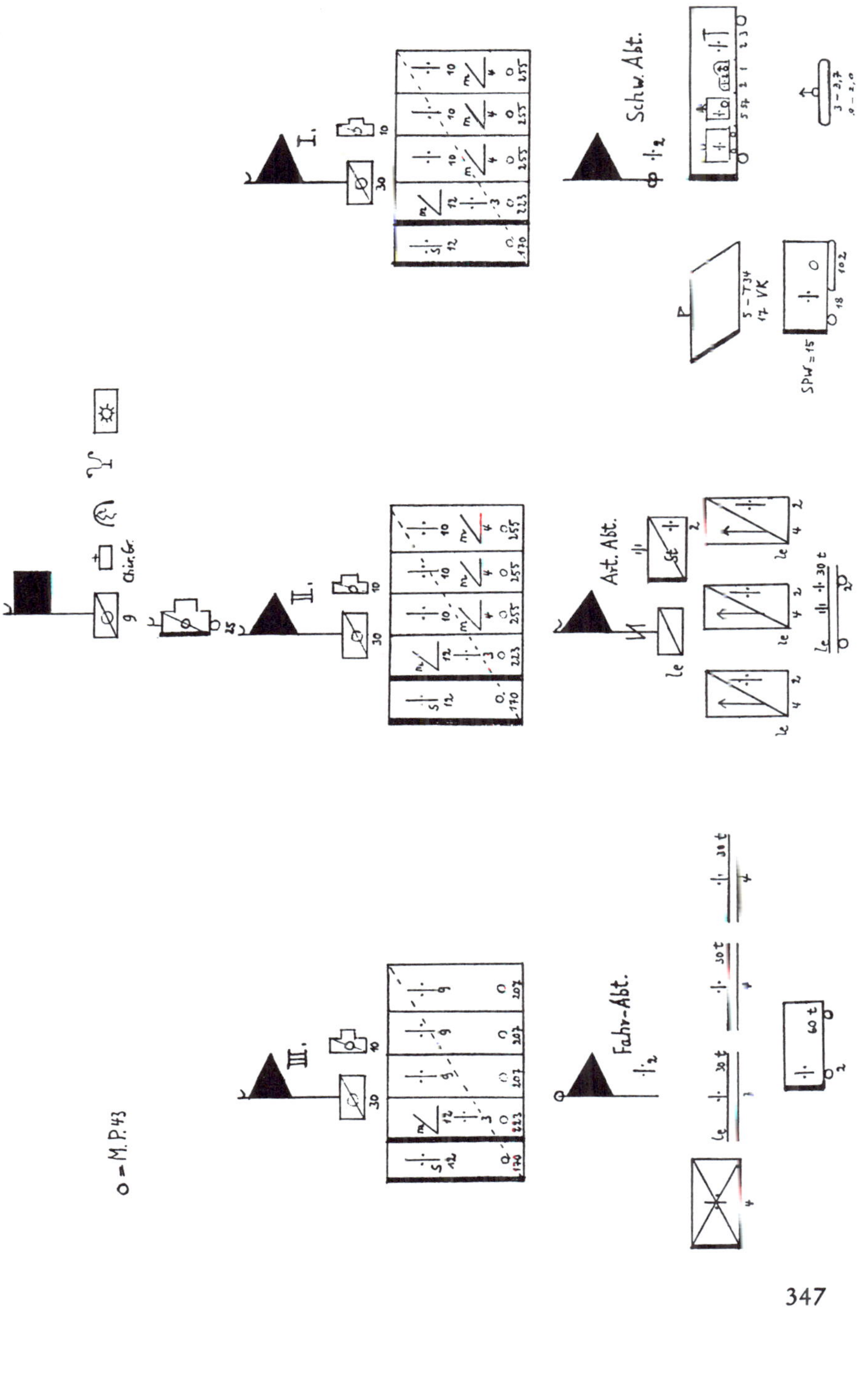
Schw. Abt.
Art. Abt.
Fahr-Abt.
I.
II.
III.
Chir. Gr.
5 – T 34
17 VK
SPW = 15
o = M.P. 43

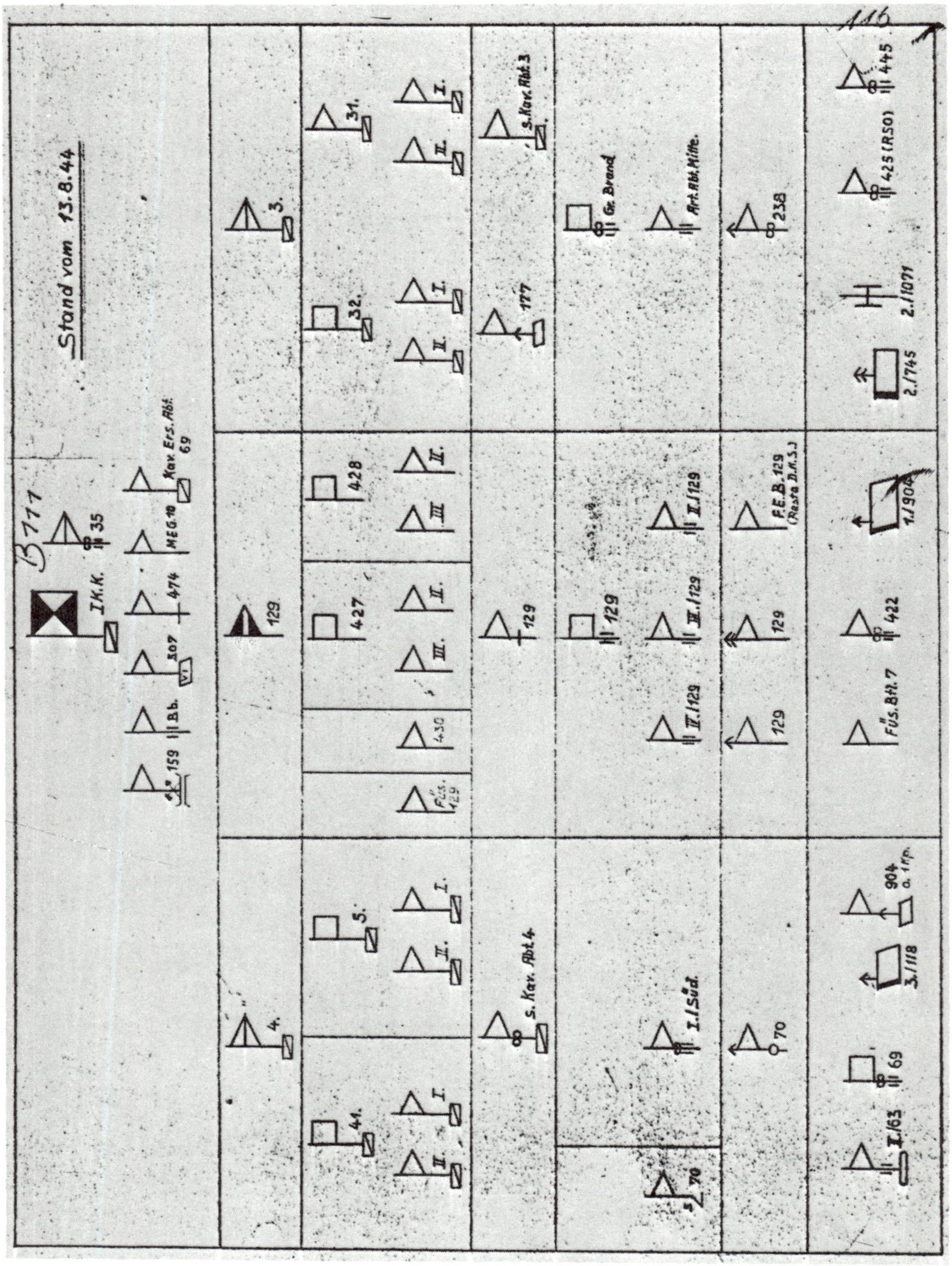
Stand vom 13.8.44
I.K.K.
35
Kav. Ers. Abt. 69
MEG.10
474
307
Bb.
159
3.
129
4.
31.
32.
428
427
430
Füs. 129
5.
41.
s. Kav. Abt. 3
177
129
s. Kav. Abt. 4
Gr. Brand
Art. Abt. Mitte
I./129
II./129
III./129
I./Süd
70
238
F.E.B. 129
129
445
425 (RSO)
2./1071
2./745
1./904
422
Füs. Btl. 7
904
3./118
69
II./63

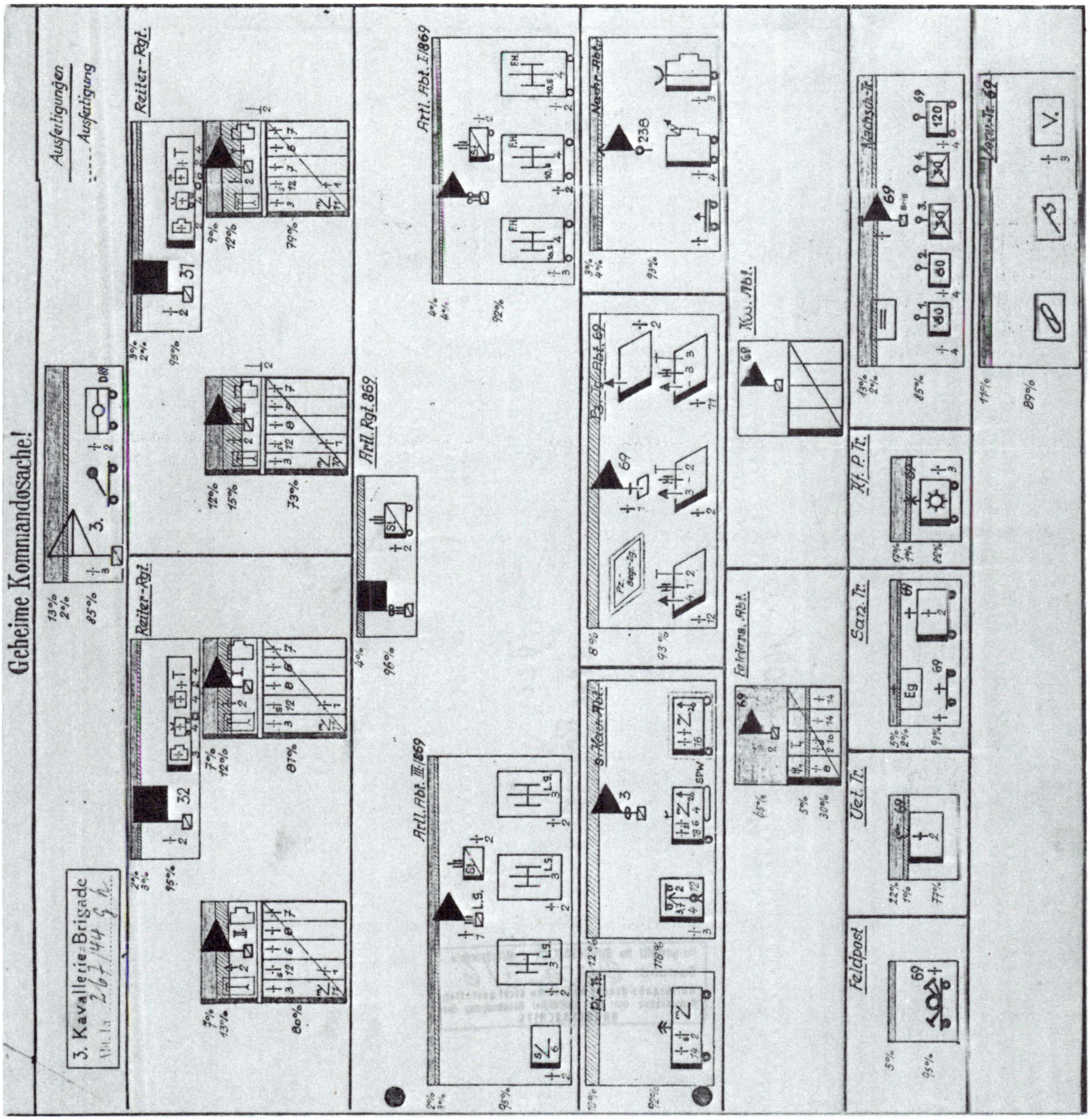
Geheime Kommandosache!
3. Kavallerie-Brigade
Reiter-Rgt.
Artl. Rgt. 869
Feldpost
Ausfstigungen

D 23) DIE 4. KAVALLERIE-DIVISION 1945

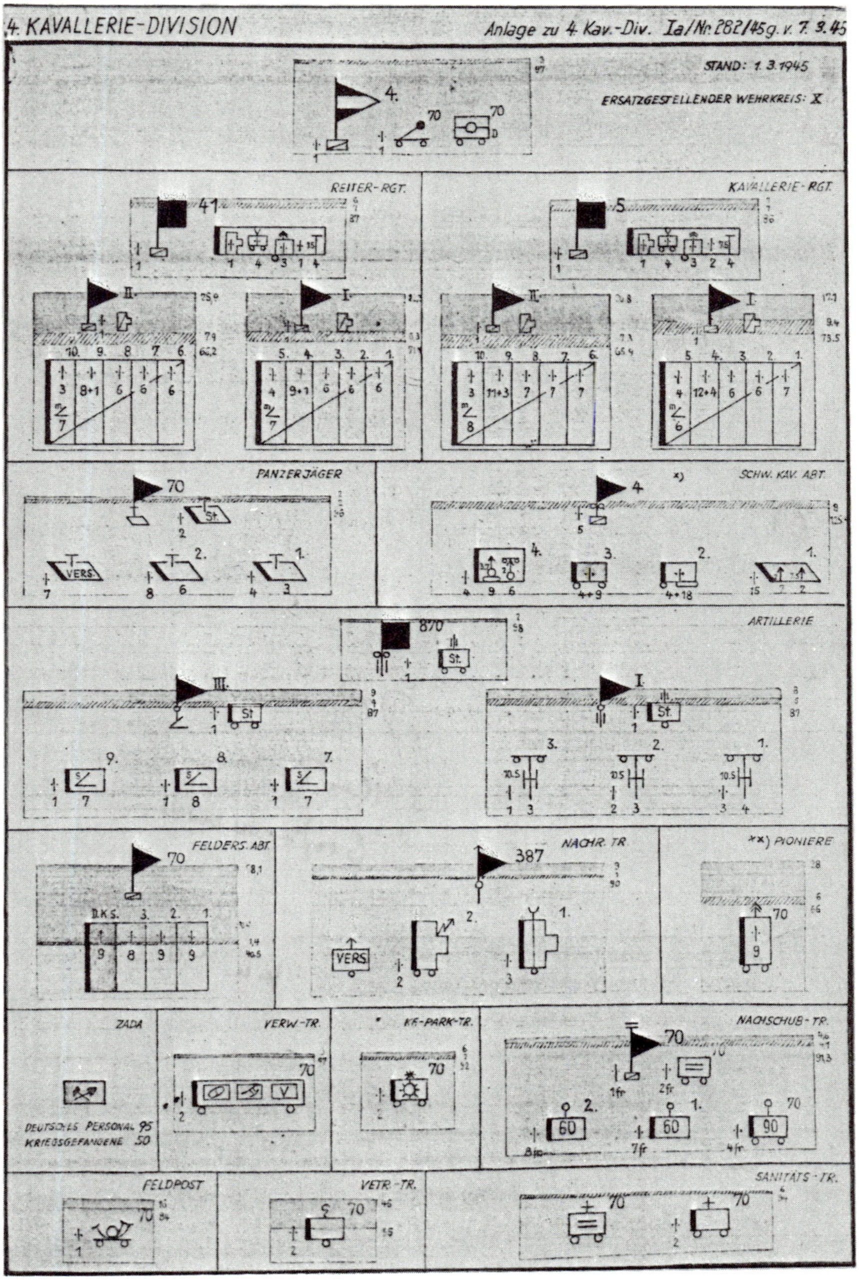

D 24) DIE AUFKLÄRUNGS- UND KAVALLERIESCHULE BROMBERG, sp. (1945) NAESTVED/DÄNEMARK

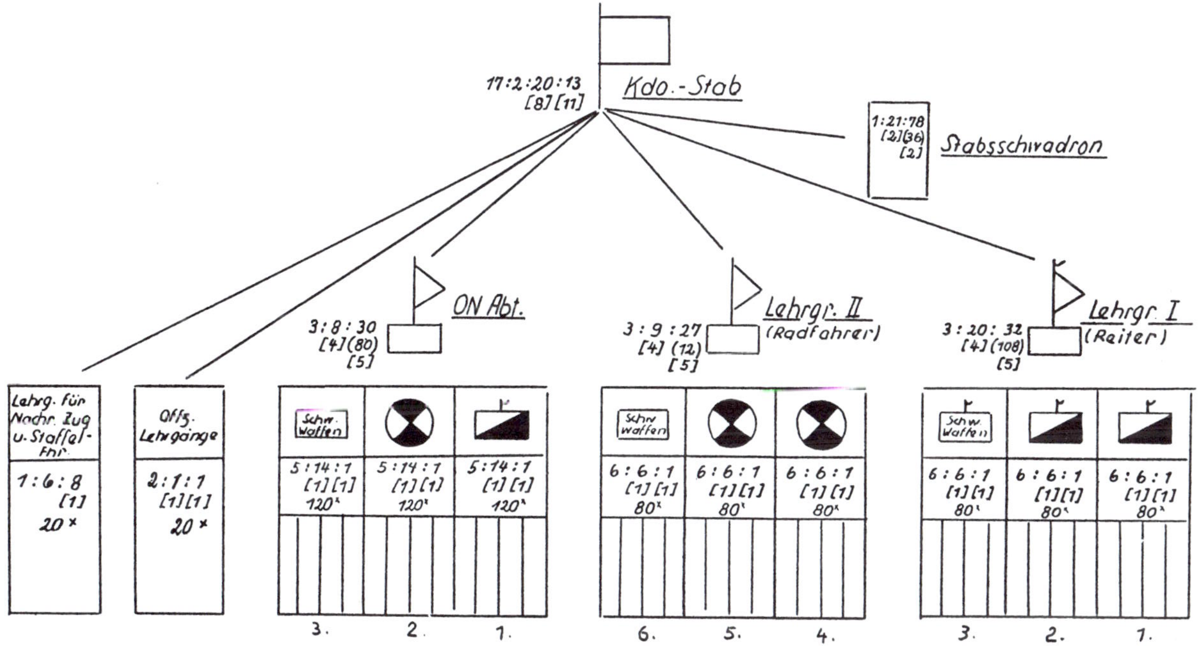

Zusammenstellung:

	Offz.	Uffz.	Mannsch.	Pferde R	Pferde Z	Fahrräder
Kdo. Stab	11 (2)	20	73	9	–	2
Stabs.-Schwd.	1	21	114	26	40	30
Lehrgr. I	21	38	143	272	16	272
Lehrgr. II	21	27	42	–	16	304
ON Abt.	18	60	113	208	16	237
Offz. Lehrg.	2	1	1	2	–	1
Nachr. Lehrg.	1	6	8	–	–	1
Aufkl. u. Kav.-Schule	81 (2)	173	434	517	88	847

Hilfskräfte
11

Lehrgangsteilnehmer
880×

ANLAGE E

1—21 Die Stellenbesetzung der Kavallerie in Auszügen aus der Stellenbesetzung (Geheim) des Heeres 1938.

22 Vereinfachte Stellenbesetzung der 1. Kavallerie-Division. Stand: 22. 6. 41.

23 Vereinfachte Stellenbesetzung des XV. Kosaken-Kavallerie-Korps. Stand: 25. 2. 45.

24 Vereinfachte Stellenbesetzung des 1. Heeres-Kavallerie-Korps. Stand: 1944—45.

Oberkommando des Heeres

Chef der schnellen Truppen

Gen. d. Pz. Tr. **Guderian** ⟨Kom. Gen. XVI. A. K.⟩ 1.11.38 (1a)

Maj. **Röttiger** (Gen.St. 17. Div.) (Gen.St.d.H. [4.Abt] m. 1.12.38) (U. Gen. St.) 1. 1.36 (22)

• **Riebel** ⟨St.Gen.Kdo.XVI.A.K.⟩ 1. 3.36 (91) Adj

Maj. **von Le Suire** (Gen.St.2.Pz.Div.m.1.12.38) (U.Gen.St.) 1.10.36 (76)

Hptm. (E) Dr. **Luther** 1. 4.34 (450)

Höherer Kavallerieoffizier

Oberst **Freiherr von Waldenfels** ⟨Kdr. K. R. 5⟩ 1. 4.36 (18)

Maj. **Tröger** (Jn 3 m. 30.11.38) [Jn 6] 1. 8.36 (43) Adj

Höherer Panzerabwehroffizier

Gen. Lt. **von Puttkamer** ⟨Höh. Pz. Abw. Offz. 1⟩, zugl. Höh. Pz. Abw. Offz. 1 Char. 1. 4.38

Hptm. **Engels** ⟨b. Höh. Pz. Abw. Offz. 1⟩, zugl. b. Höh. Pz. Abw. Offz. 1 1. 3.35 (35) Adj

Inspektion des Reit- und Fahrwesens (Jn 3)

Inspekteur: Oberst **Freiherr von Langermann und Erlencamp** (Kdr. K. R. 4) ⟨Höh. Kav. Offz. [illegible]⟩ 1. 4.36 (17)

Chef des Stabes: Obstlt. **Hamann** ⟨A. R. 19⟩ 1. 6.38 (13)

Oberst **Schwartz**	1. 8.37	(2)
Obstlt. **von Jena** (Vorsitzender 2. Rem. Kom.)	1. 4.37	(49)
Maj. **Andreae** ⟨F. Abt. 24⟩	1.10.38	(15)
Hptm. (E) **Bräckow**	1.10.33	(25)
„ (E) Dr. **Pulte**	1. 5.34	(240)

Waffenabteilung der Panzertruppe, Kavallerie und Heeresmotorisierung (Jn 6)

Abteilungschef: Oberst **von Schell** (I. Gen. St.), zugl. Generalbevollmächtigter f. d. Kraftfahrwesen b. Beauftr. f. d. Vierjahresplan 1.11.38

Obstlt. **Gothsche**	1. 1.38	(54)
„ **Balck** (Kdr. Radf. Abt. 1) (Jn 3 m. 30.11.38)	1. 2.38	(20)
„ (E) **Graetz**	1. 3.38	(6)
„ **Thoennissen** (Kdr. Pz. Abw. Abt 26 m. 23.11.38)	1. 4.38	(36)
Maj. (E) Dr. **Bernhard**	1. 2.34	(20)
„ (W) z. D. **Theile**	1. 9.35	(118)
„ (E) **Sell**	1.11.35	(20)
„ **Feller** (Jn 3 m. 30.11.38)	1.12.35	(68)
„ **von Manteuffel**	1.10.36	(50)
„ **Brüning**	1.10.36	(101)
„ **Thomale**	1.10.37	(3)
„ (E) Dr. **Koerbler**	1. 4.38	(24)
Maj. (E) **von Skopnik**, zugl. Verb. Offz. b. NSKK	1. 8.38	(24)
„ (E) **von Hoevel-Stommel**	1.10.38	(86)
Hptm. (E) **Hielscher**	1.12.33	(128)
„ (E) **Doerk**	1. 2.34	(55)
„ (E) **Borchert**	1. 2.34	(71)
„ (E) **Lippold**	1. 4.34	(253)
„ (E) Dr. **Gentsch**	1. 5.34	(479)
„ **Holzhäuer**	1. 2.35	(8)
„ **Schraepler** (Jn 3 m. 30.11.38)	1. 5.35	(5)
„ **Reuter**	1. 7.35	(5)
„ **Mendrzyk** (Pz. Abw. Lehrabt.)	1. 8.35	(3)
„ **Ziervogel** ⟨Aufkl. R. 6⟩ [Aufkl. Abt. 8]	1. 1.37	(22)

Zugeteilt:

Obstlt. (E) **Osiander**, Verb. Offz. b. Statistischen Reichsamt	1. 6.38	(38)

Inspektion der Fahrtruppe (Jn 8)

Inspekteur: Gen. Maj. **Carp** 1. 4.38 (16)

Chef des Stabes: Oberst **Trauch** 1. 6.38 (10)

Oberst (E) **Boesser**	1.10.29	(6)
Obstlt. **Krause**	1. 4.38	(7)
Maj. (E) **von Cleef**	1. 7.33	(68)
Maj. (E) **Bigge**	1. 4.34	(2)
Hptm. (E) **Steinmetz**	1.12.33	(7)

Kavallerieschule

Krampnitz

Der Kavallerieschule unterstellt:

Kavallerielehr- und Versuchsabteilung

Krampnitz

Kommandeur: Oberst **von Bülow** (Kdr. Aufk. R. 6) 1. 8.38 (11)

Rittm. **Martini** (Aufkl. Abt. 6 m. 20.12.38)	1. 3.38	(94)	Adj

Lehrgänge

Leiter:

Maj. **von Frantzius**	1. 1.37	(62)	1 (Ausb)
„ **von Wedel** (Kav. Lehr- u. Vers. Abt.)	1. 4.37	(57)	St
Hptm. **Sauvant**	1. 4.34	(5)	St
„ **Römhild** (Pz. Abw. Abt. 34)	1. 6.34	(172c)	Techn
Oblt. **Ballhorn** (Kav. Lehr- u. Vers. Abt.)	1.12.34	(121)	St
Oblt. **von Gusovius**	1.10.38	(17)	Adj
Lt. **Weitbrecht** (Kav. Lehr- u. Vers. Abt.)	1. 4.37	(186)	St
„ **Hoppe** (Kav. Lehr- u. Vers. Abt.)	1. 4.37	(518)	St
„ **Freiherr von Ulmenstein** (K. R. 4 m. 1. 12. 38)	1. 1.38	(117)	St

Leit. Vet. Offz.: Mit Wahrn. d. Gesch. beauftr.: St. Vet. Dr. **Hirte,** zugl. Kav. Lehr- u. Vers. Abt. 1. 6.35 (2)

Ob. Vet. Dr. **Wundram**	1. 7.38	(2)

Kavallerielehr- und Versuchsabteilung

Kommandeur: Maj. **Cramer** (Leiter Lehrg. Kav. Schule) 1. 1.36 (5)

Rittm. **Pannicke**	1. 7.34	(46)	St
„ **Booth**	1. 3.35	(23)	1 (Reit)
„ **Freiherr von Blomberg**	1. 4.36	(37)	2 (PzSp)
„ **von Herff** (K. R. 15)	1. 8.36	(26)	4 (schw)
„ **Haeublein**	1. 3.38	(14)	3 (Krdsch)
Oblt. **Knoblauch**	1.10.36	(53)	St
„ **Nähring**	1.10.36	(143)	4 (schw)
„ **Jürgensen**	1.10.37	(81)	1 (Reit)
„ **Freiherr von Esebeck**	1.10.37	(134)	Adj
„ **Winter**	1. 8.38	(54)	2 (PzSp)
„ **Struck**	1. 8.38	(142)	3 (Krdsch)
Lt. **Kiehl**	1. 4.36	(232)	2 (PzSp)
Lt. **Edler von Löw** (Pi. 19)	1. 4.36	(332)	4 (schw)
„ **Brandt**	1.10.38	(221a)	2 (PzSp)
„ **von Heydebreck** (K. R. 6) Ern.	1. 9.38	(49)	1 (Reit)
„ **Bäumen** (R. R. 2) Ern.	1. 9.38	(127)	1 (Reit)
„ **Kayser** (Aufkl. Abt. 1) Ern.	1. 9.38	(613)	2 (PzSp)
„ **von Rohden** (Aufkl. Abt. 4) Ern.	1. 9.38	(1066)	3 (Krdsch)
„ **Nitzsche-Eißer** (Aufkl. Abt. 1) Ern.	1. 9.38	(1661)	4 (schw)

St. Vet. Dr. **Hirte,** zugl. m. Wahrn. d. Gesch. d. leit. Vet. Offz. d. Kav. Schule beauftr.	1. 6.35	(2)	St

Heeresreit- und Fahrschule

Krampnitz (vorläufig Hannover)

Kommandeur: Obstlt. **Jay** (Kdr. Turnier- u. Rennabt.) 1. 1.33 (16)

Hptm. (E) **von Petersdorff**	1. 6.34	(82)		Oblt. (E) **Staudinger**	1. 5.36	(9a)	
Rittm. **von Bassewitz**	1. 8.34	(21)	Adj	„ (E) **Weidemann**	1. 4.3[illegible]	(3)	

Reitschule (Abt. I)

Kommandeur: Maj. **Scholl** (K. R. 17) 1. 3.36 (92)

Maj. **von der Meden**	1.10.36	(72)	1	Rittm. **von Winning**	1.10.34	(9)	3
„ **Grimm** (K. R. 17)	1. 4.37	(14)	1	„ **von Lewinski**	1.11.34	(36)	2
Rittm. **Lippert** (K. R. 15)	1. 5.34	(5)	1				

Fahrschule (Abt. II)

Kommandeur: Maj. **Stein** 1. 4.36 (15)

Rittm. **Hänsel**	1. 2.38	(2a)	5

Kommandiert zur Dienstleistung:

Lt. **Bröcker** d. Res. d. F. Abt. 24	5

Turnier- und Rennabteilung (Abt. III)

Kommandeur: Maj. **von Nostitz-Wallwitz** (A. R. 22) 1. 3.37 (17)

Obstlt. **Gerhard**	1. 8.37	(48a)	Dr	Oblt. **Habel**	1.12.34	(92)	Vielf
Maj. **von Buße**	1. 4.37	(22)	Vielf	„ **Brinckmann**	1.12.34	(105)	Spr
Rittm. **Momm**	1. 3.34	(9)	Spr	„ **Huck**	1.10.35	(90)	Spr
„ **von Madeyski**	1. 6.34	(4)	R	„ **Freiherr von dem Bongart**	1.10.35	(148)	Spr
„ **Menke**	1. 1.37	(40)	Dr	„ **Sachenbacher**	1.10.35	(139)	Dr
„ **Hasse**	1. 1.38	(82)	Spr	„ **Nette**	1.10.36	([illegible]4)	Vielf
„ **Niemack**	1. 3.38	(31)	Jagd				
Oblt. **Wilcke**	1.12.34	(46)	Adj				

Leit. Vet. Offz.: Ob. St. Vet. Dr. **Bürger** (Kav. Schule) 1. 1.38 (3)

St. Vet. Dr. **Löwe** (Kav. Schule)	1. 3.37	(10)	Ob. Vet. Dr. **Brintrup** (Kav. Schule)	1.10.37	(22)

1. Kavalleriebrigade

Insterburg

Brigadekommandeur: Oberst **Feldt** (Kdr. K. R. 3) (A. K. R. 3) 1. 4.36 (16)

Generalstab

Maj. **von Collani** (K. R. 13) 1. 8.38 (16)

Stab

Maj. **von Werder** (A. K. R. 13) 1. 8.36 (77) Adj	Hptm. (E) **Schmidt von Altenstadt** 1. 8.34 (48)
Hptm. (E) **Porr** 1. 4.34 (192a)	Oblt. (W) **Gerbrand** 1.10.35 (210p)

Brigadeveterinär: Ob. Feld-Vet. Dr. **Engwitz** 1.10.36 (1)

Radfahrerabteilung 1
Reiterregimenter 1, 2 und Kavallerieregiment 4
Reitende Artillerieabteilung 1
Aufklärungsabteilung 1

Radfahrerabteilung 1

H. Gru. 1
I. A. K.
1. Kav. Brig.

Tilsit

Kommandeur: Maj. **Reichsfreiherr von Edelsheim** (b. Höh. Kav. Offz. 2) 1. 3.36 (1)

Rittm. **Pelzner**	1. 1.36	(20)	3	Lt. **Schultze**	1. 4.37	(1536)	St
" **Jordan**	1. 8.36	(45)	4 (MG)	" **Jankowsky**	1. 5.37	(4)	4 (MG)
" **Schwarze**	1.10.38	(55)	2	" **Becker**	1. 1.38	(194)	2
Oblt. **Willemer**	1.12.34	(195)	1	" **Steinfeld**	1. 1.38	(1311)	1
" **Frank**	1.10.37	(77)	Adj	" **Dannebaum**	1. 1.38	(1321)	3
Lt. **Kutscher**	1. 4.37	(896)	St	" **Temming** Ern.	1. 9.38	(121)	3
" **Wrede**	1. 4.37	(1375)	4 (MG)				

Reiterregiment 1

Insterburg

Kommandeur: Oberst Freiherr von Esebeck 1. 6.38 (21)

Rittm. **von Corvin-Wiersbitzki** (Kr. Schule München)	1. 4.34	(62)	St Schw
- **Graf von Schwerin**	1. 5.35	(13)	4
- **Jiresch** (Kav. Schule)	1.12.35	(81)	2
- **Zietlow**	1. 8.36	(67)	3
Oblt. **Graf von Bernstorff** (Douglas)	1.10.35	(27)	Adj
- **Enß**	1.10.36	(132)	1
- **Drews**	1. 8.37	(87)	5
- **Graf von Bernstorff** (Bechtholð)	1. 8.38	(112)	St
Lt. **Perl-Mückenberger,** kdt. H. Reit- u. Fahrschule	1. 4.36	(199)	1
- **Schlenther**	1. 4.36	(857)	5
Lt. **von Dietman**	1. 4.37	(287)	St
- **Drews**	1. 4.37	(1245)	5
- **Graf zu Solms-Wildenfels**	1. 7.37	(19)	3
- **von Koenen**	1. 8.37	(16)	St Schw
- **Schmidt**	1.12.37	(30)	St Schw
- **Baron von Heyking**	1. 1.38	(1399)	2
- **de Voß**	1. 1.38	(1519)	4
- **Saul,** kdt. Aufk. Fl. Schule Braunschweig	1. 1.38	(1660)	5
- **von Hohberg und Buchwald**	1. 1.38	(1747)	3
- **von Schmidt-Pauli** Ern.	1. 9.38	(594)	3
- **Kuehn** Ern.	1. 9.38	(770)	2
- **Römer** Ern.	1. 9.38	(975)	4
- **von der Marwitz** Ern.	1. 9.38	(1296)	4
- **Kolbe** Ern.	1. 9.38	(1478)	1
- **Hofmann** Ern.	1. 9.38	(1638)	5

Kommandiert zur Dienstleistung:

Lt. **von Schulse-Bülow** d. Res. d. R.	1

Rgt. Vet.: Ob. St. Vet. Dr. **Steinacker**	1.10.36	(3)	RSt
Vet. **Buß**	1. 6.38	(8)	RSt

Reiterregiment 2

H. Gru. 1
I. A. K.
1. Kav. Brig.

Angerburg (Ostpr)

Kommandeur: Obstlt. **von Saucken** 1.10.36 (8)

Rittm. **Freiherr von Wolff**	1. 4.35	(37)	1
" **Preußze**	1.12.35	(16)	StSchw
" **Masuhr**	1.10.36	(10)	5
" **Reitter**	1. 4.37	(98)	3
Oblt. **von Sivers**	1.10.37	(36)	4
" **Schultz-Fademrecht**	1.10.37	(87)	2
" **von Christen**	1.10.37	(92)	Adj
" **Goertz**, kdt. z. H. Reit- u. Fahrschule	1. 8.38	(163)	5
Lt. **Klein**	1. 4.36	(59)	St
" **Twer**	1. 4.36	(307)	5
" **von Götz**	1. 4.37	(272)	4
Lt. **Freiherr von Mirbach**	1. 4.37	(1142)	3
" **von Borcke**	1. 1.38	(109)	StSchw
" **von Restorff**	1. 1.38	(1072)	4
" **Komm**	1. 1.38	(1180)	1
" **von Kalckstein**	1. 1.38	(1432)	2
" **Le Tanneux von Saint-Paul** Ern.	1. 9.38	(147)	3
" **Rinke** Ern.	1. 9.38	(963)	3
" **Scheibert** Ern.	1. 9.38	(1160)	4
" **von Helldorff** Ern.	1. 9.38	(1363)	1
" **von Keudell** Ern.	1. 9.38	(1422)	2
" **van Koolwijk** Ern.	1. 9.38	(1576)	2

Rgt. Vet.: St. Vet. Dr. **Braun** (Walter)	1. 5.33	(1 a)	RSt
Ob. Vet. Dr. **Ramser**	1. 3.37	(12)	RSt

Kavallerieregiment 4

H. Gru. 1
I. A. K.
1. Kav. Brig.

Allenstein (4. Schwd. u. 7. (Rdf) Schwd. vorläufig Osterode [Ostpr],
8. (Rdf) Schwd. vorläufig Tr. Üb. Pl. Stablack)

Kommandeur: Obstlt. **von Heydebrand und der Lasa**
(St. H. Gru. Kdo. 1) 1.10.36 (37)

Maj. **Freiherr von Lüttwitz**	1. 1.36	(38)	I
- **Källner**	1. 8.36	(12)	II

Rittm. **Fleischauer**	1. 6.34	(118)	9 (PzAbw)
- **Freiherr von Seherr-Thoß**	1.12.34	(33)	2
- **Schmeisser** (K. R. 11)	1. 5.35	(86)	7 (Rdf)
- **Krieg**	1. 4.36	(10)	4
- **von Steinsdorff**	1. 8.36	(17)	RAdj
- **von der Groeben**	1. 8.36	(92)	10 (schw)
- **Laubner**	1.10.37	(30)	11 (R)
- **Führer**	1. 3.38	(67)	5
- **Kulessa**	1. 3.38	(84)	6 (Rdf)
Oblt. **Zornig**	1.12.34	(83)	8 (Rdf)
- **Günthersberger**	1. 3.36	(46)	5
- **von Ploetz**	1. 8.37	(96)	1
- **von Manteuffel**	1.10.37	(120)	3
- **Maul**	1.10.38	(225)	10 (schw)
Lt. **von Brauchitsch**	1. 4.36	(196)	RSt
- **Graf Vitzthum von Eckstädt**	1. 4.36	(353)	Adj I
- **Tegtmeyer**	1. 4.37	(622h)	6 (Rdf)

Lt. **Freiherr von Lyncker**	1. 4.37	(1004)	3
- **Korn**	1. 4.37	(1274)	7 (Rdf)
- **Heering**	1. 4.37	(1598)	3
- **Thoms**	1. 1.38	(353)	11 (R)
- **Pörtner**	1. 1.38	(442)	2
- **Kuehn**	1. 1.38	(627)	1
- **Le Tanneux von Saint-Paul,** kdt. H. Reit- u. Fahrschule	1. 1.38	(1302)	4
- **Rogalla von Bieberstein**	1. 1.38	(1401)	Adj II
- **Boehm**	Ern. 1. 9.38	(633)	1
- **Müller**	Ern. 1. 9.38	(654)	9 (PzAbw)
- **Schöppl**	Ern. 1. 9.38	(1004)	8 (Rdf)
- **Bender**	Ern. 1. 9.38	(1187)	8 (Rdf)
- **Düvelius**	Ern. 1. 9.38	(1426)	4
- **Freiherr von Ompteda**	Ern. 1. 9.38	(1572)	10 (schw)

Rgt. Vet.: St. Vet. Dr. **Spalina**	1. 4.33	(5)	RSt
Ob. Vet. Dr. **Tiemann** (Wolfgang) (A. R. 11)	1. 9.38	(13)	St I
Ob. Vet. **Tiemeyer** (K. R. 17)	1. 9.38	(19)	St I

H. Gru. 1
I. A. K.
1. Kav. Brig.

Reitende Artillerieabteilung 1

Insterburg

Kommandeur: Maj. **Holste** 1. 1.36 (66)

Hptm. **Nelke**	1. 6.34	(22)	2	Lt. **Koch**	1. 4.36	(1019)	St
" **Zehe**	1. 3.37	(60)	3	" **von Rosenberg-Lipinsky**	1. 4.36	(1035)	Adj
" **von Pawel**	1. 6.38	(11)	1	" **Otto**	1. 4.37	(882)	St
Lt. **Aldinger** (I./A. R. 15)	1. 4.36	(398)	2	" **Krüger**	1. 1.38	(1245)	3
" **Hicketier** (A. R. 34)	1. 4.36	(947)	1	" **Baucus**	1.10.38	(182)	2

St. Vet. **Lossen**	1. 7.36	(1)	St	Vet. Dr. **Borchardt**	1.11.38	(3)	St

H. Gru. 1
I. A. K.
1. Kav. Brig.

Aufklärungsabteilung 1

Königsberg (Pr)

Kommandeur: Maj. **Gräßel** (Aufkl. Abt. 2) 1.10.37 (32)

Hptm. (E) **Wagner**	1.12.33	(153)	St	Lt. **Sauvant**	1. 1.38	(1040)	3 (Krdsch)
Rittm. **Cunze**	1. 4.38	(47)	4 (schw)	" **Arlt**	1. 1.38	(1121)	1 (Pz Sp)
" **Fanelsa**	1. 4.38	(60)	1 (Pz Sp)	" **Mühlens**	1. 1.38	(1253)	2 (Pz Sp)
Oblt. **Kuebart**	1. 8.37	(53)	2 (Pz Sp)	" **Gerigk**	Ern. 1. 9.38	(1174)	2 (Pz Sp)
" **Domaschk**	1.10.37	(191)	3 (Krdsch)	" **Baron Freytag von Loringhoven**	Ern. 1. 9.38	(1220)	3 (Krdsch)
Lt. **Riedel**	1. 2.37	(6)	4 (schw)	" **Kleinmann**	Ern. 1. 9.38	(1265)	1 (Pz Sp)
" **Schliewen**	1. 4.37	(444)	Adj				
" **von Cotzhausen**	1. 4.37	(543)	St				
" **von Hassell**	1. 4.37	(1132)	4 (schw)				
" **Hildebrandt**	1.12.37	(37)	3 (Krdsch)				

H. Gru. 6
IX. A. K.

Kavallerieregiment 3

Göttingen

Kommandeur: Obstlt. **von Senger und Etterlin** (O. K. H.) 1. 8.36 (14)

Maj. **Hasse**	1. 3.36	(72)	II
" **von Scheven**	1. 3.36	(82)	I
" **Baade**	1. 8.37	(8)	1
" (E) **Graf von Hardenberg**	1. 3.38	(20)	RSt

Rittm. **von Hake**	1. 1.34	(57)	6 (Rdf)
" **Merk** (Gen. St. VII. A. K.)	1. 9.34	(28)	3
" **Rogalla von Bieberstein**	1. 3.37	(84)	10 (schw)
" **Priller** (K. R. 11)	1. 2.38	(60)	8 (Rdf)
" **von dem Knesebeck**	1. 3.38	(39)	2
" **Pilgrim**	1. 3.38	(63)	5
Oblt. **von Einem**	1.12.34	(148)	9 (PzAbw)
" **von Heyden**	1.10.35	(22)	4
" **von Plehwe**	1.10.35	(30)	RAdj
" **Heyrowsky**	1. 3.36	(27)	7 (Rdf)
" **Leibl**	1. 6.38	(11)	11 (N)
Lt. **Schubert**	1. 4.36	(36)	Adj II
" **Graf von Sponeck**, kdt. H. Reit- u. Fahrschule	1. 4.36	(811)	5
" **Henikstein**	1. 4.36	(1267)	5
" **Freiherr von Cramm**	1. 3.37	(6)	10 (schw)
Lt. **Kisker**	1. 4.37	(308)	10 (schw)
" **Baum**	1. 4.37	(541)	Adj I
" **Thiele**	1. 4.37	(622c)	11 (N)
" **von Bredow**	1. 4.37	(682)	1
" **von Dreßler**	1. 4.37	(1130)	RSt
" **von Dolega-Kozierowski**	1. 4.37	(1609)	7 (Rdf)
" **Taeger**	1. 1.38	(262)	2
" **Keitel**	1. 1.38	(287)	5
" **Freiherr Schäffer von Bernstein**	1. 1.38	(458)	3
" **von Block**, kdt. Aufkl. Fl. Schule Braunschweig	1. 1.38	(467)	10 (schw)
" **Marks**	1. 1.38	(572)	9 (PzAbw)
" **Hankow**	1. 1.38	(1402)	6 (Rdf)
" **von Ruperti** Ern.	1. 9.38	(22)	4
" **Krick** Ern.	1. 9.38	(1026)	8 (Rdf)
" **Glantz** Ern.	1. 9.38	(1632)	2
" **Mackensen** Ern.	1. 9.38	(1667)	1

Rgt. Vet.: St. Vet. Dr. **Holm**	1. 5.33	(2)	RSt
St. Vet. Dr. **Zippel**	1. 2.38	( )	RSt
Ob. Vet. Dr. **Reinecke** (H. Vet. Unters. Amt)	1. 6.37	(3)	St I

Die Uniform des Regiments mit den Abzeichen eines Generals trägt:

Gen. d. Kav. a. D. **von Kayser** 1.12.29

H. Gru. 1
II. A. K.

Kavallerieregiment 5

Stolp (Pom)

Chef: Gen. Feldmarschall **von Mackensen** 22. 6.15

Kommandeur: Obstlt. **Diener** (Kdr. Reitschule d. Kav. Schule)	1.10.36	(58)	
Obstlt. **Matić**	1. 3.36	(49)	RSt
- **Wachsen**	1. 8.38	(29)	I
Maj. **Schultz-Kalau**	1.12.35	(34)	II

Hptm. (E) **von Oertzen**	1. 4.34	(537a)	RSt
Rittm. **Zachariae**	1.11.35	(30)	6 (Rdf)
- **von Redecker** (Kav. Schule)	1. 1.37	(76)	2
- **Stellmacher**	1. 4.37	(14)	7 (Rdf)
- **von Platen** (Kr. Akad.)	1. 8.37	(13)	5
- **Stach von Goltzheim**	1. 8.37	(20)	11 (M)
- **von Manteuffel**	1. 6.38	(19)	1
- **Echt**	1. 8.38	(61)	10 (schw)
Oblt. **Pretzell**	1.12.34	(120)	RAdj
- **Sauer** (K. R. 11)	1. 3.36	(29)	8 (Rdf)
- **Prinz zu Salm-Horstmar**	1.10.36	(26)	4
- **Kratochwil**	1. 3.37	(10)	3
- **Ribbentrop**	1. 6.38	(17)	9 (PzAbw)
- **Ziebell**	1.10.38	(232)	1
Lt. **Stenzel**	1. 4.36	(497)	3
- **von Egan-Krieger**, kdt. H. Reit- u. Fahrschule	1. 4.36	(500)	3
Lt. **von Stein**	1. 4.36	(534)	Adj II
- **Steifensand**	1. 4.36	(1036)	11 (M)
- **von Müller**	1. 8.36	(12)	Adj I
- **William**	1. 4.37	(408)	RSt
- **Grieser**	1. 4.37	(555)	4
- **Büchtmann**	1. 4.37	(1557)	4
- **von Eichel**	1. 4.37	(1586)	10 (schw)
- **Graf von Schlieffen**	1. 1.38	(923)	11 (M)
- **Epping**	1. 1.38	(1011)	5
- **von der Wickerau Graf von Krockow**	1. 1.38	(1193)	5
- **Decke**	1. 1.38	(1287)	8 (Rdf)
- **von Zitzewitz**	1. 1.38	(1443)	7 (Rdf)
- **Weigandt**	1. 1.38	(1621)	8 (Rdf)
- **von Stülpnagel**	1. 1.38	(1702)	9 (PzAbw)
- **Radloff** Ern.	1. 9.38	(212)	10 (schw)
- **von Michaelis** Ern.	1. 9.38	(548)	2
- **Wengler** Ern.	1. 9.38	(1678)	6 (Rdf)

Rgt. Vet.: St. Vet. Dr. **Brüning** (Wehrkrs. Rem. Schule Demmin)	1. 8.36	(5)	RSt
Vet. **Herwig**	1.11.38	(10)	RSt

Kavallerieregiment 6

H. Gru. 2
XII. A. K.

R. St., I. Abt., 6. (Rdf) Schwd., 9. (PzAbw) Schwd. u. 11. (R) Schwd.: Darmstadt, St. II. Abt., 7. (Rdf) Schwd., 8. (Rdf) Schwd. u. 10. (schw) Schwd.: Darmstadt (vorläufig Bensheim)

Kommandeur: Oberst **von Lenski**	1. 8.38	(5)	
Obstlt. **Freiherr von Broich** (O. K. H. [Jn 3] m. 12. 11. 38)	1.10.37	(15)	II
Maj. **von Metzsch**	1. 1.36	(23)	I

Rittm. **von Wartenberg**	1. 8.35	(17)	10 (schw)
„ **Bronsart von Schellendorff**	1.10.35	(19)	5
„ **von Stülpnagel**	1.12.35	(29)	2
„ **Stabenow**	1. 3.36	(6)	3
Oblt. **von Gaudecker**	1.12.34	(70)	11 (R)
„ **Ziegler**	1.10.35	(118)	7 (Rdf)
„ **von Bernhardi**	1.10.36	(17)	8 (Rdf)
„ **von Meyer**	1. 8.37	(105)	RAdj
„ **Graf von Schlieffen**	1.10.37	(66)	1
„ **Rojahn**	1.10.37	(69)	4
„ **von Arnim**	1.10.37	(126)	6 (Rdf)
„ **Schwerdtfeger**	1. 8.38	(70)	9 (PzAbw)
Lt. **von Knebel Doeberitz**	1. 4.36	(294)	Adj I
„ **Hoepner**, kdt. H. Reit- u. Fahrschule	1. 4.36	(573)	10 (schw)
von Meyer	1. 4.36	(898)	Adj II
„ **von Humbert**	1. 4.36	(1107)	11 (R)
„ **von Massow**	1.10.36	(6)	RSt
Lt. **von Helldorff**	1. 4.37	(844)	1
„ **von Abel**	1. 4.37	(1422)	8 (Rdf)
„ **Barton**	1. 4.37	(1647)	7 (Rdf)
„ **Coreth**	1. 4.37	(1751)	6 (Rdf)
„ **Scharping**	1. 1.38	(777)	2
„ **Freiherr von Pechmann**	1. 1.38	(1060)	9 (PzAbw)
„ **von Berg**	1. 1.38	(1280)	10 (schw)
„ **Freiherr von Münchhausen**	1. 1.38	(1319)	10 (schw)
„ **Graf von Kielmansegg**	1. 1.38	(1350)	4
„ **von Kalckstein**	1. 1.38	(1610)	5
„ **Sakrzewski**	1.10.38	(207a)	6 (Rdf)
„ **Delkeskamp** Ern.	1. 9.38	(331)	11 (R)
„ **Specht** Ern.	1. 9.38	(543)	3
„ **Juergens** Ern.	1. 9.38	(725)	5
„ **Felber** Ern.	1. 9.38	(766)	2
„ **von Oertzen** Ern.	1. 9.38	(1041)	1
„ **von Bassewitz** Ern.	1. 9.38	(1217)	4

Rgt. Vet.: Ob. St. Vet. Dr. **Sauerländer**	1.10.37	(7)	RSt
Vet. Dr. **Apking**	1. 6.38	(2)	St I
Unt. Vet. Dr. **Herbert**			St I

Die Uniform des Regiments mit den Abzeichen eines Generals trägt:

Gen. d. Kav. a. D. **von Poseck** 1. 1.25 (2)

Kavallerieregiment 8

Oels (Schles)

4. Schwd.: Namslau

Kommandeur: Obstlt. **von Einsiedel**	1. 4.36	(29)	
Obstlt. **Jäger**	1. 1.38	(72)	NSt
Maj. **Lungershausen**	1. 1.36	(8)	I
· **Krahmer**	1. 1.36	(28)	II

Rittm. **Gerloff**	1. 5.34	(47)	2
· **Preuß**	1.11.34	(36b)	6 (Ndf)
· **von Baath**	1. 5.35	(54)	4
· **Horenburg**	1.11.35	(19)	10 (schw)
· **Hasse**	1. 4.38	(10)	1
· **von Trotha**	1. 4.38	(57)	11 (N)
Oblt. **Scholz**	1.12.34	(86)	7 (Ndf)
· **Althaus**	1.10.35	(55)	3
· Dr. **Schaube**	1.10.35	(268)	9 (PzAbw)
· **Bradel**	1.10.36	(30)	5
· **von der Groeben,** kdt. H. Reit- u. Fahrschule	1.10.37	(51)	11 (N)
· **Graf von Matuschka Freiherr von Toppolczan und Spaetgen**	1.10.37	(88)	NSt
· **Fischer**	1.10.37	(106)	(8 Ndf)
· **von Köckritz**	1. 8.38	(4)	NAdj
· **von Seydlitz-Kurzbach**	1.10.38	(59)	7 (Ndf)
Lt. **Halle** (Günter)	1. 4.36	(739)	3
· **MacLean of Coll**	1. 4.36	(877)	6 (Ndf)
· **von Busse**	1. 4.36	(890)	Adj II
· **Tschebull**	1. 4.36	(1295)	4
· **Halle** (Hans-Erwin) (Kav. Schule)	1. 4.37	(262)	9 (PzAbw)
Lt. **von Löbbecke**	1. 4.37	(1188)	Adj I
· **Bézard** (J. R. 54)	1. 4.37	(1734)	3
· **von Schickfus und Neudorff**	1. 1.38	(225)	2
· **Mainka**	1. 1.38	(277)	10 (schw)
· **Proske**	1. 1.38	(282)	9 (PzAbw)
· **Rautenstrauch**	1. 1.38	(1093)	4
· **von Gizycki**	1. 1.38	(1163)	8 (Ndf)
· **Graf von der Schulenburg-Wolfsburg**	1. 1.38	(1169)	1
· **Eichhorn**	1. 1.38	(1362)	11 (N)
· **von Rosenberg**	1. 1.38	(1677)	5
· **Graf von Bernstorff**	Ern. 1. 9.38	(326)	5
· **Kroll**	Ern. 1. 9.38	(734)	2
· **von Wagenhoff**	Ern. 1. 9.38	(1469)	8 (Ndf)
· **Kottmeier**	Ern. 1. 9.38	(1666)	6 (Ndf)
· **Graf von Matuschka Freiherr von Toppolczan und Spaetgen**	Ern. 1. 9.38	(1714)	1

Rgt. Vet.: Ob. St. Vet. Dr. **Weiß** (Erich)	1.11.34	(3)	NSt
Ob. Vet. Dr. **Hennig**	1. 3.37	(11)	4
Unt. Vet. Dr. **Hillmann**			NSt

Die Uniform des Regiments mit den Abzeichen eines Generals trägt:

Gen. d. Kav. z. V. **von Kleist** 1. 8.36 (1)

Kavallerieregiment 9

H. Gru. 1
III. A. K.

Fürstenwalde (Spree)

Kommandeur: Obstlt. **Harteneck** (Gen. St. III. A. K.)	1. 3.37	(17)	
Maj. **Winkel**	1.10.36	(27)	I
" **von Bischoffshausen**	1.10.36	(117)	II
" **Podhajsky**	1. 8.37	(63)	RSt

Hptm. (E) **von Bonin**	1. 2.34	(109)	St I
Rittm. **von Horn**	1. 5.34	(28)	6 (Rdf)
" **von Götz** [b. Höh. Kav. Offz. 1]	1. 5.34	(60)	RSt
" **von Rauch**	1.11.34	(1)	1
" **von Klitzing**	1. 6.35	(23)	3
" **von Bandemer**	1.10.35	(17)	4
" **Müller**	1. 4.37	(5)	7 (Rdf)
" **von Winning**	1. 8.37	(23)	2
" **Briegleb**	1. 3.38	(47)	11 (N)
" **Osterloh** (J. R. 103)	1. 3.38	(186)	8 (Rdf)
Oblt. **von Gustedt**	1.10.35	(17)	RAdj
" **von Rochow**	1.10.36	(168)	9 (PzAbw)
" **Freiherr von der Heyden-Rynsch**	1.10.37	(107)	10 (schw)
" **von Mitzlaff**	1. 8.38	(91)	Adj II
" **Freiherr von dem Knesebeck-Milendonck**	1. 8.38	(188)	5
Lt. **Eisl**	1. 4.36	(1284)	9 (PzAbw)
Lt. **von Böttinger**	1. 4.37	(242)	Adj I
" **Schröder**	1. 4.37	(278)	10 (schw)
" **Graf von Krockow**, kdt. H. Reit- u. Fahrschule	1. 4.37	(647)	2
" **Aschmann**	1. 4.37	(698)	4
" **von Morozowicz**	1. 4.37	(1610)	7 (Rdf)
" **Lehr**	1. 1.38	(233)	5
" **Kleffel**	1. 1.38	(330)	3
" **von Moltke**	1. 1.38	(596)	8 (Rdf)
" **Freiherr von Düsterlohe**	1. 1.38	(1460)	6 (Rdf)
" **Richnow**	1. 1.38	(1597)	1
" **von Witzleben** Ern.	1. 9.38	(44)	1
" **von Saldern** Ern.	1. 9.38	(523)	2
" **Graf von der Schulenburg-Wolfsburg** Ern.	1. 9.38	(961)	4
" **Limbert** Ern.	1. 9.38	(1151)	11 (N)
" **von Mitzlaff** Ern.	1. 9.38	(1205)	3
" **von Kleist** Ern.	1. 9.38	(1609)	5

Rgt. Vet.: Ob. St. Vet. Dr. **Waschinsky**	1. 4.35	(2)	RSt
Unt. Vet. Dr. **Beust**			St I

H. Gru. 3
IV. A. K.

Kavallerieregiment 10

Torgau

Kommandeur: Oberst **Krüger**	1. 4.37	(14)	
Obstlt. **Kremling**	1. 1.38	(66g)	RSt
Maj. **von Oppeln-Bronikowski**	1. 3.37	(29)	II
" **von Goerne** (K. R. 8)	1. 4.37	(52)	I

Rittm. **Uber**	1. 7.34	(8)	10 (schw)
" **Neumeister**	1. 3.35	(43)	1
" **Schwarzäugl** (K. R. 11 m. 12.11.38)	1. 8.36	(116a)	6 (Rdf)
" **Werneyer**	1. 1.37	(73)	11 (R)
" **von Groll** (K. R. 18)	1. 4.38	(40)	2
" **von Trotha**	1. 4.38	(76)	7 (Rdf)
" **Geißler**	1.10.38	(25)	4
Oblt. **Klewitz**	1.10.35	(102)	RAdj
" **Oster**	1.10.35	(262)	9 (PzAbw)
" **Krienke**	1.10.36	(121)	5
" **von der Chevallerie**	1.10.37	(95)	7 (Rdf)
" **Freiherr von Schlotheim**	1.10.37	(98)	8 (Rdf)
" **Eschenburg**	1.10.37	(121)	3
Lt. **Georg Wilhelm Herzog zu Braunschweig und Lüneburg**	1. 4.36	(74)	Adj I
" **Schmidt** (Martin)	1. 4.36	(96)	Adj II
" **von Levetzow**, kdt. H. Reit- u. Fahrschule	1. 4.36	(931)	2
Lt. **von Uechtritz und Steinkirch**	1. 4.36	(986)	RSt
" **von Heynitz**	1.11.36	(15)	7 (Rdf)
" **Beckherrn**	1. 4.37	(565)	6 (Rdf)
" **Frommer**	1. 4.37	(1152)	11 (R)
" **Ergert-Gillern**	1. 4.37	(1646)	10 (schw)
" **von Rabenau**	1. 8.37	(6)	2
" **Graf von Lehndorff**	1. 9.37	(3)	4
" **von Langenn-Steinkeller**	1. 1.38	(248)	3
" **Bartels**	1. 1.38	(1090)	8 (Rdf)
" **Schmidt** (Horst)	1. 1.38	(1454)	10 (schw)
" **Nette**	1. 1.38	(1456)	1
" **Sellheim**	1. 1.38	(1585)	5
" **von Wolff**	1. 1.38	(1671)	9 (PzAbw)
" **von Stein** Ern.	1. 9.38	(192)	3
" **von Zehmen** Ern.	1. 9.38	(545)	1
" **Freiherr von Fritsch** Ern.	1. 9.38	(1257)	11 (R)
" **Freiherr von Werthern** Ern.	1. 9.38	(1587)	8 (Rdf)

Rgt. Vet.: Ob. St. Vet. Dr. **Dreyer**	1. 4.36	(4)	RSt
Ob. Vet. Dr. **Reeh**	1.10.37	(17)	St I
Vet. **Raue**	1. 6.38	(3)	St L

Kavallerieregiment 11

H. Gru. 5
XVII. A. K.

Stockerau

Kommandeur: Obstlt. von Hülsen	1. 1.38	(62)	
Maj. Pindter	1. 6.35	(86)	I
„ von Pannwitz	1. 4.38	(44)	II

Rittm. Graf zu Castell-Castell (K. R. 3)	1. 6.34	(87)	9 (schw)
„ Papritz	1. 8.34	(66)	8 (Rdf)
„ Friedel	1. 8.34	(88)	RSt
„ Baron von Holtey	1. 9.34	(18)	3
„ von Schultz (K. R. 6)	1. 3.37	(93a)	2
„ Ziegler	1. 2.38	(58)	1
„ Klein	1.10.38	(82)	RAdj
Oblt. Bédé-Kraut	1.10.35	(288)	4
„ Sauer	1.10.35	(300a)	7 (Rdf)
„ Scheiner	1.10.35	(302)	5 (N)
„ Handel	1. 3.36	(38)	9 (schw)
„ Braun von Stumm (Pz. R. 7)	1.10.37	(89)	6 (Rdf)
Lt. von Canstein	1. 4.36	(1187)	5 (N)
„ Ruby	1. 4.36	(1234)	Adj II
„ Hagelin	1. 4.36	(1270)	2
„ Eltz	1. 4.36	(1283)	8 (Rdf)
Lt. Birk	1. 4.37	(318)	3
„ von Zitzewitz	1. 4.37	(496)	Adj I
„ Rojahn	1. 4.37	(724)	2
„ Grauenhorst	1. 4.37	(1166)	RSt
„ Wolfien (K. R. 5)	1. 4.37	(1322)	6 (Rdf)
„ Freiherr Kreß von Kressenstein (K. R. 17)	1. 4.37	(1469)	4
„ Himmighoffen	1. 6.37	(3)	1
„ Knote (K. R. 17)	1.12.37	(21)	7 (Rdf)
„ Ehrhardt (K. R. 6)	1. 1.38	(154)	9 (schw)
„ Dienenthal (K. R. 13)	1. 1.38	(199)	5 (N)
„ Mach (K. R. 5)	1. 1.38	(687)	1
„ Graf von Merveldt	1. 1.38	(918)	7 (Rdf)
„ Griese (K. R. 10)	1. 1.38	(1154)	8 (Rdf)
„ von Mecklenburg (K. R. 14)	1. 1.38	(1255)	3
„ Graf von Uxkull-Gyllenband	1. 1.38	(1354)	9 (schw)

Rgt. Vet.: St. Vet. Dr. Liermann (Rgt. Vet. J. R. 103)	1. 3.33		RSt
Ob. Vet. Dr. Smetana	1. 1.38	(4)	St I
Vet. Dr. Krenn ⟨J. R. 131⟩	1. 5.38	(1)	St I

H. Gru. 6
X. A. K.

Kavallerieregiment 13

Lüneburg

Kommandeur: Obstlt. **von Randow**	1. 8.36	(5)	
Maj. **von Arenstorff**	1.12.35	(9)	I
· **von Lengerke**	1. 1.37	(45)	II
· **von Boddien**	1. 4.37	(6c)	RSt

Rittm. **von Woedtke**	1. 4.34	(54)	4
· **Crüsemann**	1. 4.34	(160)	6 (Rdf)
· **Westphal** (Gen. St. d. H.)	1. 5.34	(2)	2
· **Weißengruber**	1.11.34	(83)	St I
· **von Oertzen**	1.10.35	(21)	5
· **von Canstein**	1. 4.36	(68)	3
· **Gündell**	1. 3.37	(88)	1
· **Pollay**	1.10.37	(24)	8 (Rdf)
· **von Taysen**	1. 6.38	(14)	11 (R)
· **Grothe** (J. R. 103)	1. 6.38	(44)	10 (schw)
Oblt. **Niemeyer**	1.10.35	(28)	RAdj
· **Hoffer**	1. 3.36	(23)	9 (PzAbw)
· **Bürkner**	1. 6.38	(91)	Adj II
· **von Spörcken**	1.10.38	(290)	7 (Rdf)
Lt. **von Finckh**	1. 4.36	(582)	Adj I
· **von Pape**	1. 4.36	(1109)	2
· **Wupperman**	1. 4.36	(1129)	9 (PzAbw)
· **von Natzmer**	1. 8.36	(13)	11 (R)
· **von Frankenberg und Ludwigsdorf**	1. 4.37	(210)	RSt
Lt. **von Laer**	1. 4.37	(908)	3
· **von Frese,** kdt. H. Reit- u. Fahrschule	1. 4.37	(1177)	5
· **Bock**	1. 4.37	(1215)	10 (schw)
· **Freiherr von Hake**	1. 4.37	(1246)	10 (schw)
· **von Meding**	1. 1.38	(219)	6 (Rdf)
· **Lindemann**	1. 1.38	(307)	5
· **von Loeßl**	1. 1.38	(604)	2
· **Freiherr von Oldershausen**	1. 1.38	(940)	1
· **von Kügelgen**	1. 1.38	(1137)	4
· **von Reden**	1. 1.38	(1774)	7 (Rdf)
· **Teuber-Weckersdorf** Ern.	1. 9.38	(1231)	1
· **Thiel** Ern.	1. 9.38	(1276)	8 (Rdf)
· **Freiherr von Cramm** Ern.	1. 9.38	(1712)	4

Rgt. Vet.: St. Vet. Dr. **Niemack**	1. 6.35	(1)	RSt
Vet. **Wischeropp**	1. 6.38	(13)	St I

Die Uniform des Regiments mit den Abzeichen eines Generals trägt:

Gen. d. Kav. z. V. **Freiherr von Gienanth** Char. 1.10.33

Kavallerieregiment 14

H. Gru. 6
XI. A. K.

R. St., II. Abt. u. 11. (R) Schwd.: Ludwigslust, I. Abt.: Parchim

Kommandeur: Obstlt. **von Arnim**	1. 8.36	(44)	
Maj. **von Heyden-Linden**	1.12.35	(23)	I
„ **Burmeister**	1.10.36	(100)	II.
„ **von Vultejus**	1.10.37	(54)	7 (Rdf)

Hptm. (E) **von der Lancken**	1. 6.34	(53)	St I
Rittm. **von Bassewitz**	1.11.35	(52)	3
„ **von Engel**	1. 3.37	(61)	2
„ **Brinkmann**	1. 4.37	(49)	4
„ **Ebsen**	1. 8.37	(59)	5
„ **Freiherr von Berlichingen-Jagsthausen**	1. 3.38	(19)	RAdj
„ **von Arnim**	1. 3.38	(30)	1
„ **Kahler**	1. 3.38	(40)	10 (schw)
Graf von Klinckowstroem	1.10.38	(47)	7 (Rdf)
Freiherr von Maltzahn	1.10.38	(52)	8 (Rdf)
Oblt. **von Amsberg**	1.12.34	(68)	11 (R)
„ **Friedrich Ferdinand Prinz zu Schleswig-Holstein-Sonderburg-Glücksburg**	1. 6.38	(127)	9 (PzAbw)
„ **Graf von Brockdorff-Ahlefeldt**	1. 6.38	(204)	6 (Rdf)
Lt. **von Plessen**, kdt. H. Reit- u. Fahrschule	1. 4.36	(114)	5
„ **Haack**	1. 4.36	(666)	7 (Rdf)

Lt. **Brusselle**	1. 4.36	(1289)	2
„ **von Stein**	1. 4.37	(269)	Adj I
„ **Freiherr Geyr von Schweppenburg**	1. 4.37	(382)	9 (PzAbw)
„ **vom Rath**	1. 4.37	(385)	Adj II
„ **von Kenschitzki**	1. 4.37	(1038)	5
„ **Hildebrand**	1. 4.37	(1433)	10 (schw)
„ **Behm**	1. 4.37	(1527)	4
„ **Freiherr von Canitz und Dallwitz**	1. 1.38	(675)	11 (R)
„ **Dethleffsen**	1. 1.38	(863)	RSt
„ **Karnatz**	1. 1.38	(1150)	6 (Rdf)
„ **Voß**	1. 1.38	(1584)	1
„ **Ohlsen**	1. 1.38	(1764)	8 (Rdf)
„ **von Bülow**	1.10.38	(197)	9 (PzAbw)
„ **Hellmann**, kdt. Aufkl. Fl. Schule Braunschweig	1.10.38	(200)	2
„ **von Behr Negendanck** Ern.	1. 9.38	(316)	3
„ **von Both** Ern.	1. 9.38	(683)	8 (Rdf)
„ **Schreiber** Ern.	1. 9.38	(751)	4
„ **von Cramon** Ern.	1. 9.38	(1385)	10 (schw)
„ **von Engelhardt** Ern.	1. 9.38	(1438)	1
„ **von Mohl** Ern.	1. 9.38	(1470)	11 (R)

Rgt. Vet.: St. Vet. Dr. **Höve** (K. R. 3) (Rgt. Vet. A. R. 43)	1. 6.33	(14)	RSt
Ob. Vet. Dr. **Gilde**	1. 3.37	(18)	St I
Ob. Vet. Dr. **Rieck** (Johannes)	1.10.37	(23)	St I

H. Gru. 2
VI. A. K.

Kavallerieregiment 15

R. St., II. Abt. u. 11. (R) Schwd.: Paderborn, I. Abt.: Neuhaus (Kr Paderborn)

Kommandeur: Oberst **Baron Digeon von Monteton**	1. 6.38	(20)	
Maj. **Kreuth** (Kr. Schule Wiener Neustadt)	1. 6.35	(38)	RSt
„ **Freiherr von Nagel**	1. 4.37	(24)	I
„ **Macholz**	1. 1.38	(12)	II

Rittm. **Allert**	1. 1.34	(109)	11 (R)
„ **Hirsch**	1. 4.34	(72)	RAdj
„ **Graf von Plettenberg**	1.11.34	(8)	4
„ **von Puttkamer**	1.11.34	(19)	2
„ **Gaedke**	1.11.34	(20)	5
„ **von Fritschen**	1. 9.35	(20)	1
„ **Rosenow** (Kav. Schule)	1. 4.38	(50)	3
„ **Sander**	1.10.38	(42)	10 (schw)
Oblt. **Jensen** (J. R. 5)	1.10.35	(236)	7 (Rdf)
„ **Remlinger**	1. 8.37	(82)	8 (Rdf)
„ **von Laer**	1.10.37	(74)	3
„ **von Brasch**	1.10.38	(49)	6 (Rdf)
„ **Freiherr von Blomberg**	1.10.38	(208)	9 (PzAbw)
Lt. **Freiherr von Boeselager** (Georg)	1. 4.36	(450)	4
„ **von Papen**	1. 4.36	(644)	10 (schw)
„ **Mayr**	1. 4.36	(1271)	5
„ **Bräunig**	1.10.36	(1)	Adj II
Lt. **Mertens**	1. 4.37	(396)	1
„ **Alberdingk**	1. 4.37	(476)	RSt
„ **Freiherr von Fürstenberg**	1. 4.37	(770)	Adj I
„ **Suhens**	1. 4.37	(1101)	7 (Rdf)
„ **Bischoff**	1. 4.37	(1448)	3
„ **Crüwell**, kdt. H. Reit- u. Fahrschule	1. 4.37	(1570)	2
„ **Leuze**	1. 1.38	(694)	5
„ **Stecken**	1. 1.38	(1108)	4
„ **von Knoblauch zu Hatzbach**	1. 1.38	(1113)	10 (schw)
„ **Decker**	1. 1.38	(1382)	9 (PzAbw)
„ **Freiherr von Boeselager** (Philipp) Ern.	1. 9.38	(308)	1
„ **Tobben** Ern.	1. 9.38	(481)	6 (Rdf)
„ **Gotthardt** Ern.	1. 9.38	(493)	2
„ **Göldner** Ern.	1. 9.38	(511)	8 (Rdf)
„ **Schwartz** Ern.	1. 9.38	(1588)	2
„ **König** Ern.	1.11.38		11 (R)

Rgt. Vet.: St. Vet. Dr. **Siegert**	1. 7.36	(4)	RSt
St. Vet. Dr. **Wunsch**	1.10.38	(1)	St I
Vet. Dr. **Liedtke** (K. R. 8)	1. 4.38	(3)	St I

Kavallerieregiment 17

H. Gru. 3
XIII. A. K.

Bamberg

Kommandeur: Oberst **Fremerey**	1. 4.37	(28)	
Obstlt. **Freiherr von Waldenfels**	1.10.38	(44)	I
Maj. **Körner** (K. R. 5)	1. 8.37	(40)	II

Rittm. **Freiherr von Lerchenfeld**	1. 4.34	(148)	3
" **Freiherr von und zu Aufseß**	1. 4.34	(171)	10 (schw)
Hptm. (E) **Freiherr von Dungern**	1. 4.34	(567)	St
Rittm. **Schmidt** (Gen. St. II. A. K.)	1. 2.35	(3)	1
" **Fink**	1. 1.36	(5)	5
" **Freiherr von Leonrod**	1. 3.37	(37)	4
" **Vorberger**	1. 1.38	(60)	11 (R)
" **Schultz**	1. 2.38	(12)	2
" **Egger**	1.10.38	(92)	8 (Rdf)
Oblt. **Graf**	1.10.35	(241)	7 (Rdf)
" **Geldern**	1. 3.36	(35)	6 (Rdf)
" **von der Groeben**	1.10.36	(170)	1
" **Sauerbruch**	1.10.37	(12)	RAdj
" **von Schack**	1. 8.38	(125)	9 (PzAbw)
" **Freiherr von der Borch**	1.10.38	(209)	1
" **Wimmer**	1.10.38	(347)	3
Lt. **von Hößlin**	1. 4.36	(305)	Adj I
" **Frick**, kdt. H. Reit- u. Fahrschule	1. 4.36	(827)	1
" **Freiherr von Woellwarth-Lauterburg**	1. 4.37	(203)	Adj II
" **Elert**	1. 4.37	(622n)	10 (schw)
Lt. **Leuze**	1. 4.37	(1179)	4
" **Wieser**, kdt. Aufkl. Fl. Schule Braunschweig	1. 4.37	(1279)	11 (R)
" **Graf von Marogna-Redwitz**	1. 4.37	(1541)	2
" **Pirner**	1. 4.37	(1631)	5
" **Spannocchi**	1. 4.37	(662)	4
" **Freiherr von der Borch**	1. 1.38	(152)	6 (Rdf)
" **Hahn**	1. 1.38	(612)	8 (Rdf)
" **Plitt**	1. 1.38	(351)	1
" **Freiherr von Rotenhan**	1. 1.38	(1045)	3
" **Then-Rüdel**	1. 1.38	(1641)	7 (Rdf)
" **Andrelang**	1.10.38	(102)	6 (Rdf)
" **Graf von Deym, Freiherr von Stritez**	1.10.38	(113)	5
" **Leppelmann**	1.10.38	(171)	11 (R)
" **Freiherr von Perfall**	Ern. 1. 9.38	(59)	4
" **Schmidt**	Ern. 1. 9.38	(203)	9 (PzAbw)
" **von Le Suire**	Ern. 1. 9.38	(470)	2
" **Freiherr von Gemmingen-Hagenschieß**	Ern. 1. 9.38	(1586)	10 (schw)

Rgt. Vet.: Ob. St. Vet. Dr. **Spechter**	1. 6.35	(1)	RSt
Ob. Vet. **Scholz** (Gerhard) (A. R. 17)	1. 9.38	(12)	St I
Vet. Dr. **Just**	1.11.38	(4)	St I

Die Uniform des Regiments mit den Abzeichen eines Generals trägt:

Gen. d. Kav. z. V. **Freiherr Kreß von Kressenstein**	1.10.36	(4)

H. Gru. 2
V. A. K.

Kavallerieregiment 18

R. St., I. Abt., 6. (Rdf) Schwd., 7. (Rdf) Schwd., 8. (Rdf) Schwd.: Bruchsal (vorläufig Stuttgart), St. II, 9. (PzAbw) Schwd., 10. (schw) Schwd., 11. (R) Schwd.: Bruchsal

Kommandeur: Oberst **Voigt**	1.10.38	(2)	
Obstlt. **Rodt**	1. 1.38	(22)	I
„ **Freiherr von Wechmar**	1. 6.38	(10)	II
Maj. **von Rauchhaupt** (R. R. 1)	1. 8.38	(21)	RSt

Rittm. **Strempel** (Gen. St. d. H.)	1.11.34	(33)	10 (schw)
„ **Scupin**	1. 1.35	(6)	6 (Rdf)
„ **von Debschitz**	1.11.35	(21)	11 (R)
„ **Freiherr von Lüttwitz**	1. 3.37	(22)	3
„ **Jakob**	1. 3.37	(97)	4
„ **Fürst von Urach, Graf von Württemberg**	1. 3.38	(53)	8 (Rdf)
Oblt. **Neugart**	1.12.34	(209)	7 (Rdf)
„ **Prinz zu Sayn-Wittgenstein-Berleburg**	1.10.35	(73)	2
„ **Furtmüller**	1. 3.36	(41)	5
„ **Handler** (K. R. 11)	1. 3.37	(9)	1
„ **Freiherr von Rotberg**	1.10.37	(91)	RAdj
„ **Freiherr von Berlichingen-Jagsthausen**	1.10.37	(115)	9 (PzAbw)
„ **Köstlin**	1. 8.38	(190)	RSt
Lt. **Budenbender**	1. 4.36	(377)	Adj II
„ **Wahl**	1. 4.36	(620)	7 (Rdf)
„ **Scheidt**	1. 4.36	(649)	11 (R)
Lt. **von Stockhausen,** kdt. H. Reit- u. Fahrschule	1. 4.36	(1192)	3
„ **Meyer**	1. 4.37	(112)	5
„ **Stolleis**	1. 4.37	(708)	Adj I
„ **Vogler**	1. 4.37	(1032)	8 (Rdf)
„ **von Bülow**	1. 4.37	(1118)	3
„ **Freiherr von Gemmingen-Hornberg**	1. 4.37	(1257)	1
„ **von Pezold**	1. 1.38	(35)	10 (schw)
„ **von Hassell**	1. 1.38	(615)	1
„ **Bürklin**	1. 1.38	(691)	4
„ **Dürr**	1. 1.38	(830)	5
„ **Nübling**	1. 1.38	(1224)	2
„ **Bettag**	1. 1.38	(1233)	6 (Rdf)
„ **Graf Beissel von Gymnich**	1. 1.38	(1258)	9 (PzAbw)
„ **Schmidt-Salzmann**	1. 1.38	(1645)	8 (Rdf)
„ **Stoffleth** Ern.	1. 9.38	(693)	7 (Rdf)
„ **von Mach** (K. R. 5) Ern.	1. 9.38	(758)	7 (Rdf)
„ **Freiherr von Schnurbein** Ern.	1. 9.38	(1556)	3

Rgt. Vet.: Ob. St. Vet. Dr. **Heizmann**	1. 6.35	(4)	RSt
Vet. Dr. **Stutzki**	1. 6.38	(4a)	St I

E 22) VEREINFACHTE STELLENBESETZUNG DER 1. KAVALLERIE-DIVISION, STAND: 22. 6. 1941

Div.Stab

Div.Kdr.	Generalmajor	Feldt
Ia	Major i. G.	v. Menges
Ib	Hptm. i. G.	Habedank
Ic	Hptm.	v. Hobe
IIa	Major	v. Hellermann
III	Kr.Gr.Rat	Nitschke
IVa	Int.Rat	Podlech
IVb	Oberstabsarzt	Dr. Dukat
IVc	Oberfeldveterinär	Dr. Engwitz
VK	Rittmeister (?)	Freytag
Kdt.St.Qu.	Major	Porr

Reiter-Brig. 1

Brig.Kdr.	Oberst	Frhr. v. Thüngen
Brig.Adj.	Rittmeister	v. Heyden
Reiter-Rgt. 21		
Rgts.Kdr.	Oberstleutnant	v. Werder
Reiter-Rgt. 22		
Rgts.Kdr.	Oberst	Frhr. v. Broich
Kdr.I.Abt.	Oberstleutnant	Baade
Kdr.II.Abt.	Oberstleutnant	v. Görne
Radf.-Abt. 1		
Abt.Kdr.	Oberstleutnant	Reichsfreiherr v. Edelsheim

Reiter-Brig. 2

Brig.Kdr.	Oberst	v. Randow
Brig.Adj.	Rittmeister	v. Christen
Reiter-Rgt. 1		
Rgts.Kdr.	Oberstleutnant	Wachsen
Kdr.I.Abt.	Oberstleutnant	v. Lengerke
Kdr.II.Abt.	Oberstleutnant	v. Heyden-Linden
Reiter-Rgt. 2		
Rgts-Kdr.	Oberst	v. Hülsen
Kdr.I.Abt.	Oberstleutnant	v. Wedel
Kdr.II.Abt.	Major	Horenburg

Reit.Art.Rgt. 1

Rgts.Kdr.	Oberstleutnant	v. Nostitz-Wallwitz
Kdr.I.Abt.	Major	Stubbendorff
Kdr.II.Abt.	Major	v. Pawel
Kdr.III.Abt.	Major	Diestel

Pz.Jäg.Abt. 40		
Abt.Kdr.	Major	Sälzer
Pi.Btl. 40		
Btl.Kdr.	Hptm.	Stern
Nachr.Abt. 86		
Abt.Kdr.	Major	Pannicke
Dinafü 40	Rittm. d. R.	v. Deutsch
Aufkl.LehrAbt.(mot.)		
Abt.Kdr.	Oberstleutnant	v. Maltzan

E 23) STELLENBESETZUNG DES XV. KOSAKEN-KAVALLERIE-KORPS STAND: 25. 2. 1945

Kommandierender General: Generalleutnant von Pannwitz
Chef des Stabes: Oberstleutnant i. G. von Steinsdorff
Ia: Rittmeister d. R. Graf von Schweinitz
Ib: (Quartiermeister) Major i. G. Schneider
Ic: Major Graf zu Eltz
IIa: Major Himmighoffen
III: Kriegsgerichtsrat Dr. Müller
IVb: Intendanturrat Hecht
IVb: Oberfeldarzt d. R. Grass
IVc: Oberstabsveterinär Dr. Schwerdtfeger
Verbindungsoffizier zum Atamanenstab: Oberst d. R. von Renteln
Korps-Aufklärungs-Abteilung
Kommandeur: Major Weil
Korps-Pionierführer
Major Jans
Korps-Nachrichtenführer
Major Schmidt

1. Kosaken-Kavallerie-Division
Kommandeur: (Führer) Oberst von Baath
mit der Führung beauftragt Oberst Wagner
Ia: Major i. G. Schlie
IIa: Major Gündel
Donkosaken-Regiment 1
Kommandeur: Oberst Wagner
Mit der Führung beauftragt Major Dienenthal
Sibirisches Kosaken-Regiment 2
Kommandeur: Oberst Freiherr von Nolcken
Kubankosaken-Regiment 4
Kommandeur: Oberstleutnant von Klein
Kosaken-Artillerie-Regiment 1 (in der Aufstellung)
als Kommandeur vorgesehen: Major von Eisenhart-Rothe
Ferner Divisionstruppen und Versorgungsregiment

2. Kosaken-Kavallerie-Division
Kommandeur: (Führer) Oberst von Schultz
Ia: Major i. G. Rojahn
IIa: Rittmeister Graf von Schmettow
Kubankosaken-Regiment 3
Kommandeur: Oberstleutnant d. R. Lehmann
Donkosaken-Regiment 5
als Kommandeur vorgesehen: Major Graf zu Eltz
Terekkosaken-Regiment 6
Kommandeur: Oberstleutnant Prinz zu Salm-Horstmar
Kosaken-Artillerie-Regiment 2 (in der Aufstellung)
Kommandeur Major Graf von Kottulinsky
Ferner Divisionstruppen und Versorgungsregiment

Plastun-Brigade
(in Aufstellung begriffene 3. Kosakendivision)
Kommandeur: Oberst Kononow
Deutscher Verbindungsoffizier: Major d. R. Graf von Rittberg
Plastun-Regiment 7
Kommandeur:: Oberstleutnant Borissow
Plastun-Regiment 8
Kommandeur: Major Sacharow
Aufklärungs-Abteilung
Kommandeur: Rittmeister Bondarenko
Ferner Korpstruppen und Versorgungstruppen

E 24) KRIEGSRANGLISTE DER OFFIZIERE, SANITÄTS- UND VETERINÄROFFIZIERE UND OB. BEAMTEN DES STABES GENERALKOMMANDO KAVALLERIE-KORPS

Lfd. Nr.	Dienst-grad*)	Dienst-stellung	Name (Vorname)	Patent oder Tag der Ernennung	Tag des Zug. (woher)	Tag des Abg. (wohin)	Bemerkungen**)
1	Gen. d.Kav.	Kommand. General	Harteneck, Gustav	1. 9. 44	22. 6. 44 72. I.D.		
2	Oberst i.G.	Chef d. Gen.St.	Pfafferott, Werner	1. 1. 43 (65)	15. 7. 44 Fhr.Res. OKH		
3	Major i.G.	Ia	Wahl, Erich	1. 2. 44	15. 6. 44 198. I.D.		Ab 11. 9. 44 z. 4. Kav.Brig. kdrt.
4	Major i.G.	Ia	Bettag, Walter	1. 5. 44	11. 9. 44 4. Kav.-Brig.		z. Kav.-Korps kdrt.
5	Rittm. d.R.	O 1	v. Falkenhausen, Rudolf	1. 9. 43	6. 9. 44 Aufkl. Ers.u.Ausb. Abt. 9	23. 10. 44 Ausb.u.Ers. Abt. 55, Hirschberg	
6	Oblt. d.R.	O 0	Michael, Ullrich	1. 4. 42	1. 6. 44 LXXVIII. A.K.zbV.		
7	Lt. d. R.	O 4	Eggers, Heinz-Jürgen	1. 9. 42	1. 6. 44 LXXVIII. A.K.zbV.		
8	Hptm. d.R.	Sachbe-arbeiter Nachsch.	Roesch, Gottfried	27. 8. 39	1. 6. 44 LXXVIII. A.K.zbV.	15. 12. 44 Fhr.Res.OKH (WK IV)	
9	Oblt. d.R.	Kfz.St. Führer	Hoboy, Herbert	1. 3. 43	1. 6. 44 LXXVIII. A.K.zbV.		
10	Oblt. d.R.	Verpfl. Offz.	Kupke, Edgar	1. 2. 42	1. 6. 44 LXXVIII. A.K.zbV.		
11	Oberst-arzt	Korps-arzt	Dr. Fremd, Adelbert	1.6. 40	1. 6. 44 LXXVIII. A.K.zbV.		

*) aktiv, d. Res., d. Lw.

**) auch Beförderungen, Tod, Verwundung, Krankheit, Abkommandierungen, Ordensverleihungen (sämtl. mit Datum).

Lfd. Nr.	Dienst-grad*)	Dienst-stellung	Name (Vorname)	Patent oder Tag der Ernennung	Tag des Zug. (woher)	Tag des Abg. (wohin)	Bemerkungen**)
12	Oblt. d.R.	Ia/Mess	Zander, Georg	1. 10. 42	1. 6. 44 LXXVIII. A.K.zbV.		
13	Oblt. d.R.	Ic	Gruhl, Ernst	1. 2. 43	1. 6. 44 LXXVIII. A.K.zbV.		
14	Hptm. (W)	Fachb. Mun.	Düe, Karl	1. 6. 42	1. 6. 44 LXXVIII. A.K.zbV.		
15	Obstlt.	Korps-Kf.Offz.	Baumann, Kurt	1. 4. 43	1. 6. 44 LXXVIII. A.K.zbV.		
16	Ober-feldvet.	Korps-vet.	Dr. Zieger, Wilhelm	1. 7. 43	20. 6. 44 Vet.Ers. u.A.Abt. Landshut		
17	Hptm. d.R.	Stoart	Artschwager, Günter	1. 12. 43	6. 7. 44 Fhr.OKH	15. 11. 44 A.R. 150	
18	Hptm. d.R.	NSFO	Kneidl, Alfons	1. 5. 44	26. 7. 44 Stab 296. I.D.		
19	Hptm. d.R.z.V.	Stopi	Koppe, Willi	1. 10. 40	28. 8. 44 OFK 399		
20	Oblt.	Kdt. HQU	v. Gagern, Klaus	1. 5. 42	20. 8. 44 Fhr.Res. H.Gr.Mitte (Kav.E. Abt. 100)		
21	Hptm. z.V.	Vertreter IIb	Rabiger, Erich	10. 9. 41	26. 8. 44 Fhr.Res. OKH	22. 10. 44 Fhr.Res. WK. III	
22	Major i.G.	Qu.	v. Moltke, Helmut	1. 6. 44	28. 7. 44 Fhr.Res. OKH		

*) aktiv, d. Res., d. Lw.

**) auch Beförderungen, Tod, Verwundung, Krankheit, Abkommandierungen, Ordensverleihungen (sämtl. mit Datum).

Lfd. Nr.	Dienstgrad*)	Dienststellung	Name (Vorname)	Patent oder Tag der Ernennung	Tag des Zug. (woher)	Tag des Abg. (wohin)	Bemerkungen**)
23	Lt.	O 3	v. Römer, Achim	1. 6. 42	21. 9. 44 H.Gr.Mitte		
24	Oblt d.R.	O 2	Ebel, Walter	1. 5. 41	20. 9. 44 OFK 399		
25	Major	Vertreter IIa	Abbass, Horst	1. 4. 43	26. 9. 44 Fhr.Res. OKH	18. 10. 44 Art. Schule I Meißen	kdrt. zur Vertretung IIa
26	Major d.R.	Ia/Gabo	Mayer, Theodor	1. 4. 42	18. 10. 44 Stab Gen. Kdo. III. Pz.Korps		
27	Major	IIa	v. Alvensleben, Ludolf	1. 6. 43	24. 10. 44 Stab 3. Pz.Div.		
28	Oblt.	O 1	Krauss, Hugo	1. 12. 41	18. 11. 44 3. Kav.Brig.		Kommandierung als O 1
29	Oblt. d.R.	O 4	Lorenz, Eberhard	1. 2. 42	15. 11. 44 Kav.F.E. A.69		Kommandierung als O 4
30	Rittm. d.R.	Sachbearbeiter f.Nachsch.	Koch, Eduard	1. 6. 41	15. 12. 44 Kf.Ers.A. 10 Hamburg		

*) aktiv, d. Res., d. Lw.

**) auch Beförderungen, Tod, Verwundung, Krankheit, Abkommandierungen, Ordensverleihungen (sämtl. mit Datum).

Lfd. Nr.	grad*)	Dienst-stellung	Name (Vorname)	Patent oder Tag der Ernennung	Tag des Zug. (woher)	Tag des Abg. (wohin)	Bemerkungen**)
			Offiziere im TSD und Beamte				
1	Ober-feld-Int.	IVa	Kolibius, Franz	1. 4. 43	1. 6. 44 LXXVIII. A.K.zbV.		m. Wirkung v. 1. 5. 44 zu den Offz. im TSD übernommen.
2	Stabs-inten-dant	IVa	Scheppan, Erich	1. 7. 42	1. 6. 44 LXXVIII. A.K.zbV.		m. Wirkung v. 1. 5. 44 zu den Offz. im TSD übernommen.
3	Ober-zahl-meister	IVz	Föhre, Franz	1. 7. 41	2. 6. 44 Rgt.Gr. 677/Stab		m. Wirkung v. 1. 5. 44 zu den Offz. im TSD übernommen.
4	Ober-stabs-apoth.	IVb	v. Treyden, Percy	1. 7. 42	1. 6. 44 LXXVIII. A.K.zbV.		
5	Sekr.	Leiter H.Büro	Reiß, Ferdinand	1. 10. 38	1. 6. 44 LXXVIII. A.K.zbV.		

*) aktiv, d. Res., d. Lw.

**) auch Beförderungen, Tod, Verwundung, Krankheit, Abkommandierungen, Ordensverleihungen (sämtl. mit Datum).

E 25) VEREINFACHTE STELLENBESETZUNG DER 3. KAV.-BRIGADE
Stand: 15. Februar 1945

a) *Brigadekommandeur:*		
Brig.-Führer	Oberst	von der Groeben
b) *Führerabteilung:*		
Ia — 1. GenSt.Offz.	Oberstlt. i.G.	Gottheimer
O 1 — 1. Ord.-Offz.	Obltn.	von Klitzing
Ic — Bearbeiter f. Feindn. u. Abwehr	»Fehlstelle«	
Hilfsoffz.	Ltn. d.R.z.V.	Baron von Engelhardt
Dolmetscher	Sd.Fhr. d.R. (später Ltn.)	Andreas
c) *Quartiermeisterabteilung:*		
Ib — 2. GenSt.Offz.	Rittm. d.R.	Gigas
O 2 — 2. Ord.-Offz.	Ltn. d.R.	Graf Saurma
Sachbearbeiter für Waffen u. Gerät	Obltn. (W.)	Simon
d) *Brigadeveterinär:*		
Brig.-Vet.	O.St.Vet.	Krollpfeiffer
e) *BrigadekraftfahrOffz.:*		
Vk	Ltn. d.R.	Bray
f) *Adjutantur:*		
IIa — Brig.-Adjut.	Major	von Stein
g) *Kdt. des St.-Quartier:*		
Kdt.	Ltn. d.R.	Hasselbeck
h) *Trompeterkorps:*	Stabsmusikm.	Gerlach
NSFO		
sp. SportOffz.	Hptm.	Raschbichler
Brig.-Arzt	Oberfeldarzt	Dr. Altrogge
Adj.-Brig.Arzt	Oberarzt	Dr. Schmidt
Brig.-Stabsrichter	Oberstabsrichter	Niedermeier
Brig.-Intendant	Stabsintendant	Henneberg

VEREINFACHTE STELLENBESETZUNG DES REITER-RGT. 31
Stand: 15. Februar 1945

Regiments-Stab:		
Rgts.-Führer	Major	Schwieger
Adjutant	Obltn. d.R.	Speketer
1. Ord.-Offz.	Obltn. d.R.	Frhr. v. Fürstenberg
2. Ord.-Offz.	Ltn. d.R.	Rau
Rittm. b. Stabe	Rittm. d.R.	Uhde
Rgts.-Arzt	St.Arzt	Kelbo
San.-Offz. (Chirurg)	St.Arzt d.R.	Dr. Schulz
San.-Offz. (Z)	Ass.Arzt d.R.	Dr. Zimmermann
Hilfsarzt	O.Arzt d.R.	Dr. Körber
Rgts.-Vet.	St.Vet.	Dr. Gstöttner
Vet.-Offz. (Chirurg)	»durch Wachtmeister besetzt«	

Stabs-Schwadron:		
Schwadr.Chef	Obltn. d.R.	Kottmann
Nachr.-ZugFhr.	»durch Wachtmeister besetzt«	
Erk.-ZugFhr.	»Fehlstelle«	
Pi.-ZugFhr.	Ltn. d.R.	Voege
Pz.Jg.-ZugFhr.	Ltn.	Marrek
Stab I. Abteilung:		
Abt.-Kdr.	Rittm.	Köhler
Adjutant	Ltn.	Zimmermann v. Siefart
Ord.-Offz.	»durch Wachtmeister besetzt«	
Abt.-Arzt	O.Arzt d.R.	Dr. Waltinger
Hilfsarzt	Ass.Arzt d.R.	Dr. Willmann
Abt.Vet.	St.Vet. d.R.	Dr. Fester
2. Vet.Offz.	O.Vet. d.R.	Liesner
Stabs-Schwadron:		
Schwadr.Fhr.	Obltn.	v. Möller
Nachr.-ZugFhr.	»durch Wachtmeister besetzt«	
Pz.Zer.-ZugFhr.	»Fehlstelle«	
1. (Reiter-)Schwadron:		
Schwadr.Fhr.	Obltn.	Höltig
ZugFhr.	»durch Wachtmeister besetzt«	
ZugFhr.	»durch Wachtmeister besetzt«	
2. (Reiter-)Schwadron:		
Schwadr.Chef	Obltn.	Witte
ZugFhr.	Ltn.	von Below
ZugFhr.	Ob.Fähnr.	Blödow
3. (Reiter-)Schwadron:		
Schwadr.Chef	Obltn.	Steinfeld
ZugFhr.	Obltn.	von Scheelen
ZugFhr.	»durch Wachtmeister besetzt«	
4. (MG.)-Schwadron:		
Schwadr.Chef	Ltn. d.R.	Thiedemann
ZugFhr.	Ltn. d.R.	Brodersen
ZugFhr.	»durch Wachtmeister besetzt«	
5. (GrW.-)Schwadron:		
Schwadr.Chef	Rittm. d.R.	Schulze-Rautenberg
ZugFhr.	»durch Wachtmeister besetzt«	
ZugFhr.	»durch Wachtmeister besetzt«	
Stab II. Abteilung:		
Abt.-Führer	Rittm.	Friedrich
Adjutant	Ltn. d.R.	Hacke
Ord.-Offz.	Ltn.	Jürgens
Abt.-Arzt	St.Arzt d.R.	Dr. Bradecky
Hilfsarzt	U.Arzt d.R.	Norpoth
Abt.-Vet.	O.Vet. d.R.	Voggenreiter
2. Vet.Offz.	Vet.	Gerweck

Stabs-Schwadron:

Schwadr.Fhr.	Obltn. d.R.	Bruchhaus
Nachr.-ZugFhr.	»durch Wachtmeister besetzt«	
Pz.Zer.-ZugFhr.	»Fehlstelle«	

6. (Reiter)-Schwadron:

Schwadr.Fhr.	Obltn. d.R.	Laudahn
ZugFhr.	»durch Wachtmeister besetzt«	
ZugFhr.	»durch Wachtmeister besetzt«	

7. (Reiter-)Schwadron:

Schwadr.Chef	Rittm.	Festerling
ZugFhr.	Ltn. d.R.	Krauth
ZugFhr.	»durch Wachtmeister besetzt«	

8. (Reiter-)Schwadron:

Schwadr.Fhr.	Ltn.	Rattay
ZugFhr.	Ltn.	Schmitz
ZugFhr.	»durch Wachtmeister besetzt«	

9. (MG.-)Schwadron:

Schwadr.Fhr.	Ltn.	Kierdorf
ZugFhr.	»durch Wachtmeister besetzt«	
ZugFhr.	»durch Wachtmeister besetzt«	

10. (Gr.W.-)Schwadron:

Schwadr.Fhr.	Ltn.	von Burgsdorff
ZugFhr.	Ltn.	Vieten
ZugFhr.	»durch Wachtmeister besetzt«	

VEREINFACHTE STELLENBESETZUNG DES REITER-RGT. 32
Stand: 15. Februar 1945

Regiments-Stab:

Rgts.-Kdr.	Oberstlt.	Wilcke
Adjutant	Rittm. d.R.	Mooyer
1. Ord.-Offz.	Obltn. d.R.	Schulten
2. Ord.-Offz.	Ltn. d.R.	v. Dallwitz
Rittm. b. Stabe	»Fehlstelle«	
Rgts.-Arzt	St.Arzt	Dr. Maute
Rgts-Vet.	St.Vet.	Dr. Gronow
San.-Offz. (Chirurg)	St.Arzt d.R.	Dr. Hümpel
Hilfsarzt	U.Arzt d.R.	Dr. Stromeyer
San.-Offz. (Z)	O.Arzt d.R.	Dr. Noack
Vet.-Offz. (Chirurg)	»Fehlstelle«	

Stabs-Schwadron:

Schwadr.Chef	**Rittm. d.R.**	**Graf v. d. Asseburg**
Nachr.-ZugFhr.	**Ltn. d.R.**	**Kuntz**
Erk.-ZugFhr.	**Ltn.**	**Säuberlich**
Pi.-ZugFhr.	**Ltn. d.R.**	**Brendel**
Pz.Jg.-ZugFhr.	**»Fehlstelle«**	

Stab I. Abteilung

Abt.-Kdr.	Rittm.	Nette
Adjutant	Ltn.	Deubel
Ord.-Offz.	Ltn. d.R.	Wilcke
Abt.-Arzt	A.Arzt d.R.	Dr. Metke
Hilfsarzt	A.Arzt d.R.	Dr. Freyer
Abt.-Vet.	St.Vet. d.R.	Dr. Schilling
2. Vet.-Offz.	O.Vet. d.R.	Mangold

Stabs-Schwadron:

Schwadr.Fhr.	Obltn. d.R.	Chlosta
Nachr.-ZugFhr.	»Fehlstelle«	
Pz.Zer.-ZugFhr.	»Fehlstelle«	

1. (Reiter-)Schwadron:

Schwadr.Chef	Rittm.	v. Mohl
ZugFhr.	»durch Wachtmeister besetzt«	
ZugFhr.	»durch Wachtmeister besetzt«	

2. (Reiter-)Schwadron:

Schwadr.Chef	Rittm. d.R.	Rüffer
ZugFhr.	»durch Wachtmeister besetzt«	
ZugFhr.	»durch Wachtmeister besetzt«	

3. (Reiter-)Schwadron:

Schwadr.Chef	Obltn.	Stabenow
ZugFhr.	Ltn. d.R.	Tormann
ZugFhr.	»durch Wachtmeister besetzt«	

4. (MG.)-Schwadron:

Schwadr.Chef	Obltn. d.R.	Rahmede
ZugFhr.	»durch Wachtmeister besetzt«	
ZugFhr.	»durch Wachtmeister besetzt«	

5. (Gr.W.-)Schwadron:

Schwadr.Chef	Obltn.	Schleier
ZugFhr.	Ltn.	Haubold
ZugFhr.	»durch Wachtmeister besetzt«	

Stab II Abteilung:

Abt.Kdr.	Rittm.	v. Saint-Paul
Adjutant	Ltn.	Hallström
Ord.-Offz.	Ltn. d.R.	Bode
Abt.-Arzt	St.Arzt d.R.	Dr. Heusinger
Hilfsarzt	A.Arzt d.R.	Dr. Pschill
Abt.-Vet.	St.Vet. d.R.	Drees
2. Vet.-Offz.	O.Vet.	Dr. Fülle

Stabs-Schwadron:

Schwadr.Fhr.	»Fehlstelle«	
Nachr.-ZugFhr.	»Fehlstelle«	
Pz.Zer. ZugFhr.	»Fehlstelle«	

6. (Reiter-)Schwadron:		
Schwadr.Fhr.	Ltn. d.R.	Lindenmaier
ZugFhr.	Ltn. d.R.	Gehrike
ZugFhr.	»durch Wachtmeister besetzt«	
7. (Reiter-)Schwadron:		
Schwadr.Fhr.	»Fehlstelle«	
ZugFhr.	Ltn.	Bohle
ZugFhr.	Ltn. d.R.	Kolenda
8. (Reiter-)Schwadron:		
Schwadr.Chef	Rittm.	v. Boehn
ZugFhr.	Ltn.	Hermes
ZugFhr.	Ltn.	Meyer-Fredrich
9. (MG.-)Schwadron:		
Schwadr.Chef	Obltn. d.R.	Müller
ZugFhr.	Ltn.	Zabel
ZugFhr.	»durch Wachtmeister besetzt«	
10. (Gr.W.-)Schwadron:		
Schwadr.Fhr.	Obltn. d.R.	Sinow
ZugFhr.	Ltn. d.R.	Bartsch
ZugFhr.	»durch Wachtmeister besetzt«	

E 26) VEREINFACHTE STELLENBESETZUNG DER 4. KAV.-BRIGADE
Stand: 15. Februar 1945

a) *Brigadekommandeur*		
Brig.-Kdr.	Gen.Major	Holste
b) *Führungsabteilung*		
Ia — 1. Gen.St.Offz.	Major i.G.	Wahl
O 1 — 1 Ord.Offz.	Obltn. d.R.	Luckey
Ic — Bearbeiter f. Feindn. u. Abwehr	Ltn. d.R.	Frhr. v. Senden
Dolmetscher	Sd. Fhr. (Z)	Unruh
c) *Quartiermeisterabteilung:*		
Ib — 2. Gen.St.Offz.	Rittm. d.R.	Henkelmann
O 2 — 2. Ord.Offz.	Obltn. d.R.	Schneider
Sachbearbeiter für Mun. u. Gerät	Obltn.	Grabinger
d) *Brigadeveterinär:*		
Brig.Vet.	O.St.Vet.	Dr. Niemack
	O.Vet.	Dr. Seehaus
e) *Brigadekraftfahr-Offz.:*		
f) *Adjutantur:*		
IIa — Brig.Adjutant	Hptm. d.R.	Seifert
g) *Kdt. des St. Quartier:*		
Kdt.	Ltn. d.R.	Frhr. v. Spörken

VEREINFACHTE STELLENBESETZUNG DES KAVALLERIE-RGT. 5
»FELDMARSCHALL V. MACKENSEN«
Stand: 15. Januar 1945

Regiments-Stab:		
Rgts.-Kdr.	Oberstlt.	Sauer
Rgts.-Adjutant	Obltn. d.R.	Westphal
Major b. Stabe	Rittm.	v. Strauch
Ord.-Offz.	Ltn. d.R.	v. Kleist
Dolmetscher	Ltn.	Hermes
Vers.-Offz.	Ltn. d.R.	Stute
Kfz.-Offz.	»Fehlstelle«	
Rgts.-Arzt	St.Arzt d.R.	Dr. Sablowski
San.-Offz. (Chirurg)	A.Arzt d.R.	Dr. Enders
San.-Offz. (Z)	A.Arzt d.R.	Dr. Butter
Hilfsarzt	St.Arzt d.R.	Dr. Müller
Russ. Hilfsarzt	O.Arzt d.R.	Dr. Bruchhäuser
Rgts.-Vet.	St.Vet.	Dr. Dorn
Vet.-Offz. (Chirurg)	St.Vet. d.R.	Lübs
Stabs-Schwadron:		
Schwadr.Fhr.	Obltn. d.R.	Spialek
Nachr.-ZugFhr.	Obltn. d.R.	Rodeck
ZugFhr.	Ltn. d.R.	Bischoff
ZugFhr.	Ltn. d.R.	Hellmigk
ZugFhr.	Ltn. d.R.	Haas
Stab I. Abteilung:		
Abt.-Kdr.	Rittm.	Wendroth
Abt.-Adjut.	Ltn. d.R.	Pfaffrath
Ord.-Offz.	Ltn. d.R.	Barays
Rittm.b.Stabe	Rittm.	Mies
Abt.-Arzt	U.Arzt d.R.	Beermann
Hilfsarzt	U.Arzt d.R.	Reges
Abt.-Vet.	St.Vet. d.R.	Tofaute
Hilfs-Vet.	Vet.	Neubacher
Nachr.-ZugFhr.	Ltn. d.R.	Linzen
1. (Reiter-)Schwadron:		
Schwadr.Fhr.	Obltn.	Matzen
ZugFhr.	Obltn.	Lange
ZugFhr.	Ltn.	Hake
2. (Reiter-)Schwadron:		
Schwadr.Fhr.	Obltn. d.R.	Eicke
ZugFhr.	Ltn. d.R.	Gowarts
ZugFhr.	Ltn. d.R.	Brandes
3. (Reiter-)Schwadron:		
Schwadr.Fhr.	Obltn. d.R.	Mumme
ZugFhr.	Ltn. d.R.	Homann
ZugFhr.	Ltn.	Ebeling

4. (MG.-)Schwadron:

Schwadr.Fhr.	Obltn. d.R.	Markula
ZugFhr.	Ltn. d.R.	v. Buttlar
ZugFhr.	Ltn. d.R.	Saenger

5. (Gr.W.-)Schwadron:

Schwadr.Fhr.	Obltn.	Villinger
ZugFhr.	Ltn.	Treptow
ZugFhr.	»Fehlstelle«	

Stab II. Abteilung:

Abt.-Kdr.	Rittm.	Bullinger
Abt.-Adjut.	Ltn.	Timm
Ord.-Offz.	Ltn.	Vollprecht
Rittm.b.Stabe	Rittm.	Graf v. d. Schulenburg
Abt.-Arzt	O.Arzt d.R.	Dr. Pillen
Hilfsarzt	U.Arzt d.R.	Schmidt
Abt.-Vet.	O.Vet. d.R.	v. Drach
Hilfs.-Vet.	Vet.	Dr. Bockentin

6. (Reiter-)Schwadron:

Schwadr.Fhr.	Obltn.	Abel
ZugFhr.	Obltn.	Noetzel
ZugFhr.	Ltn.	Eggers

7. (Reiter-)Schwadron:

Schwadr.Fhr.	Rittm.	Epping
ZugFhr.	Ltn. d.R.	v. Ramm
ZugFhr.	Ltn.	Heide

8. (Reiter-)Schwadron:

Schwadr.-Fhr.	Obltn.	Wolff-Vorbeck
ZugFhr.	Ltn.	Keske
ZugFhr.	Ltn.	Busch

9. (MG-)Schwadron:

Schwadr.Fhr.	Obltn.	v. Flotow
ZugFhr.	Ltn. d.R.	Steifensand
ZugFhr.	Ltn.	Schubert

10. (GrW.-)Schwadron:

Schwadr.Fhr.	Obltn.	Philipps
ZugFhr.	Ltn.	Lödige
ZugFhr.	Ltn.	v. Stechow

VEREINFACHTE STELLENBESETZUNG DES REITER-RGT. 41
Stand: 15. Februar 1945

Regiments-Stab:		
Rgts.-Kdr.	Oberstlt.	Rojahn
Rgts.-Adjut.	Obltn. d.R.	Niemöller
Ord.-Offz.	Ltn. d.R.	Delius
Dolmetscher	Ltn.	Kehrhahn
Vers.-Offz.	Obltn.	Gossmann
Rgts.-Arzt	St.Arzt d.R.	Dr. Bruchhäuser
Hilfsarzt	»Fehlstelle«	
Rgts.-Vet.	St.Vet.	Henninger
Kfz.-Offz.	Insp.(K.) d.R.	Hanisch
Major b. Stabe	Rittm.	v. Ziegner
San.-Offz. (Chirurg)	St.Arzt d.R.	Dr. Nienhaus
San.-Offz. (Z)	A.Arzt d.R.	Dr. Grünig
Hilfsarzt	Feld-U.Arzt	Frinken
Vet.-Offz. (Chirurg)	St.Vet. d.R.	Einhell
Stabs-Schwadron:		
Schwadr.Fhr.	Obltn.	Oltersdorf
PzJg.ZugFhr.	»Fehlstelle«	
Nachr.-ZgFhr.	Ltn.	Lehmann
Erk.-ZugFhr.	Ltn. d.R.	Heinel
Pi.-ZugFhr.	Obltn.	Habestreit
Stab I. Abteilung:		
Abt.-Kdr.	Rittm.	Springborn
Abt.-Adjut.	Ltn.	Häckel
Ord.-Offz.	Ltn.	v. d. Decken
Abt.-Arzt	O.Arzt	Dr. Brinkenstein
Hilfsarzt	A.Arzt d.R.	Dr. Pohl
Abt.-Vet.	O.Vet. d.R.	Dr. Kampik
2. Vet.-Offz.	O.Vet. d.R.	Rüggesiek
Stabs-Schwadron:		
Schwadr.Fhr.	Rittm. d.R.	Bieling
Nachr.-ZugFhr.	»Fehlstelle«	
1. (Reiter-)Schwadron:		
Schwadr.Fhr.	Ltn.	Kolter
ZugFhr.	Ltn.	Stahl
ZugFhr.	»Fehlstelle«	
2. (Reiter-)Schwadron:		
Schwadr.Fhr.	»Fehlstelle«	
ZugFhr.	Ltn.	Nietsch
ZugFhr.	»Fehlstelle«	
3. (Reiter-)Schwadron:		
Schwadr.Fhr.	Obltn. d.R.	Drösemeyer
ZugFhr.	»Fehlstelle«	
ZugFhr.	»Fehlstelle«	

4. (MG.-)Schwadron:		
Schwadr.Fhr.	Ltn.	Beyer
ZugFhr.	»Fehlstelle«	
ZugFhr.	»Fehlstelle«	
5. (Gr.W.-)Schwadron:		
Schwadr.-Fhr.	Rittm. d.R.	Geyer
ZugFhr.	Ltn.	Schade
ZugFhr.	»Fehlstelle«	
Stab II. Abteilung:		
Abt.-Kdr.	Major	Brendecke
Abt.-Adjut.	Ltn. d.R.	Beye
Ord.-Offz.	Ltn.	Miegel
Abt.-Arzt	A.Arzt d.R.	Dr. Klapproth
Hilfsarzt	»Fehlstelle«	
Abt.-Vet.	»Fehlstelle«	
2. Vet.-Offz.	»Fehlstelle«	
Stabs-Schwadron:		
Schwadr.Fhr.	Obltn. d.R.	Mühlbauer
Nachr.-ZugFhr.	»Fehlstelle«	
6. (Reiter-)Schwadron:		
Schwadr.Fhr.	Ltn.	Wonde
ZugFhr.	Ltn.	Hardacker
ZugFhr.	»Fehlstelle«	
7. (Reiter-)Schwadron:		
Schwadr.Fhr.	»Fehlstelle«	
ZugFhr.	Ltn. d.R.	Mäusbacher
ZugFhr.	Ob.Fähnr.	Wiechmann
8. (Reiter-)Schwadron:		
Schwadr.Fhr.	»Fehlstelle«	
ZugFhr.	Ltn. d.R.	Heilmann
ZugFhr.	Ltn. d.R.	Hertenberger
9. (MG.-)Schwadron:		
Schwadr.Fhr.	»Fehlstelle«	
ZugFhr.	Ltn.	Kaczmarzewski
ZugFhr.	Ltn. d.R.	Hillebrecht
10. (Gr.W.-)Schwadron:		
Schwadr.Fhr.	Ltn. d.R.	Pommé
ZugFhr.	Ltn. d.R.	v. d. Decken
ZugFhr.	»Fehlstelle«	

E 27) VEREINFACHTE KRIEGSSTÄRKENNACHWEISUNG (HEER)
KRIEGSETAT 44

Stab und Stabsschwadron eines Reiter-Regiments

	A) Stab	B) Stabs-Schwadr. Gruppe Führer	Nachr.Zg.	Erk.Zg.	Pi.Zg.	Pz.Jg.Zg.	Troß	Insgesamt
Offz.	7	1	1	1	1	1	3	15
Beamte							2	2
Uffz.	1	5	16	3	5	4	19	53
Mannsch.	18	4	65	32	42	28	73	262
Reitpferde	24	10	15				2	51
Zugpferde			12				20	32
Tragtiere								—
Karabiner	9	3	65	4	15	25	68	189
MPi	17	3	17	25	29	5	2	98
Pistolen		4		7	4	3	27	45
MG.			1	3		3	1	12
Geschütze						3 (7,5 Pak)		3
bespannte Fahrzeuge			5				5	10
Kräder	3			2	1	1		7
PKW	3		3	10	1	1	2	20
LKW			11		5	1	20	37
RSO						3		3
gep. Kfz.			1					1

Stab und Stabsschwadron einer Reiter-Abteilung

	A) Stab	B) Stabs-Schwadr. Gruppe Führer	Nachr.Zg.	Troß	insgesamt
Offz..	6	1	1		8
Beamte				2	2
Uffz.	2		5	13	20
Mannsch.	14	1	35	31	81
Reitpferde	16		32	4	54
Zugpferde			10	28	38
Tragtiere			9		9
Karabiner			13	21	34
MPi	19	1	28	18	66
Pistolen	6	1		7	14
MG.				1	1
bespannte Fahrzeuge			2	7	9
Kräder	3			1	4
Kfz	3			8	11

	Reiter-Schwadr. eines Reiter-Rgts.	*Maschinengewehr-Schwadr.* eines Reiter-Rgts.	*Granatwerfer-Schwadr.* eines Reiter-Rgts.
Offz.	3	3	3
Uffz.	35	32	39
Mannsch.	186	152	189
Reitpferde	196	146	179
Zugpferde	34	60	76
Karabiner	80	29	42
Sturmgewehre	124		
ZF-Gew.	6		
MPi		127	179
Pistolen	12	35	14
l.MG.	6	1	4
s.MG.		12	
Gr.W.			12 (8 cm Gr.W.)
besp.Fahrz.	9	21	30
unbesp.Fahrz.	1	12	22
Kräder		2	2
PKW	1	3	4
LKW	2		

E 28) WERDEGANG UND VERLUSTE VON KAV.-SCHWADRONEN 1939—45 (zwei Beispiele)

Die *3./Kav.Rgt. 6*, Darmstadt

wurde bei Kriegsbeginn	1939	1./Aufkl.-Abt. 34
im Frühjahr	1943	2./Reiterverband Boeselager
danach		5./Kav.-Rgt. Mitte
anschließend		7./Kav.-Rgt. Mitte
	01. 07. 1944	7./Reiter-Rgt. 31

Die Schwadron hatte im Verlauf des Krieges Verluste von:
142 Offizieren, Unteroffizieren und Mannschaften dazu
2 Kosaken und
34 Vermißte.

Die gefallenen Offiziere sind:

Ltn. Piet Fangmann	25. 11. 41
Obltn. Frhr. v. Gersdorff	02. 12. 41
Obltn. Frhr. v. d. Schulenburg	06. 09. 43
Ltn. Friedrich v. Hülst	06. 09. 43
Obltn. Wilhelm Beseler	02. 12. 43
Obltn. Alexander Bockenheimer	15. 07. 44 vermißt
Obltn. Hans Koch	21. 10. 44
Obltn. Friedr. Wilh. Niemöller	01. 12. 44
Obltn. Haupt	04. 02. 45
Rittm. Heinz Festerling	29. 03. 45

Die *1./Kav.-Rgt. 15*, Neuhaus, Kreis Paderborn

wurde bei Kriegsbeginn 1939	1./Aufkl.-Abt. 186
15. 05. 1942	Reiter-Schwadr. der Pz.Jäger-Aufkl.-Abt. 186
01. 08. 1942	Reiter-Schwadr./Schnelle Abteilung 186
28. 03. 1943	6./Reiterverband Boeselager
11. 04. 1943	3./Kav.-Rgt. Mitte
01. 07. 1944	3./Reiter-Rgt. 31

Die Schwadron hatte im Verlauf des Krieges Verluste von:
199 Offizieren, Unteroffizieren und Mannschaften, dazu 2 Kosaken
46 Vermißte
6 Versprengte (ohne Spur)

Die gefallenen Offiziere sind:

Obltn. Hidding	19. 01. 44
Ltn. Bornefeld-Ettmann	10. 01. 44
Ltn. Klose	17. 07. 44
Obltn. Beckhaus	15. 11. 44
Ltn. Fischer, Detlev	22. 01. 45
Ltn. Frhr. v. Dalwigk	06. 03. 45

ANLAGE F
UNIFORMEN, DIENSTGRAD-, TRADITIONS- UND DIVISIONSABZEICHEN

F 1) Kavallerie-Uniform 1921

Oberschütze Gefreiter Obergefreiter Hauptmann als Adjudant General – Leutnant Unteroffizier der Kavallerie mit dreifach. Schieß-auszeichnung Oberfeldwebel Stabsgefreiter

F 2) Uniformen der Reichswehr 1934

F 3) Dienstgradabzeichen von Reichswehr und Wehrmacht

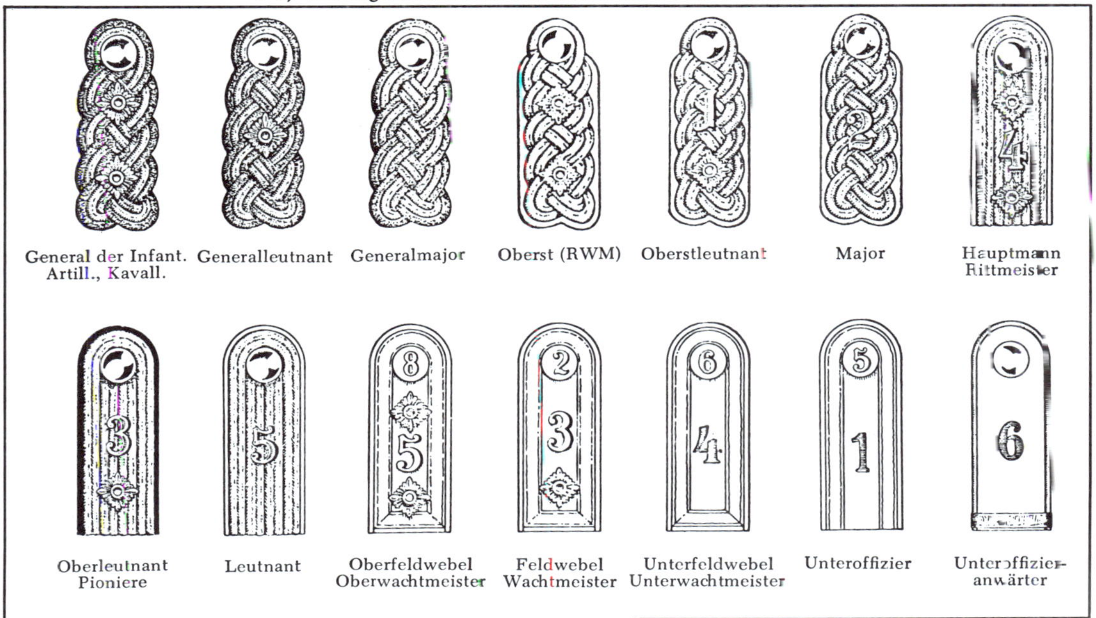
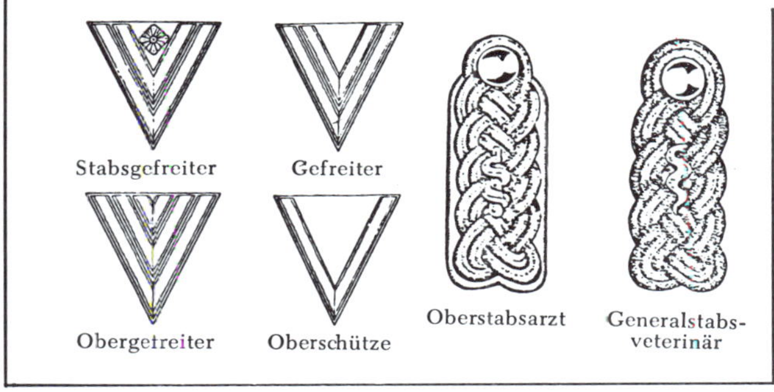

F 4) Schulterklappe eines Oberwachtmeisters/Oberfähnrichs des Kav.-Rgt. Nord mit dem Totenkopf der Danziger Leibhusaren

F 5) Schulterstück eines Leutnants des Reitenden Artillerie-Rgts. 1

F 6) Das auf den Schulterstücken, bzw. Schulterklappen getragene „R" bedeutete bei der Artillerie: „Reitende, Reitendes"; bei der Kavallerie: „Radfahrer"

F 7) Der „Schwedter Adler“ des ehem. 1. (Brandenburgischen) Drag.Rgts. Nr. 2
- weitergeführt zunächst von der 4./Reiter-Rgt. 6
- später vom Kradschützen-Btl. 3 und Teilen des Kav.-Rgt. 6
- ab 1943 von Kav.-Rgt. Mitte,
- danach von 3. Kav.-Brigade/3. Kav.-Division

F 8) Totenkopf des Braunschweigischen Husaren-Rgts. Nr. 17
- weitergeführt von der 4./Reiter-Rgt. 13 (später Kav.-Rgt. 13)
- später von den aus dieser Schwadron hervorgegangenen Kriegsformationen
- ab 1943 vom Kav.-Rgt. Süd
- danach Reiter-Rgt. 41

F 9) Totenkopf der Danziger Leibhusaren
- weitergeführt von Teilen des Reiter-Rgt. 5 (später Kav.-Rgt. 5)
- ab 1944 vom Kav.-Rgt. 5 „Feldmarschall von Mackensen“

Dieser Totenkopf wurde in ähnlicher Ausführung auch von der Panzertruppe getragen (Kragenspiegel), sowie von den Totenkopf-Verbänden der SS (Kragenspiegel und Mütze).

Oberkommando des Heeres
GenStdH/Org.Abt.

H.Qu., den ~~27. August~~ 1944
Fernspr. Annabu 2646

Datum korrigiert in 6. September

Nr. II/51394/44

An
Obkdo. Heeresgruppe Mitte mit NA für
3. und 4. Kav.Brigade
nachr. OKH/Chef H Rüst u BdE/AHA
Oberstlt.v.Amsberg, Adj.d.Wehrm.b.Führer

1.) Mit sofortiger Wirkung erhalten die 3. und 4. Kav.Brigade Traditionsabzeichen, und zwar:

Die 3. Kav.Brigade	den Schwedter Adler,
die 4. Kav.Brigade (ohne Kav.Rgt.5)	den Braunschweiger Totenkopf,
das Kav.Rgt. 5	den Totenkopf der Danziger Leibhusaren.

2.) Die Traditionsabzeichen sind an der Mütze unter der Kokarde zu tragen. Auf den Schulterstücken bzw. Schulterklappen wird die Rgt.Nr. getragen.

3.) Die den Kav.Brigaden bzw. dem Kav.Rgt. 5 verliehenen Traditionsabzeichen treten an die Stelle der bisher von den Kav.Rgtern. getragenen Abzeichen.

I.A.

Gen.Ltn. und Chef der Führungsgruppe

Nach Abgang:
Op Abt
PA/1.Staffel
Gen d Inf b Chef GenStdH
Org I

Anm.: Das Datum »27. August« wurde handschriftlich in 6. September abgeändert.

F 10) Divisions-Zeichen der 1. (ostpr.) Kav.-Division später 24. Panzer-Division

F 11) Divisions-Zeichen der (von links nach rechts)
8. SS-Kav.-Division „Florian Geyer“
22. SS-Freiw.-Kav.-Division „Maria Theresia“
37. SS-Kav.-Division „Lützow“

F 12) Rgts.-Zeichen des Kav.-Rgt. Mitte

Rgts.-Zeichen des Kav.-Rgt. Süd, sp. des R.R. 41

Div.-Zeichen (Ärmelzeichen) der 4. Kav.-Division

F 13) Ärmelstreifen des zum Sonderverband erklärten Kav.-Rgt. 5

ANLAGE G
AUSRÜSTUNG, BEWAFFNUNG UND DIENST DER KAVALLERIE

1 Die Ausrüstung des Reiters (Schützenabmarsch)

2 Die Ausrüstung des Reiters (MG-Abmarsch).

3 Der Reichswehr-Kavallerist führte den in Länge und ballistischen Leistungen mit dem Gewehr 98 gleichen Karabiner 98 b. In der Wehrmacht wurden zunächst Kavallerie, motorisierte und bespannte Truppen, später alle Waffengattungen mit dem Karabiner 98 k ausgerüstet.

4 Die bereits beim deutschen Heer des I. Weltkrieges als Ordonanzwaffe eingeführte „Pistole 08" wurde auch von der Reichswehr und der Wehrmacht weitergeführt.

5 Teilweise bis 1941 führten die berittenen und die bespannten Truppen als für sie typische Blankwaffe den Säbel. Das Seitengewehr, später auch der Spaten wurden von der Reichswehr- und Wehrmachts-Kavallerie zusätzlich geführt.

6 Troddel und Faustriemen der Seitenwaffen.

7 Die bis 1927 geführten Lanzen-Flaggen.

8—9 Die Ausrüstung des Truppenpferdes.

10 Dienstplan für den Stalldienst der berittenen und bespannten Truppen gemäß H.Dv. 11/1.

11 u. 12 Namens- und Beritt-Tafel gemäß H.Dv. 11/1. Die Namenstafeln werden als Stalltafeln in ähnlicher Ausführung heute vielfach von der zivilen Reiterei weiterverwendet.

13 Führungszeichen für berittene und bespannte Truppen (Handzeichen Lichtzeichen und Bedeutung.)

G 1) DIE AUSRÜSTUNG EINES REITERS DES SCHÜTZENABMARSCHES (REICHSWEHR)

Packordnung für Packtaschen

Vordergepäck

Linke Packtasche:

15 Patronen in der Munitionstasche.

2 Vorder-Hufeisen mit Hufnägeln, Schraubstollen, 1 Anbindering in der Hufeisentasche.

500 g Feldzwieback.

200 g Fleischkonserven (können auch im Kochgeschirr verpackt werden).

1 Beutel enthaltend: Handtuch, Nähzeug mit Schere, Löffel, Spiegel und Kamm, Zahnbürste, Seife, Rasiermesser, Rasierpinsel, 1 Kleiderbürste, 1 Pferdeputzzeug, Feldmütze, Gesangbuch, 1 Halfterkette am Boden.

Rechte Packtasche:

1 Paar Schnürschuhe (Schäfte eingeschlagen, sohlen vorn nach außen, ein Absatz oben, einer nach unten). In den Schnürschuhen werden verpackt: Putzlappen, Schuhputzzeug, eine Schachtel Fett. Zeltstöcke in einem Beutel aus Segeltuch an die Vorderseite der Packtasche angeschnallt.

Dazu linke und rechte Hilfspacktasche (für Wäsche und persönliche Gegenstände).

Hintergepäck

a Mantel. Umschlag oben, Öffnung nach vorn, 1/3 der Breite auf dem Hinterzwiesel zum Legen desselben;

1. Schulterklappen aufknöpfen, einmal lang zusammenlegen, Knöpfe oben,
2. unteren Teil in gerader Linie umschlagen, Seiten rechteckig 60—63 cm umschlagen,
3. Fußende 17 cm umschlagen, obere Hälfte umlegen, daß Kragen handbreit vom Umschlag bleibt. Ärmel verteilen,
4. Mantel von oben aus dreimal umlegen;

b Kochgeschirr: in Lederbehälter.

c Fouragierleine 1), soweit sie nicht auf den Fahrzeugen untergebracht wird, unter der Säbeltasche.

d Deckengurt, Stallhalfter nach Bestimmung des Führers.

e Schlafdecke wird über den Woilach gelegt oder im Fahrzeug untergebracht.

G 2) DIE AUSRÜSTUNG EINES REITERS DES MG-ABMARSCHES (SCHÜTZE I) DER WEHRMACHT

Zu Pferd:
Pistole
Säbel
Klapphacke
MG. 13
Werkzeugtasche
mit Inhalt
Sonnenbrille
2 Futterale mit je 1 Tragegurt
2+8 Magazine =
250 Patronen

Verteilung am Pferd:
links vorn:
Säbel
Futteral für Mag. mit
1 Tragegurt und 2 Mag.
= 50 Patronen
rechts vorn:
rechte Packtasche
Kochgeschirr
links hinten:
Futteral für MG. 13
rechts hinten:
Futteral für Mag. mit
1 Tragegurt und 8 Mag.
= 200 Patronen

Zu Fuß:
Pistole
Klapphacke
MG. 13
Werkzeugtasche mit
Inhalt
Sonnenbrille
1 Tragegurt mit 8 Mag.

= 200 Patronen

DIE BEWAFFNUNG UND AUSRÜSTUNG DER REICHSWEHR-KAVALLERIE

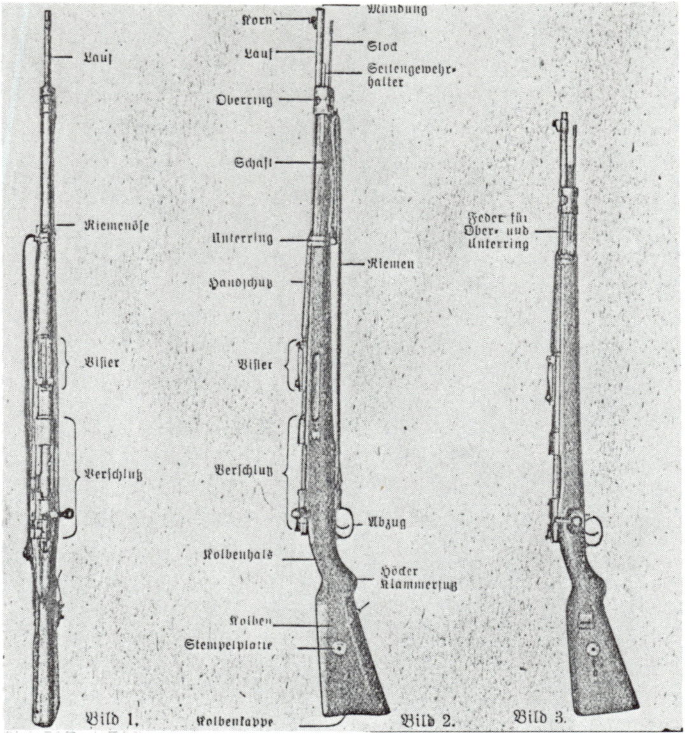

Karabiner 98 b. Gewehr 98. Karabiner 98 k.

G 3) Der Reichswehr-Kavallerist führte den Karabiner 98 b. als Schußwaffe. In der Wehrmacht wurde die Kavallerie, wie die motorisierten und bespannten Truppen, mit dem Karabiner 98 k. ausgestattet.

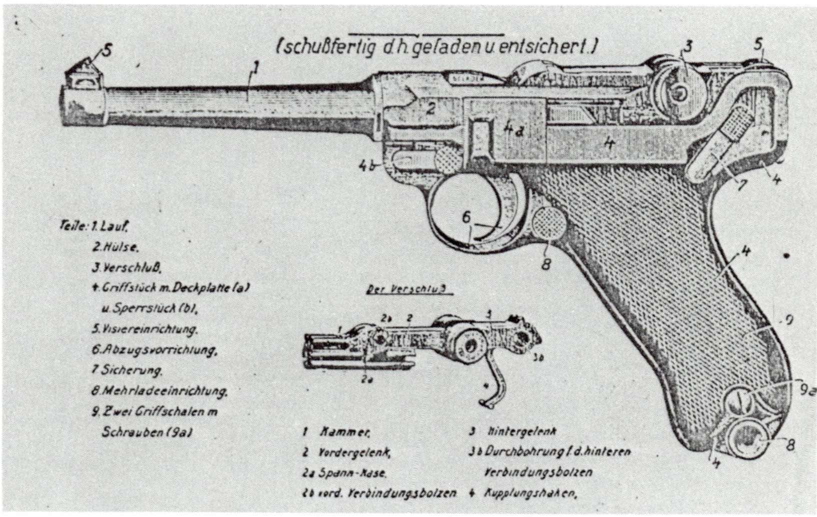

G 4) Die Pistole 08 wurde von den Offizieren, Portepee-Unteroffizieren und den MG-Schützen geführt.

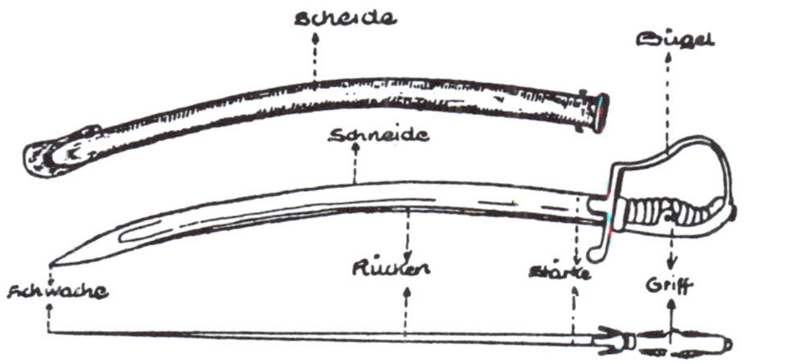

G 5) Teilweise bis 1941 führten die berittenen und die bespannten Truppen als für sie typische Blankwaffe den Säbel. Das Seitengewehr, später auch der Spaten wurden von der Reichswehr- und Wehrmachts-Kavallerie zusätzlich geführt.

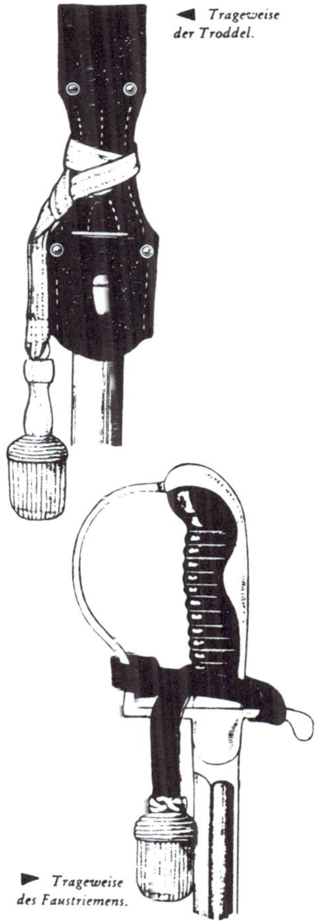

G 6) Troddel und Faustriemen der Seitenwaffen

G 7) Lanzen-Flagge der (Preußischen) Reiter-Rgtr. 1919—1927
oben: Mannschafts-Flagge
unten: Unteroffiziers-Flagge

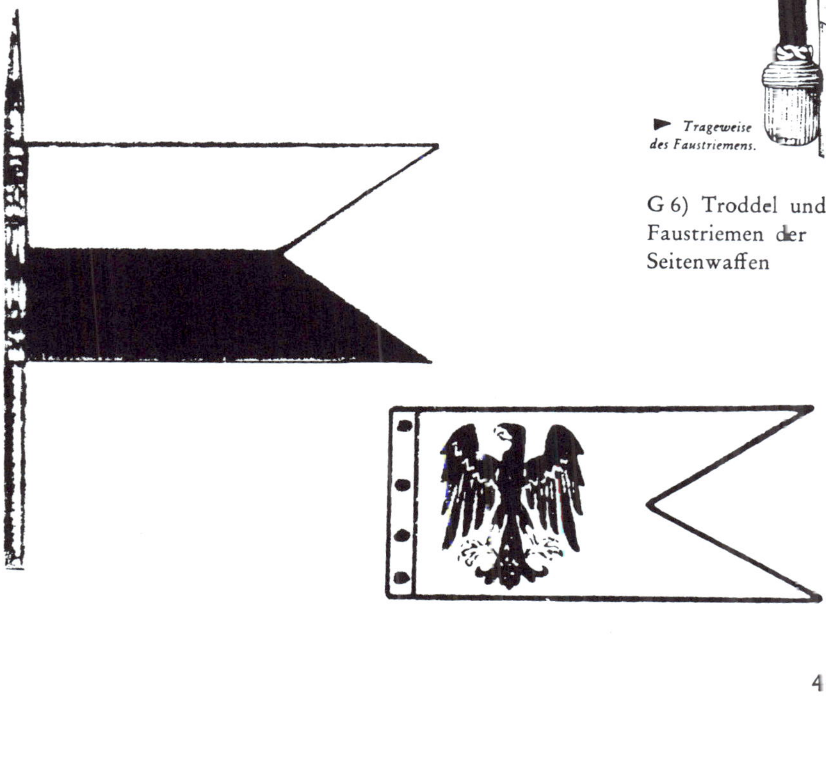

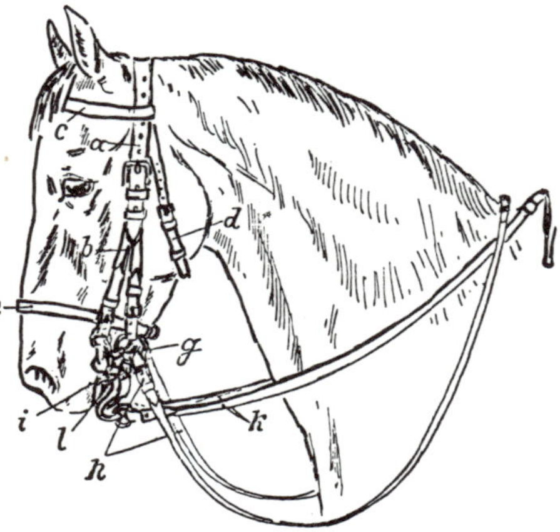

Zäumung auf Kandare.

a = Kobfstück.
b = Backenstück.
c = Stirnriemen,
d = Kehlriemen.
e = Nasenriemen.
g = Trensengebiß.
h = Trensenzügel.
i = Kandare.
k = Kandarenzügel.
l = Kinnkette,

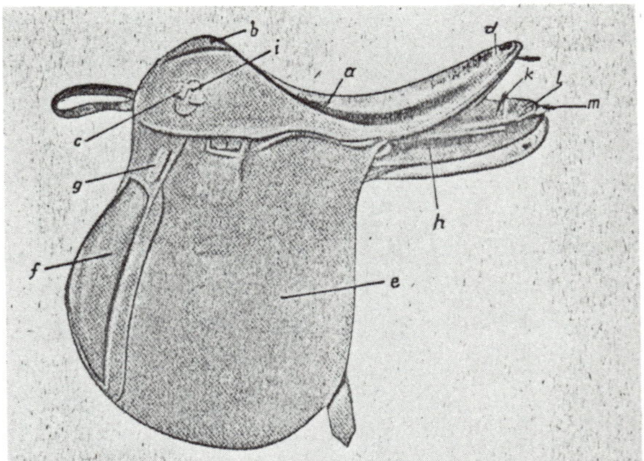

Armeesattel 25.

a Sattelsitz
b Lederkappe
c Einschnitt mit Vorsteckriemen
d Schlitzblech für den Mittelpackriemen
e Satteltasche
f Kniepausche
g Kramme für die Packtasche
h Trachtenkissen
i Kramme für die Vorgurtstrippe
k Packring
l Schnalle für die Hinterzeugstrippe
m Lederstück zum Festlegen der Schnallen.

Zweigespann

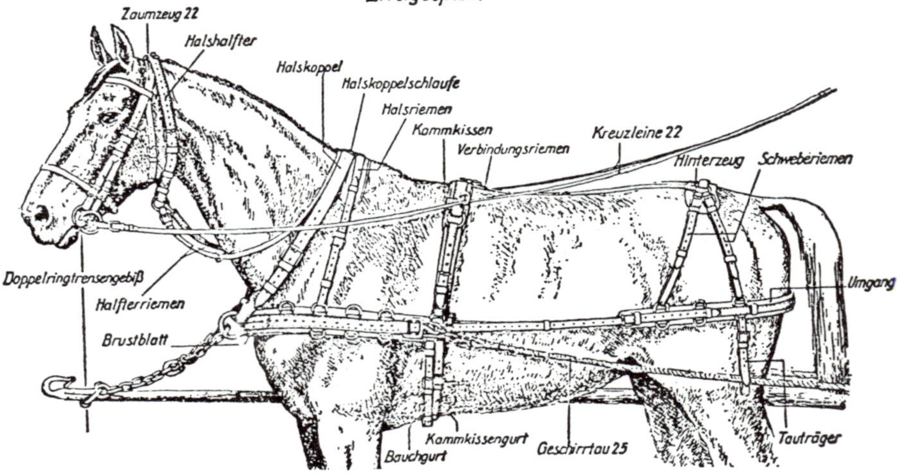

G 10) Dienstplan für den Stalldienst der berittenen und bespannten **Truppen gem. H.Dv. 11/1**

Zeiteinteilung des Stalldienstes (Anhalt).

3^{45} Uhr	Tränken	durch die Stallwache.
4^{30} Uhr	Füttern	durch die Stallwache.
5—5^{45} Uhr	Streu ordnen, Pferdepflege durch die Pferdepfleger.	

Vor dem Ausrücken zum Dienst:

6^{15} Uhr	Satteln und Schirren	durch die Pferdepfleger.
6^{45} Uhr	Herausziehen zum Anspannen usw.	durch die Pferdepfleger.
7 Uhr	Abrücken.	

Nach dem Einrücken vom Dienst:

11—12 Uhr	Abschirren, Pferdepflege Stallpflege, Tränken, Heuvorlage Reinigen der Pferde- und Tragtierausrüstung	durch die Pferdepfleger.
12—12^{15} Uhr	Füttern, Tränken Streu ordnen	durch die Pferdepfleger.
14—15 Uhr	Tränken, Zwischenfutter durch die Stallwache.	
17—18 Uhr	Füttern, Tränken, Stallpflege Einstreuen	durch die Pferdepfleger.
20—21 Uhr	Nachttränken, Heuvorlage durch die Stallwache.	

Sonntags ist der Frühstalldienst von 7 Uhr ab auf 2 Stunden auszudehnen, dafür findet der Mittagsstalldienst nur ½ Stunde statt.

G 11) Muster der für jedes Truppenpferd gem. H.Dv. 11/1 vorgeschriebenen Namenstafel, eine Einrichtung die heute weitgehend **von der zivilen Reiterei übernommen worden ist.**

Imperator

Vater: Sultan — Mutter: Asta
Züchter: Max Schmidt
Elmshorn-Holstein
geb. 17. 3. 1926.
Remonteamt: Mecklenhorst.
Turniererfolge:

II. Beritt.

Berittführer: Unteroffizier Großer
Reitpferde: 12
Zugpferde: 4

Bei Neufertigung sind die Tafeln nach Größe Din A. 4. = 210 × 297 zu fertigen.

G 12) Die für jeden Beritt vorgeschriebene Berittafel, auf welcher die Verantwortlichkeit für den Stalldienst festgelegt war.

G 13) Führungszeichen für berittene und bespannte Truppen (Handzeichen, Lichtzeichen und Bedeutung)

	Hochgehobenen Arm wiederholt scharf nach unten stoßen a) in der Bewegung b) im Halten	rot rot	a) „Halten!“ b) „Absitzen!“ (gilt für Reiter, Fahrer, aufgesessene Mannschaften)
	Ausgestreckten Arm halbkreisförmig rechts u. links vom Pferdehals senken (Nur bei M.G.- u. M.W.-Einheiten)	—	„Bedienung absitzen!“

Jagdsignal Halali:

ANLAGE H
HAUPTZUCHTGEBIETE UND BRANDZEICHEN
DER HEERES-REMONTEN

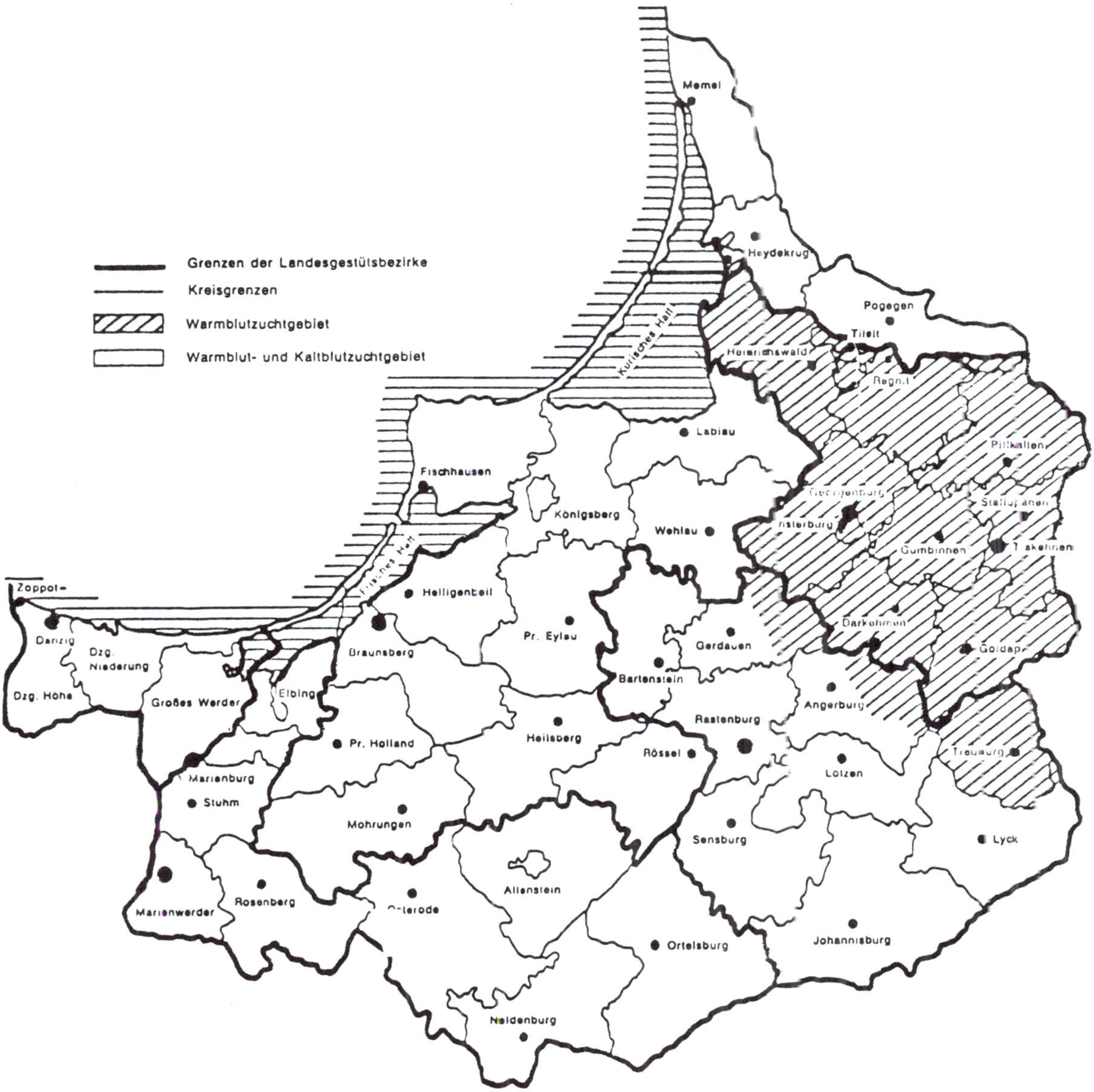

H 1) Ostpreußen

H 2) Der nordwestdeutsche Raum

BRANDZEICHEN DER IN REICHSWEHR UND WEHRMACHT VERWENDETEN HEERES-REMONTEN
gemäß H.Dv. 11/2

Bis zur Heeresvermehrung 1935 wurden ausschließlich Pferde deutscher Zuchtgebiete als Remonten eingestellt. Als Reit-, Trag- und Zugpferde für leichten und schweren Zug verwendeten Reichswehr und Wehrmacht folgende Rassen:

I. Warmblutpferde

A. Brände der Staatsgestüte

Brandzeichen	*Gestüt*
 Rechter Hinterschenkel	**Preußen** *Preußisches Hauptgestüt Graditz (Prov. Sachsen)* Für alle im Hauptgestüt gezogenen Pferde.
 Rechter Hinterschenkel	*Preußisches Hauptgestüt Trakehnen* *Seit 1787:* Für alle im Hauptgestüt gezogenen Pferde.
 Rechter Hinterschenkel	*Preußisches Hauptgestüt a. d. Dosse* (Friedrich-Wilhelm-Gestüt) *Seite 1788:* Für alle im Hauptgestüt gezogenen Pferde.
 Rechter Hinterschenkel	*Außer Gebrauch!* *Preußisches Hauptgestüt Beberbeck* *1875—1930:* Für alle im Hauptgestüt gezogenen Pferde.
 Rechter Hinterschenkel	*Außer Gebrauch!* *Preußisches Hauptgestüt Altefeld* *1921—1930:* Für alle im Hauptgestüt gezogenen Pferde.
 Rechter Hinterschenkel	**Bayern** *Stammgestüt Achselschwang* Für alle im Stammgestüt gezogenen Pferde.

Brandzeichen	*Gestüt*
 Rechter Hinterschenkel	*Stammgestüt Zweibrücken-Eichelscheid (Saar-Pfalz)* Für alle über 3 Jahre alten im Stammgestüt gezogenen Pferde.
 Rechter Hinterschenkel	**Württemberg** *Württembergisches Hauptgestüt Marbach a. L.* *Seit 1918:* Für alle über 3 Jahre alten im Hauptgestüt gezogenen Pferde.

B. Brände der Zuchtverbände

Brandzeichen	*Verband*
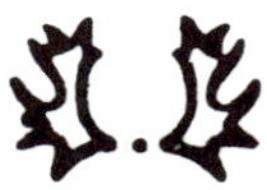 *) Linke Halsseite **) Linker Hinterschenkel	*Ostpreußische Stutbuchgesellschaft für Warmblut Trakehner Abstammung e. V.* (Verband ostpreußischer Warmblutzüchter) Hauptgeschäftsstelle: Königsberg i. Pr., Wallring 30. *) Als kleiner Halsbrand (links) für in das Hauptregister des Ostpreußischen Stutbuches aufgenommene Stuten. *) Als Schenkelbrand (hinten links) kür die Nachzucht Stuten des Hauptregisters und des Vorregisters I und eines anerkannten Warmblut- oder Vollbluthengstes.
 *) Linke Halsseite **) Rechte Halsseite	*) Als kleiner Halsbrand (links) für in das Vorregister I des Ostpreußischen Stutbuches aufgenommene Stuten. **) Als kleiner Halsbrand (rechts) für in das Vorregister II des Ostpreußischen Stutbuches aufgenommene Stuten.
 *) Linker Hinterschenkel	*) Als Schenkelbrand (hinten links) für die Nachzucht von Stuten des Vorregisters II und eines anerkannten Warmblut- oder Vollbluthengstes.

Brandzeichen	*Verband*
 *) Linker Hinterschenkel **) Linke Halsseite	*Grenzmärkisches Pferdestammbuch,* Grenzmark-Stutbuchgesellschaft Hauptgeschäftsstelle: Schneidemühl, Güterbahnhof 26/27. *) Als Schenkelbrand (hinten links) für die Nachzucht eingetragener Stuten von anerkannten Hengsten. **) Als Halsbrand (links) für in das Hauptregister aufgenommene Stuten.
 Linker Hinterschenkel	*Verband pommerscher Warmblutzüchter e. V.* Hauptgeschäftsstelle: Stettin, Kreckower Straße 42. Für die Nachzucht vom Stutbuch anerkannten Warmbluthengsten und von Stutbuch- und Hilfsstutbuchstuten, deren Vater dem Zuchtziel des Verbandes entspricht.
 Rechte Halsseite	Für in das Pommersche Leistungsstutbuch eingetragene Stuten.
 Rechter Hinterschenkel	*Verband Brandenburgischer Warmblutzüchter* Hauptgeschäftsstelle: Berlin NW. 40, Kronprinzenufer 5/6. Für Fohlen, die von Stutbuchstuten Abt. A und staatlichen oder ungekürten Warmbluthengsten stammen.
 Linker Hinterschenkel	*Außer Gebrauch!* Stutbuchbrand für alle Nachkommen von Stutbuchstuten, deren Väter vom hannoverschen Stutbuch anerkannt sind.
 Linke Sattellage	*Westfälisches Pferdestammbuch E. V.* Hauptgeschäftsstelle Münster i. W., Engelstraße 28. Für Fohlen, deren Mütter im Hauptstammbuch, Abt. A, eingetragen sind.
 Rechter Hinterschenkel	*Sächsisches Pferdestammbuch E. V.* Hauptgeschäftsstelle: Dresden-A. 1, Christianstraße 27 I. Fohlenbrand für prämiierte Nachzucht von in Sachsen stehenden Hengsten.

Brandzeichen	*Verband*
 Rechte Halsseite	*Landesverband bayerischer Pferdezüchter E. V.* Hauptgeschäftsstelle: München 2 NW., Prinz-Ludwig-Straße 1. Für Fohlen von eingetragenen Stuten und eingetragenen Hengsten.
 Rechte Halsseite	Für Fohlen von eingetragenen Stuten und Hengsten der Rottaler Zuchtrichtung in Niederbayern.
 Rechter Hinterschenkel	*Württembergischer Pferdezuchtverein* Hauptgeschäftsstelle: Schwäb. Gmünd. Für alle in das Stutbuch eingetragenen Stuten sowie für alle Heeresremonten.
 Rechte Halsseite	Für alle Fohlen aus eingetragenen Stuten.
 Linke Halsseite	*Badisches Pferdestammbuch, Abt. Warmblut* Hauptgeschäftsstelle: Karlsruhe, Beiertheimer Allee 16. Für Fohlen von in das Badische Pferdestammbuch, Abt. Warmblut, eingetragenen Hengsten und Stuten.
 Rechter Hinterschenkel	*Schlesisches Pferdestammbuch e. V.* Hauptgeschäftsstelle: Breslau 10, Matthiasplatz 5. Fohlenbrand für Staatsprämienstuten und die Nachzucht von Hauptstammbuchstuten von Landbeschälern und anerkannten Hengsten.
 Linker Hinterschenkel	*Verband Mecklenburgischer Warmblutzüchter* Hauptgeschäftsstelle: Güstrow, Wall, Haus der Landesbauernschaft. Für alle Nachkommen staatlicher oder ungekürter Privatbeschäler und eingetragene Stuten.

Brandzeichen	*Verband*
 Linker Hinterschenkel	*Verband der Züchter des Holsteiner Pferdes* Hauptgeschäftsstelle: Elmshorn. Für alle ungekürten Stuten und deren Nachzucht, aufgenommen in das Gestütbuch des Verbandes der Züchter des Holsteiner Pferdes.
 Linke Halsseite	Kontrollbrand für Fohlen, deren Mütter im Gestütbuch des Verbandes der Züchter des Holsteiner Pferdes eingetragen sind.
 Linker Hinterschenkel	*Verband der Züchter des Oldenburger Pferdes* Hauptgeschäftsstelle: Oldenburg, Pferdemarkt 12. Für alle in das Stutbuch aufgenommenen Stuten und deren Nachzucht.
 Linker Hinterschenkel	*Ostfriesisches Stutbuch* Hauptgeschäftsstelle: Norden. Für Fohlen mit nachgewiesener ostfriesischer Abstammung.
 Linker Hinterschenkel	*Verband hannoverscher Warmblutzüchter E. V.* Hauptgeschäftsstelle: Hannover 1 M, Ferdinandstraße 52a. Stutbuchbrand für alle Nachkommen von Stutbuchstuten und staatlichen und anerkannten Warmbluthengsten.
 Linker Hinterschenkel	Kontrollbrand für Fohlen mit blauen oder roten Fohlenscheinen der Landgestüte, deren Mütter nicht in das Stutbuch eingetragen sind.

II. Kaltblutpferde

Als Pferde für schweren und schwersten Zug wurden Kaltblutpferde verwendet.

Brandzeichen	*Verband*
R Linker Hinterschenkel	*Rheinisches Pferdestammbuch* Hauptgeschäftsstelle: Bonn a. Rh., Endenicher Allee 60. Für Hauptstammbuchpferde des Rheinischen Pferdestammbuches (Stuten und Hengste mindestens dreijährig).
Linke Halsseite	Für Stammbuchpferde des Rheinischen Pferdestammbuches (Stuten und Hengste mindestens dreijährig).
Rechte Halsseite	Fohlenbrand.
VSP Rechter Hinterschenkel	*Verband Schleswiger Pferdezuchtvereine e. V.* Hauptgeschäftsstelle: Kiel, Holstenstraße 106/108. Fohlenbrand.
Linke Halsseite	*Ostpreußisches Stutbuch für schwere Arbeitspferde e. V.* Hauptgeschäftsstelle: Königsberg, Schubertstraße 15. Für Fohlen von Hauptstutbuchstuten.
K Linke Halsseite	Für Fohlen von Stammbuch- und Vorklassenstuten.
Rechte Halsseite	*Landesverband bayerischer Pferdezüchter e. V.* Hauptgeschäftsstelle: München 2 NW., Prinz-Ludwig-Straße 1. Für Fohlen von eingetragenen Stuten des Pferdezuchtverbandes Oberbayern.
Rechte Halsseite	Für Fohlen von eingetragenen Stuten und eingetragenen Hengsten des Pferdezuchtverbandes Niederbayern.

Brandzeichen	*Verband*
 Rechte Halsseite	Für Fohlen von eingetragenen Stuten und eingetragenen Hengsten des Pferdezuchtverbandes Schwaben.
 Rechte Halsseite	Für Fohlen von eingetragenen Stuten und eingetragenen Hengsten des Pferdezuchtverbandes Franken.
 Rechter Hinterschenkel	*Schlesisches Pferdestammbuch e. V.* Hauptgeschäftsstelle: Breslau 10, Matthiasplatz 5. Fohlenbrand für Staatsprämienstuten und die Nachzucht von Hauptstammbuchstuten von Landbeschälern und anerkannten Hengsten.
 Linke Sattellage	*Westfälisches Pferdestammbuch e. V.* Hauptgeschäftsstelle: Münster i. W., Engelstraße 28. Für Fohlen, deren Mütter im Hauptstammbuch oder im Stammbuch eingetragen sind.

ANLAGE I
TRADITIONSVERBÄNDE DER KAVALLERIE

1. (Preuß.) Reiter-Rgt.
Major a. D. Egbert von Schmidt-Pauli
Postfach 620 109
5000 Köln 60

Regimentsgemeinschaft R.R. 2
Oberstlt. a. D. Wilhelm von der Trenck
Julius-Nenzer-Straße 3
6903 Neckargemünd

Kameradschaftskreis Kav.-Rgt. 3
Oblt. a. D. Heinz Görlich
Tegeler Weg 39a
3400 Göttingen

Vereinigung ehem. Angeh. des 4. (Preuß.) Reiter-Rgts.
G.St.: Bruno Rabe
Schönhauser Straße 12
1000 Berlin 41

Trad. Verb. Kav.Rgt. 5
1. Vors.: Major a. D. Grieser
Marschblick 12
3071 Holtdorf/Weser

Kameradschaft der Angehörigen des ehem. Kav.-Rgts. 6
und seiner Aufklärungs-Abteilungen
1. Vorsitzender: Karl Stüben
Prälat-Diehl-Straße 39
6100 Darmstadt

Kameradschaft 7. (Preuß.) Reiter-Rgt.
Helmut Kreisel
Ernst-von-Harnack-Straße 9
6200 Wiesbaden

Kameradschaft 8. Reiter
Günther Wolfgang Jeffke
Gereonstraße 18
4400 Münster/Westf.

Kameradschaft Reiter 9
Helmut Ohl
Am Bruchgraben 9
3203 Sarstedt

Kameradschaft Reiter 10
Kam.-Kreis ehem. 10. (Preuß.) Reiter-Regiment
nachm. Kavallerieregiment 10, mit den aus
ihnen hervorgegangenen Aufkl.Abt.
Geschäftsstelle: Helmut Obst
Grafensteiner Straße 13
6800 Bamberg

Kameradschaft Reiter 11, Kam.-Kreis
des ehem. 11. (Preuß.) Reiter-Rgts.
Herzog-Wilhelm-Straße 9/IV
8000 München

Bund der Angehörigen des ehem. Kav.-Rgts. 13
Willy Steinmeyer
Schützenstraße 81
3140 Lüneburg

»Kameradschaft PzAufklBtl. 6 und seiner Traditionsverbände« *Kav.Rgt. 14,* Drag. 13, 17, 18, Hus. 15, 18
2. Sprecher: Hans Meyer
Soltaustraße 24a
2050 Hamburg 80

Regiments-Verband ehem. 15er Reiter e.V.
Vereinigung der Angehörigen des ehem. Reiter- u. Kav.-Rgts. 15 sowie dessen Einheiten des Feldheeres
1. Vorsitzender:
Generalmajor a. D. Alexander Frevert-Niedermein
Kurfürstenstraße 82
5357 Swittal-Buschhoven

Vereinigung ehem. 17er Reiter
Erich Adam
Pödeldorfer Straße 153
8600 Bamberg

Kameradschaft Kavallerie-Rgt. 18
Schriftführer: Karl Heinrich
Kocherstraße 9
7000 Stuttgart 50

Kameradenkreis Kavallerie-Regiment Mitte
R.R. 31 u. R.R. 32
Rittm. a. D. Conrad Müller
Thaerstraße 48
7000 Stuttgart 31

Reiter-Regiment 41
Major a. D. Helmut Hacke
Gluckstraße 11
5750 Menden

Reitendes Artillerie-Regiment 1
Heinz Meyer
Lindhooper Straße 18
2810 Verden (Aller)

Kavallerie-Lehr- u. Versuchsabteilung
Reinhold Rosenwald
Guldemannstraße 3
7250 Leonberg 1

Der springende Reiter

Div.-Kameradschaft der 1. K.D./24. Pz.D.
Hans-Ritter Klippert
Sonnenhalde 25
7265 Neubulach 3

Kameradschaft des XV. Kos. Kav. Korps
Gen. Helmuth v. Pannwitz
Friedrich Weil
Otto-Hahn-Straße 7
5270 Gummersbach-Strombach

Boeselager-Freundeskreis
Ulrich Gigas
Beethovenstraße 1
2800 Bremen

Der Gelbe Kreis

F.K.T. Frhr. v. Düsterlohe
Gätgensstraße 6
2000 Hamburg

VERZEICHNIS DER HÄUFIGSTEN ABKÜRZUNGEN

AHA	Allgem. Heeresamt
AOK	Armeeoberkommando
A.Gr.	Armee-Gruppe
A.K.	Armeekorps
Abt.	Abteilung
A.A.	Aufklärungs-Abteilung
Art.	Artillerie
Brig.	Brigade
Btl.	Bataillon
Battr.	Batterie
Br.Kol.	Brückenkolonne
ber.	beritten
besp.	bespannt
Div.	Division
Fla, Flak	Fliegerabwehr, Fliegerabwehrkanone
Fhr.	Führer
F.K.	Feldkanone
F.H.	Feldhaubitze
Gen.	General
GenFeldmarschall	Generalfeldmarschall
GenKommando	Generalkommando
GenStab	Generalstab
Gesch.	Geschütz
Gr.W.	Granatwerfer
H.	Heer (es)
HPA	Heerespersonalamt
Hptm.	Hauptmann
Inf.	Infanterie
I.D.	Infanterie-Division
I.R.	Infanterie-Regiment
i.G.	im Generalstab
Ia	erster Generalstabsoffizier
In.	Inspektion
Jg.	Jäger
Kav.	Kavallerie
K.D.	Kavallerie-Division
K.G.	Kavallerie-Geschütz
KG	Kommandierender General
Kdr.	Kommandeur
Kdt.	Kommandant
Kol.	Kolonne
Krad	Kraftrad (Motorrad)
K.S.	Kavallerie-Schule
KTB	Kriegstagebuch
Kfz	Kraftfahrzeug
Kw.	Kraftwagen
Kp.	Kompanie
Lt., Ltn.	Leutnant
l., le.	leicht (e, es)
Laf.	Lafette
Laz.	Lazarett
Lkw	Lastkraftwagen
Maj.	Major
MG.	Maschinengewehr
MPi.	Maschinenpistole
MTW	Mannschaftstransportwagen
m.	mittlerer
mot.	motorisiert
mot.Z.	im motorisierten Zug
Nachr.	Nachrichten
N.A.	Nachrichten-Abteilung
OKW	Oberkommando der Wehrmacht
OKH	Oberkommando des Heeres
OB	Oberbefehlshaber
Ob.d.H.	Oberbefehlshaber des Heeres
Olt.	Oberleutnant
Ord.Offz.	Ordonanzoffizier
O 1	1. Ordonanzoffizier
Pz.	Panzer
PzAbwAbt.	Panzerabwehr-Abteilung
Pz.Jg.Abt.	Panzerjäger-Abteilung (spätere Bezeichnung)

P.D.	Panzer-Division
Pak	Panzerabwehrkanone
PzSpTr.	Panzerspähtrupp
PzSpWg.	Panzerspähwagen
PKW	Personenkraftwagen
Pi.	Pionier
Radf.	Radfahr, Radfahrer
r., reit.	reitend (e, es)
r.Art.Abt.	reitende Artillerie-Abteilung
RR.	Reiter-Regiment
Reiter-Brig.	Reiter-Brigade
Regt., Rgt.	Regiment
Rtr.	Reiter
Rittm.	Rittmeister
San.	Sanitäts
Schtz	Schütze (en)
s., schw.	schwer (e, es)
Sfl.	Selbstfahrlafette
StuGesch.	Sturmgeschütz
SPW	Schützenpanzerwagen
t.mot., tmot.	teilweise motorisiert
Uffz.	Unteroffizier
V.G.D.	Volksgrenadier-Division
Vet.	Veterinär
V.B.	Vorgeschobener Beobachter
z.b.V.	zur besonderen Verwendung
Zg.	Zug
1./-	Erste Schwadron, Kompanie, Batterie
II./-	Zweite Abteilung, zweites Bataillon

Rittmeister a. D. Dietrich Kuehn/Generalleutnant a. D. Wilhelm Behrens: Geschichte des Reiter-Regiment 1, I. Teil und II. Teil
Kameradengruß des ehem. KR. 3, Göttingen, 1971—1977
Reiter-Regiment 4, Vornholz 1972
Husarentage, Vornholz 1970
100 Jahre Dragoner-Regiment, König Albert v. Sachsen (Ostpr.) Nr. 10 (u. a. Trad.-Regt. des Kav.-Regt. 4)
Gerd Stolz/Eberhard Grieser: Geschichte des Kavallerie-Regiments 5, 1975
Karl Schönerstedt (ehem. KR. 5): Pferde und Soldaten, Gießen 1959
Geschichte des Reiter-Regiment 7, (Pz.-Rgt. 2, vormals RR. 7) Eisenach 1938
Geschichte des Kavallerie-Regiments 8, Stoffsammlung und Bearbeitung von Hptm. a. D. d. R. Jeffke
Mitteilungsblatt der Kameradschaft ehem. 8. Reiter, 1962—1977
Geschichte des Kavallerie-Regiments 9, Oberleutnant Reichel u. Vertrags-Ang. Kaufmann, 1937
Ferdinand Pulkowski: Geschichte des 10. (Preuß.) Reiter-Regiments
Mitteilungen für die Angehörigen des ehem. Kavallerie-Regiments 13 (Reiter-Regt. 13) und dessen Feld- und Ersatzeinheiten, 1959—1977
Oberst d. Bw. a. D. Klaus Hildebrand: Erinnerungen an das Reiter-Regiment 14, Hannover 1972
Oberst a. D. Alfred Grampe: Ein Reiter- und Kavallerie-Regiment in Krieg und Frieden, 15. (Preuß.) Reiter-Regiment Kav.-Regt. 15 und seine Kriegseinheiten, 1972
Rembrand Elert: Reiter im Polenkrieg, Tagebuch eines Bamberger Reiters. Hamburg 1941
Oberst a. D. Wilhelm Volrad v. Rauchhaupt (ehem. RR. 1 und KR. 18): Die Deutsche Kavallerie zwischen den beiden letzten Kriegen, Stuttgart 1957
Hptm. a. D. G. W. Jeffke: Geschichte des Reiter-Regiments 21 (1. Kav.-Div.), vom 15. 12. 1939—10. 12. 1941
Janusz Piekalkiewicz: Pferd und Reiter im II. Weltkrieg, München 1976
GenMaj. a. D. Horst Kadgien: Das 1. (Preußische) Artillerie-Regiment, Seine Vorgänger und Nachfolger in Ostpreußen, Ansbach 1970
Dr. med. vet. Wilhelm Zieger: Das deutsche Heeresveterinärwesen im Zweiten Weltkrieg, 1973
Dr. med. vet. Wilhelm Jahn: Pferd und Veterinärdienst im Zweiten Weltkrieg, in: Mitteilungsblatt der Kameradschaft ehem. 8. Reiter, Mai 1966
Dr. F. M. v. Senger und Etterlin jr.: Die 24. Panzer-Division, vormals 1. Kavallerie-Division, 1939—1945, 1962
Gustav Harteneck, General der Kavallerie a. D.: Neuaufstellung der Kavallerieverbände im 2. Weltkrieg und ihr Großeinsatz in Rußland und Ungarn, Großhesselohe 1967
Erich Kern: General von Pannwitz und seine Kosaken, Pr. Oldendorf 1971
Tag und Nacht am Feind, Aufklärungs-Abteilungen im Westen, Herausgegeben im Auftrag des OKH, Gütersloh 1942
Cord v. Hobe/Walter Görlitz: Georg v. Boeselager, Ein Reiterleben, Düsseldorf 1957

Günter Fraschka: Oberst Freiherr von Boeselager, Kavallerie im Einsatz an der Ostfront, Rastatt (Baden)
Unser General, Widmung für Reichsfreiherr Maximilian von Edelsheim zum 80. Geburtstag am 6. Juli 1977, Divisionskameradschaft der 1. KD./24. PD.
Karl Kollatz: Generalmajor Horst Niemack, vom Reiter zum Panzergeneral — Kommandeur der Panzerlehrdivision, Rastatt (Baden)
Friedrich-Karl von Plehwe: Reiter, Streiter und Rebell, Das ungewöhnliche Leben des General E.-G. Baade, 1976
Ludwig L. Kreutz: Goliath, Kamerad Pferd im Kriege, Wiesbaden 1957
Cord von Hobe, GenLt. d. Bw. a. D.: Mit Pferden erlebt, Oldenburg 1965
Harald Momm: Pferde, Reiter und Trophäen, München 1957
Herbert Plate: Schicksale der Gefährten, Vom Leben edler Pferde, Darmstadt
Dr. Ewald Kimenkowski: Reiter und Pferde 1934/1935, Berlin 1935
Graf von Norman (sen.): Kriegskamerad Pferd, Berlin
Klaus Gundelach: Kamerad Pferd, Berlin 1956
Werner Berg: Ich hatt' einen Kameraden, Erlebnisse mit Pferden in zwei Weltkriegen, Wuppertal-Barmen 1971
Hans Pflug-Franken/Karl Hochmuth: Deine samtenen Nüstern, Hannover 1976
Waffenhefte des Heeres, Herausgegeben vom OKH — Schnelle Truppen Teil I und II — Die Infanterie, München
Rittmeister Werner-Ehrenfeucht: Kavallerie-Fibel, Berlin W 35
Dr. jur. W. Reibert: Der Dienstunterricht im Heer, Ausgabe für den Reiter, Berlin
H.Dv. 12, Reitvorschrift vom 18. 8. 1937
H.Dv. 11/1, Das Truppenpferd vom 18. 8. 1937, Heft I: Pferdepflege, Stallpflege, Füttern und Tränken
H.Dv. 11/2, Das Truppenpferd vom 14. 7. 1938, Heft II: Körperbau, Erkrankungen, Futtermittel
H.Dv. 465, Fahrvorschrift vom 14. 3. 1922
H.Dv. 299/1, Ausbildungsvorschrift für die Kavallerie, Heft 1, Berlin 1937
Siegfried von Haugk, Oberst u. Kdr. der Wehrkreis Reit- und Fahrschule Oschatz: Die Ausbildung der Rekruten im Reiten, Berlin 1939
Der Sieg in Polen, Herausgegeben vom OKH, Berlin 1939
Die Wehrmacht, Herausgegeben vom OKH, Berlin 1940
Fritz von Oehsen: Reit-Tagebuch, München 1943
Clemens Laar: Im Sattel gelebt — Im Sattel gestorben, Roman und Romantik der deutschen Reiterei, 1952
Oberst a. D. Wilhelm Volrad v. Rauchhaupt: Preußisches Herz, Hamburg 1957
Dr. Otto Bleck: Reiterführer, Reitertum und Reitertaten, Berlin 1933
Theo Schelle, Hptm. i. G.: Das Reitsportbuch, Stuttgart 1925
Richard Schoenbeck, Kgl. Preuß. Major a. D.: Reiten und Fahren, Berlin 1912
Georg Schreiber: Glück im Sattel oder Reiter-Brevier, Wien-Berlin 1971
Paul Carell: a) Unternehmen Barbarossa, b) Verbrannte Erde, 1963 und 1966
Heinz Guderian, Generaloberst a. D.: Erinnerungen eines Soldaten, Heidelberg 1951
Malte Plettenberg: Guderian, Düsseldorf 1950
Erich v. Manstein, Generalfeldmarschall, Verlorene Siege, Bonn 1955
Karl Demeter: Das Deutsche Offizierkorps in Gesellschaft und Staat 1650—1945, 1962

Gordon A. Craig: Die preußisch-deutsche Armee 1640—1945, Düsseldorf 1960
Oskar Munzel, GenMaj. d. Bw. a. D.: Die deutschen gepanzerten Truppen bis 1945, Herford und Bonn 1965
H. Scheibert, BrigGen. d. Bw.: Kampf und Untergang der deutschen Panzertruppe 1939—1945, Dorheim/H.
Werner Oswald: Kraftfahrzeuge und Panzer der Reichswehr, Wehrmacht und Bundeswehr, Stuttgart 1971
Truppendienst Taschenbuch: Gefechtsbeispiele aus dem Zweiten Weltkrieg, Wien 1971
Günther Blumentritt, Gen.d.Inf. a. D.: Strategie und Taktik, Konstanz 1960
Georg Tessin: Formationsgeschichte der Wehrmacht 1933—1939, 1959
General d. PzTr. a. D. Walter K. Nehring: Die Geschichte der Deutschen Panzerwaffe 1916—1945, Stuttgart 1974
Das Deutsche Heer 1939, Gliederung, Standorte, Stellenbesetzung und Verzeichnis sämtlicher Offiziere am 3. 1. 1939, 1953
Burkhart Müller-Hillebrand: Das Heer 1933—1945, Bd. I, II und III, Darmstadt 1954
Gen.d.Art. Dr. h. c. Friedrich von Rabenau: Seeckt Bd. I 1866—1917, 1938; Bd. II 1917—1937, 1940
Edgar von Schmidt-Pauli: General v. Seeckt, Berlin 1937
Generaloberst von Seeckt: Gedanken eines Soldaten, Berlin 1929
Generaloberst von Seeckt: Die Reichswehr, Studie über Wesen und Werden des Reichsheeres, Leipzig 1933
G. Brandt, Generalleutnant a. D.: Moderne Kavallerie
Oberstleutnant a. D. Albert Benary: Unsere Reichswehr, Berlin 1932
Dr. Martin Lezius: Das alte und das neue Heer
Rainer Wohlfeil/Hans Dollinger: Die Deutsche Reichswehr, Wiesbaden 1977
Dr. Friedrich Stuhlmann: Deutsche Wehrmacht, Nationale Schriftenvertriebsstelle, Berlin 1934
Die Reichswehr, Köln 1933
Das Reichsheer und seine Tradition, Herausgegeben von Hans Neuenburg, Waldorf-Astoria-Eckstein-Halpans
Harald J. Gordon: Die Reichswehr und die Weimarer Republik 1919—1926, Frankfurt/M. 1959
20. Juli 1944, veröffentlicht von der Bundeszentrale für Heimatdienst, Bonn 1961
Karl Schönerstedt: Gustav Rau, Ein Leben für die Pferde, Gießen 1960
Die Ranglisten des Reichsheeres von 1920—1933
Georg Schreiber: Des Kaisers Reiterei, Österreichische Kavallerie in vier Jahrhunderten, Wien 1967
Max E. Amman: Der Eidgenoß, Die Geschichte der Schweizer Kavallerie, Luzern 1975
Dr. phil. Robert Staub, Oberstleutnant d. Kavallerie: Unsterbliche Kavallerie, Pfäffikon-Zch 1946
Das deutsche Heer im Manöver, Dresden 1936
Die Deutsche Wehrmacht, Dresden 1926
Deutsches Soldatenjahrbuch, Jahrgänge 1957—1977
Militärgeschichtliche Mitteilungen 1/76, Herausgegeben vom Militärgeschichtlichen Forschungsamt

Die Boeselager'sche Reiterei, von Hans-Joachim Köhler
Olympia 1936, Band I und II, Altona-Bahrenfeld 1936
Franz Rudolf Bissinger/Willy Haupts: 500 Jahre Pferdesport in Aachen, 1961
Georg Bychelberg: Das Paradies der Erde, Berlin 1943
Hans-Joachim Köhler: Pferde, Reiter, Pferdesport, Köln 1967
Olympischer Sport, Band 11, Reiten, Hockey, Basketball, Handball, Hamburg
Bruno J. G. Dechamps: Über Pferde, Berlin 1957
Hein Gorny: Ein Pferdebuch, München 1952
H. J. Köhler: Tempelhüter, Luzern 1975
Dr. Arnold Schlie: Der Hannoveraner, Bonn 1967
E. Höpler — W. Liebscher — J. Michalka: Pferdezucht und Pferdekunde, 1956
Max Pape: Das kleine Pferdebuch, Berlin 1948
Das vollendete Pferd, Frankfurt am Main 1964
Dr. med. vet. Ludwig Steffens: Die ostfriesische Pferdezucht in ihrer Entwicklung und ihrer Bedeutung für das Reichsheer, Norden 1938
Dr. Fritz Schilke: Das ostpreußische Warmblutpferd
Dr. Fritz Schilke: Trakehner Pferde einst und jetzt, München 1965
Gräfin Marissa Sponeck: Trakehner Jagden, Trakehnen 1921, Herausgegeben durch das Deutsche Pferdemuseum e. V., 1971
Ernst Bilke, Pferdepassion, Hildesheim-New York 1976
Hans-Joachim von Killisch-Horn: Kavalkade 1950 und 1951, Köln-Deutz

Zeitschriften:
»Kampftruppen« vormals »Panzer«, Jahrgänge 1960—1973, Herford und Bonn
Schriftreihe des Waffenrings Kavallerie — Schnelle Truppen e. V., Band I—XII, Redaktionelle Bearbeitung und Gesamtgestaltung: Oberstlt. i. G. Dr. Heinz Radke
»Alte Kameraden« Jahrgänge 1971—1977, unabhängige Zeitschrift Deutscher Soldaten, Organ der Traditionsverbände und Kameradenwerke Karlsruhe-Stuttgart
verschiedene Jahrgänge von:
Reiter-Revue international, Mönchengladbach; Sankt Georg, Hamburg; Equipe, Gauting vor München; Reiter und Fahrer Magazin, Verden/Aller

QUELLEN ZUR 2. AUFLAGE

Bundesarchiv/Militärarchiv, 7800 Freiburg i. Br., Wiesentalstraße 10 und Hauptdienststelle: Am Wöllershof 12, 5400 Koblenz

Deutsches Pferdemuseum e. V., 2810 Verden/Aller

BÜCHER UND PERIODIKA

Fahren und Kämpfen, von Oberstlt. Schmitz u. Maj. Temmesfeld, OKH

Erinnerungsblätter r.AR. 1/Pz.AR. 89

Roß und Reiter am Feind, Bd. I, Dt. Archiv-Verlag Berlin

Geschichte des Kav.-Rgts. 6, Rittm. Bronsart v. Schellendorf, Schwedt

Mit klingendem Spiel, Insterburg 1919—1939, v. Horst F. Zander

Berühmte Reiter erzählen; Wilhelm Braun, A. P. Marsani, Wilhelm Limpert-Verlag Berlin

Die Reichswehr in der Weimarer Republik, Franz v. Gaertner, Fundus-Verlag Darmstadt

Handbuch zur Deutschen Militärgeschichte 1648—1939,

VI Reichswehr und Republik, Organisation des Reichsheeres, von Edgar Graf v. Matuschka, Bernhard & Graefe Verlag, Frankfurt/M.

Profile bedeutender Soldaten »General Köstring«, Bundesarchiv/Militärarchiv Bd. 1

Verschiedene HM/HVBL der Jahre 1936—44

Feldgrau, 3. Jahrgang 1955

Standorte der
Kavallerie
1938/39

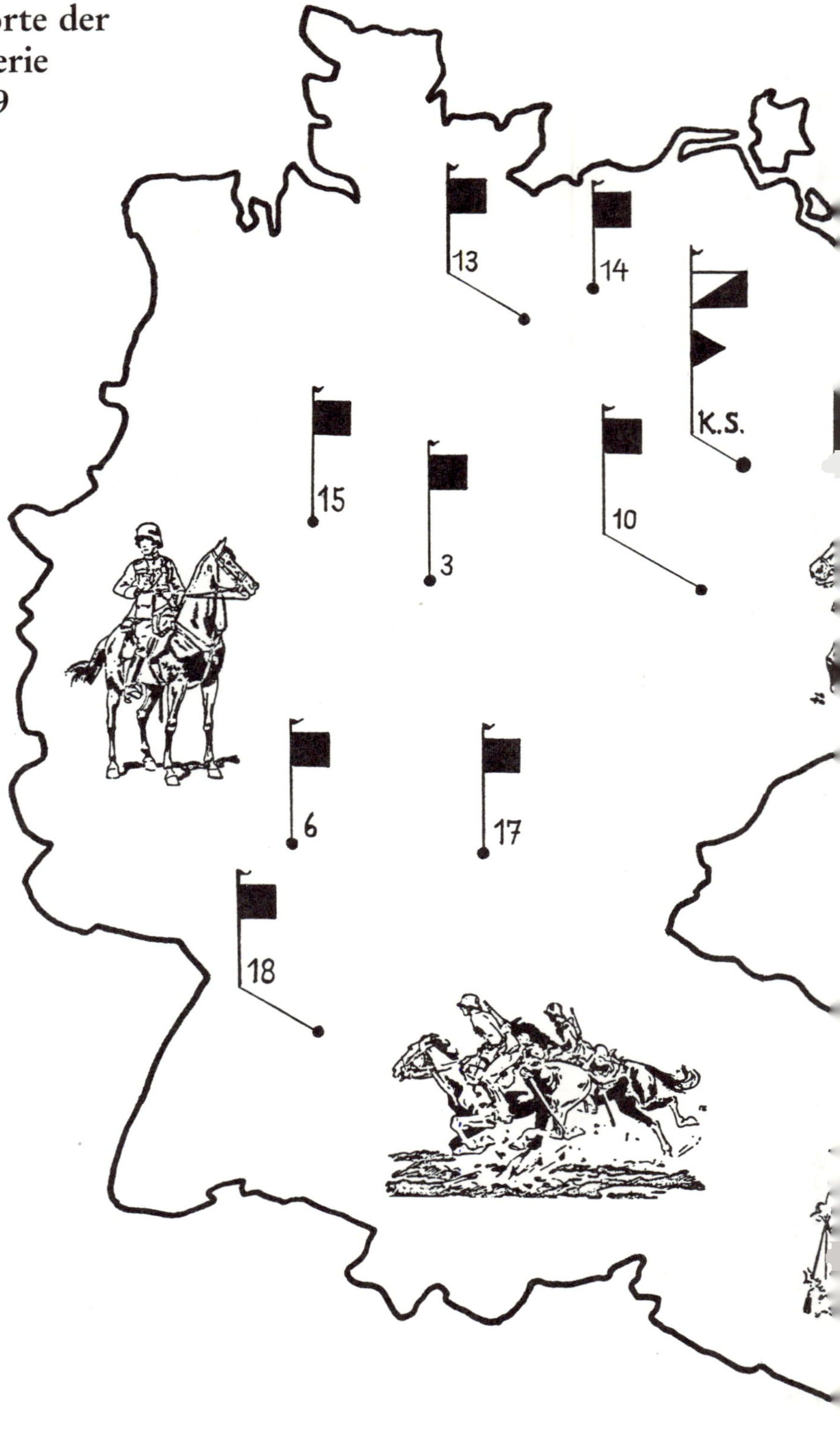